U0470173

湖北省社科基金一般项目"Hedges Q同质性检验的性能评估与标准制定"
（批准号：2015256）终结性成果

Hedges Q检验的性能评估与标准制定

Performance Evaluation and Standard Setting for Hedges Q Test

纪凌开·著

中国社会科学出版社

图书在版编目(CIP)数据

Hedges Q 检验的性能评估与标准制定/纪凌开著. —北京：
中国社会科学出版社，2017.3
ISBN 978－7－5161－9264－1

Ⅰ.①H… Ⅱ.①纪… Ⅲ.①心理学分析 Ⅳ.①B84

中国版本图书馆 CIP 数据核字(2016)第 266502 号

出 版 人	赵剑英
责任编辑	赵　丽
责任校对	闫　萃
责任印制	王　超

出　　版	中国社会科学出版社
社　　址	北京鼓楼西大街甲 158 号
邮　　编	100720
网　　址	http://www.csspw.cn
发 行 部	010－84083685
门 市 部	010－84029450
经　　销	新华书店及其他书店

印刷装订	北京君升印刷有限公司
版　　次	2017 年 3 月第 1 版
印　　次	2017 年 3 月第 1 次印刷

开　　本	710×1000　1/16
印　　张	18.75
字　　数	288 千字
定　　价	79.00 元

凡购买中国社会科学出版社图书，如有质量问题请与本社营销中心联系调换
电话：010－84083683
版权所有　侵权必究

目　录

引　言 ··· (1)

第一章　Hedges Q 检验研究现状 ································· (7)
　　第一节　基本概念 ··· (7)
　　第二节　国内有关效应量同质性 Q 检验的研究现状 ········ (14)
　　第三节　国外有关效应量同质性 Q 检验的研究综述 ········ (15)

第二章　问题提出 ··· (41)
　　第一节　当前 Hedges Q 检验性能研究方面存在的问题 ···· (41)
　　第二节　研究意义 ··· (48)
　　第三节　研究整体设计 ·· (49)

**第三章　总体效应量分布范式对 Hedges Q 检验检验力的
　　　　　影响（研究一）** ··· (52)
　　第一节　Hedges Q 检验简介 ····································· (53)
　　第二节　模拟研究设计 ·· (54)
　　第三节　三个模拟实验 ·· (57)
　　第四节　讨论与结论 ··· (69)

第四章　原始研究数据分布对 Hedges Q 检验性能的影响 ··· (72)
　　第一节　原始研究数据分布与 Hedges Q 检验对 I 类
　　　　　　错误率的控制（研究二）··································· (73)

第二节 原始研究数据分布形态对 Hedges Q 检验检验力的
　　　　影响(研究三) ……………………………………(115)

第五章　Hedges Q 检验性能评价标准的制定(研究四) …………(191)
　第一节　模拟情境的设置与数据的产生 ……………………(194)
　第二节　Hedges Q 检验对 I 类错误控制表现的评估标准
　　　　制定结果 ……………………………………………(195)
　第三节　Hedges Q 检验检验力评估标准制定结果 …………(197)
　第四节　Hedges Q 检验性能标准在元分析研究中的应用 …(219)

第六章　本书的创新、不足、未来研究方向及结论 ………………(224)
　第一节　本书的创新、不足与未来研究方向 ………………(224)
　第二节　总结论 ………………………………………………(225)

附　录 …………………………………………………………………(229)

参考文献 ………………………………………………………………(285)

后　记 …………………………………………………………………(296)

引　言

　　冯特 1879 年在德国莱比锡大学建立世界上第一个心理学实验室，标志着心理学的研究从传统的哲学思辨道路转入实证研究道路的开始。自此，心理学各个具体领域的实证研究犹如雨后春笋，欣欣向荣。发展至今，可以说在心理学的几乎每个具体研究领域都积累了大量的实证研究成果。然而，不同或相同研究者就某个相同或相似研究主题所得出的研究结果常常并不一致，有些观察到的研究效应强，有些观察到的研究效应弱，有些没有或甚至出现了相反的研究效应。这种现象不独出现在心理学研究领域，在教育学、社会学、经济学、农学、生物学和医学等学科领域，也存在类似情况。比如医学领域，每年有超过两百万篇论文被发表，当不同的研究者或同一研究者试图对同一现象进行多次研究时，他们有时会发现并困惑于不同的研究有不同的研究结果（Rosenthal & DiMatteo，2001）。

　　这种现象的存在直接导致的可能后果有：其一，实践上，众多彼此不一致甚至矛盾的研究结果非常不利于研究结果使用者进行决策。比如政策制定，众所周知，科学的政策制定是基于事实以及对事物真理性认识的基础上进行的，而这又依赖于实证性的科学研究。可是多年来，政策制定者一直受困于这样一个事实，即对同一问题的不同研究报告常常出现结果相互矛盾或对立。举个简单的例子，比如有的研究表明注射白蛋白有利于提高高危病人的抢救成功率，而有的研究认为不利于高危病人的抢救，甚至会导致死亡，那么卫生部有关监管部门究竟是应该同意还是应该取消在高危病人抢救时将注射白蛋白作为辅助措施呢？其二，在理论发展上，对同样问题进行大量的研究是非常必要的，但是"对同一问题的不同研究，研究结果相互矛盾的情况很常见（Hunter &

Schmidt，1996）"，由此便导致后继研究者依据新的研究结果推翻先前研究结果并对前人进行"无情地开火"，这是科学研究领域中的公开现实。例如，自华莱士（Wallas，1926）提出问题解决的理论模型以来，研究者对于孕育期（incubation period）是否真的有利于问题解决进行了大量的研究。Olton 和 Johnson（1976）在研究中没有发现孕育期对问题解决具有任何作用，而 Smith 和 Blankenship（1989）的研究结果发现孕育期对于问题解决具有强效应。显然，前者否定孕育期有助于问题解决的假设，而后者却持肯定的立场。那么，究竟是前者接近事实的真相，还是后者接近事实的真相，抑或两者犹如"盲人摸象"？变量间关系的理解是理论赖以建构与发展的基石，而前面所举的例子所涉及的核心变量只有孕育期与问题解决，情况尚属简单；如果研究所涉及的变量有多个（两个以上），则情况就更加复杂。因此，实践上的挫折与理论发展上的困惑都促使人们进一步深入地思考这样一个问题，即单个实证研究的结果是否可靠？并进而思考单个实证研究在科学研究中的地位以及相同或相似课题中多个独立进行的实证研究间的关系等问题。是什么原因导致相同或相似的课题上多个独立进行的研究结果出现变异？随机误差因素与系统因素在这种变异中究竟起何作用？这些问题的回答比单个研究结果更为重要。至此，科学研究需要一种能够对迄今为止所积累起来的关于同一或相似研究课题中的多个实证研究进行系统分析、合成且能合理解释为什么研究效应在不同具体研究间会产生变异的这样一种方法。

　　纵观科学研究的发展历史，对同一研究主题下多个独立进行的原始研究结果进行评价和合成以得出综合性结论的方法整体上有两类：一类是质性合成法，另一类是基于统计原理的量化合成法。文献质性合成指的是传统的叙述性研究合成法（narrative methods of research integration），这种方法的主要作用体现在识别与描述某个领域的最新进展并对其发展状况与发展趋势进行讨论，或者引用实证性证据支持、丰富与重新评估某一具体理论或尝试性支持某一新提出的理论，或者将不同"轨迹"上的研究系统地组织成一个有机的知识体系。但是，涉及对同一领域的相同或相似问题进行合成时，这种合成方法的文献合成质量饱受批评。最令人恼火的地方是它似乎非常容易对特定综述者的偏差做出反应（Glass，1976）。简单地说，就是对相同或相似课题下的研究文献集进行综述时，不同的综述者很可能得出不同的文献合成研究结果。在对文献进行叙述性综述时，大量有价值的信息被综述者忽视是很常见的现象，并且综述者可能还会对所掌握的信息进行不恰当的权重处理（Copper & Rosenthal，1980）。综述者还可能会无意识或有意识地对文献进行倾向性取舍，以利于支持自己的理论观点或自己对文献的理解。而且，有时这种取舍主要还是依据单个研究的显著性检验结果进行的。众所周知，一个不争的事实是显著性水平与研究的样本容量有关。一个实际上较弱的效应可以通过简单地增大被试样本容量而使检验结果变得更显著，一个较强的效应可能通过减少被试样本容量而变得检验不显著。因此，传统对文献的质性合成方法基本上不符合科学研究有效性与可靠性这两大质量评估标准。对于传统文献的质性合成法，Field（2005）极不客气地斥之为"东拉西扯式综述"（discursive reviews）。在此背景下，文献量化合成方法登上历史舞台是科学研究方法论适应现实需要的必然发展。

研究文献的量化分析与合成的实质是借助于统计方法对某一相同或相似研究主题下的文献集进行系统的综述与评价，以获得综合性的结论。在这个意义上，元分析（meta-analysis）实际上成了文献量化合成的代名词（DerSimonian & Laird，1986；Johnson Mullen & Salas，1995；Viechtbauer，2007）。"元分析"一词最初由 Glass（1976）提出，意指"一种关于分析的分析（the analysis of analysis），是为了获得综合性的研究结论而对众多独立的单个研究结果所进行的统计分析"。Glass 首先提出"元分析"一词并不意味着 1976 年是元分析实践的起点，现在公认的第一个元分析工作由 Pearson（1904）在研究天花预防接种与存活之间的关系时所完成的。当时，他对所搜集到的研究文献中的相关系数进行了平均化处理，求取加权与未加权的平均相关系数（Rosenthal & DiMatteo，2001）。在 20 世纪前四分之三的时间里，Pearson 的这种统计处理方法一直被各个科学领域的研究者所使用。同时在这个过程中也逐渐产生了多种对众多独立研究结果进行统计处理的其他方法。比如，基于单个研究统计检验显著性水平的概率合成法（Fisher，1932；Pearson，1933）、Cochran（1937）与 Yates 和 Cochran（1938）首次对平均效应

(the mean effect)和处理效应的研究间变异的关注以及 Wilkinson (1951)对单个研究结果进行二分处理的策略(显著与不显著,由此应用二项分布作为统计推断的基础)等等。其中,值得一提的是,Wilkinson 的论文是在心理学期刊 *Psychological Bulletin* 上正式发表的,这标志着心理学界对元分析技术的最早关注。在 20 世纪 50 年代前,基于统计检验显著性水平的概率合成被认为是一种对众多原始研究结果进行合成的合理方法,而 Cochran 与 Yates 等人更具现代元分析色彩的文献统计合成思想却没有获得正式发展。为什么后者这种思想的进一步发展会受到阻碍?Bangert-Drowns(1986)认为当时有两大障碍没有得到克服:一是如何把不同研究结果中因变量的测量转换到相同的量尺上去;二是如何把研究特征有机地融入到元分析中去。在对第一个问题的解决中,Cohen(1962)做出了杰出的贡献。Cohen 在有关检验力的研究中提出了"效应量"(effect size)这个概念,并给出了总体效应量(population effect size)的计算公式。实际上,Cohen 的这一工作使得人们可以将不同研究结果中因变量的测量转换到相同的量尺上去;而对于第二个问题,Light 和 Smith(1971)提出类分析(cluster analysis)技术(可以看作一种特殊的元分析技术)为解决这个问题提供了有价值的启示。自此以后,元分析技术的发展非常迅速,一方面研究内容不断拓宽,另一方面元分析所基于的统计基础日益丰富与深入。在此过程中,元分析技术逐渐发展出多种各具特色且相对成熟的分支。

现在,元分析由于较之于传统的、叙述性的文献合成方法或综述方法更加严格与精确(Johnson, Mullen, & Salas, 1995)且能提供令人信服与可靠的证据(Higgins, Thompson, Deeks, & Altman, 2003)而被普遍视作一种精确而客观的文献合成方法(Hardy & Thompson, 1996),这一点可以从当前元分析式文献综述研究论文在心理学主要期刊上的发表态势得到印证(Field, 2003)。至今,在心理学领域内,几乎所有有影响力的期刊都接纳元分析的研究论文,并且数量迅速增多,其中 *Psychological Bulletin* 是主要的代表之一。元分析也被广泛应用于教育学、心理学、社会学、医学、生态学、生物学、管理学等领域(Arnqvist, & Wooster, 1995; DerSimonian, & Laird, 1986; Mari′n-Marti′nez & Sa′nchez-Meca, 2009; Knoben & Oerlemans, 2006; Kisamore & Brannick, 2008)。

实际上，合理的元分析结果已经被视作制定政策、决策和促进理论发展的最可靠、最高等级（具有相对终极性）的研究证据。比如，在医学领域，关于前面所举的注射白蛋白是否有利于高危病人抢救的例子，元分析的结果是其整体上存在明显的致命负面效应（Cochrane Injuries Group Albumin Reviewers，1998），这个研究结果直接导致注射白蛋白作为高危病人抢救的重要辅助措施这一治疗方法的取消。既然元分析较之于文献的质性合成分析具有巨大的优越性，这是否就意味着只要把元分析技术简单套用到相同或相似研究主题下的众多独立研究文献上去就一定能够得到合理的综合性结论？实际上，这是不可能的。可以说，一个元分析的成功与否主要取决于两个方面：一是研究文献的搜集、纳入是否全面以及信息的提取是否科学；二是对从众多原始研究上所获得的信息如何统计分析。第一个方面不是本书研究的兴趣所在，本书的研究兴趣将集中在第二个方面。在元分析实践中，对相同的数据采用不同的元分析方法，结果并不见得一定是一致的（Sanchez-Meca & Marin-Martinez，1998）。即使研究文献的搜集、纳入与信息的提取均很客观与全面，但如果元分析时所采用的统计技术不合适、性能不够稳健（robustness）或者元分析技术没有得到正确应用，则元分析结论的有效性将会不理想甚至可能会出现很大的偏差，从而可能导致严重的后果。

由于元分析技术内容极为丰富，故对其所有技术的性能都进行系统的比较与评估不是这次研究所能完成的事情。因此，本次研究将研究兴趣界定在元分析某一重要组成技术的性能评估范围之内。在元分析的所有工作中，探测效应量（effect size）是否异质（heterogeneity）是其关键性的组成部分（Hardy & Thompson，1998），也是元分析三大主要任务中第一个必须解决的问题（Copper & Hedges，1994；Huedo-Medina，Sa′nchez-Meca，& Botella，2006）。如果元分析中原始研究（primary study）间的效应量同质（homogeneity），就应该用固定效应模型对效应量进行合成，获得平均效应量作为总体效应量的估计值。此时，这个平均效应量富有意义，且较之于采用随机效应模型所得到的结果更加精确，它是元分析中所有原始研究所关注的研究变量间作用（总体效应量）的高度概括；相反，如果原始研究的效应量是异质（heterogeneity）的，元分析者则应该采用随机效应模型或采用调节效应分析的统计策略

(Field, 2001; Hedges & Vevea, 1998; Overton, 1998; Raudenbush, 1994)。此时, 若依然采用固定效应模型进行效应量合成则会产生不正确的分析结果, 并产生误导作用。

正因为效应量的同质性或异质性检验是正确进行元分析的基本前提, 它也引发了众多方法研究者对该领域产生浓厚的兴趣。但迄今为止, 对现有同质性检验方法性能的评估仍需要进行系统、深入、艰苦的研究。为此, 本文将以 Hedges d 作为效应量指标对效应量同质性检验的主要方法之一——Q 检验的性能进行系统而深入的评估 (以 Hedges d 为效应量指标时的 Q 检验在后面被称作 Hedges Q 检验)。同时, 由于元分析者在实践领域中常常并不关心元分析所基于的假设被违背可能给元分析研究结果所带来的后果 (Wolf, 1990), 而且, 常常会轻易地依据检验结果做出接受或拒绝效应量同质性假设的二分性决策。实际上, 这些做法在元分析实践领域中很可能会导致不良的后果。因此, 本论文一方面希望在前人研究的基础上对 Hedges Q 检验性能进行更系统、更深入的研究; 另一方面, 也期待在对 Hedges Q 检验性能系统、深入研究的基础上制定出具有实践指导价值的 Hedges Q 检验检验结果的质量评估标准。

第一章 Hedges Q 检验研究现状

第一节 基本概念

为便于表述与理解，有必要对一些基本概念作出清楚、一致的解释与界定：

一 原始研究与效应量

元分析研究中最为基础的工作是穷尽式地搜集前人在某一相同或相近研究主题下独立进行的全部研究文献，而不管这些研究是否正式发表。然后，在符合研究目的的前提下按照客观、可靠与有效的纳入标准对这些研究文献进行挑选，剔除无法满足要求的那些研究，确定最终得以进入元分析的研究，形成元分析研究文献集。这里，这些前人所独立进行的、被正式纳入元分析的单个研究就是原始研究（primary study）。在这个定义中，有一点需要指出的是有些原始研究由多个独立进行的子研究组成，这种情况在心理学研究与其他科学研究中很常见。倘若这些原始研究的子研究也满足元分析的条件，则每一个子研究实际上就是一个原始研究。元分析中，每个原始研究的具体研究结果都是元分析的研究对象，为了能够对它们进行统计处理，这些研究结果常常需要以效应量（effect size）的形式进行表征。

何谓效应量？不同的研究者对其含义在表述形式上存在着一些差异。Cohen（1988）将其表述为"简单地说，效应量是一个表示研究中观察到的关系大小的指标"。Snyder 和 Lawson（1993）则将其表述为"衡量实验效应强度或变量关系强度的指标"。Kelley 和 Kristopher（2012）将其表述为"（研究）现象强度的测量"。Nakagawa 和 Cuthill

(2007) 则认为，效应量是一个估计某研究效应大小的统计量。实际上只要进行简单对比，就会发现这些定义所描述的内容是相同的，即效应量是一种反映研究效应或研究变量间关系强度大小的量化指标。效应量，在国内有时也被译作效果量（权朝鲁，2003），本人认为同一个概念的不同译法虽无伤大雅，但有时会对初阅者造成困惑，有必要统一名称。由于在实验研究中，自变量对因变量的影响常常被称作实验处理效应（主效应、交互效应与简单效应等）；在变量间关系建模研究时，这种关系要么称作预测效应（回归分析），要么称作直接效应或间接效应（结构方程或路径分析），而这些效应一般不被称作效果。基于此种理解，本人认为效应量译法更为合适。

元分析研究中对效应量进行描述时，常常有几个含义不同但彼此间又有内在联系的概念，它们分别是总体效应量（population effect size）、样本效应量（sample effect size）与全局效应量（overall effect size），正确理解这些概念间的异同是展开元分析研究的基础。总体效应量有时也称作真效应量（true effect size），它指的是某原始研究中自变量对因变量的真实效应大小，或者是该研究中研究变量间的真实关系的强度。总体效应量是一个参数，其值反映的是变量间作用或关系的大小。因此，其值是一个恒量，它不受研究过程中随机抽样因素的影响。样本效应量有时也称为观察效应量（observed effect size），指的是某原始研究所探索的总体效应量在实际研究中的一次具体实现，是在该研究中所观察到的总体效应量的估计值。由于样本效应量基于研究变量的样本数据计算而得，因而其值毋庸置疑会受随机抽样因素的影响。因此，观察效应量实质上是一个样本统计量。然而，不同于显著性检验，观察效应量会随着随机抽样样本容量的增大而一致性地趋近于总体效应量。这也就是说，在样本容量达到一定水平以后，观察效应量值受样本容量大小的影响甚微。但显著性检验则不一样，在其他条件不变的情况下统计检验的显著性会随着随机抽样的样本容量的增大而越来越显著。此外，与总体效应量不同，全局效应量在元分析中指的是总体效应量分布的平均数，它可以被理解为元分析所包含的全部研究总体效应量的平均数。

在元分析的发展历史上，正是由于"效应量"这一概念的提出才使元分析有了突破性的进展。前面已经指出，就是因为这一概念的提出才使得人们能够将相同主题下的所有原始研究结果转换到相同的量尺上来（Cooper, 1998; Hedges & Olkin, 1985; Huedo-Medina, Sa′nchez-Meca, & Botella, 2006; Hunter & Schmidt, 2004）。只有将所有原始研究的结果以相同的量尺进行量化，才可能将不同的原始研究结果进行合成。正是由于这个道理，"效应量"这一概念的提出和采用为文献的量化合成奠定了坚实的测量学基础。

二 Hedges d 效应指标

如何对研究效应进行量化？研究者在不同的研究领域、解决不同的问题时会采用不同的效应量指标。如同在医学研究领域中的对数比值比（log OR）（Fleiss, 1994）或在代际历史演变研究领域中的未标准化平均数或平均差（Twenge, 1997）是最常采用的效应量指标一样，Hedges d 效应指标是心理学研究领域最常采用的两种效应指标之一（Rosenthal, 1994）。该效应指标主要应用于实验研究领域或非实验性质的比较研究领域（如领导力是否存在性别差异等）中研究效应大小的量化。

1969 年，Cohen 将原始研究的总体效应量被定义为 $\theta_i = (\mu_{iE} - \mu_{iC})/\sigma_i$。这个定义中，$\mu_{iE}$、$\mu_{iC}$ 与 σ_i 分别指的是第 i 个原始研究实验组与控制组的总体平均数与共同标准差。在此基础上，Hedges（1981）数理上证明了 d_i 是总体效应量的一个无偏、一致且有效的样本估计量。Hedges d_i 的计算公式如下：

$$d_i = c(m_i) \times (\bar{y}_{iE} - \bar{y}_{iC})/s_i \tag{1}$$

其中：

$$s_i = \sqrt{[(n_{iE} - 1)s_{iE}^2 + (n_{iC} - 1)s_{iC}^2]/(n_{iE} + n_{iC} - 2)} \tag{2}$$

$$m_i = n_{iE} + n_{iC} - 2 \tag{3}$$

$$c(m_i) \approx 1 - 3/(4m_i - 1) \tag{4}$$

这里，n_{iE} 与 n_{iC} 分别指的是第 i 个原始研究实验组与控制组的样本容量，s_{iE} 与 s_{iC} 分别指的是第 i 个原始研究实验组与控制组数据的标准差，$\bar{y}_{iE}$ 与 $\bar{y}_{iC}$ 指的是第 i 个原始研究实验组与控制组数据的平均数。

就其本质而言，Hedges d 指标实质上是一种标准化平均差（standardized mean difference)，但标准化平均差类的效应指标除 Hedges d 指标之外还有 Cohen Δ 指标（Cohen，1969）与 Glass g 指标（Glass，1976）。Hedges（1981）研究表明，后两个指标作为总体效应量的样本估计值是有偏的。为此，d 指标可以看作 Δ 指标校正版。然而，g 指标与前两者有所不同，Glass 认为在研究中施加实验处理效应会导致实验组数据的方差增大，从而导致实验组与控制组数据的方差非齐。据此，他主张效应量计算公式的分母应该采用控制组的标准差而不是实验组与控制组的联合标准差。但是，至少目前在同质性检验领域中的研究结果似乎并不支持 Glass 的这种观点（Huedo-Medina，Sa'nchez-Meca，& Botella，2006）。当然，这还需要在其他方面展开更多研究。但无论如何，当实验组与控制组数据的方差齐性时，由于 g 指标在计算效应量分母标准差时没有考虑实验组所提供的信息，其有效性不如 d 指标。此外，当效应量被估算出来之后，研究者该如何评价研究效应的大小呢？为此，Cohen（1969）给出了标准化平均差类效应量大小的经验判断标准，即效应量小、中与大的临界标准依次为 0.2、0.5 与 0.8。

三 效应量同质检验或异质性检验

通过正确采集信息进而计算获得每个原始研究的观察效应量是元分析研究的前提。此后，元分析的第一步工作通常就是对效应量进行同质性检验（Sanchez-Meca，& Marin-Martinez，1997）。为清楚阐释效应量同质性或异质性检验的内容，了解效应量同质的含义是必需的，而这又依赖于对观察效应量变异原因的分析。在现实元分析研究中，原始研究观察效应量的值彼此间常常并不相等。那么，究竟是什么原因导致观察效应量在不同的原始研究中出现变异呢？一般而言，如果扣除数据造假（学术伦理不是本文讨论的问题）的缘故，则只有两种原因：

其一，随机抽样误差（sampling error）因素。因为每个原始研究所观察到的效应量是依据样本数据而不是总体数据计算而得到的，故其本身就是一个样本统计量。因此，观察效应量无疑会受随机抽样误差因素的影响。这一类由于随机抽样误差因素所引起的效应量变异在元分析中始终是存在的，我们这里将之称为研究内变异（within-study variability）；

其二，原始研究总体效应量间存在着真正的变异。这意味着研究变量间的关系强度在不同原始研究中确实是不相等的。在这里，这种原始研究总体效应量间的变异（总体效应量方差）被称为研究间变异（between-study variance）。总体效应量的研究间变异是由于不同原始研究具有各自独特的研究特征所导致。比如，不同原始研究的被试样本特征、研究设计、实验处理、实验程序控制等方面可能各不相同等（Brockwell & Gordon, 2001; Erez, Bloom, & Wells, 2006; Hunter & Schmidt, 2000; National Research Council, 1992）。

在前面论述基础之上，假设元分析包含 k 个原始研究，这些原始研究的总体效应量分别为 θ_1，θ_2，…，θ_k。如果元分析中的这 k 个总体效应量彼此间并无差异（即 θ_1，θ_2，$=\cdots=\theta_k=\theta$），则此时观察效应量间的变异仅仅由于随机抽样误差因素所导致，我们就称这些效应量是同质的；相反，如果原始研究总体效应量间存在着研究间变异，则我们就称这些效应量是异质的（heterogeneity）。显然，效应量异质时，仅仅依据抽样误差因素不足以全面地解释观察效应量间的变异。然而，在元分析实践中，由于无法从观察效应量的变化中直观地判断这些效应量是否同质，故需要借助于一定的统计方法来探测与识别这些观察效应量是否同质。而这种借以探测与识别观察效应量是否同质或异质的统计方法就被称作同质性检验（homogeneity test），它很多情况下也会被称作异质性检验（test for heterogeneity）。实际上，犹如硬币的正反面都表述同一个硬币一样，同质性检验与异质性检验实际上表述的是相同的事情。在这里尤其要提醒读者注意，效应量同质与根据同质性检验结果推断效应量同质以及效应量异质与根据效应量同质性检验结果推断效应量异质是两回事。因为观察效应量同质，但同质性检验未必能准确判断其同质；同样，观察效应量异质，同质性检验也未必一定能将这种异质性检测出来。概而言之，元分析中效应量同质性检验的基本逻辑就是如果观察效应量的变异超过了我们所预期的、由随机抽样误差因素所导致的变异，则我们就认为效应量是异质的，即存在总体效应量间的变异，否则，我们就认为效应量是同质的。

四 名义Ⅰ类错误率、Ⅰ类错误率与统计检验力

如同任何一个其他统计检验一样，效应量同质性检验的性能评估将围绕此类检验对Ⅰ类错误率（type Ⅰ error rate）的控制表现与统计检验力（statistical power）的实际表现这两个方面展开。因此，在探讨 Hedges Q 检验的性能时就有必要对一些与此有关的基本概念进行澄清。

统计学假设检验（hypothesis test）领域中，名义Ⅰ类错误率、Ⅰ类错误率与显著性水平是三个不同但又有内在联系的概念。众所周知，统计推断与逻辑推断在科学研究中是两种截然不同的推断方式。如果基于逻辑推断基础之上，那么无论是接受研究假设还是拒绝研究假设均不会面临犯错误的风险。比如，初中几何中的反证法就是属于这种推断方式。然而，在假设检验中，统计推断与逻辑推断并不一样。在统计推断中，无论最终是接受研究假设还是拒绝研究假设均会面临犯错误的可能。并且，统计推断可能犯的错误有两类。不是面临犯Ⅰ类错误（type Ⅰ error）的风险，就是面临犯Ⅱ类错误（type Ⅱ error）的风险。其中：Ⅰ类错误指的是虚无假设（H_0）为真时，但根据检验结果拒绝 H_0 时所犯的错误。在假设检验领域，为了控制犯Ⅰ类错误可能给实践或科学研究带来不良后果的影响程度，人们在依据某次检验结果进行统计推断之前，人们会事先确定容许犯Ⅰ类错误的概率（通常以 α 表示）。传统上，这个概率值会被定得很小，国际普遍采用的 α 值有 0.05 或 0.01。这个在统计检验之前就事先被确定的、容许犯Ⅰ类错误的概率就是名义Ⅰ类错误率（nominal type Ⅰ error rate），它又通常被称作名义显著性水平（nominal significance level）。名义Ⅰ类错误率体现了错误拒绝虚无假设（H_0 为真）时研究者事先确定的所愿意承担的犯错风险（概率）。在确定名义Ⅰ类错误率 α 的前提下，人们可以根据抽样分布理论确定某次统计检验的接受假设区间与拒绝假设区间。此时，如果 H_0 为真，然而依据检验统计量的实际值进而拒绝 H_0 的实际概率即为Ⅰ类错误率（type Ⅰ error rate）。如果Ⅰ类错误率与名义Ⅰ类错误率吻合良好，则表示该统计检验对Ⅰ类错误率的控制非常理想。但如果Ⅰ类错误率与名义Ⅰ类错误率相差较大，则表明该统计检验对Ⅰ类错误率的控制实际上并不理想。如果Ⅰ类错误率实质性地大于名义Ⅰ类错误率，则表明该检验

在对Ⅰ类错误率的控制上表现出失控倾向（Ⅰ类错误率膨胀）。相反，如果Ⅰ类错误率实质性地低于名义Ⅰ类错误率，则表明该检验在对Ⅰ类错误率的控制上呈现出保守倾向。统计检验对Ⅰ类错误率的控制无论是出现膨胀倾向，还是呈现保守倾向，均会对实践与科学研究产生一定程度的负面影响。

由于抽样误差因素影响的原因，为判定某统计检验对Ⅰ类错误率的控制究竟是表现出膨胀倾向还是表现为保守倾向，通常有两种判断标准。标准一是统计判断标准。比如在模拟研究中，如果模拟次数定为5000，则当名义Ⅰ类错误率 $\alpha = 0.05$ 时，根据统计原理，如果Ⅰ类错误率小于 $0.05 - 1.96 \times [0.05 \times 0.95/5000]^{1/2} = 0.044$ 为保守。相反，如果Ⅰ类错误率大于 $0.05 + 1.96 \times [0.05 \times 0.95/5000]^{1/2} = 0.056$ 则为膨胀；判断标准二是经验判断标准，这种标准并非基于统计原理而是基于实践效果所提出来的一种判断标准。Cochran（1952）就认为，$\alpha = 0.05$ 时，如果统计检验的Ⅰ类错误率能够被控制在 [0.04, 0.06] 这个区间内，则表明该检验对Ⅰ类错误率的控制相当良好。如果该检验的Ⅰ类错误率估计值低于0.04，则表明该检验对Ⅰ类错误率的控制呈保守状态。反之，如果该检验的Ⅰ类错误率估计值大于0.06，则表明该检验对Ⅰ类错误率的控制呈失控状态。与 Huedo-Medina, Sanchez-Meca 和 Botella（2006）一样，本书也将采用 Cochran 的评价标准。

对统计检验进行性能评估的另一个重要方面就是对其统计检验力的实际表现进行评估。在假设检验中，统计检验力与Ⅱ类错误（type Ⅱ error）有着深刻的内在联系。所谓Ⅱ类错误指的是当 H_0 为假时，但依据统计检验的结果接受 H_0 时所犯的错误。而统计检验力就是某统计检验在 H_0 为假时能够将其正确识别出来的能力。统计检验力在大小上等于1减去特定名义显著性水平 α 条件下Ⅱ类错误的发生概率。为方便描述，以后统计检验力统称为检验力。在 Cohen（1962）的开创性工作之前，人们对统计检验的性能评估只关注该检验对Ⅰ类错误率的控制表现方面。正是 Cohen 的工作使人们意识到，统计检验力的实际表现如何无论是对统计检验的性能评估还是对原始研究质量的评估而言都是非常重要的。

检验力虽然与Ⅰ类错误率是两个不同的概念，但对于任何一个统计检验，这两者之间确实存在着紧密的内在联系。其他条件不变时，如果某统计检验在Ⅰ类错误率控制上表现保守，则直接会导致该检验的检验力降低，进而导致该检验犯Ⅱ类错误的概率上升；反之，如果在对Ⅰ类错误率的控制上呈现失控状态，则会导致其检验力出现虚高（或膨胀），进而导致利用该统计检验更容易犯Ⅱ类错误，即依据显著性结果得出错误的统计结论。因此，如果一个统计检验性能表现良好，则其应该同时表现出良好的Ⅰ类错误率控制与较高的检验力。

第二节　国内有关效应量同质性 Q 检验的研究现状

一　研究文献搜索方法

为了解有关元分析领域中效应量同质性检验在国内研究的大体情况，同时也为防止遗漏某些重要文献，本人在摘要中以比"同质性检验"覆盖能力更强的另外一词"meta-analysis"作为关键词在中国知网（CNKI）中进行搜索（包含优秀硕士、博士毕业论文），截至 2014 年 5 月 12 日，搜索结果信息共 2 万多条，本人对前面 10160 条的题目与摘要进行了阅读，后面的搜索结果由于主要涉及工程技术类的"主元分析"、"有限元分析"及"物元分析"等，故没有继续阅读。搜索结果表明，元分析技术已经被快速而且广泛地应用于医学领域中的研究文献的量化合成；其次在心理学领域也得到一定程度的广泛应用（本次共搜索到 181 篇有关元分析的文献）；此外，其重大的科学价值也日渐引起了生物学、社会学、管理学、经济学、生态学、农学与教育学等方面研究者的浓厚兴趣，甚至在图书情报学（李雪梅，曲建升，2013）、审计学（强韶华，2006）领域也引起了研究者的关注。

二　搜索结果

搜索结果所提供的信息显示，Q 检验技术已经在现实的元分析研究中得到较为普遍的应用，研究者们常常将 Q 检验的检验结果作为原始研究间效应量同质与否的判断依据。如果 Q 检验结果显著，则认为原始研究间效应量异质；否则，就认为原始研究间效应量是同质的。当然，这种让 Q 检验充当原始研究间效应量同质与否的裁决者的做法实际上隐含了这样一个基本假设，即 Q 检验完全胜任这个角色，即该检验对 I 类错误率的控制表现良好，同时具有高的检验力。然而，这个假设本身尚需大量、系统的研究来验证以获得支持。在这方面，如果没有系统的、深入的研究工作为基础，则元分析研究者很可能得出错误结论自己却浑然不知。这种情况无疑会影响元分析研究报告的质量，进而对理论发展与科学决策产生误导作用。目前，国内关于 Q 检验方法的关注大多数仅仅停留在对其引进与介绍的水平上（陈本友，黄希庭，2005；郭春彦，朱滢，李斌，1997；柳学志，1991；马树玉，韩清，2002；毛良斌，郑全全，2005；彭少麟，唐小焱，1998；王丹，翟俊霞，牟振云，等，2009；王珍，张红，潘云，2008；夏凌翔，2005；徐帅哲，2010；杨娟，郑青山，2005），当然，也有少数研究者（何寒青，陈坤，2006；欧爱华，何羿婷，老膺荣，2007；王若琦，秦超英，2012）在对其进行介绍时也尝试让其与其他检验方法进行比较。然而，这些研究是通过枚举实例进行的，这种做法在科学研究上无法得出一般性的结论，所得结果也难以成为谁优谁劣的判别依据。迄今为止，本人在国内文献调查中只发现关雪（2012）对效应量同质性检验与其他几种在医学中常见的统计检验的性能进行了较为系统的总结。但该研究者的探索性工作是医学背景下进行的，其采用的效应量指标并不是心理学领域中常用的 Hedges d 指标，而且，其研究成果是否具有一般性尚值得进一步讨论。因此，该研究虽然对心理学领域中元分析的同质性研究具有一定的借鉴价值，但事实上还有很多工作需要进一步探索。

总之，对于元分析同质性检验（甚至整个元分析领域）而言，国内元分析研究者的兴趣更多地集中在引进并将之付诸元分析实践方面。然而，对效应量同质性检验的性能评估与探索工作基本上并未展开。

第三节　国外有关效应量同质性 Q 检验的研究综述

Cochran 于 1937 年首次提出 Q 检验以解决一系列相似实验研究中所存在的问题，这种检验后来被广泛应用于元分析领域不同类别效应量的同质性检验。比如，Marascuilo 于 1971 年将其引入元分析中相关系数的同质性检验，而 Hedges（1982a）将其应用于标准化平均差类效应量的同质性检验等。为紧扣本书的研究意图，我们将沿两条主线对国外有关 Q 检验性能的研究文献进行全面综述：主线一注重对有关 Q 检验与其他几种同质性检验间性能比较的文献进行搜索；主线二则全面搜索了基于 Hedges d 效应指标的 Q 检验性能研究文献。

一　国外有关 Q 检验与其他同质性检验方法间性能的比较研究

为解决原始研究（primary study）效应量间同质性或异质性识别这个问题，迄今为止，研究者们总共提出了 6 种统计检验方法，它们分别是 Q 检验、S&H 75% 或 S&H 90% 判断法（Hunter, Schmidt & Jackson, 1982）、似然比检验法（Likelihood ratio test, LR 检验法）、Wald 检验法（Wald test）、Score 检验法（Score test）（Viechtbauer, 2007）与 I^2 置信区间检验法（Higgins & Thompson, 2002）。自然地，多种方法的并存会导致人们对这些方法间的性能与特点展开比较研究。

1997 年，Sanchez-Meca 和 Marin-Martinez 利用三种效应指标（r、Hedges$d$ 与 Fisher Z_r），通过设置 375 种模拟情境对 Q 检验法、S&H 75% 法与 S&H 90% 检验法各自的性能展开了比较。对于 Q 检验，该模拟研究的结果显示：（1）各种模拟情境中 Q_z 检验（效应量指标为 Fisher Z_r）的 I 类错误率经验估计值最低（平均值为 0.031），呈系统性保守状态；次之是 Q_d 检验（效应量指标为 d），该检验 I 类错误率的经验估计值在各种模拟情境中的平均值为 0.044。虽然，Q_z 与 Q_d 检验的 I 类错误率经验估计值均低于名义显著性水平 0.05，但它们对 I 类错误率控制整体上还算比较理想；（2）Q_r 检验 I 类错误率的平均估计值偏高（0.08），而且该检验 I 类错误率的经验估计值还会随着原始研究数目 k 的增多而增大。然而，I 类错误率的这种随 k 的增多而增大的趋势会随着原始研究样本容量 N 的增大而降低，但其降低的程度受效应量大小影响。在 N 较小且 k 较大（如 $k=100$，$N=30$）时，Q_r 检验对 I 类错误率的控制表现极不理想，其 I 类错误率的经验估计值甚至可大至 0.238，这是一种不可思议的完全失控。但在 $N>80$ 条件下，其对 I 类错误率的控制尚比较理想且与 k 关系不大；（3）Q_z 检验的 I 类错误率会随着效应量的增大而略有减少，Q_d 检验的 I 类错误率在各种模拟情境中均表现相当稳定，接近名义显著性水平。同时，Q_z 检验与 Q_d 检验的Ⅰ类错误率在该研究的设置条件下基本不受 k、N 的影响；（4）较之于 Q 检验，有关 S & H 75% 法与 S & H 90% 法的模拟结果显示，这些方法对Ⅰ类错误率的控制表现更不理想。在采用效应指标 d 时，各种模拟情境下 S & H 90% 法对Ⅰ类错误率的控制均非常不理想（过高），而 S & H 75% 法的Ⅰ类错误率在 $k \leqslant 40$ 时过高，而在 $k \geqslant 100$ 时又过低。同时它们的Ⅰ类错误率的经验估计值基本上均不受 N 的影响，并随着 k 的增大而降低。在采用 r 指标时，S & H 90% 法与 S & H 75% 法的Ⅰ类错误率均过高。这些结果表明，Q 检验对Ⅰ类错误率的控制整体上要优于 S&H 法。尤其是 Q_d 检验以及当 $N \geqslant 80$ 时的 Q_r 检验，它们Ⅰ类错误率的估计值接近名义显著性水平。（5）在检验力方面，如预期的那样，同质性检验的检验力随着 k、N 与总体效应量间差异（异质性程度）的增大而提高。但是，Q_r 检验的检验力在该研究中并没有系统性地呈现出随着 N 增大而提高的趋势。整体而言，S & H 法的平均检验力高于 Q 检验，但在原始研究的个数很大时（$k = 100$）情况相反，此时 Q 检验的检验力高于 S & H 是 75% 法。而且，不利的元分析情境（k 与 N 均较小）下，无论是在对Ⅰ类错误率的控制上还是在检验力的实际表现上，S & H 法表现都不理想。然而，该研究显示 Q 检验至少在对Ⅰ类错误率的控制上比较合适；（6）虽然多数模拟情境中，尤其当原始研究数目 k 与原始研究的样本容量 N 较大时，S&H 90% 法的检验力要大于 Q 检验，但 S & H 法的这种高的检验力是以过分膨胀的Ⅰ类错误率为代价而获得的，这会提高效应量同质而被错误地认为是异质的风险。该文研究者虽未直接指出这两类检验方法性能谁优最劣，但无疑更倾向于 Q 检验。自此以后，后续同质性检验方法间性能的比较研究中再也没有出现 S&H 法似乎也间接印证了这一点。

2006 年，Huedo-Medina、Sanchez-Meca 和 Botella 对 Q 检验与 I^2 置信区间检验法的性能进行了比较。在该研究中，研究者通过系统操作总体效应量方差 σ_θ^2、原始研究数目 k、原始研究的样本容量 N 和原始研究数据的分布形态这 4 种因素的不同水平进而创设出多种模拟情境以探测这两种检验在检验性能上的差异。该模拟研究有关对Ⅰ类错误率控制的研究结果表明：（1）原始研究数据呈正态分布时，无论实验组与控制组数据的方差齐性与否（$1 \leqslant \sigma_E^2/\sigma_C^2 \leqslant 4$），基于 Hedge d 指标条件下的 Q 检验与 I^2 置信区间检验法对 I 类错误率均表现出了良好的控制。不但如此，而且它们对 I 类错误率的控制表现也基本上不受 k 与平均原始研究样本容量的影响。其中 Q 检验的 I 类错误率非常接近名义显著性水平（$\alpha = 0.05$），但 I^2 置信区间检验法的 I 类错误率略低于 0.04（略低于名义显著性水平）；（2）如果原始研究数据呈非正态分布且实验组与控制组数据的方差齐性，则对 Hedges d 效应量进行同质性检验时，Q 检验与 I^2 置信区间检验法都对 I 类错误率的控制表现良好；（3）如果原始研究数据呈非正态分布并且实验组与控制组数据的方差非齐，则对 Hedges d 效应量进行同质性检验时，Q 检验与 I^2 置信区间检验法对 I 类错误率的控制也依然接近名义显著性水平。Cochran（1952）认为，如果某检验对 I 类错误率的控制表现良好，则在名义显著性水平被设置为 0.05 时，该统计检验 I 类错误率的经验估计值应该落在 0.04—0.06 之间。按照这种判断标准，则 I^2 置信区间检验法对 I 类错误率的控制由于稍显保守而略逊于 Q 检验。此外，在检验力表现方面，Q 检验法略微高于 I^2 置信区间检验法（见该论文的图 6 与图 7），但两者间没有出现明显差异。同时，如预期的一样，两种方法的检验力均随着原始研究数目 k、平均样本容量 $\bar{N}$ 以及效应量的研究间变异 σ_θ^2 的增大而提高。当原始研究数目较少（$k < 20$）和/或 $\bar{N} < 80$ 时，这两种检验方法的检验力均低于 Cohen 于 1988 年所建议的、最低可接受的 0.8 这个水平。模拟研究结果表明，在对 Hedges d 效应指标进行同质性检验时，Q 检验与 I^2 置信区间检验法两者在检验力性能上整体相当。严格地说，无论是在对 I 类错误率的控制方面还是在检验力表现方面，模拟结果均显示 Q 检验的性能要略好于 I^2 置信区间检验法。

2007 年，Viechtbauer 采用 4 种效应量指标，对 Q 检验、似然比检验、Wald 检验与 Score 检验这 4 种异质性检验的性能进行了系统的评估。一方面，在对 I 类错误率的控制上，该研究得出了一些研究结论：（1）效应指标为非标准化平均差时，I 类错误率控制的模拟研究结果表明：①如果原始研究样本容量 N 较小，则 Q 检验 I 类错误率的经验估计值会随着原始研究数目 k 的增多而提高，并高于名义显著性水平。然而，随着 N 的增大，k 的这种影响会逐渐减弱。当 $N \geqslant 80$ 后，不管 k 取何值，该检验对 I 类错误率的控制表现良好，非常接近名义显著性水平；②Wald 检验 I 类错误率的经验估计值随着 N 的增大明显没有趋向于名义显著性水平。在该研究所设置的几乎所有模拟情境中，其 I 类错误率的经验估计值均显著低于到名义显著性水平，显得过于保守；③两种 LR 检验 I 类错误率的经验估计值随着 N 的增大虽然会趋于名义显著性水平，但趋于名义显著性水平的速度要慢于 Q 检验。而且，由于 k 值的不同所导致的 I 类错误率分散程度要明显大于 Q 检验。其中，基于最大似然估计的 LR 检验随着平均样本容量 N 的增大略呈保守趋势；④Score 检验中的 S 检验在满足 $N \geqslant 160$ 条件下，其对 I 类错误率的控制方能比较理想。然而，即使 $N \geqslant 160$，S_R 检验 I 类错误率的经验估计值还是有点过高，其检验力呈膨胀状态现象始终存在；（2）效应量指标为标准化平均差时，该研究关于 I 类错误率控制的模拟研究结果表明：①如果 N 较小，则 Q 检验 I 类错误率的经验估计值会随着 k 的增大而降低，并且低于名义显著性水平。但随着 N 的增大，k 的这种影响会逐渐减弱。在 $N \geqslant 80$ 后，不管 k 取值为几，该检验对 I 类错误率的控制均表现良好，在数值上非常接近名义显著性水平；②Wald 检验对 I 类错误率的控制过于保守。在所有模拟情境中，该检验 I 类错误率的经验估计值均低于 0.02；③两种 LR 检验 I 类错误率的经验估计值随着 N 与 k 的增大而趋于名义显著性水平。但是，趋于名义显著性水平的速度明显低于 Q 检验。并且，这两种 LR 检验在所有模拟情境中的 I 类错误率的经验估计值均未达到名义显著性水平。因此，LR 法对 I 类错误率的控制表现过于保守；④两类 Score 检验中，S_{ML} 检验在 $k \geqslant 40$ 且 $N \geqslant 160$ 条件下，其 I 类错误率估计值接近名义显著性水平。但是，S_{REML} 检验的 I 类错误率随着 N 的增大呈系统性偏高的趋势，而且又会随着 k 的增大呈下降趋势；（3）效应量指标为相关系数时，关于 I 类错误率的模拟研究结果表明：①Q 检验、两类 LR 检验及 S_{ML} 检验对 I 类错误率的控制表现类似。$N \geqslant 320$ 时，这些检验的 I 类错误率比较接近名义显著性水平。但即便如此，Q 检验也优于两类 LR 检验及 S_{ML} 检验；②Wald检验对 I 类错误率的控制随着 N 的增大呈过于保守的状态，但 S_{REML} 却呈系统性偏高的趋势。N 较小且研究数目 k 较大时，每一种同质性检验的 I 类错误率均不可思议地高。并且，k 的增大会加剧这些检验对 I 类错误率控制的失控（膨胀）程度；（4）效应量指标为相关系数的 Fisher Z_r 转换时，关于 I 类错误率的模拟研究结果表明：① Q 检验对 I 类错误率的控制表现非常好。在所有模拟情境中，该检验的 I 类错误率均很接近名义显著性水平，而且几乎不受原始研究数目与样本容量的影响；② Wald 检验、两类 LR 检验对 I 类错误率的控制表现明显过于保守；③ 两种 Score 检验中的 S_{REML} 对 I 类错误率的控制明显表现失控。虽然 S_{ML} 的 I 类错误率几乎不受研究样本容量的影响，但 I 类错误率的估计值显示该检验对 I 类错误率的控制呈保守特征。当然，S_{ML} 检验法对 I 类错误率的控制所呈现的保守状态会随着 k 的增大而得到改善。另一方面，在统计检验力上，该研究也获得了一些结论。模拟研究结果表明：（1）无论是哪一种效应量指标，上述同质性检验的检验力均随着 k 与/或 σ_θ^2 的增大而提高；（2）在所创设的模拟情境中，无论是哪种效应量指标，Q 检验的检验力要高于其他检验的检验力或至少与其他同质性检验的检验力表现大体相当。基于该研究在 I 类错误率控制与检验力表现方面所获得的这些研究结果，无疑可以得出这样一个基本结论，即 Q 检验的检验性能整体上要优于 Wald 检验、两类 LR 检验及两类 Score 检验的检验性能。

综合这些有关同质性检验性能的比较研究成果，我们基本上可以认为，目前效应量同质性检验的主要方法中，在正确选择与采用效应量指标的前提下，Q 检验的检验性能整体上要优于或至少不差于其他几种检验技术。基于这个事实以及效应指标 Hedges d 在心理学元分析领域中的重要性（Hedges d 对于其他学科领域的元分析也非常重要），本书将以 Hedges d 为效应指标对 Q 检验的检验性能展开系统而深入的探索。为表述方便，后面将种以 Hedges d 为效应指标的 Q 检验称 Hedges Q 检验，这一点同 Harwell 在 1997 年所做的工作一样。

二 国外有关 Hedges Q 检验性能研究的现状

自 Marascuilo（1971）和 Hedges（1982a）等人将 Q 检验引入到元分析的效应量同质性检验领域后，该方法逐渐成为效应量同质性检验领域中应用得最为广泛和使用频率最高的一种技术。1988 年至 1995 年间，*Psychological Bulletin* 上发表的 65 篇元分析中有 60% 采用的是 Q 检验技术（Harwell，1997）。在元分析的发展历史上，曾有众多研究者对

Q 检验的性能进行过深入的探讨，而且这种探讨至今仍在不断地进行。现有研究结果基本上可以显示：只要有关效应量的潜在假设没有被严重违反，只要原始研究样本容量（N）不是太小，那么该检验对 I 类错误率的控制就会表现良好，其值通常接近名义显著性水平。但是，N 与/或原始研究数目 k 较小与/或效应量异质性程度较低时，该检验的检验力较低（Alexander, Scozzaro & Borodkin, 1989；Callender & Osburn, 1988；Field, 2001；Hardy & Thompson, 1998；Harwell, 1997；Hedges, 1982a, 1982b；Johnson, Mullen & Salas, 1995；Koslowsky & Sagie, 1993；Rasmussen & Loher, 1988；Sackett, Harris & Orr, 1986；Sagie & Koslowsky, 1993；Sa′nchez-Meca & Mari′n-Marti′nez, 1997；Schmidt & Hunter, 1999；Spector & Levine, 1987；Viechtbauer, 2007）。然而，当原始研究数目 k 不低于 40 且原始研究样本容量 N 大于 80（实验组与控制组各 40）时，Hedges Q 检验的检验力多数情况下大体可达到 0.8 这个标准（Viechtbauer, 2007）。尽管如此，当效应量间异质程度较小时，N 至少要达到 100 且/或需要更多数目的原始研究，方能使其检验力达到合适水平（Viechtbauer, 2007）。但是，这些研究结论多数是基于以相关系数为效应指标的模拟研究结果之上而得出的，其中对以 Hedges d 为效应指标时的 Q 检验性能探讨相对较少，也就是说，Hedges Q 检验性能尚有许多问题值得进一步研究。

Hedges Q 检验性能的初步探索始于 Hedges（1982a）的研究。在该研究中，Hedges 利用方差齐性的两个正态分布来产生原始研究实验组与控制组的数据。并且，在设定原始研究实验组与控制组样本容量相等（$n_E = n_C$）的基础上，模拟元分析中原始研究的样本容量 N 在不同原始研究间被人为地、系统地操纵成不同组合（$N = n_E + n_C$）。由于在这个研究中，Hedges 只关注探索原始研究数目 k 较小且原始研究样本容量 N 不大的条件下 Hedges Q 检验对 I 类错误率的控制表现，故 k 只被设置成 2 与 5 这两个水平。同时，该研究为探讨总体效应量 θ 对 Hedges Q 检验 I 类错误率控制的影响，其中 θ 被设置成 0.25、0.5、1.0 和 1.5 这四个水平。通过将上述 N、k 与 θ 的不同水平组合，Hedges 创设出多种模拟情境。在所创设的这些模拟情境中，该研究的模拟研究结果显示：（1）原始研究数目 k 较小且原始研究样本容量 N 不大时，Hedges

Q 检验对Ⅰ类错误率的控制表现非常理想。由于在心理学研究（其他领域类似）实践中，几乎所有原始研究的实验组与控制组的样本容量都会大于10（否则在正式期刊上难以发表，研究结果也是不可靠的），故 Hedges 认为 Hedges Q 检验对Ⅰ类错误率的控制表现整体上令人满意；（2）总体效应量 θ 对 Hedges Q 检验的Ⅰ类错误率没有什么影响。Hedges 和 Olkin（1985，第125页）对其研究结果（1982（a），1982（b））进行了总结，这些研究表明：（1）在原始研究效应量同质、原始研究数据正态分布且实验组与控制组数据方差齐性的条件下，如果 N 固定，则 k 从2增大至5，该检验的Ⅰ类错误率控制略微趋于保守；（2）实验组与控制组间样本容量的组合以及总体效应量 θ 对 Hedges Q 检验的Ⅰ类错误率没有什么影响。据此，Hedges 推断，整体上，Hedges Q 检验对Ⅰ类错误率的控制略显保守，这也意味着该检验的检验力可能比所期望的要低一些，但是其检验力会随着 N 的增大而改善。

当然，由于该研究是元分析方法研究者对 Hedges Q 检验性能的初次探索，故无论是在模拟情境的设置上还是在研究内容上均存在着一些需要进一步完善的地方。这具体表现为：第一，在研究内容方面，该研究只涉及对 Hedges Q 检验Ⅰ类错误率控制表现进行评估而没有涉及其检验力的表现问题。正是由于检验力表现方面的研究缺失使得人们无法对 Hedges Q 检验的检验性能获得全面的认识；第二，该研究虽然允许研究样本容量 N 在不同原始研究间互不相等，但这种不相等的设置策略本质上是固定水平型设置策略，并非随机产生。因而，其研究结论是否能够推广出去还需要更多研究结果的支持。而且，在该研究中，原始研究实验组与控制组的样本容量被设置为相等。这种做法过于理想，同现实元分析研究的实际情况并不相符；第三，该研究对总体效应量 $\theta = 0$ 时 Hedges Q 检验的Ⅰ类错误率并未进行评估；第四，k 与 N 的水平设置范围过窄，难以覆盖现实元分析研究的真实情况。而且，这种过窄范围水平的设置策略也可能使得有些重要趋势不能清晰地呈现出来；第五，该研究假设原始研究的实验组与控制组的数据呈正态分布，并且实验组与控制组数据方差齐性。事实上，由此模拟而产生的数据过于理想。同时，该研究并未探索原始研究数据呈非正态分布，或实验组与控制组数据的方差非齐时 Hedges Q 检验对Ⅰ类错误率的控制表现。总而言之,该研究的这些不足意味着需要更多的工作以清晰、全面地揭示 Hedges Q 检验性能的真实情况。

1993 年,Chang L 也对 Hedges Q 检验性能的探索表现出浓厚的兴趣。为探索 Hedges Q 检验的性能,该研究在模拟情境的设置特点主要体现在以下几个方面:第一,为确定 Hedges Q 检验性能的影响因素并确保这些因素的设置水平与现实的元分析实践基本上相符,Chang 对 1985 年至 1990 年间所出现的元分析文献进行了系统的考察与调研。在调研的基础之上,Chang 获得了有关 Hedges Q 检验性能的影响因素及其水平概况,进而创设出同质性检验的多种模拟情境;第二,Chang 首次将Ⅰ类错误率控制与检验力表现结合起来以对 Hedges Q 检验性能进行评估,以期对该检验的性能进行较为全面的了解。一方面,为获得 Hedges Q 检验对Ⅰ类错误率控制方面的认识,Chang 通过设置 $\theta_1 = \theta_2 = \cdots = \theta_k = 0$ 以考察该检验对Ⅰ类错误率控制方面的表现。这种设置显然受到了 Hedges(1982a)研究的影响,并且简单易行。另一方面,为获得有关 Hedges Q 检验检验力表现方面的认识,Chang 设置了 3 种不同分布范式的总体效应量分布(总体效应量分布范式可通俗地理解为具有某种分布形态特征的总体效应量分布)以考察 Hedges Q 检验的检验力表现。具体而言,范式 1 为 $\theta_1 = \theta_2 = \cdots = \theta_{k-1} = 0$,$\theta_k = \theta \neq 0$;范式 2 为 $\theta_1 = \theta_2 = \cdots = \theta_{k-2} = 0$,$\theta_{k-1} = \theta_k = \theta \neq 0$。范式 3 为全部总体效应量中有 1/3 效应量的值为 0,1/3 效应量的值为 θ,剩下 1/3 效应量的值为 2θ。显然,这三种总体效应量分布均属于离散型非中心分布范式(noncentrality patterns)。在该研究中,由于 Chang 对总体效应量分布特征中有些因素未予以考虑与控制,故这种总体效应量分布设置下所得到的有关 Hedges Q 检验检验力的表现在总体效应量分布不同时彼此间实际上是无法进行相互比较的;第三,在该研究中,原始研究的实验组与控制组的数据实际上是通过相互独立且方差齐性的两个正态分布随机产生(与通过非中心化 t 变量直接产生效应量等价)。很明显研究者并未考虑原始研究数据非正态分布,或实验组与控制组数据的方差非齐可能会给 Hedges Q 检验性能所带来的影响;第四,在该研究中,原始研究间的样本容量被设置为相同。显然,原始研究样本容量间的这种设置策略上借鉴了 Hedges(1982a)的做法。因而,也存在着与其类似的缺点。

在Ⅰ类错误率控制方面，该研究结果表明，Hedges Q 检验在"大 k 小 N 组合"式模拟情境中的Ⅰ类错误率经验估计值高于名义显著性水平。这表明在这种模拟情境下该检验对Ⅰ类错误率的控制出现膨胀现象。然而，这个结果与 Hedges 和 Olkin（1985）的研究结果并不一致。此外，在 k 与 N 的其他组合中，Chang 的模拟研究结果与 Hedges 和 Olkin（1985）的研究结果基本一致。同时，该研究在 Hedges Q 检验检验力表现方面的研究结果显示：（1）在"大 k"（如 $k=30$）与"小 N"（如 $N=20$）组合的模拟情境中，Hedges Q 检验检验力的经验估计值与依据公式计算而得的理论值之间出现了较大的差异（前者高于后者）。由于无法获取 Chang 在该研究中有关 Hedges Q 检验检验力的精确数据，故无法得到这种不一致程度。但是，Harwell（1997）认为差值不大于 0.2；（2）当 k 的水平固定时，该检验检验力的经验估计值与理论值之间的最大差异会随着原始研究样本容量 N 的增大而下降，直至逐渐相互接近；（3）原始研究实验组与控制组间的样本容量是否相等对于 Hedges Q 检验检验力的经验估计值与检验力的理论值间的差异没有多大影响；（4）不同的总体效应量分布对 Hedges Q 检验检验力的经验估计值与理论值间的差异是有影响的。其中，第二种分布范式导致检验力模拟估计值与检验力理论值间的差异最大，但这种差异会随着 N 的增大而降低；（5）大多数模拟情境中，Hedges Q 检验检验力的经验估计值无法达到 Cohen 在 1988 年所给出的 0.8 这个最低合理标准。由于这个结论，Chang 认为元分析研究者常常根据 Hedges Q 检验的检验结果以决定是否采用固定效应模型的做法可能存在一些潜在问题。元分析者尤其要当心 Hedges Q 检验的Ⅱ类错误问题，因为 Hedges Q 检验的检验力通常较低，从而常常致使元分析者错误地将 FE 模型应用于观察效应量集合（认为这些效应量同质），从而导致过高的Ⅱ类错误率。相应地，元分析者错误地接受同质性检验的虚无假设，也常常导致人们对平均效应量进行错误的解释。

整体而言，Chang 的工作无论是在模拟情境设置方面还是在研究内容方面均可视作对 Hedges（1982a，1985）研究的进一步发展。由于 Chang 的研究，人们加深了对 Hedges Q 检验性能的认识。该研究最大的优点体现在模拟情境的设置方面，即研究者并非根据方便或主观爱好而是根据元分析实践的真实情况来确定模拟情境变量的水平设置。显然，这种做法更能客观地反映元分析实践的真实情况。但不可否认在研究内容、模拟情境设置与数据产生等方面，该研究也依然存在着一些不足。在研究内容上，一方面，该研究在对 Hedges Q 检验 I 类错误率的控制表现进行探索时只局限于 $\theta=0$ 时的情况，这种做法存在的一个潜在问题是研究者在 $\theta=0$ 处所得到的 Hedges Q 检验 I 类错误率控制方面的研究结果能否推广到 $\theta\neq0$ 处？这个问题依然尚待解决。虽然，Hedges（1982a）的研究表明原始研究数据呈正态分布且方差齐性时 θ 对 Hedges Q 检验的 I 类错误率控制没有什么影响。但由于 Hedges（1982a）研究本身的局限性，使得这一方面的研究结论需要获得更多证据的支持。另一方面，该研究对 Hedges Q 检验检验力的表现进行的探索中，虽然为总体效应量分布设置了 3 种离散型非中心分布，但由于 Chang 未对这 3 种总体效应量分布的方差与平均数进行统计控制，故致使所得检验力方面的结果彼此之间无法进行相互比较。此外，在模拟情境设置方面，该研究将每次模拟同质性检验时原始研究的样本容量都设置为相等，这一做法甚至比 Hedges（1982a）的做法更为理想化。此外，原始研究实验组与控制组的数据产生方面，Chang 的设置与 Hedges（1982a，1985）一样，也存在着相同的问题。

此后，Sanchez-Meca 和 Marin-Martinez 于 1997 年也对 Hedges Q 检验的检验性能进行了系统的评估。在模拟情境设置方面，该研究具有以下特征：（1）每次模拟元分析中原始研究的样本容量 N 均被设置成相等。并且，原始研究中实验组的样本容量与控制组的样本容量也被设置为相等。显然，这一设置策略与 Chang（1993）的做法是一致的。在该研究，N 被设置为 30、50、80、100 与 200 这 5 个水平；（2）在该研究，研究者有意识地扩大了 k 水平的变化范围，k 被设置为 6、10、20、40 与 100 这 5 个水平。k 的这个取值范围显然比 Chang 的设置范围更宽，这有利于充分反映 k 对 Hedges Q 检验 I 类错误率的控制与检验力表现方面的影响；（3）与 Hedges（1982a，1985）、Chang（1993）等人的做法类似，该研究在原始研究数据的产生方面，研究者也通过两个独立的正态分布 $N(\mu_E, \sigma^2)$ 和 $N(\mu_C, \sigma^2)$ 产生原始研究实验组与控制组的数据；（4）为探索 Hedges Q 检验在 I 类错误率控制方面的表现，该研究依据 Cohen 对大、中、小效应量的建议，将总体效应量 θ 设置为 0.2、0.5 与 0.8 这 3 个水平。这种做法与 Hedges（1982a）的做法基本类似，这种设置使得探索 θ 与 Hedges Q 检验 I 类错误率控制间的关系成为可能；(5) 为探索该检验在检验力方面的表现，Sanchez-Meca 等人利用 12 种两点分布产生总体效应量，即（0.8/0.7, 0.8/0.6, 0.8/0.5, 0.8/0.4, 0.8/0.3, 0.5/0.4, 0.5/0.3, 0.5/0.2, 0.5/0.1, 0.5/0.0, 0.2/0.1 与 0.2/0.0）。显然，这种做法类似于 Chang（1993）的做法，因为这 12 种总体效应量分布范型都属于离散型非中心分布。

该研究模拟研究结果表明，整体上，Hedges Q 检验对 I 类错误率的控制表现良好，其 I 类错误率的经验估计值接近名义显著性水平。而且，总体效应量 θ 的变化不会对该检验的 I 类错误率产生影响。这一研究结果与 Hedges（1982a）、Chang（1993）等人的研究结果基本上是一致的。同时，该研究报告表 1 中的数据表明，Hedges Q 检验的 I 类错误率在 N 较小（$N=30$）时会随着 k 的增大而趋于保守。这个结论与 Chang（1993）在大 k 与小 N 模拟情境下的有关研究结论相反，但与 Hedges（1985）的研究结果一致。然而，在其他模拟情境，该研究的研究结果与 Chang（1993）、Hedges（1985）等人的研究结果基本类似。比如，随着原始研究样本容量 N 的增大，Hedges Q 检验的 I 类错误率经验估计值愈加接近名义 I 类错误率（或名义显著性水平）等。同时，该研究的研究结果也表明，Hedges Q 检验的统计检验力随着 k、N 及 θ_1 与 θ_2 间差值的扩大而呈整体提高的趋势。这个结果与 Chang（1993）的研究结果也是类似的。但也有例外，从该研究报告表 3 中可以看出，当 $N \leqslant 30$ 且 $\theta_1 = 0.5$，$\theta_2 = 0.4$ 时，Hedges Q 检验的统计检验力与原始研究数目 k 间的关系趋势实际上并不清晰，似乎有随着 k 增大而下降的趋势。此外，模拟研究结果也显示，在多数模拟情境中，Hedges Q 检验的检验力并不高或实际上很低。尤其当效应量同质程度较高、原始研究数目较小或样本容量较小时，Hedges Q 检验的检验力表现更是如此。据此，与前人（Chang, 1993; Hall & Rosenthal, 1991; Johnson & Turco, 1992）一样，Sanchez-Meca 等人也建议元分析者应该谨慎对待效应量同质性检验的非显著性结果，不要将这种结果作为判断效应量同质或调节变量是否存在的判别标准。

该研究最大的优点是人们可以根据 Sanchez-Meca 等人所设置的 12 种总体效应量分布条件下 Hedges Q 检验检验力的表现初步探索在原始研究数据正态分布且对照组与实验组数据的方差齐性条件下平均总体效应量对 Hedges Q 检验的检验力是否存在影响这个理论上的问题。比如，在 $\theta_1/\theta_2 = 0.8/0.7$、$\theta_1/\theta_2 = 0.5/0.4$、$\theta_1/\theta_2 = 0.2/0.1$ 条件下 Hedges Q 检验检验力间的差异可归结为平均总体效应量对 Hedges Q 检验检验力的影响。显然，这种做法比 Chang（1993）在研究中对总体效应量分布的设置策略更具价值，但可惜的是该研究的研究者并未报告出所有数据，使得这种比较不可能进行。除此之外，在模拟情境变量 k 水平变化范围的设置上，该研究比前人研究（Hedges，1982a；Chang，1993）有所超越。此外，无论是在研究内容方面，还是在原始研究数据的产生、原始研究间样本容量的设置以及控制组与实验组样本容量的设置等方面，该研究也存在着类似于前人（Hedges，1982a；Chang，1993）研究中所存在的问题。

至此可知，Hedges（1982a）、Chang（1993）与 Sanchez-Meca（1997）等人对 Hedges Q 检验性能的研究中有一个共同特点，即在模拟情境设置时原始研究的数据由方差齐性的两个正态分布随机产生。由于现实研究中原始数据呈非正态分布且实验组与控制组数据方差非齐的情况在行为科学领域研究中是比较常见的（Mecceri，1989）。因此，在原始研究实验组与控制组的数据呈非正态分布且方差非齐条件下，上述研究者所得出的有关 Hedges Q 检验性能的研究结论是否依然有效还需要进一步地评估。

Harwell 是第一个关注原始研究数据呈非正态分布且方差非齐时 Hedges Q 检验性能表现的学者。1997 年，他首次在原始研究实验组与控制组的数据分别呈正态分布与非正态分布且方差齐性及非齐条件下对 Hedges Q 检验 I 类错误率的控制表现与检验力表现进行了深入的探索。具体而言，该研究在模拟情境设置方面具有以下特点：（1）在模拟情境变量 k 与 N 的水平设置上，Harwell 参考了 Hedges（1982a，1982b）及 Chang（1993）等人的做法，将 k 设置为 5、10 与 30 这 3 个水平，将 N 设置为 10、20、40 及 200 这 4 个水平；（2）每次模拟元分析所包含的 k 个原始研究的样本容量 N 被设置为相同，这种设置策略与 Chang

(1993)、Sanchez-Meca（1997）采用的策略是一致的；(3) 该研究中，每个原始研究实验组与控制组的样本容量被有意识地设置为相等与不相等这两种状态，当实验组与与控制组的样本容量不相等时，其中一组的容量被强制设置为占原始研究样本容量的 40%，另一组占 60%。Harwell 的这种做法显然突破了前人（Hedges, 1982a, 1985; Chang, 1993; Sanchez-Meca, et al, 1997）通常将实验组的样本容量与控制组的样本容量设置成相同数值的做法；(4) 在原始研究实验组与控制组数据呈正态分布与非正态分布、方差齐性与非齐性条件下，Harwell 只考察了 Hedges Q 检验在 $\theta_1\theta_2 = \cdots = \theta_k = 0$ 处的Ⅰ类错误率控制表现。这种设置策略明显受到 Hedges（1982a, 1985）、Chang（1993）以及 Sanchez-Meca 等人（1997）在原始研究数据呈正态分布且方差齐性条件下的有关研究结果的影响；其次，为考察 Hedges Q 检验的检验力表现，该研究者选用的总体效应量分布虽然也呈离散型非中心分布范式，但其所采用的 2 种总体效应量分布更接近于 Chang（1993）研究中的总体效应量分布。其中，总体效应量分布范式 1：$\theta_1 = \theta_2 = \cdots = \theta_{k-1} = 0$，$\theta_k = \theta$。这种总体效应量的分布范式对应于现实元分析实践中效应量间的异质性仅由小部分效应量所引起的这种情况；总体效应量分布范式 2：每次模拟同质性检验所包含的 k 个原始研究总体效应量中有 40% 的值为 θ，剩下的 60% 总体效应量的值被设定为 0。总体效应量的这种分布范式设置对应于元分析实践中效应量间的异质性由相对较大比例（几乎占一半）的效应量所引起的这种情况。这里，θ 被研究者设置为 0.125、0.375、0.5、0.75 及 1.0 这 5 个水平；(5) Harwell 的研究与前人的研究存在着较大不同的地方出现在原始研究实验组与控制组的数据产生上。在该研究中，Harwell 不但利用正态分布产生原始研究数据，而且还利用非正态分布产生原始研究的数据。不仅如此，该研究还在原始研究实验组与控制组数据方差水平的设置上不仅包括方差齐性这种状况，而且也包括方差非齐的这种状况。其中，产生原始研究数据的非正态分布有偏态与峰度程度较小的自由度 $df = 8$ 的 χ^2 分布（偏态系数 $\gamma_1 = 1$，峰度系数 $\gamma_2 = 1.5$。这里需要指出的是，对于 $df = 8$ 的 χ^2 分布，Harwell 1997 年的研究论文中所给出的偏态系数 $\gamma_1 = 1$，峰度系数 $\gamma_2 = 3$。这里 $\gamma_2 = 3$ 可能是 1.5 的误写，因为根据 Patnaik（1949）论文所给出的 γ_1 与 γ_2 计算公式，γ_2 应该等于 1.5。)、有偏态与峰度程度较高的 $df=2$ 的 χ^2 分布（$\gamma_1=2$，$\gamma_2=6$）和对称的高峡厚尾分布——Cauchy 分布（$\gamma_1=0$，$\gamma_2=25$）。同样，实验组、控制组数据分布的方差之比也被研究者系统地设置为 1∶1、2∶1、4∶1 与 8∶1 这 4 种不同的水平；(6) Harwell 还在实验组与控制组间的样本容量以及方差均不相等的情况下，探索了两者间正匹配（大样本容量配大的方差，反之亦然）与负匹配（大样本容量配小的方差，反之亦然）对 Q 检验性能所产生的影响；(7) Harwell 在探索原始研究组间方差非齐对 Hedges Q 检验性能的影响时，根据 McWilliam (1991) 的调查结果，在元分析中只将其中的 40% 实验组与控制组数据的方差设置为非齐性，而剩余的 60% 的组间方差依然设置为齐性。

该研究在 Hedges Q 检验对 I 类错误率的控制方面的模拟结果显示：(1) 原始研究实验组与控制组的样本容量相等且方差齐性时，按照 Cochran 的判断标准，Hedges Q 检验对 I 类错误率的控制在大多数情况下是保守的，在 N/k 较小时更是如此。具体而言：①如果原始研究数据呈正态分布且样本容量相等，则 Hedges Q 检验的 I 类错误率经验估计值在原始研究的平均样本容量与原始研究数目均较小的条件下呈现保守状态（如 $k=5$、$N=10$ 的 I 类错误率估计值 $=0.034$，$\alpha=0.05$）。但该研究报告的表 1 显示这种保守倾向会随 N 的增大而逐渐获得改善，并逐渐趋近于名义显著性水平 0.05。如果 k 值较小（5 或 10），要使该检验的 I 类错误率接近名义显著性水平，则需要 $N \geqslant 40$。同时，该研究的表 1 也显示，当 N 固定时 Hedges Q 检验对 I 类错误率的控制会随着 k 的增大而渐趋于保守的态势。Harwell 关于 Hedges Q 检验 I 类错误率控制的这些研究结果显然与 Chang (1993) 有所不同，但与 Hedges (1982a，1985) 及 Sanchez-Meca 等人 (1997) 的研究结论基本上是一致的。②其他模拟情境变量的设置固定时，在原始研究数据呈正态分布条件下，Hedges Q 检验对 I 类错误率的控制整体上明显优于在原始研究数据呈非正态分布时该检验对 I 类错误率的控制表现。原始研究数据呈非正态分布时，如果 N/k 较小，则多数模拟情境下该检验的 I 类错误率估计值都是保守的，尤其原始研究数据呈 Cauchy 分布时更是如此。整体上，如果 $N \leqslant 20$，则原始研究数据呈正态分布时与原始研究数据呈

$df=8$ 的 χ^2 分布时 Hedges Q 检验对 I 类错误率的控制表现彼此大体相当。然而，原始研究数据呈 $df=2$ 的 χ^2 分布时，该检验的 I 类错误率控制就显得更加保守。$N=40$ 时，Hedges Q 检验在原始研究数据呈正态分布、$df=8$ 的 χ^2 分布与 $df=2$ 的 χ^2 分布时的 I 类错误率大体相当。而 $N=200$ 时，原始研究数据呈正态分布时 Hedges Q 检验对 I 类错误率控制良好，但原始研究数据呈自由度 $df=8$ 与 $df=2$ 的 χ^2 分布时该检验的 I 类错误率经验估计值会随着 k 的增大而明显趋于保守；（2）原始研究实验组与控制组的样本容量相等但组间方差非齐时，该研究显示：①如果原始研究数据呈正态分布，则 Hedges Q 检验 I 类错误率的经验估计值受实验组与控制组的方差之比的影响较小。整体上，该检验 I 类错误率的经验估计值与名义显著性水平比较接近，其对 I 类错误率的控制表现良好；②如果原始研究数据呈柯西分布，则 Hedges Q 检验 I 类错误率的经验估计值几乎不受组间方差之比大小的影响。但是，在 N 与 k 都较大条件下（$N=200$，$k=30$），该检验 I 类错误率的经验估计值随着方差比的增大略呈下降趋势；③如果原始研究数据呈 $df=8$ 的 χ^2 分布，Hedges Q 检验 I 类错误率的经验估计值随着实验组与控制组数据的方差比的增大而增大。尤其方差比为 4 及 8 时，Hedges Q 检验对 I 类错误率的控制表现出轻度与中度地膨胀。而原始研究数据呈 $df=2$ 的 χ^2 分布时，该检验 I 类错误率的估计值在方差比为 4∶1 和 8∶1 处的膨胀程度比原始研究数据呈 $df=8$ 的 χ^2 分布时的膨胀程度更大。而且，当 N 固定时，这种膨胀还会随着 k 与方差比的增大变得更加严重。但是，随着原始研究样本容量增大至 200，在原始研究数据呈 $df=8$ 的 χ^2 分布与 $df=2$ 的 χ^2 分布条件下，该检验的 I 类错误率原先显著膨胀的状态呈现出回落的态势，该检验对 I 类错误率的控制表现基本尚可；（3）实验组与控制组的样本容量与方差间的匹配方式对 Hedges Q 检验的 I 类错误率控制有着重要影响。一方面，当两者间呈负向匹配类型时，无论原始研究数据呈何种分布以及原始研究数目 k 为何值，Hedges Q 检验 I 类错误率的经验估计值均随着实验组与控制组数据的方差比 σ_E^2/σ_C^2 的增大而增大。模拟结果显示，σ_E^2/σ_C^2 为 2 时，这种匹配方式会导致该检验对 I 类错误率的控制在少量模拟情境中出现失控现象。尤其在 N 与 k 均较大（$N=200$ 且 $k=30$）时，情况更是如此。同时，σ_E^2/σ_C^2 增大至 4

时，Hedges Q 检验 I 类错误率的经验估计值在原始研究数据呈正态分布条件下几乎全部出现膨胀现象。但是，原始研究数据呈同属对称分布的柯西分布时，该检验的 I 类错误率膨胀状态要好于原始研究数据呈正态分布时的情况。在 $\sigma_E^2/\sigma_C^2 \geq 4$ 且 $N \geq 200$ 条件下，该检验对 I 类错误率的控制一般会出现实质性的失控（膨胀）现象。同时，Hedges Q 检验的 I 类错误率也会随着原始研究数据的偏态程度增大而愈加失控。另一方面，当原始研究实验组与控制组的样本容量与方差间呈正向匹配类型时，Harwell 虽没有给出精确数据，但在报告中说明这种匹配方式会导致 Hedges Q 检验 I 类错误率呈现一致性的保守倾向。

同时，该研究关于 Hedges Q 检验检验力的研究结果表明：（1）如果原始研究实验组和控制组的样本容量相等且方差齐性时，则：①大多数模拟情境下，Hedges Q 检验的检验力很低。但是，当 $N_i \geq 40$ 时，该检验的检验力会随着 k 的增大而呈一致性提高的趋势；②Hedges Q 检验的检验力受 N、k 及 θ 等因素的影响。当其他模拟情境变量所设置的水平固定时，该检验的检验力会随着 θ 的增大而提高，并且其检验力与 N、k 间的关系还受 θ 因素的调节；③原始研究数据呈正态分布时，该检验检验力的经验估计值与理论值间的差异受 k 与 N 的结合方式影响较大，但这种差异程度会随着 N 的增大而缩小，这一点与 Chang（1993）的研究结论是一致的。在 Harwell 的研究中，该检验检验力的经验估计值一般低于理论值。这种情况在 N 较小（$N \leq 10$）时体现得更加明显，这与 Chang（1993）的研究结果相反；④$N \leq 20$ 时，原始研究数据分布的不同会对 Hedges Q 检验的检验力产生不同的影响。相对而言，原始研究数据呈 Cauchy 分布时，该检验有着最高的检验力，其次是原始研究数据呈正态分布或 $df = 2$ 的 χ^2 分布时的检验力，而原始研究数据呈 $df = 8$ 的卡方分布时的检验力相对最低。同时，Harwell 的研究显示，如果 $N \geq 40$，则原始研究数据呈不同分布时 Hedges Q 检验的检验力趋于相互接近；（2）原始研究的样本容量相等但对照组、控制组数据的方差非齐时，该研究的结果显示，Hedges Q 检验的检验力对原始研究实验组、控制组数据的方差之比的变化非常敏感。无论原始研究数据呈何种分布，如果其他条件相同，则该检验的检验力一般会随着实验组与控制组间的方差比增大而降低；（3）原始研究实验组、控制组的样本容量与方差均不相等但两者间呈负向匹配时，Harwell 发现在原始研究数据呈正态分布或偏态分布条件下，该检验的检验力大多出现膨胀现象。然而，实验组、控制组的样本容量与方差间的正向匹配会导致该检验的检验力呈现出一致性偏低的状态。

综上所述，Harwell 的研究无论是在研究内容的深度上还是在广度上均全面超越了 Hedges（1982a，1985）、Chang（1993）与 Sanchez-Meca 等人（1997）的研究。该研究的最大突破体现在原始研究数据的产生策略方面，Harwell 不但利用方差齐性的正态分布与非正态分布产生原始研究数据，而且还利用方差非齐的正态分布与非正态分布产生原始研究数据。原始研究数据的这种产生策略使得人们首次可以考察原始研究数据分布对正态分布假设的偏离、实验组与控制组数据的方差对方差齐性假设的违背是否会给 Hedges Q 检验的性能带来影响。在这一点上，该研究无疑大大地推进了人们对 Hedges Q 检验性能的认识。当然，该研究在其他方面也有很多优点，具体而言：（1）原始研究实验组与控制组的样本容量设置方面，Harwell 不但设置了 $n_E = n_C$ 这种情况，而且还允许 $n_E \neq n_C$。这种设置策略使得人们可以考察实验组与控制组样本容量的变化对 Hedges Q 检验性能的影响；（2）两种总体效应量分布的设置具有明显的针对性。这种设置一方面使得人们可以考察元分析中少量效应量异质的存在对 Hedges Q 检验整体检验结果的影响。另一方面，也可以考察较多效应量异质的存在对 Hedges Q 检验检验结果的影响；（3）实验组、控制组的样本容量与方差间的正、负匹配对 Hedges Q 检验性能的影响结论无疑加深了人们对 Hedges Q 检验性能的认识。无疑，这些研究结果无论是在理论上还是在实践上均具有重要的价值。但是，该研究无论在研究内容还是在模拟情境的设置上也存在着一些不足之处。不足之处具体包括：（1）该研究将每次模拟同质性检验的原始研究样本容量 N 设置成相等，这显然也存在着类似于 Chang（1993）与 Sanchez-Meca（1997）研究的缺陷；（2）实验组与控制组样本容量的不相等设置策略虽然使得人们可以考察实验组与控制组间样本容量的变化对 Hedges Q 检验性能的影响。但这种设置策略本身是固定水平设置策略，故所得的研究结果要外推出去尚需进一步检验；（3）Harwell 关于总体效应量分布的设置策略与 Chang（1993）相近，因此在不同总体效应量分布下 Hedges Q 检验检验力间的比较方面也存在着与 Chang 的研究相同的问题;(4) 实验组、控制组的样本容量与方差间的正匹配与负匹配组合方式对 Hedges Q 检验性能的影响虽然具有重要理论价值,但众所周知,在真正的科学研究中,实验组、控制组的样本容量在不同研究之间具有随机性,它们取决于研究者进行取样时所遇到的各种主观与客观因素的影响。因此,原始研究实验组、控制组的样本容量与方差间的随机匹配应该更具实践上的指导价值;(5) 实验组、控制组数据的方差非齐时,Harwell 根据 McWilliam(1991)的调查结果,每次元分析中只将 40% 原始研究的组间方差设置为非齐性,而剩余 60% 的组间方差依然设置为齐性。显然,采用这种设置策略并不太合理。在这里,研究者混淆了 McWilliam 所调查的研究文献与元分析中所包含的研究文献这两个不同概念。元分析研究中,所有原始研究文献探讨的是共同研究主题下变量间的关系。这里以实验情境为例来说明这个问题。实验情境中,一般而言实验组的方差应该大于控制组的方差,这是因为较之于控制组,实验组额外增加了实验处理。实验处理效应量若是存在的话,则实验组数据出现更大的变异是合理的(Glass, McGaw, & Smith, 1981)。这种解释也是符合统计原理的,即在随机变量 Y 与 T 相互独立时,$D(Y+T) \geq D(Y)$(这里 Y 表示控制组因变量,T 为处理效应即实验处理对因变量的影响,Y + T 表示实验组因变量。在完全随机实验设计与实验程序双盲处理下,Y 与 T 被视作相互独立并不荒唐)。当然瑕不掩瑜,整体而言,在作者所查的全部文献中,Harwell(1997)的研究可视作目前对 Hedges Q 检验性能研究的巅峰之作。

虽然 Harwell(1997)对 Hedges Q 检验性能进行了非凡的研究,但人们对该检验性能的研究并未停止。与前人研究的切入点不同,Hardy 和 Thompson(1998)从 Q 检验可获得的总信息量(total information, 意指原始研究观察效应量抽样误差方差倒数的总和)的角度出发,探索了总信息量、原始研究数目及总体效应量的研究间变异(即总体效应量方差)这些因素对 Hedges Q 检验检验力的影响。该研究在模拟情境设置方面具有自己的特色,主要体现在以下几个方面:第一,为探索上述 3 种因素对 Hedges Q 检验检验力的影响,在总体效应量层面,Hardy 和 Thompson 采用正态分布 $N(\theta, \sigma_\theta^2)$ 随机产生 k 个原始研究的总体效

应量 θ_i ($i=1, 2, \cdots, k$)。这是一种与 Chang (1993) 及 Harwell (1997) 等人在总体效应量分布方面所喜欢采用的离散型非中心分布范式截然不同的总体效应量分布范式；第二，为获得原始研究的观察效应量，Hardy 和 Thompson 在确定总体效应量后又通过 $N(\theta_i, v_i)$ 产生观察效应量 T_i（其中 v_i 是原始研究 i 的抽样误差方差）。这种做法与其他研究者利用正态分布或非正态分布产生实验组与控制数据，进而获得观察效应量的做法有很大的差异；第三，该研究系统地操纵权重分布（权重相等、某个权重占总信息量的 50% 或 90%，其余权重相等）、k（5、10 与 20）及总信息量（50、100 与 200）等因素的不同水平来创设不同的模拟情境进而探讨这些因素对 Hedges Q 检验检验力的影响。

Hardy 和 Thompson 关于 Hedges Q 检验检验力的研究结果表明，元分析观察效应量的权重系数分布对 Hedges Q 检验的检验力有重要影响。一方面，在元分析观察效应量的权重系数相等条件下：①如果权重值与总体效应量方差 σ_θ^2 固定，则 Hedges Q 检验的检验力会随着 k 的增大（相应地，元分析的总信息量也增大）而提高；②如果总信息量与 σ_θ^2 不变，则 k 的增大虽然会对 Hedges Q 检验的检验力产生影响（与此相应，元分析中每个原始研究效应量的权重下降），但 Hedges Q 检验在不同 k 值下的检验力彼此间的表现却很相似；③如果 k 与 σ_θ^2 固定，则 Hedges Q 检验的检验力会随着总信息量的增大而提高。另一方面，如果元分析中每个原始研究观察效应量的权重不相等，则 Hardy 和 Thompson 的研究结果显示：①只要有某一个原始研究所提供的信息量占总信息量的比例过大（50% 以上），就会导致 Hedges Q 检验的检验力出现实质性下降的现象。这个结果对于元分析实践而言无疑具有重要的价值；②只要其他模拟情境变量设置固定不变，Hedges Q 检验的检验力就会随着 σ_θ^2 的增大而提高。这一结论与前人（Chang, 1993；Harwell, 1997；Sanchez-Meca, 1997）的研究成果是一致的。该研究关于元分析中原始研究总信息量与信息量分布对 Hedges Q 检验检验力方面影响的探索深化了人们对 Hedges Q 检验的检验力影响因素本质的认识，这在理论上具有重要意义。

该研究的最大特色是在元分析中将可获得的总信息量因素引入 Hedges Q 检验检验力性能的研究领域。由于元分析可获得总信息量与权重系数的分布取决于原始研究数目、原始研究样本容量与观察效应量的分布，因此，考察总信息量对 Hedges Q 检验检验力性能的影响体现了一种更具整体特征的、较新颖的研究思路。但该研究的不足之处也很明显，不足之处包括：（1）研究内容上，研究者只关注 Hedges Q 检验的检验力表现，而对 I 类错误率的控制并未涉及；（2）仅仅从总信息量的角度出发，考察其对 Hedges Q 检验性能的影响会弱化研究成果对实践的指导意义。这是因为信息量这一指标是原始研究样本容量、实验组与控制组样本容量以及效应量等多种指标的高度综合。因此，即使 Hardy 等人发现信息量对 Hedges Q 性能的确存在影响，也难以识别出信息量各组成要素的作用以及各组成要素间所存在的交互作用。当然，由于每个原始研究所提供的信息量主要取决于原始研究的样本容量与其样本容量的状况，因此，该研究所揭示出的信息量对 Hedges Q 检验检验力的影响也间接地反映出了原始研究样本容量 N 及其分布形态对该检验检验力表现的重要影响；（3）利用正态分布直接产生观察效应量，这种观察效应量的产生策略过于理想化。现实元分析实践中，即使原始研究数据非常理想，呈正态分布且方差齐性，根据这种原始研究数据分布所得出的观察效应量 T_i 也不会服从正态分布。实际上，此时 T_i 理论上服从自由度为 $N-2$ 的 t 分布，最多在大样本的基础上才渐近呈正态分布（Hedges, 1981）。同时，如果原始研究数据不呈正态分布或方差非齐，则 T_i 的分布就会更加偏离正态分布。总而言之，这些先天不足导致该研究的一些研究成果在现实元分析实践中只具参考意义。

此后，在对 Hedges Q 检验的性能与置信区间法的性能进行比较时，Huedo-Medina, Sanchez-Meca 和 Botella（2006）也对 Hedges Q 检验 I 类错误率的控制与检验力表现进行了较为系统的探索。该研究在模拟情境设置方面的特色主要体现在：（1）Huedo-Medina 等人采用正态分布 $N(0.5, \sigma_\theta^2)$ 产生 k 个总体效应量。这种做法与 Chang（1993）及 Harwell（1997）等人不同，但与 Hardy 和 Thompson（1998）的做法是一致的；（2）Huedo-Medina 等人通过相应的正态分布与非正态分布随机模拟产生原始研究的实验组与控制组数据。因此，这种数据产生策略与 Hardy 等人（1998）的数据产生策略并不相同，更接近于 Harwell（1997）在研究中所采用的策略。实际上，基于这种策略所得到的原始研究数据更接近于真实情况，因而所得的研究结论更具有一般性，也同时具有更大的现实指导价值；（3）原始研究数据分布既有正态分布，也有非正态分布。其中非正态分布的偏态与峰度分别被设置为3种不同的水平；（4）原始研究内实验组与控制组数据的方差既有齐性设置，也有非齐设置。而且，实验组与控制组数据的方差非齐时，实验组数据方差总是被设置为大于非实验组数据方差，这一做法显然与 Harwell（1997）有较大的差别；（5）原始研究样本容量的设置方面，Huedo-Medina 等人基于现实元分析中原始研究的样本容量 N 彼此间通常并不相等的这个事实，并参考 Sanchez-Meca 与 Marin-Martinez（1998b）关于现实元分析中原始研究样本容量分布的实际调查结果，将平均原始研究样本容量 $\bar{N}$ 设置成 30、50 与 80 这三个水平。并且，将原始研究的样本容量分布设置成偏态系数 γ_1 为 1.464 的正偏态分布；（6）在其他模拟情境变量的水平设置方面，原始研究数目 k 被设置为 5、10 与 20 这三种水平，总体效应量方差 σ_θ^2 被设置为 0、0.04、0.08 与 0.16 这四种水平（其中 $\sigma_\theta^2=0$ 用于 Hedges Q 检验 I 类错误率研究），实验组与控制组数据的方差比被设置为 1、2、4 这三种水平。显然，与元分析研究实践的实际情况相比，k 的水平设置可能过窄了一点，并且实验组与控制组数据的方差比水平的设置也窄于 Harwell（1997）所设置的范围；（7）该研究旨在对 Hedges Q 检验与 I^2 置信区间法这两者间的性能进行比较，但所采用的检验性能评估指标分别为平均 I 类错误率与平均统计检验力，这种平均指标的采用无疑有碍于对 Hedges Q 检验性能的详细了解。

在上述设置基础上，该研究关于 Hedges Q 检验 I 类错误率控制方面的研究结果显示：（1）如果原始研究实验组与控制组的数据呈正态分布且方差齐性，则 Hedges Q 检验的平均 I 类错误率控制表现非常良好，并且不受原始研究数目 k 与平均样本容量 $\bar{N}$ 的影响。这个研究结论与 Hedges（1982a）、Harwell（1997）与 Sanchez-Meca（1997）等人的研究结果大体一致，但也略有差别。其差别主要体现在 Hedges Q 检验的 I 类错误率与 k 间的关系上。尤其 $\bar{N}$ 较小时，更是如此；（2）如果原始研究实验组与控制组的数据呈正态分布但方差非齐，则 Hedges Q 检验的平均 I 类错误率控制依然良好。并且这种状态也不受原始研究数目 k 与平均样本容量 $\bar{N}$ 的影响；（3）如果原始研究实验组与控制组数据呈非正态分布且方差齐性，则 Hedges Q 检验的平均Ⅰ类错误率的控制也依然表现良好；（4）如果原始研究实验组与控制组的数据呈非正态分布且方差非齐，则 Hedges Q 检验平均Ⅰ类错误率的控制整体上也近似接近名义显著性水平。众所周知，仅仅采用平均Ⅰ类错误率会掩盖Ⅰ类错误率实际表现及其与影响因素间关系的真实情况，因而难以清晰地描述各影响因素对 Hedges Q 检验Ⅰ类错误率的真正影响趋势。同时，该研究关于 Hedges Q 检验检验力的研究结果表明：（1）不管原始研究数据是呈正态分布还是呈非正态分布，不管实验组与控制组数据的方差齐性还是非齐，该检验的平均检验力是 k、σ_θ^2 及平均样本容量 $\bar{N}$ 的函数。其他模拟情境变量不变时，Hedges Q 检验的检验力分别随着 k、$\bar{N}$ 及 σ_θ^2 的增大而提高。这个研究结果与前人（Hardy & Thompson，1998）的研究结论是一致的；（2）研究者虽未提及 Hedges Q 检验检验力与原始研究实验组、控制组数据的方差比之间的关系，但从该研究报告的图 7 中可以看出，随着实验组与控制组数据的方差比增大，该检验的平均检验力会出现较为明显的下降趋势。此外，显然该研究关于 Hedges Q 检验的检验力与 σ_θ^2 之间的关系以及 Hedges Q 检验检验力与实验组、控制组数据的方差比之间的关系的结论类似于 Harwell（1997）的结论。然而，由于研究者在评估该检验的检验力表现时采用的也是平均检验力指标，故在一定程度上也会掩盖了其检验力与各影响因素间的清晰关系。

整体而言，Huedo-Medina 等人的研究是自 Harwell（1997）工作之后对 Hedges Q 检验性能进行全面、深入探索的又一次努力。较之于 Harwell（1997）研究，该研究在模拟情境设置方面出现较大改善的地方有两处：第一，该研究中，每次同质性检验中 k 个原始研究的样本容量 N 没有被设置成相等，而是根据 Sanchez-Meca 与 Marin-Martinez（1998b）的建议按照"现实元分析中原始研究的样本容量分布呈正偏态分布且 $\gamma_1 = 1.464$ 的调查结果"进行设置，这比 Harwell 的设置策略更符合元分析实践的真实情况；第二，该研究在实验组与控制组数据方差非齐的设置方面纠正了 Harwell（1997）的做法，总是将实验组数据的方差设置成高于控制组数据的方差，这样处理更符合事实情况。当然，该研究也有一些不足，这主要体现在：（1）原始研究控制组与实验组的样本容量被设置成相等，这种做法与现实不相吻合；（2）该研究中原始研究样本容量分布的设置本质上是一种固定水平设置，并非随机产生。因而，这种关于原始研究样本容量分布的设置虽然较之于前人更为合理与科学，但所得的研究结果在可推广性上依然需要更多的研究来进一步验证；(3) 在内容上，该研究的总体效应量由正态分布 $N(0.5, \sigma_\theta^2)$ 随机产生。但是，该研究的平均总体效应量 μ_θ 被固定在 0.5 这个水平上，这种做法使得该研究无法探测 μ_θ 对 Hedges Q 检验检验力表现的影响。当然，在这一点上，Harwell 的研究也有类似缺陷；(4) 该研究由于采用性能评估指标是平均 I 类错误率与平均检验力，故也难以精确揭示各模拟情境变量对 Hedges Q 检验性能的影响。整体而言，就对 Hedges Q 检验性能认识的贡献方面，该研究与 Harwell (1997) 的研究在理论上各具千秋，可视作对 Hedges Q 检验性能研究自 Harwell (1997) 之后的又一座高峰。

最近一项关于 Hedges Q 检验性能的研究见 Viechtbauer (2007b) 的工作。为对 Hedges Q 检验性能进行评估，该研究在模拟情境创设方面具有以下特色：(1) 在原始研究总体效应量的产生方面，与前人 (Hardy & Thompson, 1998; Huedo-Medina, 2006, et al) 的做法类似，Viechtbauer 也利用正态分布 $N(\mu_\theta, \sigma_\theta^2)$ 随机产生 k 个总体效应量 ($i=1, 2, \cdots, k$)。其中，σ_θ^2 被设置为 0、0.01、0.025、0.05 与 0.1 这 5 个水平。这种设置基本上能对总体效应量异质性程度从小到大实现覆盖。$\sigma_\theta^2 = 0$ 用于考察 Hedges Q 检验对 I 类错误率的控制表现；(2) 在实验组与控制组数据的产生方面，Viechtbauer 在随机产生 θ_i 之后，再通过两个独立且方差齐性的正态分布随机产生实验组与控制组的数据。这种原始研究数据的产生策略与 Hedges (1982, 1985)、Chang (1993) 及 Sanchez-Meca (1997) 等人的做法相同，因而也无法考察原始研究数据违反正态分布假设与方差齐性假设所可能给 Hedges Q 检验性能带来的影响。因此，该研究在这方面也具有一定的局限性；(3) 该研究中，每个原始研究实验组与控制组的样本容量 n_i（这里，$n_i = n_{Ei} = n_{Ci}$）由正态分布 $N(\bar{n}, \bar{n}/3)$ 随机产生。显然，这种原始研究样本容量的产生策略要优于前人所采用的非随机产生策略 (Chang, 1993; Hardy & Thompson, 1998; Harwell, 1997; Hedges, 1981; Hedges, 1982b; Huedo-Medina, Sanchez-Meca & Botella, 2006;

Sanchez-Meca & Marin-Martinez，1997），因而更符合元分析研究实践的真实情况，所得的研究结果也更具有可推广性。但是，Viechtbauer 将实验组和控制组的样本容量设置为相等（$n_{Ei} = n_{Ci}$）的做法则过于理想化。因为在现实元分析研究中，实验组与控制组样本容量的非平衡设计是常见的；（4）原始研究数目 k 与组平均样本容量 $\bar{n}$（$\bar{n} = \sum n_i/k$）的设置在水平变化范围上要比前面提及的研究更宽。同时，依据 Rosenthal 和 DiMatteo（2001）的调查结果，Viechtbauer 将 k 值设置为 5、10、20、40 与 80 这 5 种水平，将 $\bar{n}$ 值设置为 20、40、80、160、320 与 640 这 6 种水平；（5）Viechtbauer 有意识地探索了平均总体效应量 μ_θ 对 Hedges Q 检验性能的影响。在该研究之前，似乎其他研究者在潜意识里均持有这样一种观点，即 μ_θ 对 Hedges Q 检验的性能没有影响。因而，在 μ_θ 的某个取值上所得到的关于该检验性能的研究结论可以自动地推广到 μ_θ 的其他取值上去。显然，Viechtbauer 认为这种观点的正确与否还需要进行了验证。为此，该研究者依据 Cohen（1988）的建议将设置为 0、0.2、0.5 与 0.8 这 4 种水平。然而，需要指出的是，Viechtbauer 在该研究中只是在原始研究数据呈正态分布且方差齐性的条件下对此观点进行了验证。

在所创设的模拟情境中，该研究在 Hedges Q 检验 I 类错误率控制方面得到以下结论：（1）该研究报告的 Figure 3a 显示，Hedges Q 检验在 $\bar{n}$ 较小时对 I 类错误率的控制稍显保守；（2）当 $\bar{n}$ 不变时，随着 k 的增大，Hedges Q 检验 I 类错误率的经验估计值较之于名义 I 类错误率有趋于保守的趋势，但这种保守趋势会随着 $\bar{n}$ 的增大而减弱。反之，k 固定不变时，随着 $\bar{n}$ 的增大，该检验 I 类错误率的经验估计值会较快地趋于名义显著性水平。该研究关于 I 类错误的这些研究结果与前人的研究结果（Harwell，1997；Hedges & Olkin 1985；Huedo-Medina, Sanchez-Meca & Botella，2006；Sanchez-Meca & Marin-Martinez，1997）基本上是一致的；（3）该研究进一步显示，$\bar{n} \geqslant 80$ 时，Hedges Q 检验对 I 类错误率的控制表现非常良好，并且几乎不受 k 变化的影响。无疑，这个结论对于心理学研究中被试样本容量要达到多大才比较合适具有一定的指导价值；（4）总体效应量 θ 的变化不会对 Hedges Q 检验的 I 类错误率控制（也包括其他检验）产生实质性影响。这一结论表明，在原始研究数据呈正态分布且方差齐性的条件下，观察效应量的抽样分布与 θ 间的相互依赖关系在强度上尚不足以影响该检验对 I 类错误率的控制表现。另一方面，该研究关于 Hedges Q 检验检验力的研究结果表明：(1) Hedges Q 检验的检验力受 k 与 $\bar{n}$ 的影响。整体上，对 k 与 $\bar{n}$ 中的任意一个固定，该检验的检验力会随着另一个因素的增大而提高。这个结果与 Huedo-Medina 等人（2006）的结果是一致的，也与其他研究者（Harwell, 1997; Sanchez-Meca, & Marin-Martinez, 1997）在相似模拟情境中的研究结果类似；(2) 该研究报告的图 4 显示，Hedges Q 检验的检验力随着 σ_θ^2 的增大而提高。这个研究结果也与前人的研究结果是一致的（Chang, 1993; Harwell, 1997; Hedges & Olkin, 1985; Huedo-Medina, Sa'nchez-Meca, & Botella, 2006; Sanchez-Meca, & Marin-Martinez, 1997）；(3) k 较小时（$k \leq 10$），如果 $\bar{n}$ 也较小（$\bar{n} \leq 20$），此时即使 σ_θ^2 较大（$\sigma_\theta^2 = 0.1$），Hedges Q 检验的检验力也较低，无法达到 Cohen 当年所确定的 0.8 这个最低合理水平。但是，这种情况会随着 k、$\bar{n}$ 与 σ_θ^2 的增大而改善。

纵观有关 Hedges Q 检验性能的研究历程，不难发现人们为探索 Hedges Q 检验的性能所采用的基本方法是 Monto Carlo 模拟法。当然，也有个别例外，例如 Hedges 和 Pigot（2001）在严格的统计假设基础之上从数学的角度出发推导出了 Hedges Q 检验检验力的计算公式。但是，由于该公式所基于的观察效应量服从正态分布假设、实验组与控制组数据的方差齐性假设与实际情况常常存在着一定的差距，故按该公式计算所得到的检验力在实践中仅具参考价值。同时，在对该检验性能的研究历程中，可以知晓人们对 Hedges Q 检验性能的研究经历了一个从简单到深入、从片面到全面的发展过程。然而，上面的文献综述也同时揭示出这样一个基本事实——目前对 Hedges Q 检验性能的了解远非足够。其原因集中体现在这两个方面：第一，对 Hedges Q 检验性能进行研究时，模拟研究的情境设置尚有进一步完善的空间；第二，在研究内容上，Hedges Q 检验性能方面依然还有一些重要的问题尚未解决。

第二章 问题提出

第一节 当前 Hedges Q 检验性能研究方面存在的问题

由前文可知，研究者对 Hedges Q 检验性能的研究与评估实际上是围绕该检验对 I 类错误率的控制及其检验力的实际表现这两个方面展开的。从数学角度而言，若 H_0 为真（$H_0: \theta_1 = \theta_2 = \cdots = \theta_k$），则 Hedges Q 检验统计量渐近服从自由度 $df = k - 1$ 的 χ^2 分布。但在理论上，这个结论得以成立则必须满足3个基本假设：第一，原始研究实验组与控制组的数据分布相互独立且均服从正态分布；第二，原始研究实验组与控制组数据的方差相同；第三，原始研究实验组与控制组的样本容量 n_E 与 n_C 间的比例固定，且原始研究的样本容量 N 趋于 ∞（Hedges & Olkin, 1981；Hedges & Olkin, 1985）。对于任何一个统计检验而言，其所基于的基本假设得到满足与否对其 I 类错误率的控制及检验力表现是否会产生重大影响是评估该检验性能的重要内容（Box, 1953）。因此，考察 Hedges Q 检验所基于的基本假设得到满足时与未得到满足时其检验性能的实际表现就构成了对其性能评估的全部内容。尤其后者的研究成果在指导实践时具有关键性的作用。一般来说，原始研究数据呈非正态分布是比较普遍的（Mecceri, 1989），Hedges（1981）和 Glass（1976）也认为原始研究实验组与控制组数据的方差存在差异是一个事实。因为，在心理学研究实践中，由于研究者意识到的或未意识到的人为选择、方便取样、天花板与地板效应等原因，Hedges Q 检验的基本假设未得到满足也不会令人感到非常意外。假如基本假设没有得到满足，Hedges Q 检验的性能也不会出现明显下降。那么，这种情况就表明该检验的性能具有相当的稳健性（robustness）。与此相应，基于这种检验所得出的结论因具有一般性而在实践中具有极高的指导价值；相反，如果基本假设没有得到满足，Hedges Q 检验的性能出现明显的下降，则表明该检验比较灵敏或脆弱，稳健性不强。相应地，据此检验所得出的研究结论就具有相当的情境性。此时，比较恰当的做法应该是识别出哪些因素会对 Hedges Q 检验的性能产生影响，并尽可能地贴近元分析实践的真实情况来设置各种模拟情境以探讨该检验的性能表现。

根据已有相关文献的综述结果可知，目前关于 Hedges Q 检验性能的研究无论是在研究内容还是在模拟情境的设置方面都存在着一些问题，还需要进一步探索与拓展。

一　研究内容方面尚待解决的问题

归结起来，在研究内容方面尚待解决的问题有：

问题一：总体效应量分布范式（distribution pattern）对 Hedges Q 检验的检验力表现是否有影响？

在已有研究中，有的研究总体效应量分布采用离散型非中心分布范式（Chang，1993；Harwell，1997），有的研究采用连续型正态分布范式（Hardy & Thompson，1998；Huedo-Medina, Sanchez-Meca & Botella, 2006；Viechtbauer，2007）。若就单个有关 Hedges Q 检验性能的研究而言，选择何种总体效应量分布范式本身并没有什么不妥，因为研究结果总可以显示某种总体效应量分布范式下 Hedges Q 检验检验力的影响因素及其影响程度。然而，这种做法的后果是导致不同总体效应量分布范式条件下 Hedges Q 检验的检验力彼此之间无法直接比较。这种情况进而会导致 Hedges Q 检验在一些模拟情境中即使其检验力已经达到 0.8 这个最低合理标准（Cohen，1988）也无法将其应用于指导现实元分析同质性检验结果的质量评估。因此，要合理评价现实元分析中基于 Hedges Q 检验结果所做出的统计推断的质量，就需要系统地制定出在实践上具有指导作用的质量评估标准。然而，这一切必须基于总体效应量分布范式对 Hedges Q 检验的检验力是否有影响这个课题的研究之上。如果通过研究能够表明 Hedges Q 检验的检验力对总体效应量的分布范式不敏感，则该检验的检验力对总体效应量分布范式而言是稳健的（robust）。这种稳健性将为制定具有实践指导作用的 Hedges Q 检验的检验力评估标准奠定坚实的基础；否则，依据某种总体效应量分布范式所建立的 Hedges Q 检验检验力性能评价标准的价值就会下降。

表面上，Chang（1993）、Harwell（1997）等人在其研究中均采用了多种离散型非中心分布范式的总体效应量分布，这似乎为探索总体效应量分布对 Hedges Q 检验检验力的影响提供了可能。但实际上，处理这一个问题时，研究者应该认识到总体效应量分布范式是多种分布特征（如连续与离散、平均数、方差、偏度及峰度等）的综合。理论与实践均表明总体效应量方差（σ_θ^2，总体效应量的异质性程度的量化指标）的增大会提高 Hedges Q 检验的检验力。因此，涉及不同总体效应量范式下 Hedges Q 检验的检验力间的比较研究时必须对 σ_θ^2 与平均总体效应量进行统计控制。否则，就无法探测总体效应量分布其他形态特征（离散与否、偏态、峰度等）对 Hedges Q 检验的检验力是否会产生影响。Chang 与 Harwell 等人正是由于没有对 σ_θ^2 与平均总体效应量进行统计控制，故他们的研究实际上也并没有涉及总体效应量分布范式与 Hedges Q 检验性能间关系这一研究内容。而且，总体效应量为离散型非中心分布时与为连续型分布时的 Hedges Q 检验检验力间是否存在着差异也依然未知。

问题二：在原始研究数据呈正态分布但实验组与控制组数据的方差非齐条件下，或者在原始研究数据呈非正态分布条件下，总体效应量 θ 对 Hedges Q 检验的 I 类错误率是否存在着影响？

对 I 类错误率的控制以及检验力的表现如何是评价一个统计检验性能不可分割的两个方面。理论上，如果一个统计检验的性能良好，则意味着该检验对 I 类错误率的控制表现良好，同时还意味着该检验具有高的检验力。相应地评估 Hedges Q 检验的检验力表现还应基于其对 I 类错误率的控制是否表现良好之上。否则，该统计检验的检验力要么会被低估，要么会被高估。无论哪一种情况均会对元分析研究实践带来不利的影响，尤其是后一种情况的负作用更是严重。因此，探讨总体效应量 θ 是否会对 Hedges Q 检验 I 类错误率的控制产生影响这个问题对于 Hedges Q 检验检验力的性能评估而言非常重要。如果 θ 不会影响 Hedges Q 检验的 I 类错误率控制，则对该检验的检验力表现的评价只需基于该检验在 θ 的某个取值处对 I 类错误率的控制表现即可；反之，只有将 Hedges Q 检验的检验力表现与该检验的Ⅰ类错误率控制联系起来才能使得 Hedges Q 检验在元分析研究实践中能够被正确地应用。Hedges（1982a；1982b）是最早关注这个问题的研究者，为此，他有意识地将 θ 设置为不同的水平（0.25、0.5、1 与 1.5）。并在这种设置下探索了 θ 对 Hedges Q 检验的Ⅰ类错误率控制表现的影响。Hedges 的研究结果是比较乐观的，因为 Hedges Q 检验在 θ 取不同取值时都对Ⅰ类错误率的控制表现非常理想，只有极少数情况出现轻微保守或膨胀现象。在该研究所设置的条件下，这个研究结果意味着 θ 的变化对 Hedges Q 检验的Ⅰ类错误率控制几乎没有什么影响。但要注意这个研究结论的得出是基于原始研究数据呈正态分布与方差齐性假设之上的。因此，这个研究结论能否推广出去尚需要进一步的研究。前面已经指出，Hedges 的这个研究结论对 Harwell（1997）、Hardy（1998）等人的研究工作产生了重要影响。Harwell 在对 Hedges Q 检验的性能进行探讨时就仅对 θ 值为 0 处该检验对Ⅰ类错误率的控制进行了探讨，并以此为参照进一步评价其检验力表现。后来，Huedo-Medina 等人（2006）对 Hedges Q 检验性能的研究中在很多方面都作了更为合理的处理。他们利用 $N(0.5, \sigma_\theta^2)$ 随机产生总体效应量 θ 以研究 Hedges Q 检验的检验力表现。与此对应，他们采用的是 Hedges Q 检验在 $\theta=0.5$ 处的Ⅰ类错误率控制表现以对该检验的检验力表现进行评价。但由于该研究旨在探索上两种同质性检验的性能间的比较，故没有系统地探索 θ 对 Hedges Q 检验Ⅰ类错误率控制的影响。同样，Viechtbauer（2007）虽然对这个问题进行了较为系统的探讨，但由于该研究模拟情境的设置与 Hedges（1982a；1982b）的研究类似，因此，研究结果也难以进一步推广出去。总而言之，在更接近现实元分析的情境中，θ 的变化是否会对 Hedges Q 检验Ⅰ类错误率的控制产生影响这个问题尚需进一步探讨。

问题三：原始研究数据呈正态分布但实验组与控制组数据的方差非齐时或原始研究数据呈非正态分布时，平均总体效应量 μ_θ 对 Hedges Q 检验的检验力是否存在影响？

对平均总体效应量 μ_θ 对 Hedges Q 检验的检验力是否有影响方面的探索无疑在元分析同质性检验的实践中具有重要的意义，其理由与 θ 是否对 Hedges Q 检验的Ⅰ类错误率控制有影响方面的探索在实践中的重要性是类似的。理论上，μ_θ不同，总体效应量的分布也不同。但由于总体效应量分布的统计特征不止一种。因此，要识别对 Hedges Q 检验检验力的影响，就必须在模拟情境的设置中设置多个总体效应量分布。同时，还要控制其他可能对 Hedges Q 检验的检验力表现带来潜在影响的总体效应量分布特征。Chang（1993）、Harwell（1997）虽然在研究中也设置了多种离散型总体效应量分布，但由于这些研究者并未将μ_θ对 Hedges Q 检验检验力的影响与其他效应量分布特征的影响相互区分开来，故不可能识别出μ_θ对 Hedges Q 检验检验力的影响。虽然 Sanchez-Meca（1997）无心但 Viechtbauer（2007）有意地研究了μ_θ对 Hedges Q 检验检验力的影响，但由于前者并未提供任何可供比较的精确数据，而后者也没有可以反映μ_θ对 Hedges Q 检验检验力影响的证据。因此，据此基本上可猜测在他们的研究中μ_θ对 Hedges Q 检验的检验力可能没有什么影响。当然，这种猜测的结论可从 Hardy 和 Thompson（1998）与 Huedo-Medina，Sanchez-Meca 和 Botella（2006）研究中总体效应量的产生方式上得到间接支持。然而，这两个研究均是在原始研究数据呈正态分布并且对照组与控制组数据的方差齐性条件下进行的。因此，这种可能的结论在原始研究数据呈非正态分布或方差非齐条件下是否依然成立尚不得而知。

总而言之，目前在已有的关于 Hedges Q 检验检验力性能的研究中尚未发现有符合回答本问题所需要的研究文献。

问题四：违背原始研究数据的统计假设对 Hedges Q 检验性能的影响目前还知之不多。

虽然，目前只有两个证据（Harwell，1997；Huedo-Medina, Sa'nchez-Meca, & Botella, 2006）表明原始研究数据的统计假设被违背可能会对元分析同质性检验性能造成影响，然而，我们对这方面的具体信息依然所知甚少（Hedges & Pigott, 2004）。尤其在原始研究数据分布特征对 Hedges Q 检验性能的影响方面更是如此。

问题五：目前尚无可用于指导现实元分析同质性检验实践的 Hedges Q 检验性能的质量评价标准。

元分析研究中，人们常常依据 Hedges Q 检验的结果来对效应量是否同质进行二分式判断的习惯由来已久。破除这种习惯的最好方法莫过于为 Hedges Q 检验性能的表现建立客观的质量评价标准。然而，迄今为止，这种质量评价标准还是缺乏的。为什么至今还没有制定出对这种判断是否科学进行评估的标准？其基本原因可能有二：其一，只要前面所指出的四大问题得到解决之前，这种质量评估标准的制定就无从谈起；其二，制定这种标准与探讨 Hedges Q 检验性能影响因素有所不同。后者影响因素水平的设置是一种粗放式的设置，因素水平可以相差很大。比如，探讨原始研究样本容量 N 对该检验性能的影响，N 值被设置为 20、40、80、160、640 这 5 个水平完全可以实现研究目标。但是若要制定这种标准，则 N 水平设置就应该很详尽。因此，浩大的工作量也是让人生畏的重要原因。

二　模拟情境设置方面尚待解决的问题

为获得对元分析实践具有指导价值的研究成果，对 Hedges Q 检验的性能进行模拟研究时，模拟情境设置策略的优劣判别依据只有一个，即所创设的模拟情境与现实元分析实践的情况吻合程度如何。两者吻合得越好，则在所设置的模拟情境中得到的关于 Hedges Q 检验性能的研究结论的理论价值与对现实元分析同质性检验实践的指导价值也就越大。否则，有关 Hedges Q 检验性能的研究结论对元分析同质性检验的现实指导价值就需要进一步验证。如果持此标准，上面的文献综述表明，任何一个现有的、对 Hedges Q 检验性能所进行的研究在模拟情境的设置上或多或少均存在着需要进一步改善的空间。那么，符合现实元分析的模拟情境设置的具体指标有哪些呢？本书作者认为，这些标准至少应该包括以下 4 条：

其一，模拟情境变量水平的设置应该能够覆盖现实元分析的实际情况；

其二，原始研究的样本容量、实验组与控制组的样本容量应该是随机产生的。而且，应该与现实元分析研究的情况大体相符；

其三，原始研究实验组与控制组的数据应该随机产生，在此基础上获得所需的观察效应量；

其四，原始研究数据分布应该含有正态分布，也应该包含非正态分布。实验组与控制组数据方差应该包含齐性情况，也应该包含非齐性情况。

三 问题的提出与基本思路

结合有关 Hedges Q 检验性能研究的现状与目前存在的问题，本书将沿着以下基本思路展开：

第一，在元分析的原始研究间层面，探讨总体效应量的不同分布范式是否会对 Hedges Q 检验的检验力表现产生影响（研究一）。前面已经指出这个问题目前尚是一个未知领域，为此，本书将在控制总体效应量分布平均数与方差 σ_θ^2 的基础上，构造出多种类型的总体效应量分布，在其他模拟情境变量设置相同的条件下，比较不同总体效应量分布范式下的 Hedges Q 检验的检验力表现。同时，这个研究也为 Hedges Q 检验检验力的后续研究及 Hedges Q 检验检验力标准的制定奠定重要基础。

第二，在原始研究内部数据层面，将探讨原始研究实验组与控制组的数据分布对 Hedges Q 检验 I 类错误率控制的影响（研究二）。一方面，I 类错误率的控制表现是评估 Hedges Q 检验性能的主要依据之一。另一方面，这个研究也是评价 Hedges Q 检验的检验力表现是否膨胀或保守的基础。在这个研究中，研究者可以探索总体效应量 θ 对该检验的 I 类错误率控制表现是否有影响，还可以考察其他模拟情境变量对该检验力的影响。

第三，在研究二的基础之上，继续探讨原始研究实验组与控制组的数据分布对 Hedges Q 检验检验力的影响（研究三）。在控制平均总体效应量 μ_θ 与总体效应量方差 σ_θ^2 的前提下，该研究旨在探索原始研究数据分布偏离正态分布可能对 Hedges Q 检验统计检验力所造成的影响。同时，也考察各模拟情境变量（或元分析情境变量）对 Hedges Q 检验检验力的影响。

第四，在上述研究的基础之上，为元分析中 Hedges Q 检验的性能评估制定系统的评价标准（研究四），并将此标准与前面的研究结论相结合以利于指导元分析者在实践中如何结合自己元分析研究的实际情况对同质性检验结果进行可靠性评价。

第二节 研究意义

一 理论意义

任何一种统计方法若要被正确应用于解决实际问题，对该统计方法的性能事先进行充分的了解是基本前提。理论上，要全面系统地了解 Hedges Q 检验的性能，就必须要探索清楚原始研究间与原始研究内各种影响因素对该检验性能可能带来的各种潜在影响。元分析原始研究间层面的影响因素主要包括原始研究总体效应量分布、原始研究数目与原始研究样本容量分布这三个因素。而原始研究内层面的主要影响因素则包括实验组与控制组的样本容量及其数据分布这两个方面。因此，要充分认识 Hedges Q 检验的性能，实际上就是要充分认识这些影响因素对 Hedges Q 检验性能的影响。文献综述结果表明，这些因素对 Hedges Q 检验性能的影响目前研究还有一些问题需要进一步解决。本书的理论价值主要体现在以下几个方面：

第一，丰富与加深人们对 Hedges Q 检验性能的理解。本章上节已经指出，总体效应量分布范式对 Hedges Q 检验检验力的影响、原始研究数据呈非正态分布或方差非齐条件下总体效应量 θ 对 Hedges Q 检验 I 类错误率的影响、原始研究数据呈非正态分布或方差非齐条件下平均总体效应量对 Hedges Q 检验检验力的影响等问题目前都是尚待解决的，这些问题的解决必将进一步丰富与完善人们对 Hedges Q 检验性能的认识，加深人们对该检验性能的理解。

第二，进一步了解 Hedges Q 检验在其所基于的统计假设被违背时的检验性能表现。目前，虽然有两个研究在这方面进行了一定程度的探索，但是已有的研究在模拟情境设置上或多或少具有进一步完善的空间。因此，在模拟情境设置更加合理的基础上，重新探索统计假设被违背时各种影响因素对 Hedges Q 检验性能的影响有利于与前人的研究成果相互验证与比较，进而考察能否能对现有的研究结论有所发展。

第三，对 Hedegs Q 检验性能全面、深入的研究也为 Q 检验应用于其他效应指标时的同质性检验结果评价提供了有益的启示，以期起到抛砖引玉的作用。

二 实践意义

为什么要对 Hedges Q 检验性能展开系统与深入的研究？这个问题的回答最终就是服务于元分析实践这个目的的。本论文研究的实践意义主要体现在：

第一，总体效应量分布范式与 Hedges Q 检验检验力间的关系研究是为元分析同质性检验事后质量评价建立具有实践指导作用的评估标准体系所必不可少的基础工作之一。如果研究表明总体效应量分布范式对该检验检验力的影响相对而言并不严重，则表明该检验的检验力对总体效应量分布范式表现出相对的稳健性，这种研究结果将为建立这样的标准奠定较为坚实的基础；反之，如果总体效应量分布范式对该检验检验力的影响很大，则表明建立这样的标准体系的价值就会降低。

第二，本书尝试在前人研究的基础上，在贴近现实元分析研究情境的条件下制定出 Hedges Q 检验结果事后质量评估标准系统，从而为后人元分析中同质性检验结果的质量控制与评价提供一种可信的工具。

第三，在该研究的基础上，界定出 Hedges Q 检验应用的合理区域、可能膨胀区域、可能保守区域。同时，分析 Hedges Q 检验应用时可能存在的问题，纠正与预防人们在元分析同质性检验中有可能会犯的错误，并指导人们如何正确利用该检验的检验结果，从而为提高心理学及其他学科元分析的质量做出自己的贡献。

第三节 研究整体设计

本书旨在对元分析效应量同质或异质识别领域中目前表现得最好的同质性检验之一——Hedges Q 检验的性能展开系统与深入的探索，研究在尽量接近元分析实践实际情况的条件下进行。研究者在兼顾 I 类错误率与统计检验力这两个指标的基础上，既考虑原始研究间各种因素也考虑原始研究内各种因素对 Hedges Q 检验性能的影响。本论文的整体研究框架见表 2.1。

表 2.1　　　　　　　　　　　　总体研究设计

研究流程与架构		研究问题和目的	研究方法
第一部分 文献综述 第二部分 问题提出		文献综述，总结前人工作，并在此基础上分析问题，发现问题，并提出思路	文献法
第三部分 具体研究	研究一：总体效应量分布范式对 Hedges Q 检验检验力的影响	探讨在控制总体效应量分布平均数与方差条件下总体效应量分布范式对 Hedges Q 检验检验力表现的影响	
		实验1：考察离散型非中心分布范式下的总体效应分布对 Hedges Q 检验检验力的影响	Monte Carlo 模拟法
		实验2：考察正态分布范式下的总体效应分布对 Hedges Q 检验检验力的影响	Monte Carlo 模拟法
		实验3：考察连续型非中心分布范式下的总体效应分布对 Hedges Q 检验检验力的影响	Monte Carlo 模拟法
	研究二：原始研究数据分布形态对 Hedges Q 检验 I 类错误率控制的影响	旨在探讨原始研究数据呈不同的分布形态时 Hedges Q 检验对 I 类错误率的控制表现，以及各模拟情境变量与该检验 I 类错误率间的关系	
		实验4：考察原始研究数据呈正态分布条件下 Hedges Q 检验在所创设的各种模拟情境下对 I 类错误率的控制表现	Monte Carlo 模拟法
		实验5：考察原始研究数据呈自由度为8的卡方分布条件下 Hedges Q 检验在所创设的各种模拟情境下对 I 类错误率的控制表现	Monte Carlo 模拟法
		实验6：考察原始研究数据呈自由度为4的卡方分布条件下 Hedges Q 检验在所创设的各种模拟情境下对 I 类错误率的控制表现	Monte Carlo 模拟法
		实验7：考察原始研究数据呈自由度为2的卡方分布条件下 Hedges Q 检验在所创设的各种模拟情境下对 I 类错误率的控制表现	Monte Carlo 模拟法

续表

研究流程与架构		研究问题和目的	研究方法
第三部分 具体研究	研究三：原始研究数据分布形态对 Hedges Q 检验检验力的影响	实验8：考察原始研究数据呈正态分布时各模拟情境变量对 Hedges Q 检验的影响以及 Hedges Q 检验检验力的实际表现	Monte Carlo 模拟法
		实验9：考察原始研究数据呈偏态分布1时各模拟情境变量对 Hedges Q 检验的影响以及 Hedges Q 检验检验力的实际表现	Monte Carlo 模拟法
		实验10：考察原始研究数据呈偏态分布2时各模拟情境变量对 Hedges Q 检验的影响以及 Hedges Q 检验检验力的实际表现	Monte Carlo 模拟法
		实验11：考察原始研究数据呈偏态分布3时各模拟情境变量对 Hedges Q 检验的影响以及 Hedges Q 检验检验力的实际表现	Monte Carlo 模拟法
第四部分	研究四：Hedges Q 检验性能评价标准的制定	实验12：制定可用于指导元分析同质性检验实践的 Hedges Q 检验性能评价标准	Monte Carlo 模拟法

第三章 总体效应量分布范式对 Hedges Q 检验检验力的影响（研究一）

正如前面所述，在评估 Hedges Q 检验检验力的性能时，研究者们采用的总体效应量分布有的属于离散型非中心分布范式（Chang, 1993; Harwell, 1997），有的属于正态分布范式（Hardy, 1998; Huedo-Medina, Sa′nchez-Meca, Botella, 2006; Viechtbauer, 2008）。人们似乎内隐地认为总体效应量分布范式对 Hedges Q 检验的检验力表现没有影响，情况是否果真如此？这尚有待于进一步的研究予以证实或证伪，这也是研究一的主要目标。总体效应量分布范式主要受其自身的平均数μ_θ、方差σ_θ^2、偏态系数γ_1、峰度系数γ_2以及分布是否连续等特征的影响。其中，σ_θ^2参数本身就是效应量异质性程度的量化指标。如果 Hedges Q 检验有效的话，则理论上σ_θ^2值越大，该检验的检验力就会越高。实际上，现有的关于 Q 检验（包括 Hedges Q 检验）检验力的实证研究结果均支持这一点。因此，本书探讨总体效应量分布范式对 Hedges Q 检验检验力的影响，指的就是在控制总体效应量方差（为便于比较，也对总体效应量的平均数进行了控制）的前提下，探讨总体效应量分布连续与否、偏态与峰度等因素综合在一起是否会对 Hedges Q 检验的检验力产生影响，即 Hedges Q 检验的检验力表现是否具有跨效应量分布范式稳定性的特征。这个问题的研究也为本书后续研究中如何选用总体效应量分布奠定了坚实的基础。为正式展开这个研究，我们需要先对 Hedges Q 检验作一简单的介绍。

第一节 Hedges Q 检验简介

在以标准化平均差 Hedges d 作为效应量指标的前提下,为了检测原始研究效应量间是否存在异质性,Hedges Q 检验是最常用的同质性检验(或异质性检验),也是性能最好的同质性检验之一。为介绍 Hedges Q 检验统计模型,这里假设元分析原始研究集合中包含 k 个相互独立的原始研究,原始研究 i 的总体效应量为 θ_i,其无偏样本估计值为 d_i(也称作样本效应量或观察效应量),d_i 的抽样误差方差为 σ_{di}^2,μ_{iE}、μ_{iC} 与 σ_i 分别是第 i 个原始研究实验组、控制组的总体平均数及其共同的总体标准差,$\bar{y}_{iE}$、$\bar{y}_{iC}$ 与 s_i 分别是第 i 个原始研究实验组与控制组的样本平均数及其联合样本标准差,n_{iE}、n_{iC} 分别是第 i 个原始研究实验组、控制组的样本容量,$n_{iE} + n_{iC} = N_i$。这里,即原始研究 i 的样本容量。在上述定义下,有:

$$\theta_i = (\mu_{iE} - \mu_{iC})/\sigma_i \qquad (i=1,\cdots,k) \qquad (5)$$

$$d_i = [1 - 3/(4N_i - 9)][(\bar{y}_{iE} - \bar{y}_{iC})/s_i] \quad (i=1,\cdots,k) \qquad (6)$$

$$\sigma_{di}^2 = N_i/(n_{iE} n_{iC}) + d_i^2/(2N_i) \qquad (i=1,\cdots,k) \qquad (7)$$

根据 Hedges 和 Olkin(1985)的描述,Hedges Q 检验的基本内容可简单表达为:假设实验组与控制组数据呈正态分布、相互独立以及 n_{iE} 与 n_{iC} 按相同比例趋于 ∞,如果虚无假设 $H_0: \theta_1 = \theta_2 = \cdots = \theta_k$ 成立,则样本统计量 Q 渐进服从自由度 $df = k - 1$ 的中心 χ^2 分布(central Chi-Square distribution)。这里检验统计量 Q 的公式为:

$$Q = \sum_{i=1}^{k} w_i (d_i - \bar{d})^2 \qquad (8)$$

这里,$w_i = 1/\sigma_{di}^2$,$\bar{d}$ 是样本效应量以其抽样误差方差的倒数为权重而计算得到的效应量加权平均数。

根据上述描述,可知样本统计量 Hedges Q 若要服从自由度 $df = k - 1$ 的中心 χ^2 分布,其需要满足 3 个基本假设:其一,实验组与控制组的数据相互独立,总体方差齐性;其二,实验组与控制组的数据呈正态分布;其三,n_{iE} 与 n_{iC} 按相同比例趋于 ∞。

第二节 模拟研究设计

为实现研究一的研究目的，若有可能，通过数理推导直接给出Hedges Q检验检验力的计算公式，并据此公式计算出其检验力精确值，进而进行不同总体效应量分布条件下该检验检验力之间的比较是最为理想的做法。但在跨总体效应量分布范式条件下，要给出彼此之间可以比较的各种检验力的计算公式是非常困难，甚至是不可能实现的。因此，在这个研究中本书采用的研究方法是Monte Carlo模拟法，这种方法是对任何一种统计检验（包括元分析各种检验）的性能进行评估的主要方法。

一 研究目标

为达到前面所述的研究目的，这个研究将系统地操纵平均总体效应量μ_θ、总体效应量方差σ_θ^2、原始研究数目k、元分析平均样本容量$\bar{N}$等情境变量的不同水平，以考察与评估总体效应量分布分别为离散型非中心分布（实验一）、正态分布（实验二）及连续型非中心分布（实验三）时Hedges Q检验在所创设的模拟情境中检验力的表现。

二 模拟情境变量的设置

（一）总体效应量方差σ_θ^2

为对总体效应量分布的平均数μ_θ与方差σ_θ^2进行统计控制，这个研究确定总体效应量的基本思路是：事先确定离散型非中心分布总体效应量的值，进而计算其方差与平均数。随后，依据这些参数值设置相应的正态分布与连续型非中心分布。这种操作可以控制总体效应量分布的方差与均值。在确定离散型非中心分布总体效应量的值时，这个研究参考Chang（1993）与Harwell（1997）研究中的做法，将k个原始研究的总体效应量$\theta_1, \theta_2, \cdots, \theta_k$中的20%或40%设定为非零值$c$，将其剩余的80%或60%总体效应量的值均设定为0。前一种设置对应于总体效应量的异质性来源于少数原始研究效应量的变异所致，后一种设置对应于总体效应量的异质性由略低于一半的原始研究效应量的变异所致。c 被设置为 0.2、0.5、0.8 这三种水平，分别对应于小、中与大效应量（Cohen，1988）。在此设置下，k 被设置成 5、10、20、40 这些取值。通过简单的计算，可知当 c 分别等于 0.2、0.5 与 0.8 时，20% 比例非 0 值设置对应的总体效应量方差依次等于 0.0064、0.04、0.1024，其平均数 μ_θ 依次等于 0.04、0.1、0.16；40% 比例非 0 值设置对应的总体效应量方差 σ_θ^2 依次等于 0.0096、0.06、0.1536，其平均数依次等于 0.08、0.2、0.32。因此，总体效应量方差共设置了 6 种不同的水平。这种设置使得这个研究可以在事先控制总体效应量分布平均数及方差的前提下，深入地探讨总体效应量分布范式对 Hedges Q 检验检验力的影响。

（二）原始研究数目 k

关于原始研究数目 k 的水平设置方面，这个研究参考了 Hedges 和 Olkin（1985）、Chang（1993）、Hardy 和 Thompson（1998）、Huedo-Medina，Sanchez-Meca 和 Botella（2006）、Viechtbauer（2007）等人的做法，并在参考前人水平设置的基础上，将 k 的值分别设置为 5、10、20、40 这 4 种水平。k 的这种取值范围基本上能够覆盖现实元分析研究实践中原始研究数目的变化范围。

（三）原始研究平均样本容量 $\bar{N}$

原始研究平均样本容量 $\bar{N}$ 指的是元分析所包含的 k 个原始研究的平均样本容量，有时也简称元分析平均样本容量，其值为 $\bar{N} = \sum N_i / k$。参考 Hedges 和 Olkin（1985）、Chang（1993）、Viechtbauer（2007）等人在研究中对 $\bar{N}$ 的水平设置范围，这个研究将 $\bar{N}$ 设置为 20、40、80、200、640 这 5 个水平。由于现实元分析研究中原始研究的样本容量常常各不相同，所以这个研究的每次模拟同质性检验并不准备采用有些研究者事先将所有原始研究的样本容量设置为相等的做法（Harwell，1997；Sanchez-Meca & Marin-Martinez，1997），而是允许原始研究样本容量各不相同，并确保其随机产生。具体而言，类似于 Viechtbauer（2007）的原始研究样本容量产生策略，事先确定 $\bar{N}$，然后由 $N(\bar{N}, \bar{N}/3)$ 随机产生原始研究 i 的样本容量 N_i（$i=1$，2，…，k）。若 N_i 小于 20 时，将其截为 20。这样处理的理由是当某个研究的样本容量等于 20 时，意味着实验组或控制组至少有一组的样本容量不大于 10，这种情况在心理科学研究中其实并不常见（因为在这种小样本容量条件下，研究结果的可靠性存在问题，也难以发表）。而且，前人的研究表明，原始研究样本容量等于 20 时，整体上 Hedges Q 检验的检验力会很低（Chang，1993；Harwell，1997）。因此，当 $\bar{N} = 20$ 时，为防止随机产生会导致有的原始研究样本容量小于 20，这个研究假设每次同质性检验的 k 个原始研究的样本容量均为 20。

同时，由于现实研究中实验组的样本容量 n_{iE} 与控制组的样本容量 n_{iC} 在大多数情况下并不相等。所以，为模拟这种现实情况，在原始研究 i 的样本容量 N_i 确定以后（此时，实验组与控制组的平均样本容量为 $N_i/2$），再由正态分布 $N(N_i/2, N_i/6)$ 随机产生或 n_{iE} 或 n_{iC}（$n_{iE} + n_{iC} = N_i$）。当 n_{iE} 或 n_{iC} 小于 10 时，这个研究将其值设定为 10。这种设置突破了 Q 检验性能评估模拟研究中最常见的 $n_{iE} = n_{iC}$ 的做法（Chang，1993；Hedges & Olkin，1985；Huedo-Medina，Sanchez-Meca & Botella，2006；Viechtbauer，2007），从而也更为接近现实元分析研究的实际情况。

三 Hedges Q 检验检验力的经验估计值计算

为实现这个研究的研究目的，这里所设置的总体效应量方差 σ_θ^2 都大于零，即总体效应量是异质的。因此，某特定模拟情境下 Hedges Q 检验的检验力就等于 Hedges Q 检验统计量值大于 $\chi_{\alpha(k-1)}^2$ 的次数除以该模拟情境下事先设定的同质性检验的总模拟次数。参考前人的做法，这个研究将每个模拟情境中的模拟 Hedges Q 检验的次数设定为 5000，故在事先确定名义显著性水平 α 后（这个研究确定 $\alpha = 0.05$），这种模拟情境下 Hedges Q 检验的检验力等于 Hedges Q 检验统计量值大于 $\chi_{\alpha(k-1)}^2$ 的次数除以 5000 之后所得的商。

本实验与随后的其他实验的数据模拟产生与结果获得的模拟程序均由本人采用 Visual Studio 2010.net 的 Basic 语言编程实现。

第三节 三个模拟实验

一 总体效应量离散型非中心分布与 Hedges Q 检验的检验力（实验1）

（一）实验目的

本实验旨在探测总体效应量分布范式为离散型非中心分布时，总体效应量方差 σ_θ^2（和平均数 μ_θ）、原始研究数目 k 与原始研究平均样本容量 $\bar{N}$ 对 Hedges Q 检验检验力的影响以及各种模拟情境下该检验检验力的实际表现。在本实验中，总体效应量的离散型非中心分布共被设置了 6 种，分别对应于前文设置的 6 种水平的方差（和平均数）。以 $k=5$ 为例，当非 0 值 c 的比例为 20% 时，它们分别是（0，0，0，0，0.2）、（0，0，0，0，0.5）、（0，0，0，0，0.8）；当非 0 值 c 的比例为 40% 时，它们分别是（0，0，0，0.2，0.2）、（0，0，0，0.5，0.5）、（0，0，0，0.8，0.8）。当 k 取其他值时，总体效应量分布的设置类推。因此，结合前面关于 k 与的设置，在本实验中共设置了 $6 \times 4 \times 5 = 120$ 种模拟情境。

（二）实验数据的模拟过程

对于每次模拟同质性 Hedges Q 检验而言，整个实验的数据模拟过程分三步进行：

第一步，根据上述所设置的总体效应量分布在程序中通过数组变量读入 k 个原始研究的总体效应量（$\theta_1, \theta_2, \cdots, \theta_k$）。比如当 $k=5$ 且 $\sigma_\theta^2 = 0.0064$ 时，读入的 5 个总体效应量分别是（0，0，0，0，0.2）。

第二步，确定总体效应量 θ_i 的值（$i=1, 2, \cdots, k$），按照前面已经提到的方法产生原始研究 i 的样本容量 N_i 及其实验组与控制组的样本容量 n_{iE} 与 n_{iC}。在此基础上，参照 Huedo-Medina 等人（2006）及 Viechtbauer（2007）的做法，通过 $N(0, 1)$ 模拟产生控制组原始数据，同时，通过 $N(\theta_i, 1)$ 模拟产生实验组原始数据（这种做法其实并不失一般性）。

第三步，在此基础上计算出该原始研究的观察效应量 d_i 及其抽样误差方差。这种过程独立进行 k 次，k 个原始研究模拟完成，共获得 k 个观察效应量与其抽样误差方差。

第四步，在前三步的基础上，计算本次 Hedges Q 检验的统计量值，并将其与对应的临界值 $\chi^2_{\alpha(k-1)}$ 比较。之后，这样的模拟过程重复 5000 次。统计 Hedges Q $>\chi^2_{\alpha(k-1)}$ 的次数，并计算出该模拟情境下的检验力的实际值。

此后，模拟运行所有 120 种模拟情境，获得 120 种模拟情境下 Hedges Q 检验检验力的全部经验估计值。

（三）实验结果与分析

总体效应量分布类型为离散型非中心分布范式时，Hedges Q 检验在所创设的 120 种模拟情境中的全部检验力的经验估计值见表 3.1：

表 3.1　　总体效应量呈离散型非中心分布时的 Hedges Q 检验检验力的经验估计值

$\overline{N}$	k	$\sigma^2_\theta=0.0064$	$\sigma^2_\theta=0.0096$	$\sigma^2_\theta=0.04$	$\sigma^2_\theta=0.06$	$\sigma^2_\theta=0.1024$	$\sigma^2_\theta=0.1536$
20	5	5.04	5.18	9.00	11.38	17.28	23.82
	10	4.96	4.54	10.12	13.36	22.04	35.20
	20	4.28	5.12	10.86	17.66	31.30	51.10
	40	4.02	5.06	13.98	23.12	45.62	74.96
40	5	5.74	6.68	14.62	21.22	34.64	52.30
	10	6.36	7.76	18.44	28.64	49.10	72.20
	20	6.42	7.76	26.70	41.44	70.98	91.62
	40	6.76	8.60	38.94	63.52	91.88	99.50
80	5	8.28	9.24	28.92	45.04	68.28	87.78
	10	9.26	11.64	41.68	61.42	87.54	98.08
	20	9.52	13.84	60.68	83.66	98.66	99.96
	40	12.56	18.54	84.74	98.08	99.98	100.00
200	5	14.20	19.48	69.76	89.02	98.80	99.96
	10	17.72	24.90	89.46	98.14	99.98	100.00
	20	25.08	38.04	98.96	99.98	100.00	100.00
	40	36.68	57.06	100.00	100.00	100.00	100.00

续表

$\bar{N}$	k	$\sigma_\theta^2 = 0.0064$	$\sigma_\theta^2 = 0.0096$	$\sigma_\theta^2 = 0.04$	$\sigma_\theta^2 = 0.06$	$\sigma_\theta^2 = 0.1024$	$\sigma_\theta^2 = 0.1536$
640	5	39.36	59.12	99.70	10.00	100.00	100.00
	10	58.70	76.70	100.00	100.00	100.00	100.00
	20	81.86	95.88	100.00	100.00	100.00	100.00
	40	95.68	100.00	100.00	100.00	100.00	100.00

（注：检验力经验估计值的单位为%）

表3.1中的数据显示，在模拟情境变量k、$\bar{N}$、σ_θ^2与Hedges Q检验检验力间的关系方面：（1）在$\sigma_\theta^2 \leq 0.0096$且$\bar{N} \leq 20$模拟背景下，Hedges Q检验的检验力并不会随着k的增大而提高。而且，其检验力的经验估计值低至或接近名义显著性水平。此时，如果$\sigma_\theta^2 \leq 0.0064$，则Hedges Q检验的检验力还会随着$k$的增大呈略有下降的趋势；（2）在$\sigma_\theta^2 \geq 0.04$或$\bar{N} \geq 40$条件下，Hedges Q检验的检验力会随着$k$的增大而提高；（3）当$k$、$\bar{N}$固定不变时，Hedges Q检验的检验力会随着$\sigma_\theta^2$的增大而呈一致性提高的趋势；（4）在$\sigma_\theta^2$与$k$不变的条件下，Hedges Q检验的检验力随着$\bar{N}$的增大而提高。

同时，表3.1的模拟研究结果也表明，在所有120种模拟情境中，Hedges Q检验的检验力在绝大多数模拟情境中未能达到0.8这个最低合适标准，有的甚至还很小。具体而言：（1）$\sigma_\theta^2 = 0.0064$时，本实验中只有在$\bar{N}$高达640且k大约不低于20的条件下（需要指出的是，这里关于k的数值估计采用的是线性插值法，以下同），Hedges Q检验检验力可以达到0.8这个最低合理标准；（2）$\sigma_\theta^2 = 0.0096$时，本实验中只有在$\bar{N}$高达640且k大约不低于12的条件下，Hedges Q检验的检验力方能达到0.8这个最低合理标准；（3）$\sigma_\theta^2 = 0.04$时，如果$\bar{N} = 80$，则需要$k \geq 37$，Hedges Q检验的检验力大约可以达到0.8这个水平。此时如果$\bar{N} = 200$，则需要$k \geq 8$，Hedges Q检验的检验力就大约可以达到0.8这个水平。此时，如果$\bar{N}$高达640，则对于总体效应量的这种异质程度，Hedges Q检验在$k \geq 5$条件下就会几乎必然地将其检测出来；（4）$\sigma_\theta^2 = 0.06$时，如果$\bar{N} = 80$，则需要$k \geq 15$，Hedges Q检验的检验力就大约可以达到 0.8 这个水平。然而，只要 $\bar{N} \geqslant 200$，则 Hedges Q 检验在 $k \geqslant 5$ 条件下其检验力都能达到 0.8 这个水平；（5）$\sigma_\theta^2 = 0.1024$ 时，如果 $\bar{N} = 40$，则需要 k 大约不低于 30，Hedges Q 检验的检验力方能达到 0.8 这个水平。此时，如果 $\bar{N} = 80$，则只要 $k \geqslant 8$，Hedges Q 检验的检验力就大约可以达到 0.8 这个水平。此时，如果 $\bar{N} \geqslant 200$，则在 $k \geqslant 5$ 条件下，Hedges Q 检验就几乎必然地会将这种程度的总体效应量异质性检测出来；（6）$\sigma_\theta^2 = 0.1536$ 时，如果 $\bar{N} = 40$，则只要 k 大约不低于 15，Hedges Q 检验的检验力就可以达到 0.8 这个水平。此时，如果 $\bar{N} \geqslant 80$，则只要 $k \geqslant 5$，Hedges Q 检验的检验力就可以达到 0.8 这个水平。

二 总体效应量正态分布与 Hedges Q 检验的检验力（实验2）

（一）实验目的

本实验旨在探索总体效应量分布为正态分布时，总体效应量方差 σ_θ^2（和平均总体效应量 μ_θ）、原始研究数目 k 与原始研究平均样本容量 $\bar{N}$ 对 Hedges Q 检验检验力的影响以及各种模拟情境下该检验的检验力表现。为实现对 σ_θ^2（及 μ_θ）的统计控制，本实验将总体效应量正态分布的方差 σ_θ^2（及平均数 μ_θ）与实验1的总体效应量分布的方差（及平均数）设置成相等。为此，本实验设置了 6 种总体效应量分布，它们分别为 $N(0.04, 0.0064)$、$N(0.08, 0.0096)$、$N(0.1, 0.04)$、$N(0.2, 0.06)$、$N(0.16, 0.1024)$ 及 $N(0.32, 0.1536)$。

（二）实验数据的模拟过程

本实验的数据模拟过程与实验1基本相同，区别在于第一步中 k 个总体效应量的确定。本实验中，当 μ_θ 与 σ_θ^2 确定之后，每次模拟同质性检验的 k 个总体效应量由上述 6 种正态分布中的某一种随机产生。比如 $\mu_\theta = 0.04$ 且 $\sigma_\theta^2 = 0.0064$ 时，如果元分析原始研究数目为 5，则这 5 个总体效应量由正态分布 $N(0.04, 0.0064)$ 随机产生。如何模拟出上述 6 种总体效应量分布？首先，依据 Box 和 Muller 算法（1958）产生标准正态分布随机观察值 x。其次，对 x 进行线性转换（即 $Ax + B$，其中 A 与 B 分别为对应的离散型非中心分布的总体标准差与平均数）。在此基础上，获得满足本实验需要的总体效应量分布。在原始研究内层面，实验组与控制组数据的产生机制与实验 1 相同。

（三）实验结果与分析

总体效应量分布呈正态分布时，120 种模拟情境下 Hedges Q 检验检验力的全部经验估计值见表 3.2：

表 3.2　总体效应量呈正态分布时 Hedges Q 检验检验力的经验估计值

$\bar{N}$	k	$\sigma_\theta^2=0.0064$	$\sigma_\theta^2=0.0096$	$\sigma_\theta^2=0.04$	$\sigma_\theta^2=0.06$	$\sigma_\theta^2=0.1024$	$\sigma_\theta^2=0.1536$
20	5	4.92	6.18	8.36	10.10	15.76	19.72
	10	4.62	4.72	9.84	12.72	21.58	31.28
	20	4.66	4.78	11.32	16.58	29.94	47.36
	40	4.26	5.00	14.36	23.52	47.22	70.50
40	5	5.82	6.22	13.22	18.00	28.64	39.88
	10	6.10	7.32	17.98	25.58	44.46	60.48
	20	6.24	8.10	25.44	39.84	66.80	84.14
	40	7.02	8.86	39.18	60.90	88.72	98.04
80	5	7.54	8.42	25.04	33.94	51.64	65.10
	10	8.18	10.38	37.10	52.52	74.68	88.22
	20	9.48	13.04	56.52	76.30	94.42	98.84
	40	11.74	17.74	80.08	94.96	99.72	100.00
200	5	12.56	17.30	52.54	65.42	81.54	88.60
	10	16.66	23.80	76.56	89.02	96.56	99.14
	20	23.44	35.56	94.68	98.92	99.96	100.00
	40	34.90	54.00	99.78	100.00	100.00	100.00
640	5	30.12	42.22	85.50	91.86	96.38	98.28
	10	48.52	64.46	98.30	99.42	99.88	100
	20	70.28	87.28	100.00	100.00	100.00	100.00
	40	89.96	98.38	100	100	100	100

（注：检验力经验估计值的单位为%）

表 3.2 的模拟研究结果显示，在模拟情境变量 k、$\bar{N}$、σ_θ^2 与 Hedges Q 检验检验力的关系方面，本实验与实验 1 完全相似。而且，总体效应量分为正态分布时，Hedges Q 检验在该实验所创设的 120 种模拟

情境中的检验力绝大多数也未能达到 0.8 这个最低合适标准，有的甚至很小。比如，在 $\sigma_\theta^2 \leqslant 0.0096$ 且 $\bar{N} \leqslant 20$ 条件下有 Hedges Q 检验检验力就低至 0.05 左右。然而，其他模拟条件相同条件下，Hedges Q 检验在总体效应量正态分布时的检验力与总体效应量呈离散型非中心分布时的检验力之间在量上存在着一定程度的差异。具体而言，本实验中：（1）$\sigma_\theta^2 = 0.0064$ 时，如果 $\bar{N}$ 高达 640，则 Hedges Q 检验的检验力要达到 0.8 这个最低合理水平，k 的取值大概需要大于 30；（2）$\sigma_\theta^2 = 0.0096$ 时，如果 $\bar{N}$ 高达 640，则 Hedges Q 检验在 k 大约不低于 17 的条件下其检验力方可能达到 0.8 这个最低合理标准；（3）$\sigma_\theta^2 = 0.04$ 时，如果 $\bar{N} = 80$，则需要 $k \geqslant 40$，Hedges Q 检验的检验力方能达到 0.8 这个水平。如果 $\bar{N} = 200$，则只要 k 大约不低于 11，Hedges Q 检验的检验力方能达到 0.8 这个水平。如果 $\bar{N}$ 高达 640，则 Hedges Q 检验的检验力在 $k > 5$ 条件下就会超过 0.8 这个最低合理标准；（4）$\sigma_\theta^2 = 0.06$ 时，如果 $\bar{N} = 80$，则需要 $k \geqslant 25$，Hedges Q 检验的检验力大约可以达到 0.8 这个水平。此时，如果 $\bar{N} = 200$，则只要 $k \geqslant 8$，Hedges Q 检验的检验力就大约可以达到 0.8 这个水平。如果 $\bar{N}$ 高达 640，则 Hedges Q 检验在 $k > 5$ 条件下将这种程度的总体效应量异质性检验出来的概率要大于 0.9；（5）$\sigma_\theta^2 = 0.1024$ 时，如果 $\bar{N} = 40$，则需要 k 大约不低于 33，Hedges Q 检验的检验力方能达到 0.8 这个水平。此时，如果 $\bar{N} = 80$，则只要 k 不低于 13，Hedges Q 检验的检验力就可以达到 0.8 这个水平。此时，如果 $\bar{N} \geqslant 200$，则在 $k \geqslant 5$ 条件下，Hedges Q 检验的检验力均会高于 0.8；（6）$\sigma_\theta^2 = 0.1536$ 时，如果 $\bar{N} = 40$，则只要 k 大约不低于 19，Hedges Q 检验的检验力就大约可以达到 0.8 这个水平。如果 $\bar{N} = 80$，则只要 $k \geqslant 9$，Hedges Q 检验的检验力就大约可以达到 0.8 这个水平。如果 $\bar{N} \geqslant 200$，则只要 $k \geqslant 5$，Hedges Q 检验的检验力就可以达到 0.8 这个水平。

三 总体效应量呈连续型非中心分布与 Hedges Q 检验的检验力（实验3）

（一）实验目的

本实验旨在探测总体效应量分布为连续型非中心分布时总体效应量方差 σ_θ^2 和平均数 μ_θ、原始研究数目 k 与平均原始研究样本容量 $\bar{N}$ 对 Hedges Q 检验检验力的影响，并评估该检验在各种模拟情境中的检验力实际表现。同样，为实现对总体效应量方差 σ_θ^2（及平均数 μ_θ）的统计控制，本实验将总体效应量分布为连续型非中心分布时的 σ_θ^2（及 μ_θ）与实验1、实验2的 σ_θ^2（以及 μ_θ）设置成相同。为此，总体效应量连续型非中心分布的源分布选用 Fleishman（1978）研究报告中表1第一行中参数设置下的相应分布。这里选定的分布的偏度系数 γ_1 为 1.75（属较强偏态）、峰度系数 γ_2 为 3.75（属高狭峰）。选用的理由是该分布在此表中的偏态与峰度系数的绝对值最大。该分布的平均数为 0，方差为 1。为达到对总体效应量方差（与平均数）进行控制的目的，这里对其进行了线性转换以得到能满足本实验需要的 6 种连续非中心分布范式的总体效应量分布。

（二）实验数据的模拟过程

本实验的数据模拟过程与实验1、实验2基本相同，区别在于第一步 k 个总体效应量的确定。本实验在 μ_θ 与 σ_θ^2 确定之后，为得到满足需要的总体效应量分布，先依据 Box 和 Muller 算法产生标准正态分布随机观察值 x，然后根据 Fleishman 算法（Fleishman，1978）得到源分布的数据，在此基础上再进行线性转换（即 $Ax+B$，其中 A 与 B 分别是相应离散型非中心分布的总体标准差与平均数）以得到满足本实验需要的数据。每次同质性检验的 k 个总体效应量由上述 6 种连续型非中心分布中的某一种随机产生。

（三）实验结果与分析

总体效应量呈连续型非中心分布时，120 种模拟情境中 Hedges Q 检验检验力的全部经验估计值见表 3.3：

表 3.3　　总体效应量呈连续型非中心分布时 Hedges Q 检验检验力的经验估计值

$\bar{N}$	k	$\sigma_\theta^2 = 0.0064$	$\sigma_\theta^2 = 0.0096$	$\sigma_\theta^2 = 0.04$	$\sigma_\theta^2 = 0.06$	$\sigma_\theta^2 = 0.1024$	$\sigma_\theta^2 = 0.1536$
20	5	5.06	5.18	7.68	9.98	14.42	20.84
	10	4.50	5.02	9.02	12.60	20.76	28.88
	20	4.58	5.04	11.40	16.48	30.00	42.70
	40	4.30	4.84	13.72	23.12	43.94	63.04
40	5	5.84	6.14	12.76	16.86	26.92	36.96
	10	5.82	7.00	18.46	25.92	40.94	55.50
	20	6.74	7.58	25.98	38.64	60.82	77.32
	40	7.40	9.54	38.34	56.80	83.82	94.76
80	5	7.44	8.06	24.28	31.62	44.76	56.20
	10	8.74	10.48	35.88	48.70	66.36	78.82
	20	9.72	13.26	52.36	69.40	88.06	95.12
	40	12.30	18.24	75.64	90.58	98.62	99.86
200	5	12.88	16.14	46.80	58.68	69.78	78.56
	10	17.06	23.70	69.04	81.04	90.94	95.78
	20	25.02	35.90	89.02	95.76	99.16	99.80
	40	35.64	52.64	98.76	99.76	100.00	100.00
640	5	28.78	37.62	75.16	82.80	90.06	93.12
	10	43.90	58.40	94.26	96.56	98.88	99.54
	20	65.78	81.16	99.64	99.86	99.96	100.00
	40	86.46	96.10	100.00	100.00	100.00	100.00

（注：检验力经验估计值的单位为%）

表 3.3 中的模拟研究结果表明，总体效应量分布为连续型非中心分布（$\gamma_1 = 1.75$，$\gamma_2 = 3.75$）时，本实验的模拟情境变量 k、$\bar{N}$、σ_θ^2 与 Hedges Q 检验检验力间的关系与实验 1、实验 2 中的研究结果完全相似。此外，该实验所创设的 120 种模拟情境中 Hedges Q 检验的绝大多数检验力也未能达到 0.8 这个最低合适标准，有的甚至很低。同样，在 $\sigma_\theta^2 \leq 0.0096$ 且 $\bar{N} \leq 20$ 条件下有 Hedges Q 检验检验力就低至 0.05 左右。然而，在其他模拟条件相同条件下，Hedges Q 检验在总体效应量

呈连续型非中心分布时的检验力与总体效应量呈离散型非中心分布或正态分布时的检验力之间在量上存在一定程度的差异。具体而言，本实验中：（1）$\sigma_\theta^2 = 0.0064$ 时，如果 $\bar{N}$ 大至 640，则 Hedges Q 检验的检验力要达到 0.8 这个最低合理水平，k 的取值大致需要大于 34；（2）$\sigma_\theta^2 = 0.0096$ 时，如果 $\bar{N}$ 大至 640，则 Hedges Q 检验的检验力在 $k \geq 20$ 条件下方可以达到 0.8 这个最低合理标准；（3）$\sigma_\theta^2 = 0.04$ 时，如果 $\bar{N} = 200$，则只要 k 大约不低于 16，Hedges Q 检验的检验力基本上可以达到 0.8 这个水平。此时，如果 $\bar{N}$ 高达 640，则 Hedges Q 检验的检验力在 $k > 7$ 条件下就会超过 0.8 这个最低合理标准；（4）$\sigma_\theta^2 = 0.06$ 时，如果 $\bar{N} = 80$，则需要 $k \geq 30$，Hedges Q 检验的检验力大约可以达到 0.8 这个水平。此时，如果 $\bar{N} = 200$，则只要 $k \geq 10$，Hedges Q 检验的检验力就大约可以达到 0.8 这个水平。此时，如果 $\bar{N}$ 高达 640，则 Hedges Q 检验在 $k \geq 5$ 条件下的检验力基本上会超过 0.8 这个水平；（5）$\sigma_\theta^2 = 0.1024$ 时，如果 $\bar{N} = 40$，则需要 k 大约不低于 37，Hedges Q 检验的检验力方能达到 0.8 这个水平。此时如果 $\bar{N} = 80$，则只要 k 不低于 17，Hedges Q 检验的检验力就可以达到 0.8 这个水平。如果 $\bar{N} = 200$，则在 $k \geq 8$ 条件下，Hedges Q 检验的检验力大约可达到 0.8 这个水平。如果 $\bar{N}$ 高达 640，则 Hedges Q 检验在 $k \geq 5$ 条件下的检验力会超过 0.9；（6）$\sigma_\theta^2 = 0.1536$ 时，如果 $\bar{N} = 40$，则只要 k 大约不低于 23，Hedges Q 检验的检验力就大约可以达到 0.8 这个水平。如果 $\bar{N} = 80$，则只要 $k \geq 11$，Hedges Q 检验的检验力就大约可以达到 0.8 这个水平。此时，如果 $\bar{N} = 200$，则只要 $k \geq 6$，Hedges Q 检验的检验力就可以达到 0.8 这个水平。此时，如果 $\bar{N}$ 高达 640，则只要 $k \geq 5$，Hedges Q 检验的检验力就会高于 0.93。

为整体上更直观地显示总体效应量分布范式对 Hedges Q 检验检验力的影响，我们依据 σ_θ^2 的不同取值，分别绘制总体效应量分布在相应 20 种模拟情境下对 Hedges Q 检验检验力的影响折线图。结果见图 3.1、图 3.2、图 3.3、图 3.4、图 3.5 与图 3.6。

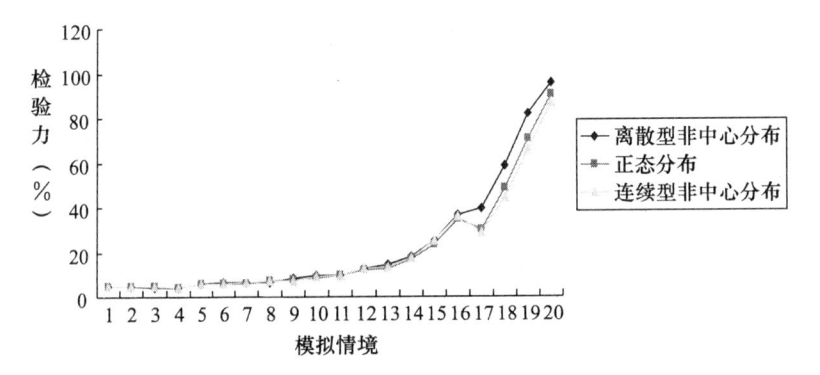

图 3.1　$\sigma_\theta^2 = 0.0064$

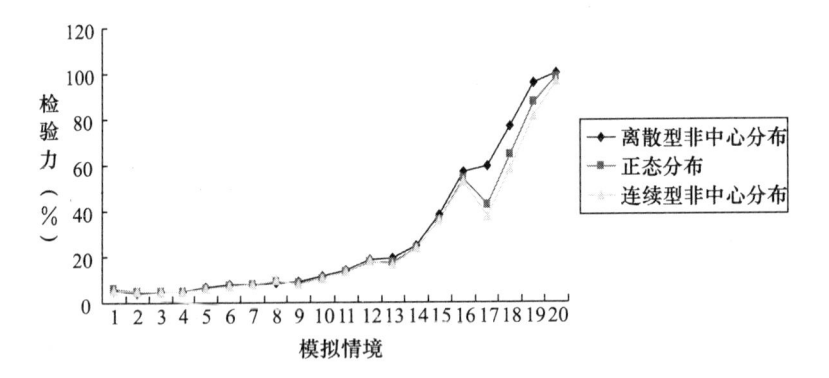

图 3.2　$\sigma_\theta^2 = 0.0096$

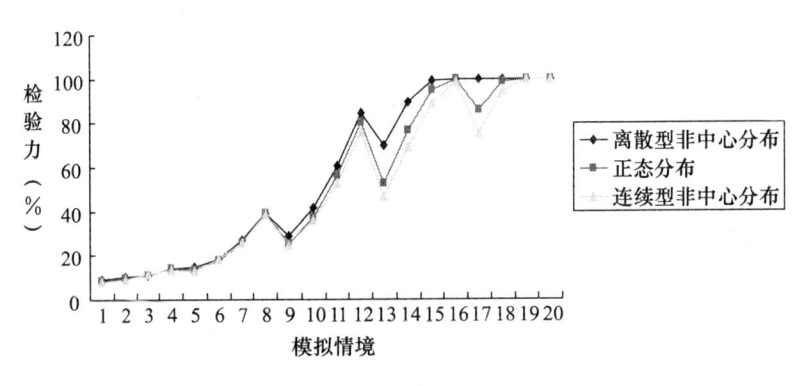

图 3.3　$\sigma_\theta^2 = 0.04$

第三章 总体效应量分布范式对 Hedges Q 检验检验力的影响（研究一） 67

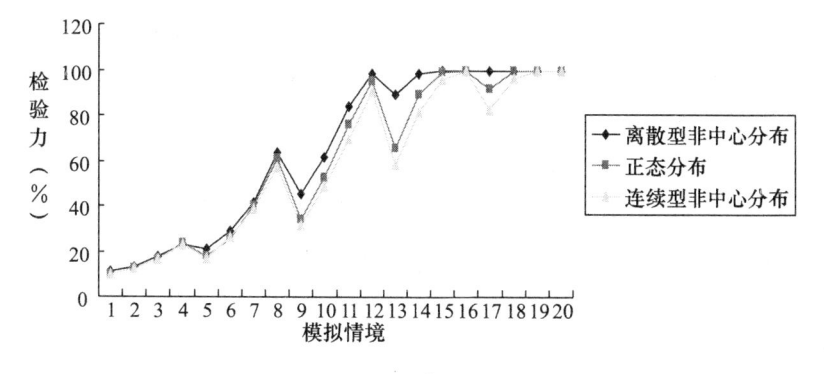

图 3.4 $\sigma_\theta^2 = 0.06$

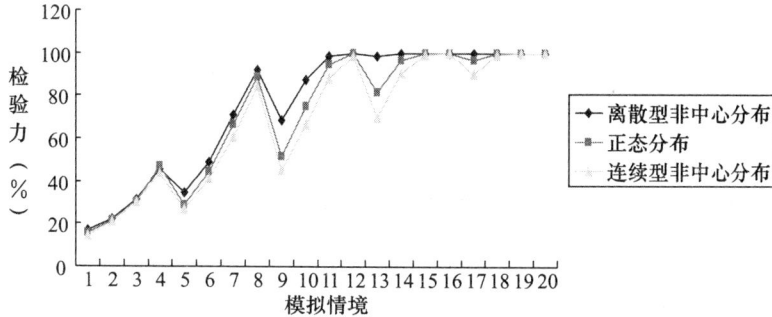

图 3.5 $\sigma_\theta^2 = 0.1024$

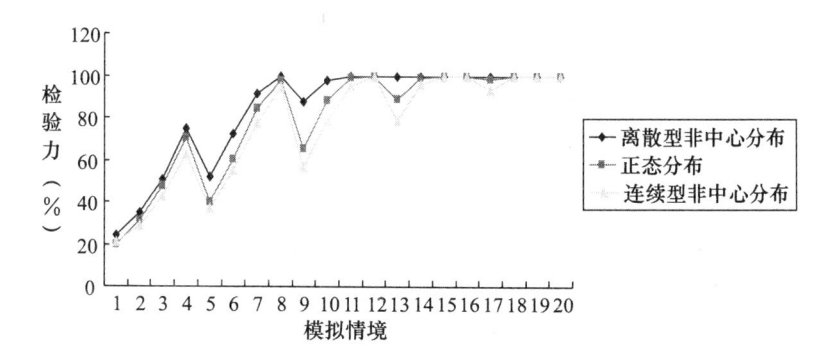

图 3.6 $\sigma_\theta^2 = 0.1536$

（注：1 表示 $\overline{N}=20$ 且 $k=5$，2 表示 $\overline{N}=20$ 且 $k=10$，3 表示 $\overline{N}=20$ 且 $k=20$，4 表示 $\overline{N}=20$ 且 $k=40$，5 表示 $\overline{N}=40$ 且 $k=5$，6 表示 $\overline{N}=40$ 且 $k=10$，7 表示 $\overline{N}=40$ 且 $k=20$，8 表示 $\overline{N}=40$ 且 $k=40$，…，20 表示 $\overline{N}=640$ 且 $k=40$。）

从图 3.1、图 3.2、图 3.3、图 3.4、图 3.5 与图 3.6 中可以直观地看出，总体效应量呈离散型非中心分布时 Hedges Q 检验的检验力在所有的模拟情境中均非常一致地高于总体效应量为其他两种分布下的检验力。然而，总体效应量呈连续型非中心分布时 Hedges Q 检验的检验力与总体效应量呈正态分布时 Hedges Q 检验的检验力在所有的模拟情境中大体相当但略显低些。同时，图形也明确显示总体效应量分布范型的不同对 Hedges Q 检验检验力的影响主要集中在原始研究数目 k 不大的少数场合。如果 $k \geqslant 20$，则这种总体效应量分布范型对 Hedges Q 检验检验力的影响就微乎其微了。为清楚说明不同总体效应量分布对 Hedges Q 检验检验力所造成的影响大小，本人计算了 120 种模拟情境下 3 种总体效应量分布下 Hedges Q 检验检验力的经验估计值的最小值与最大值之比，具体结果见表 3.4：

表 3.4　　3 种总体效应量分布下 Hedges Q 检验检验力的经验估计值最小值与最大值之比

$\overline{N}$	k	$\sigma_\theta^2=0.0064$	$\sigma_\theta^2=0.0096$	$\sigma_\theta^2=0.04$	$\sigma_\theta^2=0.06$	$\sigma_\theta^2=0.1024$	$\sigma_\theta^2=0.1536$
20	5	97.23	83.82	85.44	87.70	83.45	82.79
	10	90.73	90.44	89.13	94.31	94.19	82.05
	20	91.85	93.36	95.26	93.32	95.65	83.56
	40	93.49	95.65	95.54	96.30	93.05	84.17
40	5	98.27	91.92	87.28	79.45	77.71	70.67
	10	91.51	90.21	97.39	89.32	83.38	76.87
	20	92.58	93.58	95.28	93.24	85.68	84.39
	40	91.35	90.15	97.85	89.42	91.23	95.24
80	5	89.85	87.23	83.96	70.20	65.55	64.02
	10	88.34	89.18	80.34	79.29	75.81	80.36
	20	97.53	94.22	86.29	82.95	89.08	95.16
	40	93.47	95.69	89.26	92.35	98.64	99.86

续表

$\overline{N}$	k	$\sigma_\theta^2=0.0064$	$\sigma_\theta^2=0.0096$	$\sigma_\theta^2=0.04$	$\sigma_\theta^2=0.06$	$\sigma_\theta^2=0.1024$	$\sigma_\theta^2=0.1536$
200	5	88.45	82.85	67.09	65.92	70.63	78.59
	10	94.02	95.18	77.17	82.58	90.96	95.78
	20	93.46	93.48	89.96	95.78	99.16	99.80
	40	95.15	92.25	98.76	99.76	100	100
640	5	73.12	63.63	75.39	82.80	90.06	93.12
	10	74.79	76.14	94.26	96.56	98.88	99.54
	20	80.36	84.65	99.64	99.86	99.96	100
	40	90.36	96.10	100	100	100	100

（注：比值的单位为%）

根据表 3.4 中的数据，可以得出总体效应量方差 σ_θ^2 的值分别为 0.0064、0.0096、0.04、0.06、0.1024 及 0.1532 时对应的 3 种总体效应量分布下 Hedges Q 检验的检验力经验估计最小值与最大值之比的平均数（标准差）分别为 90.29%（6.82%）、88.99%（7.90%）、89.26%（9.05）、88.56%（9.66%）、89.15%（10.30%）、88.30%（10.98%）。整体而言，这些结果表明，Hedges Q 检验的检验力会受总体效应量分布范式的影响，但这种影响实际上并不太严重。因此，Hedges Q 检验的检验力在相当程度上表现出跨总体效应量分布的、相对稳健的特点。然而，表 3.4 中的数据也表明当原始研究个数 k 较小时（$k \leq 10$），不同的总体效应量分布范型对该检验的检验力影响相对较大。尤其 k=5 时，更是如此。

第四节 讨论与结论

检验力分析对于事前研究设计与事后研究结论的质量评估是非常重要的（Hedges & Pigott, 2001）。元分析实践中，对已有的元分析同质性检验进行事后质量评估，不可回避地要直面总体效应量分布范型对同质性检验（本书中指的是 Hedges Q 检验）影响这一根本问题。第一为探讨这一问题，这个研究构建了 3 种分布范型相差甚远的总体效应量分布。在控制效应量总体方差 σ_θ^2（和平均数 μ_θ）的条件下，发现总体效应量分布范型实际上对 Hedges Q 检验的检验力是有影响的，这种影响主要集中体现在原始研究数目 k 不大的情境（$k \leqslant 10$）中。然而，纵观所有模拟情境中 3 种总体效应量分布下的 Hedges Q 检验检验力的实际表现，就会发现这种影响虽然存在，但整体上并不严重。Hedges Q 检验的检验力对总体效应量分布范型有反应但并不是很敏感，表现出相对的稳健性（robustness）。实际上，统计学中，任何一种统计检验都不可能是绝对稳健的。因此，Hedges Q 检验的检验力对总体效应量分布范型的这种相对稳健性就为在元分析研究中制定具有实践指导价值的 Hedges Q 检验检验力的评价标准奠定了较为坚实的基础。这些结论是有关 Hedges Q 检验性能方面的全新研究成果，丰富与加深了人们对 Hedges Q 检验性能的理解。

第二，制定这种评估标准时，应该选用何种总体效应量分布作为基准分布？根据前面模拟研究的分析结果，为保守起见，显然选用连续型非中心分布范型的总体效应量分布是比较稳妥的。但是，由于 Hedges Q 检验在总体效应量呈偏态分布时与呈正态分布时的检验力大体相当，并且考虑到模拟研究中选用正态分布在操作上更为方便的原因，故选用正态分布也是适宜的。正是因为这个研究结论，本论文将在后续有关研究中采用正态分布产生总体效应量分布。

第三，3 个模拟实验结果一致表明，无论总体效应量呈何种分布范型，Hedges Q 检验的检验力是原始研究数目 k、原始研究平均样本容量 $\bar{N}$ 与总体效应量方差 σ_θ^2 的函数。在 k 与 $\bar{N}$ 不变条件下，Hedges Q 检验的检验力呈现出随着 σ_θ^2 的增大而一致性提高的趋势；在 k 与 σ_θ^2 不变条件下，Hedges Q 检验的检验力呈现出随着 $\bar{N}$ 的增大而一致性提高的趋势，这些研究结果与已有的研究结论是一致的（Chang，1993；Harwell，1997；Hardy & Thompson，1998；Huedo-Medina，Sanchez-Meca & Botella，2006；Viechtbauer，2007）。但是，在 $\bar{N}$ 与 σ_θ^2 不变的条件下，研究结果表明，Hedges Q 检验的检验力与 k 间的关系有两种类型：一是在 $\bar{N} \leqslant 20$ 且 $\sigma_\theta^2 \leqslant 0.0096$ 的这种小样本容量与效应量高度同质的模拟情境中，Hedges Q 检验的检验力不但不会随着 k 的增大而提高，反而还会呈现略有下降的趋势。在此种模拟情境中，这个结论意味着即使积累的此类原始研究再多也无助于将这种效应量间的异质性检测出来；二是在其他模拟情境中，Hedges Q 检验的检验力随着 k 的增大而一致性地提高。这个研究结论澄清了一种误解，即认为只要原始研究数目 k 够大，无论原始研究间变异是多么地小，Hedges Q 检验都有足够的检验力将其识别出来（Hardy & Thompson，1996；Harwell，1997；Huedo-Medina, Sanchez-Meca & Botella，2006；Osburn, Callender, Greener & Ashworth，1983）。实际上，Hedges Q 检验的检验力随着 k 的增大而呈一致性提高的趋势在大多数情况下是成立的，但也有一定条件的限制。研究结果显示，这种限制条件就是要 $\bar{N} > 20$ 或 $\sigma_\theta^2 > 0.0096$。因此，这个研究结论可视作对现有结论的进一步更新与发展。

第四，从 3 个模拟实验的实验结果可以看出，与 Cohen（1988）所给出的关于检验力最低合理标准相比较，大多数模拟情境下 Hedges Q 检验检验力的经验估计值均低于该标准，这个结论支持前人对 Hedges Q 检验检验力的认识（Chang，1993；Harwell，1997；et al）。在模拟情境变量设置方面，无论是 k、$\bar{N}$ 还是 σ_θ^2，由于它们的取值范围能够涵盖大多数现实元分析研究的真实情境，因此，Hedges Q 检验检验力普遍偏低的事实对元分析研究者而言具有警示作用。因为，由于 Hedges Q 检验在多数情况下其检验力过低，即使效应量异质在元分析研究中客观存在，也很容易出现该检验无法将其识别出来的现象，进而导致得出效应量同质的错误结论。无疑，这将影响元分析模型的选取，并最终可能会导致不恰当的元分析结论。当然，上面模拟研究的结果也提供了一些对元分析者有价值的信息，即在总体效应同质性程度较高时，如果 Hedges Q 检验要将这种较小的异质性程度检测出来，此时需要较大的原始研究平均样本容量 $\bar{N}$ 及较大的原始研究数目 k。比如，当 $\sigma_\theta^2 \leq 0.0096$ 时，此时 $\bar{N}$ 至少要达到 640 且 k 基本上要大于 20；同时，研究也表明，在原始研究间效应量的变异达到一定水平（$\sigma_\theta^2 \geq 0.06$），此时只要 $\bar{N}$ 达到 200 且 k 不低于 10，则 Hedges Q 检验大体上拥有良好的检验力。

第四章 原始研究数据分布对 Hedges Q 检验性能的影响

本书第三章的研究旨在揭示总体效应量分布范型对 Hedges Q 检验检验力的影响，故在研究内容上，该部分的研究重点并不在于考察原始研究实验组与控制组的数据分布（后称作原始研究数据分布）形态以及实验组与控制组数据的方差齐性与否对 Hedges Q 检验性能的影响和如何影响上。实际上，由于 Hedges Q 检验统计模型的基本假设集中体现在原始研究数据分布和实验组与控制组数据方差这两个方面，故在对该检验性能的研究中，研究者在这方面的着力是最多的（Chang, 1993; Hardy & Thompson, 1998; Harwell, 1997; Hedges, 1982a, 1982b; Hedges, 1985; Huedo-Medina, Sanchez-Meca & Botella, 2006; Sanchez-Meca & Marin-Martinez, 1997; Viechtbauer, 2007b）。但正如前面所指出的那样，当前关于 Hedges Q 检验性能的已有模拟研究或者在所设置的模拟情境与真实情境的吻合程度方面，或者在原始研究数据产生分布的设置方面均存在着可以进一步改善的空间。为此，这部分的主要研究目标是在前人研究的基础上，通过设置更为真实的模拟情境，系统地考察 Hedges Q 检验在其所基于的基本假设得到满足或未得到满足的情境下其检验性能的表现（即对 I 类错误率的控制与检验力方面的表现）。这部分的研究内容将包含两大内容：第一，是在模拟出更加逼近现元分析研究情境的条件下，系统地考察原始研究实验组与控制组数据的不同分布形态对 Hedges Q 检验 I 类错误率控制表现的影响（研究二）；第二，是在前面第三章的研究结果基础之上，采用正态分布产生总体效应量，进而通过创设更加逼近现元分析研究的模拟情境以系统地考察原始研究实验组与控制组数据的不同分布形态对 Hedges Q 检验检验力的影响（研究三）。

第四章的研究将直接回答前面在文献综述中所指出的 Hedges Q 检验性能研究中存在的问题二、问题三与问题四，同时这部分的研究成果也将为 Hedges Q 检验性能的评价标准制定工作（问题五）奠定坚实的基础。

第一节 原始研究数据分布与 Hedges Q 检验对 I 类错误率的控制（研究二）

研究二旨在依据元分析实践的实际情况创设出接近真实情况的模拟情境，进而在这些模拟情境中系统地考察在 Hedges Q 检验所基于的基本假设得到满足或被违反时原始研究实验组与控制组的数据分布以及其他各因素对该检验 I 类错误率的影响。

一 模拟研究设计

在研究方法上，研究二与研究一相同，也将采用 Monte Carlo 模拟法。在模拟情境各因素水平的设置上，研究二将参照元分析实践的实际情况，力求使得总体效应量 θ、原始研究数目 k、原始研究平均样本容量 $\bar{N}$ 以及实验组与控制组数据的方差之比 σ_E^2/σ_C^2 这 4 个因素的水平设置范围能够覆盖现实元分析实践时各情境变量的实际情况。进而在此基础上创设各种元分析模拟情境，以探索原始研究实验组与控制组数据的不同分布形态对 Hedges Q 检验的 I 类错误率控制表现的影响。

（一）研究内容

为实现研究二的研究目的，研究者在原始研究数据分布设置方面将参考借鉴其他研究者（Harwell, 1997; Huedo-Medina, Sanchez-Meca & Botella, 2006）的做法。这里，原始研究数据分布将被分别设置为正态分布（实验4）、偏态分布 1（$df=8$ 的 χ^2 分布：偏态系数 $\gamma_1=1$ 且峰度系数 $\gamma_2=1.5$）（实验5）、偏态分布 2（$df=4$ 的 χ^2 分布：$\gamma_1=1.414$ 且 $\gamma_2=3$）（实验3）以及偏态分布 3（$df=2$ 的 χ^2 分布：$\gamma_1=2$ 且 $\gamma_2=6$）（实验6）这 4 种类型，进而考察在不同原始研究数据分布的条件下

Hedges Q 检验在各种模拟情境中对 I 类错误率控制的实际表现。

(二) 模拟情境变量的水平设置

1. 总体效应量 θ

由于研究二探索的是 Hedges Q 检验对 I 类错误率的控制表现,故每次模拟元分析的原始研究总体效应量的值是相等的。但是,Hedges Q 检验在 θ=0 处对 I 类错误率的控制表现是否与 θ≠0 处对 I 类错误率的控制表现相同?在前面问题提出部分已经指出这个问题还有很多地方尚需进一步研究。为能够基本覆盖元分析研究实践中总体效应量 θ 的实际水平,研究二按照 Cohen (1969) 的大、中与小效应量的标准将总体效应量值设置为 0、0.2、0.5、0.8 这 4 个水平。这种设置策略不同于已有研究 (Chang, 1993; Hardy & Thompson, 1998; Harwell, 1997; Huedo-Medina, Sanchez-Meca & Botella, 2006) 通常只将 θ 设置为某固定值进而考察 Hedges Q 检验对 I 类错误率控制表现的做法,但与 Hedges (1982a)、Hedges 和 Olkin (1985) 与 Viechtbauer (2007b) 等人的做法类似。将总体效应量 θ 设置多个水平使得探讨总体效应量 θ 对 Hedges Q 检验的 I 类错误率是否会产生影响成为可能。因此,这一做法的优势是仅将总体效应量固定为某确定值的设置策略所不具备的。

2. 原始研究实验组与控制组数据的方差之比 σ_E^2/σ_C^2

根据 McWilliam (1991) 的建议,研究二将原始研究实验组与控制组数据的方差 (the within-study variances for experimental and control groups) 之比 σ_E^2/σ_C^2 设置成 1:1 (方差齐性)、2:1、4:1 与 8:1 这 4 个水平。研究者这里认为,$1 \leqslant \sigma_E^2/\sigma_C^2 \leqslant 2$ 可视作实验组与控制组数据的方差轻度非齐,$2 < \sigma_E^2/\sigma_C^2 \leqslant 4$ 可视作实验组与控制组数据的方差中等程度非齐,而 $4 < \sigma_E^2/\sigma_C^2 \leqslant 8$ 可视作实验组与控制组数据的方差严重非齐。其实,将实验组与控制组数据的方差之比的水平设置成 8:1 是一种极端的做法,因为在现实研究中实验组的方差是控制组的方差 8 倍的这种情况几乎不可能出现。但是,这里依然采用这个比值意在考察在这种极端情况下 Hedges Q 检验对 I 类错误率控制的表现。同时,研究者在研究二中总是将实验组的方差设置成比控制组的方差大,这种设置策略与 Harwell (1997) 的做法并不一致,但与 Huedo-Medina 等人 (2006) 的做法是一致的。实验组、控制组数据的方差比的这种设置策略更符合心

理与教育实验的现实情况，与 Glass 等人（1981）的建议也是一致的。理由在前面问题分析部分已经作了较为详细的解释，这种做法也比较符合统计学原理。

3. 原始研究数目 k

研究二原始研究数目 k 的水平设置与前面的研究一样，即被设置为 5、10、20、40 四种水平，这里的设置理由如前所述。

4. 原始研究样本容量 N、平均样本容量 $\bar{N}$ 与组样本容量 n_E/n_C

与研究一相同，研究二也将每次模拟元分析的原始研究平均样本容量 $\bar{N}$ 设置为 5 个水平，即 20、40、80、200 与 640。然而，与研究一关于 N 的设置不同之处在于，这里当 $\bar{N}$ 确定之后，元分析中每个原始研究的样本容量 N 不再依据正态分布 $N(\bar{N}, \bar{N}/3)$ 随机产生。因为根据 1998 年 Sanchez-Meca 和 Marin-Martinez 对 18 种国际知名心理学杂志上的元分析研究报告进行调查的结果，现实元分析中原始研究样本容量的分布并非为正态分布，而是呈正偏分布，其皮尔逊偏态系数值为 1.464。为此，研究二采用偏态系数为 1.5（其值接近 1.464）、均值为 $\bar{N}$ 且方差为 $\bar{N}/3$ 的分布随机产生每次模拟元分析中 k 个原始研究的样本容量 $(N_1, \cdots, N_k)$。显然，这种设置比研究一更接近现实元分析中原始研究样本容量分布的实际情况。为获得偏态系数为 1.5、均值为 $\bar{N}$ 且方差为 $\bar{N}/3$ 的原始研究样本容量分布，这里共需要三个基本步骤：第一步，产生标准正态分布随机变量 X；第二步，对 X 进行 Fleshman 转换得到随机变量 Y；第三步，通过线性转换 $\bar{N} + (\bar{N}/3)^{1/2} \times Y$ 得到目标分布的随机变量。

原始研究样本容量 N 确定之后，每个原始研究实验组与控制组的样本容量（n_E 与 n_C）产生策略则与研究一相同，也随机产生。

（三）Ⅰ类错误率经验估计值的计算

研究二中，由于每次模拟元分析中的原始研究的效应量是同质的。因此，某特定模拟情境中 Hedges Q 检验Ⅰ类错误率的经验估计值就等于该模拟情境下所有模拟同质性检验中 Hedges Q 检验统计量值大于 $\chi^2_{\alpha(k-1)}$ 的次数除以总模拟次数。由于研究二将每种模拟情境下的 Hedges Q 检验的总模拟次数设置为 5000 次，并事先确定名义显著性水平 $\alpha = 0.05$，故该模拟情境下 Hedges Q 检验Ⅰ类错误率的经验估计值就等于 Hedges Q 检验统计量值大于 $\chi^2_{\alpha(k-1)}$ 的次数除以 5000 后所得到的比值。

二 原始研究数据正态分布与 Hedges Q 检验 I 类错误率（实验4）

（一）实验目的

本实验旨在探索当原始研究实验组与控制组的数据呈正态分布时 Hedges Q 检验在各种模拟情境下对 I 类错误率的控制表现，以及总体效应量 θ、原始研究实验组与控制组数据的方差之比 σ_E^2/σ_C^2、原始研究数目 k 以及原始研究平均样本容量 $\bar{N}$ 对该检验 I 类错误率控制的影响。结合前面模拟情境变量设置部分的内容可知，在本实验，研究者共创设了 $4 \times 4 \times 4 \times 5 = 320$ 种模拟情境。

（二）模拟研究过程

为了获得每种模拟情境下 Hedges Q 检验 I 类错误率的经验估计值，整个模拟研究过程分以下几步进行：

第一步，在程序中通过设置相应的数组读入总体效应量 θ、原始研究实验组与控制组数据的方差之比 σ_E^2/σ_C^2、原始研究数目 k 以及原始研究平均样本容量 $\bar{N}$ 的值；

第二步，在第一步基础之上，利用模拟情境变量设置部分所指出的方法随机产生每次元分析中 k 个原始研究的样本容量（N_1, …, N_k）以及每个原始研究中实验组与控制组的样本容量（n_E 与 n_C）；

第三步，通过随机变量 X_1 随机产生 n_C 个控制组数据（$X_1 \sim N(0, 1)$），同时利用随机变量 Y 随机产生 n_E 个实验组的数据（$Y = \theta + (\sigma_E/\sigma_C) \times X_2$，$X_2 \sim N(0, 1)$）。在此基础上计算出该原始研究的观察效应量 d 及其抽样误差方差 σ_d^2。这样的过程独立进行 k 次，k 个原始研究模拟完成，共获得 k 个观察效应量与其抽样误差方差。

第四步，计算本次同质性检验 Hedges Q 检验统计量的值，并将之与对应的临界值 $\chi^2_{0.05(k-1)}$ 比较。之后，将这样的模拟过程重复 5000 次，并统计检验统计量 Hedges Q 的值大于 $\chi^2_{0.05(k-1)}$ 的次数，进而计算出该模拟情境下 Hedges Q 的 I 类错误率的经验估计值。

第五步，运行所有 320 种模拟情境，共获得 320 种模拟情境下 Q 检验 I 类错误率的全部经验估计值。

（三）实验结果与分析

原始研究数据呈正态分布时，Hedges Q 检验在 320 种模拟情境下的 I 类错误率经验估计值见表 4.1：

表 4.1 原始研究数据正态分布时 Hedges Q 检验在 320 种模拟情境中 I 类错误率的经验估计

$\dfrac{\sigma_E^2}{\sigma_C^2}$	$\overline{N}$	$\theta=0$ k=5	k=10	k=20	k=40	$\theta=0.2$ k=5	k=10	k=20	k=40	$\theta=0.5$ k=5	k=10	k=20	k=40	$\theta=0.8$ k=5	k=10	k=20	k=40
1	20	5.04	4.62	3.58	2.80	4.44	3.70	3.66	2.82	4.48	3.82	3.68	3.50	4.46	4.44	4.28	3.52
	40	4.66	4.22	4.00	3.24	5.70	3.98	4.40	3.80	6.16	4.14	4.24	4.04	4.62	5.16	3.58	3.78
	80	5.06	5.04	4.92	4.02	4.90	4.38	4.54	4.80	5.00	5.12	5.28	4.32	4.52	4.40	4.68	4.56
	200	4.72	4.80	5.06	4.60	4.60	5.06	4.38	4.36	4.68	4.96	4.80	4.70	4.34	5.04	4.88	4.18
	640	5.00	5.02	5.18	5.76	5.10	4.90	4.94	5.96	5.00	5.36	5.58	4.94	5.10	4.94	5.02	5.38
2	20	4.58	4.44	4.34	3.10	5.04	3.86	3.94	3.46	4.38	4.94	4.24	4.06	4.34	4.46	3.56	3.80
	40	5.34	5.26	5.06	4.76	6.20	4.92	5.92	5.84	5.48	5.40	5.40	6.12	4.20	5.76	5.32	5.14
	80	4.12	5.46	5.52	5.00	5.40	5.38	5.16	5.08	5.54	4.84	4.32	5.62	4.02	5.04	5.30	5.12
	200	5.04	4.82	4.74	5.12	5.36	5.34	4.88	4.94	4.96	5.46	5.22	5.10	4.84	5.98	4.96	5.38
	640	4.58	5.74	5.54	5.22	5.64	5.42	5.22	5.46	5.26	5.60	5.78	5.60	5.32	5.26	5.68	5.16
4	20	5.64	5.64	5.00	4.80	5.44	5.04	5.08	4.56	4.70	5.18	4.74	5.28	4.54	5.38	5.20	5.42
	40	5.88	6.42	6.74	7.82	5.64	6.88	7.26	7.08	6.56	6.70	6.30	7.34	4.86	7.34	8.00	8.58
	80	5.16	6.10	6.52	6.36	4.88	6.24	5.72	6.32	5.44	5.78	5.86	6.70	5.94	6.04	6.76	6.60
	200	5.12	5.40	5.38	5.48	4.78	5.36	5.94	5.46	5.16	6.02	5.64	6.02	5.72	5.92	6.00	6.50
	640	5.64	5.34	5.58	4.92	5.14	5.24	5.42	5.06	5.02	5.74	5.58	5.66	5.54	6.40	5.68	5.28
8	20	6.98	6.22	5.96	6.62	6.48	6.96	6.16	6.46	5.36	5.78	4.96	6.06	5.64	6.64	6.12	7.24
	40	5.62	7.22	9.36	11.00	5.26	7.96	9.04	11.14	6.60	8.48	9.16	10.84	8.22	7.60	9.42	13.08
	80	5.86	6.54	6.46	7.60	5.98	6.72	7.36	7.42	6.34	6.94	6.66	7.06	6.56	7.38	7.88	
	200	5.66	5.54	5.64	5.78	5.08	5.14	6.50	5.94	5.30	5.70	5.90	6.30	5.14	6.00	6.16	7.52
	640	5.20	5.26	5.06	5.58	4.56	5.58	4.94	5.72	5.30	5.20	5.86	5.40	5.42	5.36	5.66	5.94

（注：I 类错误率经验估计值的单位为 %。）

Cochran（1952）认为一个对 I 类错误率控制良好的统计检验，在名义Ⅰ类错误率α被设置为0.05条件下，其Ⅰ类错误率的经验估计值应该落在0.04—0.06这个区间上。在α=0.05条件下，为后续表达方便，如果某统计检验Ⅰ类错误率的经验估计值处于区间6%—7%、7%—9%与9%以上，则研究二认为该统计检验对Ⅰ类错误率控制呈现出轻度失控、中度失控与严重失控状态。同样，如果某统计检验的Ⅰ类错误率经验估计值处于3%—4%、3%—1%或1%以下，则研究二认为该统计检验对Ⅰ类错误率控制呈现出轻度保守、中度保守或严重保守状态。尽管后续研究中的原始研究数据被有意地设置成不同的分布形态，但研究二将按照这种判断标准对Hedges Q检验Ⅰ类错误率控制方面的性能进行一以贯之的评价。当原始研究数据呈正态分布时，表4.1关于Hedges Q检验对Ⅰ类错误率控制方面的模拟实验结果表明：

1. $\sigma_E^2/\sigma_C^2=1$

当原始研究实验组与控制组数据的方差齐性时，在总体效应量$\theta=0$处（意味着无研究效应或处理效应），表4.1中对应部分的数据显示：如果$\bar{N}\leqslant40$且$k\leqslant10$，则Hedges Q检验以Ⅰ类错误率的控制表现良好。但随着k的增大，该检验对Ⅰ类错误率的控制渐趋保守。然而，这种渐趋保守的趋势会随着$\bar{N}$的增大而得到改善，只要$\bar{N}\geqslant80$，该检验对Ⅰ类错误率的控制就表现良好，此后几乎不受k的影响；当原始研究实验组与控制组数据的方差齐性时，在$\theta\neq0$处，表4.1中相应数据显示Hedges Q检验对Ⅰ类错误率的控制与该检验在$\theta=0$处的情况非常相似。这些结果表明，在$\sigma_E^2/\sigma_C^2=1$条件下，只要其他模拟情境变量固定不变，总体效应量θ的变化就不会对Hedges Q检验Ⅰ类错误率的控制产生什么影响。整体而言，在当原始研究实验组与控制组数据的方差齐性时，在$\bar{N}\leqslant40$且$k\geqslant20$这些模拟情境中，Hedges Q检验对Ⅰ类错误率的控制呈保守状态。除此之外，Hedges Q检验对Ⅰ类错误率的控制表现均良好。

2. $\sigma_E^2/\sigma_C^2=2$

σ_E^2/σ_C^2的这种水平设置意味着原始研究实验组与控制组数据的方差轻度非齐。在此设置下，如果$\bar{N}\geqslant40$，则表4.1中对应部分的数据显示，无论θ、$\bar{N}$与k的取值如何，Hedges Q检验Ⅰ类错误率的经验估计值绝大多数都处于4%—6%之间（有两个略比6%高，但几乎相等）。

这些结果表明，整体上此时 Hedges Q 检验对 I 类错误率的控制非常理想。然而，在 $\bar{N} \leqslant 20$ 条件下，Hedges Q 检验对 I 类错误率的这种良好控制状态会随着 k 增大至 40 以上时略趋于保守。同时，研究结果也表明总体效应量 θ 的变化不会对 Hedges Q 检验 I 类错误率的控制产生什么影响。整体而言，除了在 $\bar{N} \leqslant 20$ 且 $k \geqslant 40$ 的这些模拟情境中 Hedges Q 检验对 I 类错误率的控制呈保守状态之外，该检验对 I 类错误率的控制均非常理想。

3. $\sigma_E^2/\sigma_C^2 = 4$

σ_E^2/σ_C^2 的这种水平设置意味着原始研究实验组与控制组数据的方差中度非齐。在 σ_E^2/σ_C^2 的此种水平的设置下，表 4.1 中对应部分的数据显示，$\bar{N} = 20$ 时，无论 k、θ 值为多大，Hedges Q 检验对 I 类错误率的控制均表现良好。但当 $\bar{N}$ 增大至 40 时，随着 k 的增大，Hedges Q 检验对 I 类错误率的控制从在 k 较小（$k = 5$）时控制良好逐渐转变为趋于轻度或中度的失控。当然，随着 $\bar{N}$ 的增大，Hedges Q 检验对 I 类错误率的这种失控状态会逐渐改善。研究结果也显示，只要 $\bar{N} \geqslant 200$，Hedges Q 检验对 I 类错误率的控制表现整体良好，只在极少数模拟情境中会出现轻度膨胀现象。很明显，$\bar{N}$ 与 k 这两个因素在 Hedges Q 检验对 I 类错误率的控制上存在着交互作用。同时，表 4.1 对应部分的数据也显示，当 $\sigma_E^2/\sigma_C^2 = 4$ 时，总体效应量 θ 对 Hedges Q 检验 I 类错误率控制的影响几乎不存在。

4. $\sigma_E^2/\sigma_C^2 = 8$

σ_E^2/σ_C^2 水平的这种设置意味着原始研究实验组与控制组数据的方差非齐程度非常极端。在这种水平设置下，表 4.1 中对应部分的数据显示 Hedges Q 检验对 I 类错误率的控制整体上出现膨胀现象。当 $\bar{N} = 20$ 时，Hedges Q 检验对 I 类错误率的控制普遍出现轻度失控现象（也有少数控制良好，一个出现中度失控状态，其值为 7.24%）。并且，此时 Hedges Q 检验对 I 类错误率的控制表现几乎不受 k 与 θ 影响。随着 $\bar{N}$ 增大至 40，Hedges Q 检验对 I 类错误率的失控状态随着 k 的增大而急剧恶化。此时若 $k \geqslant 20$，则该检验对 I 类错误率的控制会出现严重失控现象。然而，随着 $\bar{N}$ 进一步增大，Hedges Q 检验对 I 类错误率的控制由于

k 的增大所导致的失控程度又会整体上获得改善。当 $\bar{N} \geq 200$ 时，该检验对 I 类错误率的控制逐渐趋于合理，只在极少数模拟情境中出现轻度和中度膨胀现象。同样，表 4.1 对应部分的数据显示，总体效应量 θ 在此条件下对 Hedges Q 检验 I 类错误率的控制整体上没有什么影响。即使有的话，也作用甚微。

在原始研究数据呈正态分布条件下，为清楚、直观地呈现 σ_E^2/σ_C^2 因素对 Hedges Q 检验的 I 类错误率控制的影响，这里将依据的不同取值分别绘制出 σ_E^2/σ_C^2 在 16 种模拟情境下对 Hedges Q 检验 I 类错误率影响的折线图，结果见图 4.1、图 4.2、图 4.3、图 4.4 与图 4.5。结果如下：

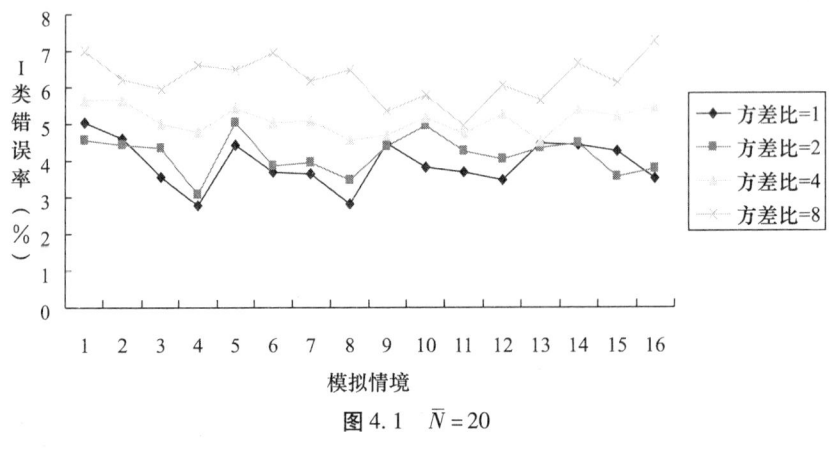

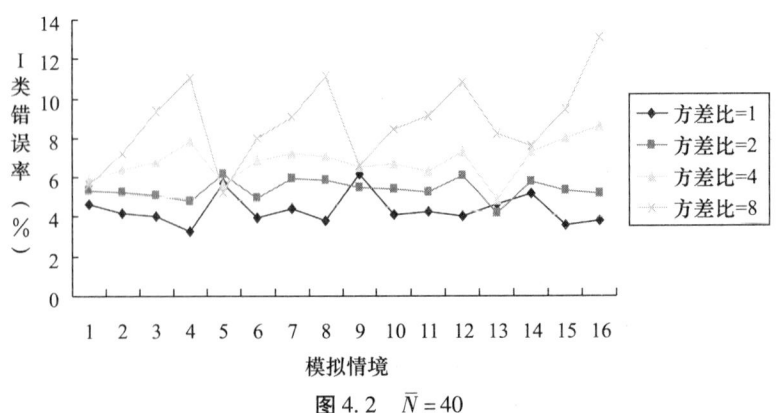

图 4.1　$\bar{N}=20$

图 4.2　$\bar{N}=40$

第四章 原始研究数据分布对 Hedges Q 检验性能的影响　81

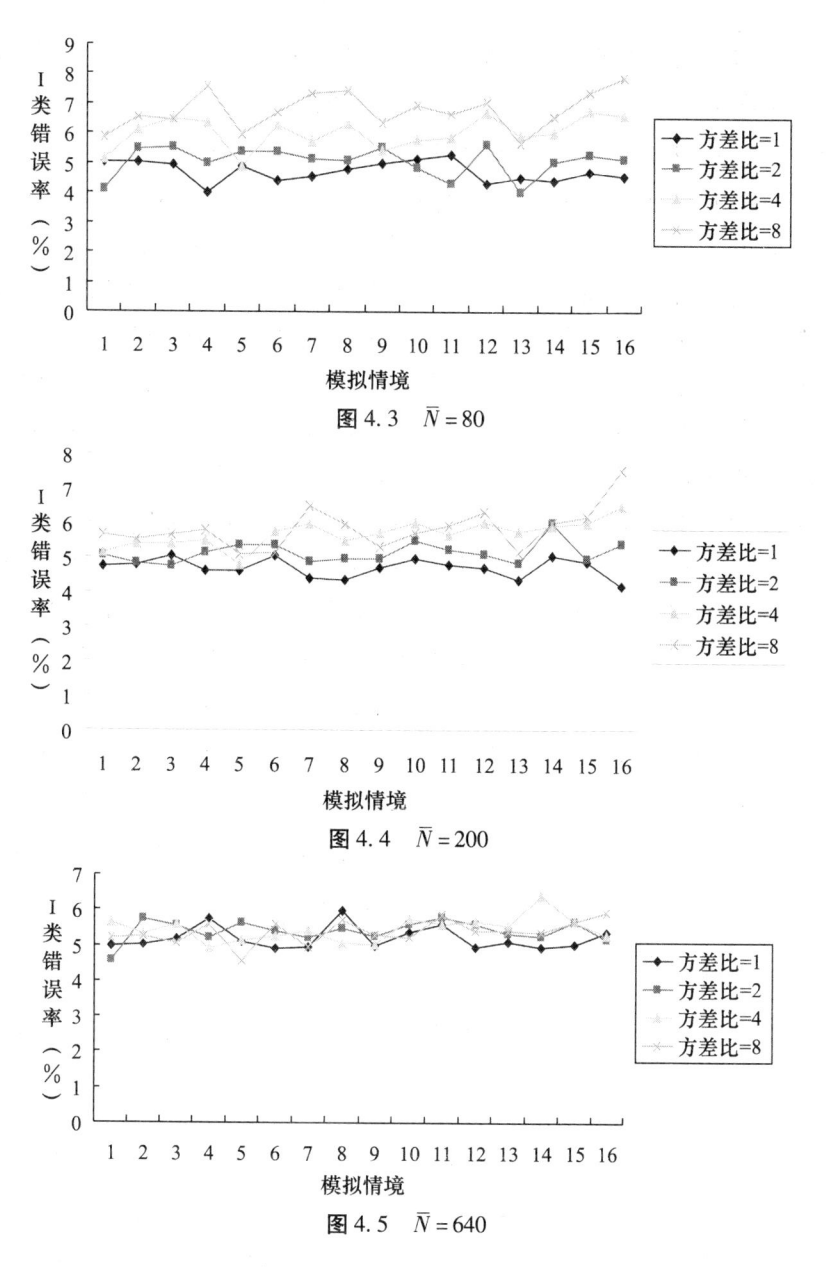

图 4.3　$\bar{N}=80$

图 4.4　$\bar{N}=200$

图 4.5　$\bar{N}=640$

（注：1 表示 $\theta=0$ 且 $k=5$，2 表示 $\theta=0$ 且 $k=10$，3 表示 $\theta=0$ 且 $k=20$，4 表示 $\theta=0$ 且 $k=40$，5 表示 $\theta=0.2$ 且 $k=5$，6 表示 $\theta=0.2$ 且 $k=10$，7 表示 $\theta=0.2$ 且 $k=20$，8 表示 $\theta=0.2$ 且 $k=40$，…，16 表示 $\theta=0.8$ 且 $k=40$。）

整体而言,原始研究数据正态分布时,如果 $2 \geq \sigma_E^2/\sigma_C^2 \geq 1$,则图 4.1 至图 4.5 均显示 Hedges Q 检验对 I 类错误率的控制几乎不受 σ_E^2/σ_C^2 变化的影响。然而,随着 σ_E^2/σ_C^2 进一步增大,σ_E^2/σ_C^2 对 Hedges Q 检验 I 类错误率控制的影响逐渐显露出来。具体而言:(1) $\bar{N}=20$ 时,图 4.1 显示,整体上 Hedges Q 检验在 $\sigma_E^2/\sigma_C^2=4$ 处 I 类错误率的经验估计值要轻微高于 $\sigma_E^2/\sigma_C^2 \leq 2$ 处 I 类错误率的经验估计值。但这种提高有利于改善该检验对 I 类错误率的控制,因为此时该检验的 I 类错误率接近名义显著性水平。随着 σ_E^2/σ_C^2 进一步增大至 8,Hedges Q 检验的 I 类错误率会进一步提高,此时该检验对 I 类错误率的控制出现轻度失控状态(少数中度失控);(2) $\bar{N}=40$ 时,图 4.2 显示,Hedges Q 检验在 $\sigma_E^2/\sigma_C^2=4$ 处 I 类错误率的经验估计值整体上要轻微高于在 $\sigma_E^2/\sigma_C^2 \leq 2$ 处 I 类错误率的经验估计值。Hedges Q 检验对 I 类错误率的控制出现轻度失控状态,但也有少数出现中度失控状态。随着 σ_E^2/σ_C^2 增大至 8,整体上该检验对 I 类错误率的控制出现中度与严重失控状态;(3) $\bar{N}=80$ 时,图 4.3 显示,整体上 Hedges Q 检验的 I 类错误率经验估计值随着 σ_E^2/σ_C^2 的增大而轻微提高,在 $\sigma_E^2/\sigma_C^2=4$ 处该检验对 I 类错误率的控制出现轻度失控状态,在 $\sigma_E^2/\sigma_C^2=8$ 处出现中度失控状态;(4) 整体上,图 4.4、图 4.5 显示,只要 $\bar{N} \geq 200$,σ_E^2/σ_C^2 在区间 [1,4] 内变化对 Hedges Q 检验 I 类错误率控制的影响很小,几乎可以忽略。

三 原始研究数据呈偏态分布 1 与 Hedges Q 检验 I 类错误率(实验 5)

(一)实验目的

本实验旨在探索原始研究数据呈偏态分布 1(即 $df=8$ 的 χ^2 分布,$\gamma_1=1$,$\gamma_2=1.5$)时 Hedges Q 检验在所创设的各种模拟情境中对 I 类错误率的控制表现,以及 θ、σ_E^2/σ_C^2、k 以及 $\bar{N}$ 这 4 种因素对 Hedges Q 检验 I 类错误率控制的影响。除原始研究数据分布有所不同之外,在模拟情境设置上,本实验与实验 4 相同。为此,研究者也同样创设了 $4 \times 4 \times 4 \times 5 = 320$ 种模拟情境。

（二）模拟研究过程

本实验的模拟研究过程与实验 4 基本相同，差别仅体现在第三步的原始研究实验组与控制组数据的模拟产生上。具体而言，本实验中原始研究实验组与控制组数据通过以下方法模拟产生：

控制组数据的模拟产生：通过相互独立且皆服从 $N（0，1）$ 的随机变量 X_1、X_2、X_3、X_4、X_5、X_6、X_7、X_8 产生随机变量 Chc，$Chc = X_1^2 + X_2^2 + X_3^2 + X_4^2 + X_5^2 + X_6^2 + X_7^2 + X_8^2$。故 Chc 服从 $df = 8$ 的 χ^2 分布。为方便数据处理（并无实质影响），对 Chc 作平移处理，以得到其他形状特征不变，但平均数为 0 非中心 χ^2 分布 Chi_1，$Chi_1 = Chc - 8$。在此基础上，进而随机产生样本容量为 n_C 的控制组数据。

实验组数据的模拟产生：类似第一步工作，产生随机变量 Che，Che 服从平均数为 0 的非中心 χ^2 分布。在此基础上通过线性转换得到随机变量 chi_2，$chi_2 = （\sigma_E/\sigma_C）\times Che + 4 \times \theta$，并在此基础上产生样本容量为 n_E 的实验组数据。这里 θ 为总体效应量值。

除此之外，其他过程与实验 4 相同。

（三）实验结果与分析

当原始研究实验组与控制组的数据呈 $df = 8$ 的 χ^2 分布（$\gamma_1 = 1$，$\gamma_2 = 1.5$）时，Hedges Q 检验在所创设的 320 种模拟情境中的 I 类错误率经验估计值见表 4.2：

表 4.2　原始研究数据呈 $df = 8$ 的 χ^2 分布时 Hedges Q 检验在 320 种模拟情境中的 I 类错误率经验估计值

$\dfrac{\sigma_E^2}{\sigma_C^2}$	$\overline{N}$	$\theta=0$				$\theta=0.2$				$\theta=0.5$				$\theta=0.8$			
		$k=5$	$k=10$	$k=20$	$k=40$	$k=5$	$k=10$	$k=20$	$k=40$	$k=5$	$k=10$	$k=20$	$k=40$	$k=5$	$k=10$	$k=20$	$k=40$
1	20	4.34	3.68	3.76	3.02	5.14	4.00	2.80	3.24	5.46	4.62	3.10	4.00	5.76	4.88	4.84	5.40
	40	4.36	4.12	3.78	3.20	4.76	4.20	3.92	4.24	4.58	5.30	5.04	5.26	5.38	5.54	5.50	6.10
	80	4.70	4.28	3.90	4.18	4.24	4.20	4.32	3.98	5.30	5.00	4.78	5.54	6.60	6.04	5.84	6.72
	200	5.12	4.96	4.66	4.48	5.24	4.94	4.58	5.00	5.70	5.06	5.72	5.86	5.94	6.20	6.44	6.98
	640	4.62	4.82	4.14	4.08	5.20	4.56	3.94	3.28	5.58	4.38	4.54	4.22	6.08	5.12	5.34	5.28

续表

$\dfrac{\sigma_E^2}{\sigma_C^2}$	$\bar{N}$	$\theta=0$				$\theta=0.2$				$\theta=0.5$				$\theta=0.8$			
		$k=5$	$k=10$	$k=20$	$k=40$	$k=5$	$k=10$	$k=20$	$k=40$	$k=5$	$k=10$	$k=20$	$k=40$	$k=5$	$k=10$	$k=20$	$k=40$
2	20	4.20	5.06	4.06	3.54	4.20	2.84	3.30	2.28	3.68	3.64	1.98	1.92	3.48	2.28	2.84	1.60
	40	5.12	5.02	5.38	5.94	5.18	4.30	4.74	4.62	4.24	3.46	3.36	3.30	3.70	2.72	3.10	2.50
	80	4.88	5.04	5.08	4.32	4.42	4.28	4.02	2.90	3.86	3.24	2.92	1.90	3.40	3.12	2.32	1.66
	200	5.24	5.02	5.34	4.58	4.68	3.92	3.60	3.62	3.46	3.12	2.40	1.90	3.16	2.78	1.88	1.62
	640	4.98	4.42	3.86	4.06	4.34	3.92	3.16	2.32	3.20	2.72	1.72	1.44	2.78	2.06	1.44	0.76
4	20	5.58	6.98	5.94	7.10	3.92	4.52	4.64	4.22	4.86	4.02	3.74	2.90	3.04	3.00	2.12	1.58
	40	6.56	6.46	7.86	9.38	5.20	6.04	5.40	6.62	4.98	4.82	4.44	3.60	3.12	3.00	2.68	2.48
	80	6.14	5.86	6.68	7.46	4.60	4.64	4.86	4.20	3.46	2.98	2.72	2.12	2.96	2.46	1.68	0.72
	200	5.38	5.72	6.14	5.40	4.40	3.86	3.90	3.26	3.16	2.38	1.60	1.62	2.58	1.88	1.18	0.70
	640	5.80	4.66	4.06	3.86	3.88	3.58	3.02	2.50	2.66	1.98	1.86	0.76	1.80	1.28	0.80	0.34
8	20	8.08	6.54	9.08	10.52	6.58	6.76	6.80	7.60	5.44	6.06	5.04	4.48	4.80	4.42	2.68	2.28
	40	7.72	10.34	12.24	14.08	7.78	7.96	8.46	10.22	5.52	5.26	6.08	6.34	4.64	4.84	3.94	3.08
	80	6.42	6.98	8.02	9.08	5.34	5.66	5.72	4.16	4.34	3.52	3.02	3.24	2.70	1.50	1.28
	200	5.72	5.26	6.22	6.42	4.94	4.20	4.16	3.96	3.46	2.86	2.04	1.52	2.40	2.16	1.20	0.88
	640	4.62	4.4	4.18	3.94	3.90	3.54	2.86	2.12	3.12	2.42	1.70	0.70	2.14	1.26	0.80	0.32

（注：单位为%。）

当原始研究实验组与控制组的数据呈 $df=8$ 的 χ^2 分布时，表4.2中 Hedges Q 检验 I 类错误率的经验估计值显示：

1. $\sigma_E^2/\sigma_C^2=1$

如果总体效应量 θ 等于 0，则 Hedges Q 检验 I 型错误率的经验估计值与原始研究平均样本容量 $\bar{N}$、原始研究数目 k 间的关系可描述为：当 $\bar{N}$ 与 k 均较小（$\bar{N}=20$ 且 $k=5$）时，该检验对 I 型错误率的控制表现良好。但随着 k 的增大，该检验对 I 类错误率的控制趋于轻度保守（如 $k=40$ 时其经验估计值 =3.02%）。同时，表4.2中的对应数据也显示，该检验对 I 类错误率的控制与 k 间的这种关系会随着 $\bar{N}$ 的增大而改善。例如，当 $\bar{N} \geqslant 80$ 时，其 I 型错误率的经验估计值几乎全部处于 4%—6%这个区间（3.9%≈4%），这表明 Hedges Q 检验在这些模拟情境中对 I 型错误率的控制均表现良好。

如果 $\theta \neq 0$，则 Hedges Q 检验 I 型错误率的经验估计值与 $\bar{N}$、k 间的关系受总体效应量 θ 大小的影响。具体而言：

（1）当 θ 与 $\bar{N}$ 都较小（$\theta = 0.2$ 且 $\bar{N} = 20$）时，该检验 I 型错误率的经验估计值与 k 间的关系类似于 $\theta = 0$ 时的情况。此时，随着 $\bar{N}$ 的增大，当 $40 \leqslant \bar{N} \leqslant 200$ 时，该检验 I 型错误率的经验估计值全部接近或者处于 4%—6% 之间，这些结果显示该检验对 I 型错误率的控制表现良好。但如果 $\bar{N}$ 过大（$\bar{N} = 640$）时，该检验对 I 型错误率的控制反而又会呈现随着 k 增大而有趋于保守的态势；

（2）当 $\theta \geqslant 0.5$ 时，只要 $\bar{N} \geqslant 20$，不管 k 取值如何，该检验 I 型错误率的经验估计值几乎全部处于 4%—6% 这个区间（也有少数略微偏离这个区间）。这些结果显示，该检验此时对 I 类错误率的控制整体表现良好。此时，模拟情境变量 k、$\bar{N}$ 对该检验的 I 型错误率没有什么影响。但在 θ 为大效应量（$\theta = 0.8$）时，该检验对 I 型错误率的控制有时会出现轻度失控的现象。

2. $\sigma_E^2 / \sigma_C^2 = 2$

如果总体效应量 θ 等于 0，则该检验 I 类错误率的经验估计值基本上处于 0.4—0.6 这个区间中（3.54% 与 3.86%，接近 4%）。这个结果表明，此时 Hedges Q 检验对 I 类错误率的控制整体上表现良好。如果 $\theta \neq 0$，则表 4.2 对应部分的数据显示，在其他模拟情境变量不变时，该检验 I 类错误率的经验估计值会分别随着 θ、$\bar{N}$ 与 k 的增大而呈现出系统性降低的趋势。这些结果表明，随着 θ、$\bar{N}$ 与 k 的增大，该检验对 I 类错误率的控制表现愈加保守。比如当 $\theta = 0.8$、$\bar{N} = 640$ 及 $k = 40$ 时，该检验在名义 I 类错误率 = 0.05 时，其 I 类错误率的经验估计值竟低至 0.76% 这种严重保守的水平。

3. $\sigma_E^2 / \sigma_C^2 = 4$

总体效应量 θ 等于 0 时，如果 $\bar{N} \geqslant 200$，则 Hedges Q 检验 I 类错误率的经验估计值几乎均落在区间 [0.04，0.06] 内（0.064 接近 0.06，0.0386 接近 0.04）。这些结果表明，此时该检验对 I 类错误率的控制整体上表现良好。但在 $\bar{N} \leqslant 80$ 条件下，该检验在 $k \leqslant 10$ 时对 I 类错误率的控制整体上良好或只有少数模拟情境中出现轻微失控现象。而且，该检验对 I 类错误率的控制的这种轻微失控状态会随着 k

的进一步增大而恶化。其中在 $\bar{N}=20$ 或 80 条件下会出现轻度或中度失控,而在 $\bar{N}=40$ 条件下会出现中度甚至严重的失控现象;当 $\theta=0.2$ 时,如果 $\bar{N}\leqslant 80$,则该检验对 I 类错误率的控制整体表现良好(个别情况下出现轻度失控现象)。然而,此时如果 $\bar{N}\geqslant 200$,表中对应部分的数据显示,该检验对 I 类错误率的控制会分别随着 $\bar{N}$、k 的增大而系统性地趋于轻度或中度保守;当 $\theta=0.5$,如果 $\bar{N}\leqslant 40$ 且 $k\leqslant 20$ 时,则 Hedges Q 检验对 I 类错误率的控制良好。但该检验对 I 类错误率的控制表现会分别随着 $\bar{N}$、k 的增大而系统性地趋于轻度或中度保守状态;当 $\theta=0.8$ 时,Hedges Q 检验在所有被创设的模拟情境中的 I 类错误率经验估计值均低于 0.04,这些结果表明在 θ 为大效应量处 Hedges Q 检验对 I 类错误率的控制均呈保守状态。而且,这种保守状态的程度会分别随着 $\bar{N}$、k 的增大而加重。

4. $\sigma_E^2/\sigma_C^2 = 8$

如果总体效应量 $\theta=0$,只要 $\bar{N}\leqslant 80$,则 Hedges Q 检验对 I 类错误率的控制就会全面出现失控现象,而且整体上其失控程度会随着 k 的增大而加重。然而,此时只要 $\bar{N}\geqslant 200$,该检验对 I 类错误率的控制整体上就表现良好,只不过有时对 I 类错误率的控制会有轻微失控或保守现象存在。在 $\theta=0$ 处,在其他模拟情境变量设置不变的条件下,随着 $\bar{N}$ 的增大,Hedges Q 检验的 I 类错误率整体上会呈现下降趋势。然而,如果此时 $k\geqslant 10$,则该检验的 I 类错误率会随着的增大出现先上升后下降的趋势,其中在 $\bar{N}=40$ 处该检验对 I 类错误率的控制出现相对最为严重的失控;如果 $\theta=0.2$,则 Hedges Q 检验对 I 类错误率的控制与 $\bar{N}$、k 间的关系类似于 $\theta=0$ 时的情况,只是该检验的 I 类错误率整体上会低于 $\theta=0$ 时在相同模拟情境下的 I 类错误率。此时,如果 $200\geqslant\bar{N}\geqslant 80$,则该检验对 I 类错误率的控制表现良好。但随着 $\bar{N}$ 进一步增大,该检验对 I 类错误率的控制渐趋保守;如果 $\theta=0.5$,则 $20\geqslant\bar{N}\geqslant 40$ 时,Hedges Q 检验对 I 类错误率的控制表现良好。然而,该检验的 I 类错误率会分别随着 $\bar{N}$、k 进一步的增大而渐趋保守;如果 $\theta=0.8$,则在 $40\geqslant\bar{N}\geqslant 20$ 且 $10\geqslant k\geqslant 5$ 的条件下,Hedges Q 检验对 I 类错误率的控制良好。但是,该检验对 I 类错误率的控制也会随着 $\bar{N}$、k 的进一步增大而趋于保守。

同样，在原始研究数据呈 $df=8$ 的 χ^2 分布条件下，为清楚、直观地呈现 σ_E^2/σ_C^2 因素对 Hedges Q 检验的Ⅰ类错误率控制的影响，这里将依据不同取值分别绘制 σ_E^2/σ_C^2 在20种模拟情境下对 Hedges Q 检验Ⅰ类错误率影响的折线图，结果见图4.6、图4.7、图4.8、图4.9与图4.10。结果如下：

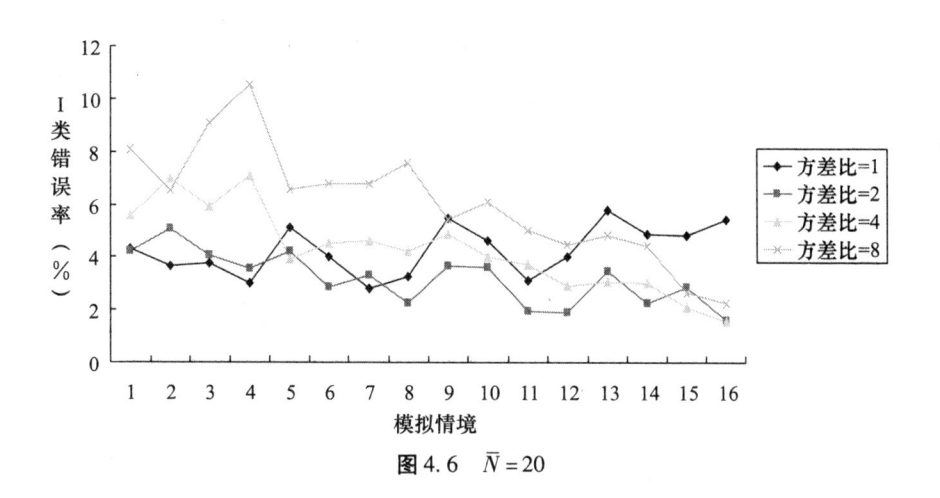

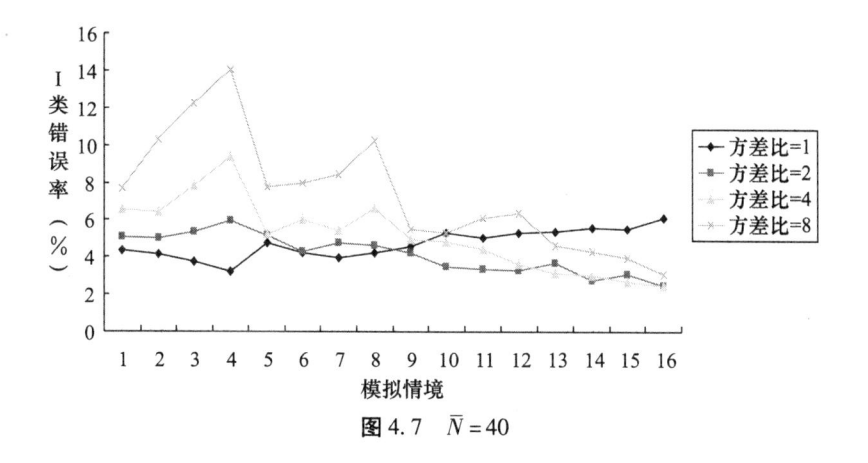

图4.6 $\bar{N}=20$

图4.7 $\bar{N}=40$

图 4.8 $\bar{N}=80$

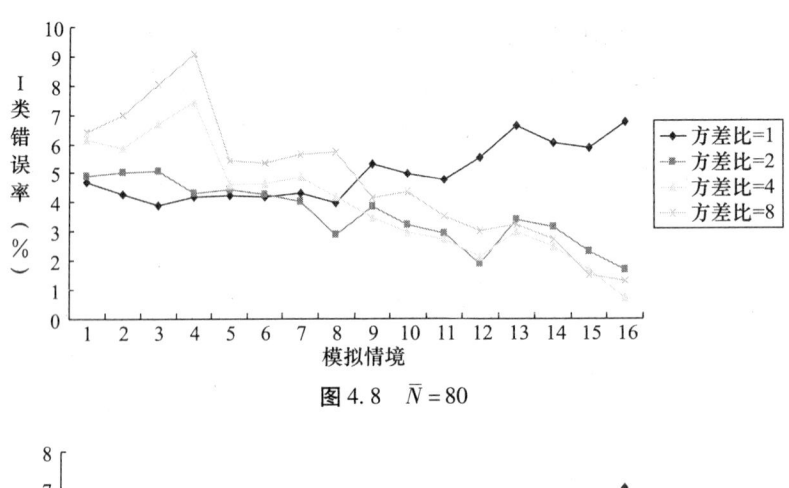

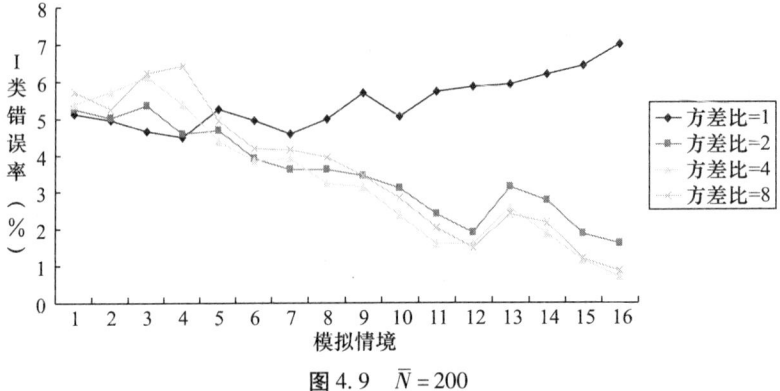

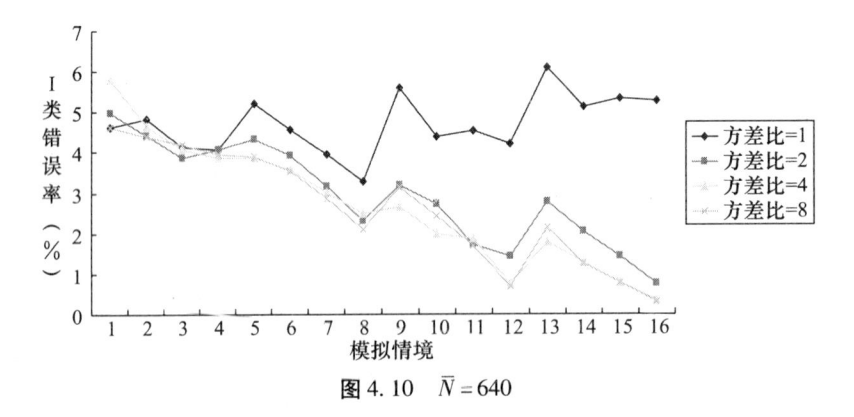

图 4.9 $\bar{N}=200$

图 4.10 $\bar{N}=640$

（注：1 表示 $\theta=0$ 且 $k=5$，2 表示 $\theta=0$ 且 $k=10$，3 表示 $\theta=0$ 且 $k=20$，4 表示 $\theta=0$ 且 $k=40$，5 表示 $\theta=0.2$ 且 $k=5$，…，20 表示 $\theta=0.8$ 且 $k=40$。）

图 4.6 至图 4.10 直观地显示，σ_E^2/σ_C^2 因素对 Hedges Q 检验的 I 类错误率是有影响的。具体而言：（1）当 $\bar{N} \leqslant 40$ 时：①如果 $\theta = 0$，则 Hedges Q 检验 I 类错误率的经验估计值整体上会随着 σ_E^2/σ_C^2 的增大而提高。其中，在 $1 \leqslant \sigma_E^2/\sigma_C^2 \leqslant 2$ 区间内，σ_E^2/σ_C^2 的增大对该检验的 I 类错误率影响很小，但随着 σ_E^2/σ_C^2 增大至 4，该检验对 I 类错误率的控制呈现失控状态，而且这种失控程度会随着 σ_E^2/σ_C^2 的进一步增大而变得更加严重；②如果 $\theta = 0.2$，则在 $1 \leqslant \sigma_E^2/\sigma_C^2 \leqslant 4$ 区间内，σ_E^2/σ_C^2 的增大对 Hedges Q 检验的 I 类错误率影响很小。但是，$\sigma_E^2/\sigma_C^2 = 8$ 时该检验 I 类错误率的经验估计值明显高于 σ_E^2/σ_C^2 分别等于 1、2、4 时该检验 I 类错误率的经验估计值。此时，该检验对 I 类错误率的控制呈现出明显的失控状态；③如果 $\theta = 0.5$，则 σ_E^2/σ_C^2 对 Hedges Q 检验 I 类错误率的经验估计值虽有影响，但这种影响整体不大；④如果 $\theta = 0.8$，则 Hedges Q 检验在 $\sigma_E^2/\sigma_C^2 = 1$ 时的 I 类错误率要高于 $\sigma_E^2/\sigma_C^2 \geqslant 2$ 时的 I 类错误率。当 $\sigma_E^2/\sigma_C^2 \geqslant 2$ 时，该检验对 I 类错误率的控制整体上略显保守。但是，在区间 $8 \geqslant \sigma_E^2/\sigma_C^2 \geqslant 2$ 内，σ_E^2/σ_C^2 的增大对该检验的 I 类错误率影响很小。（2）$\bar{N} = 80$ 时，图 4.8 显示：①如果 $\theta = 0$，则 Hedges Q 检验对 I 类错误率的控制情况类似于 $\bar{N} \leqslant 40$ 条件下该检验在 $\theta = 0$ 处的情况；②如果 $\theta = 0.2$，则在区间 $1 \leqslant \sigma_E^2/\sigma_C^2 \leqslant 8$ 范围内，σ_E^2/σ_C^2 的增大对 Hedges Q 检验的 I 类错误率影响很小；③如果 $\theta \geqslant 0.5$，则 Hedges Q 检验在 $\sigma_E^2/\sigma_C^2 \geqslant 2$ 条件下的 I 类错误率整体上低于其在 $\sigma_E^2/\sigma_C^2 = 1$ 条件下的 I 类错误率。而且 θ 值越大，这种差异也越明显。然而，在 $8 \geqslant \sigma_E^2/\sigma_C^2 \geqslant 2$ 区间内，σ_E^2/σ_C^2 的增大对该检验的 I 类错误率影响很小。（3）$\bar{N} \geqslant 200$ 时，如果 $\theta = 0$，则在 $8 \geqslant \sigma_E^2/\sigma_C^2 \geqslant 1$ 区间内，σ_E^2/σ_C^2 的增大对该检验的 I 类错误率影响很小。然而，此时如果 $\theta \geqslant 0.2$，则 Hedges Q 检验对 I 类错误率的控制类似于 $\bar{N} = 80$ 条件下该检验在 $\theta \geqslant 0.5$ 处对 I 类错误率的控制情况。

四 原始研究数据呈偏态分布 2 与 Hedges Q 检验 Ⅰ 类错误率（实验 6）

（一）实验目的

本实验旨在探索原始研究数据呈偏态分布 2（χ^2 分布：$df=4$，$\gamma_1=1.414$ 且 $\gamma_2=3$）时 Hedges Q 检验在各种模拟情境中对 Ⅰ 类错误率的控制表现，以及总体效应量 θ、实验组/控制组数据方差比 σ_E^2/σ_C^2、原始研究数目 k 以及平均样本容量 $\bar{N}$ 这 4 种因素对 Hedges Q 检验 Ⅰ 类错误率的影响。在模拟情境设置上，本实验与实验 4、实验 5 一样，研究者共创设了 $4\times4\times4\times5=320$ 种模拟情境。

（二）模拟研究过程

本实验的模拟研究过程与实验 4、实验 5 基本相同，它们之间的差别集中体现在第三步中原始研究实验组与控制组数据的模拟产生上。本实验中，原始研究实验组与控制组的数据通过以下方法实现：

控制组数据的随机产生：通过相互独立且皆服从 $N(0,1)$ 的随机变量 X_1、X_2、X_3、X_4 产生随机变量 Chc，$Chc=X_1^2+X_2^2+X_3^2+X_4^2$，则 Chc 服从 $df=4\chi^2$ 分布。为方便数据处理（对实验并无实质影响），对 Chc 作平移处理，以得到其他形状特征不变，但平均数为 0 非中心 χ^2 分布 Chi_1。其中，$Chi_1=Chc-4$。在此基础上，进而通过 Chi_1 随机产生样本容量为 n_C 的控制组数据。

实验组数据的随机产生：类似第一步模拟工作，产生随机变量 Che，Che 服从 $df=4\chi^2$ 分布。同样，为方便数据处理，对 Che 作平移处理，得到 Chi_2，其中 $Chi_2=Che-4$。在此基础上，通过线性转换得到随机变量 chi_3，$chi_3=(\sigma_E/\sigma_C)\times Chi_2+(8)^{1/2}\times\theta$，进而通过 chi_3 产生样本容量为 n_E 的实验组数据，这里 θ 为总体效应量。

除此之外，其他过程与实验 4 相同。

（三）实验结果与分析

原始研究数据呈 $df=4$ 的 χ^2 分布（分布 2：$\gamma_1=1.414$，$\gamma_2=3$）时，Hedges Q 检验在 320 种模拟情境中 Ⅰ 类错误率的经验估计值见表 4.3：

表 4.3　原始研究数据呈偏态分布 2 时 Hedges Q 检验在 320 种
模拟情境中 Ⅰ 类错误率的经验估计

$\dfrac{\sigma_E^2}{\sigma_C^2}$	$\overline{N}$	$\theta=0$				$\theta=0.2$				$\theta=0.5$				$\theta=0.8$			
		$k=5$	$k=10$	$k=20$	$k=40$	$k=5$	$k=10$	$k=20$	$k=40$	$k=5$	$k=10$	$k=20$	$k=40$	$k=5$	$k=10$	$k=20$	$k=40$
1	20	4.74	3.66	2.80	2.22	3.82	4.22	3.38	2.60	4.14	3.20	3.88	3.60	5.24	3.88	5.54	8.00
	40	4.98	4.20	4.08	3.02	4.44	5.06	3.90	3.98	5.96	5.16	5.08	5.50	6.70	7.56	7.14	9.68
	80	4.76	4.76	3.90	3.96	4.90	4.98	4.12	4.48	5.20	6.00	5.48	6.76	6.56	7.68	8.36	10.7
	200	4.50	4.44	4.64	4.02	5.02	4.82	4.68	4.90	5.20	5.48	6.20	6.66	7.12	7.98	8.52	10.82
	640	4.20	4.66	5.10	4.72	4.46	4.48	5.26	4.94	5.74	6.20	6.56	7.80	7.26	7.68	10.46	11.76
2	20	5.76	4.38	4.08	3.82	4.16	3.40	2.64	2.10	3.94	2.10	2.44	1.04	3.10	2.88	2.00	0.96
	40	4.78	5.58	5.32	5.38	3.88	4.00	3.74	3.42	3.52	2.82	2.54	1.68	3.10	3.04	1.86	1.28
	80	5.34	5.02	5.06	5.88	4.10	3.62	3.72	3.18	3.10	2.98	2.34	2.30	3.04	2.08	2.12	1.36
	200	4.94	5.26	4.94	4.78	3.30	4.28	3.32	3.20	3.36	2.20	1.84	1.16	3.04	2.28	2.14	0.94
	640	4.90	4.90	4.04	4.46	4.00	3.74	3.32	2.30	2.84	2.52	2.14	1.60	2.82	2.20	1.54	0.86
4	20	7.10	6.96	8.08	6.98	5.32	5.18	4.52	4.46	3.52	3.34	2.36	1.44	3.04	2.96	1.28	0.80
	40	8.04	7.88	9.40	10.46	5.88	5.74	5.08	6.72	3.84	3.84	2.28	2.16	2.70	2.44	1.84	0.84
	80	6.22	6.58	7.98	8.12	4.84	4.48	4.70	4.24	3.04	2.62	2.22	1.46	2.38	1.44	1.18	0.54
	200	5.56	4.70	5.26	5.26	4.14	3.32	3.38	2.86	2.92	1.94	0.92	0.56	1.86	1.30	0.54	0.24
	640	4.62	5.20	5.04	4.60	3.80	3.22	2.46	2.12	2.32	1.74	1.08	0.52	1.50	0.90	0.32	0.18
8	20	8.14	8.70	11.22	14.80	8.72	7.46	8.76	10.22	5.32	5.24	5.64	4.58	3.84	3.92	2.38	2.22
	40	8.64	10.94	13.78	17.90	8.08	8.12	10.22	12.38	4.90	5.16	5.08	5.52	3.68	3.18	3.06	2.08
	80	7.52	7.66	9.60	11.34	5.32	6.06	6.70	6.42	3.62	3.66	3.48	2.74	2.86	2.24	1.74	0.94
	200	5.74	6.38	6.28	7.02	4.82	3.96	3.36	3.68	2.86	2.30	1.56	1.22	1.80	0.94	0.62	0.16
	640	5.68	5.32	5.36	5.14	3.36	3.44	3.08	2.26	2.00	1.42	1.20	0.74	1.04	0.76	0.24	0.10

（注：Ⅰ类错误率经验估计值单位为%。）

表 4.3 中的数据表明，如果原始研究数据呈自由度 $df=4$ 的 χ^2 分布，则 Hedges Q 检验的 Ⅰ 类错误率与各模拟情境变量间的关系以及该检验对 Ⅰ 类错误控制的实际表现如下：

1. $\sigma_E^2/\sigma_C^2=1$

此时，如果总体效应量 $\theta=0$，则在 $\overline{N}=20$ 条件下，Hedges Q 检验在 $k=5$ 处对 Ⅰ 类错误率的控制表现良好。但随着 k 的增大，该检验对

Ⅰ类错误率的控制会逐渐趋于保守。然而，Hedges Q 检验的这种倾向会随着$\bar{N}$的增大而得到改善。表 4.3 对应部分的数据显示，只要$\bar{N}\geq 80$，该检验Ⅰ类错误率的经验估计值就都介于 3.9%—5.1% 之间，非常接近 4%—6%。这些结果显示，此时该检验对Ⅰ类错误率的控制整体良好；如果$\theta=0.2$，则 Hedges Q 检验对Ⅰ类错误率的控制表现基本上与$\theta=0$处的情况类似。但与后者也有所不同，不同之处主要体现在只要$\bar{N}$不低于 40 而非 80，该检验对Ⅰ类错误率的控制就已经比较理想；如果$\theta=0.5$，则 Hedges Q 检验对Ⅰ类错误率的控制表现与$\bar{N}$、k有关。如果此时$k\leq 5$，则无论$\bar{N}$取值如何，该检验对Ⅰ类错误率的控制均表现良好。但如果$k\geq 10$，则：①在$\bar{N}=20$处，该检验对Ⅰ类错误率的控制会随着k的增大而趋于略显保守状态；②在$\bar{N}=40$处，该检验对Ⅰ类错误率的控制几乎不受k的影响；③在$80\leq\bar{N}\leq 200$范围内，该检验对Ⅰ类错误率的控制会随着k的增大而趋于轻度失控；④在$\bar{N}\geq 640$处，该检验对Ⅰ类错误率的控制会逐渐趋于中度失控；如果$\theta=0.8$，则 Hedges Q 检验对Ⅰ类错误率的控制只在$k\leq 20$且$\bar{N}=20$条件下表现尚属良好，但在其他模拟情境下基本上呈现失控状态。而且，这种失控的程度分别会随着k、$\bar{N}$的增大而趋于严重，有些失控程度甚至可以达到名义Ⅰ类错误率的 2 倍以上。

2. $\sigma_E^2/\sigma_C^2=2$

如果总体效应量$\theta=0$，则表 4.3 中对应部分的数据显示，在所有 20 种模拟情境中 Hedges Q 检验Ⅰ类错误率的经验估计值几乎全部处于 4%—6% 之间，只有$k=40$且$\bar{N}=20$的情况例外，但其值为 3.86%，也接近 4%。因此，这些结果意味着此时该检验对Ⅰ类错误率的控制表现非常理想；如果$\theta=0.2$，则在$k=5$时，Hedges Q 检验对Ⅰ类错误率的控制表现良好。然而，当$k\geq 10$时，该检验在$\bar{N}=20$条件下对Ⅰ类错误率的控制会呈现中度保守状态，在$\bar{N}\geq 40$条件下对Ⅰ类错误率的控制会随着k的增大趋于轻度保守状态；如果$\theta=0.5$，则 Hedges Q 检验对Ⅰ类错误率的控制在$k=5$时整体上略呈轻度保守状态。然而，这种对Ⅰ类错误率控制的轻度保守状态一方面会随着k的增大而整体上加重，另一面也会随着$\bar{N}$的增大先呈略有改善而后呈保守程度加重的趋势；如果$\theta=0.8$，则 Hedges Q 检验对Ⅰ类错误率的控制情况与$\theta=0.5$时的情况相似，只不过该检验对Ⅰ类错误率控制的保守程度要比后者严重。

3. $\sigma_E^2/\sigma_C^2 = 4$

如果 $\theta = 0$，则表4.3中对应部分的数据显示，在 $\bar{N} \leq 80$ 的条件下，Hedges Q 检验对Ⅰ类错误率的控制在 $k = 5$ 时呈现轻度或中度失控状态。而且，这种失控状态会随着 k 的增大而逐渐趋于严重的失控。然而，只要 $\bar{N} \geq 200$，则该检验对Ⅰ类错误率的控制表现良好；如果 $\theta = 0.2$，则 Hedges Q 检验对Ⅰ类错误率的控制类似于 $\theta = 0$ 时的情况。但在 $\bar{N} \leq 80$ 的条件下，该检验对Ⅰ类错误率控制的失控程度要轻于后者在相同情境下的表现。然而，只要 $\bar{N} \geq 200$，该检验对Ⅰ类错误率的控制就整体表现尚可。只是在 $\bar{N} = 640$ 处，该检验对Ⅰ类错误率的控制会随着 k 的增大略趋于轻度保守状态；如果 $\theta = 0.5$，则在 $\bar{N} \leq 40$ 的条件下，Hedges Q 检验对Ⅰ类错误率的控制表现良好。但是，只要 $\bar{N} \geq 80$，该检验对Ⅰ类错误率的控制就会分别随着 k、$\bar{N}$ 的增大而趋于保守状态；如果 $\theta = 0.8$，则在 $\bar{N} = 80$ 且 $k = 5$ 的（小原始研究平均样本容量与小原始研究数目组合）条件下，Hedges Q 检验对Ⅰ类错误率的控制表现良好。但是该检验对Ⅰ类错误率控制的这种表现会分别随着 k、$\bar{N}$ 的增大而趋于保守状态。

4. $\sigma_E^2/\sigma_C^2 = 8$

如果总体效应量 θ 等于0，则当 $\bar{N} \leq 40$ 时，Hedges Q 检验对Ⅰ类错误率的控制整体上至少呈现中等程度的失控状态，而且这种失控的程度会随着 k 的增大而变得更加严重。然而，在 k 不变的条件下，随着 $\bar{N}$ 的进一步增大，该检验对Ⅰ类错误率控制失控状态呈现减轻的趋势。当 $\bar{N}$ 增大至200时，该检验对Ⅰ类错误率的控制表现基本可以接受，只是随着 k 的增大会逐渐呈现轻度失控现象。当 $\bar{N}$ 增大至640时，该检验对Ⅰ类错误率的控制表现良好；如果总体效应量 θ 等于0.2，则 Hedges Q 检验对Ⅰ类错误率的控制在趋势上与 $\theta = 0$ 时的情况基本类似，但也有不同。其中，当 $\bar{N}$ 增大至80时，该检验对Ⅰ类错误率的控制表现基本可以接受。但随着 $\bar{N}$ 增大至200或200以上时，该检验对Ⅰ类错误率的控制渐呈保守状态。而且这种保守状态会分别随着 $\bar{N}$ 与 k 的增大而加重；如果总体效应量 θ 等于0.5，则 Hedges Q 检验对Ⅰ类错误率的控制在 $\bar{N} \leq 40$ 时表现良好。但 $\bar{N}$ 大至80时，该检验对Ⅰ类错误率的控制已呈保守状态，而且这种保守的程度会随着 k 与 $\bar{N}$ 的增大而加剧；如果总体效应量 θ 等于 0.8，则 Hedges Q 检验对 Ⅰ 类错误率的控制始终呈现保守状态，而且这种保守状态的程度会随着 k 与 $\bar{N}$ 的增大而变得更加严重。

类似地，在原始研究数据呈 $df=4$ 的 χ^2 分布条件下，为直观地呈现 σ_E^2/σ_C^2 因素对 Hedges Q 检验 Ⅰ 类错误率的影响，这里将依据 $\bar{N}$ 的不同取值分别绘制 σ_E^2/σ_C^2 在 16 种模拟情境下对 Hedges Q 检验 Ⅰ 类错误率控制的影响折线图，结果见图 4.11、图 4.12、图 4.13、图 4.14 与图 4.15。结果如下：

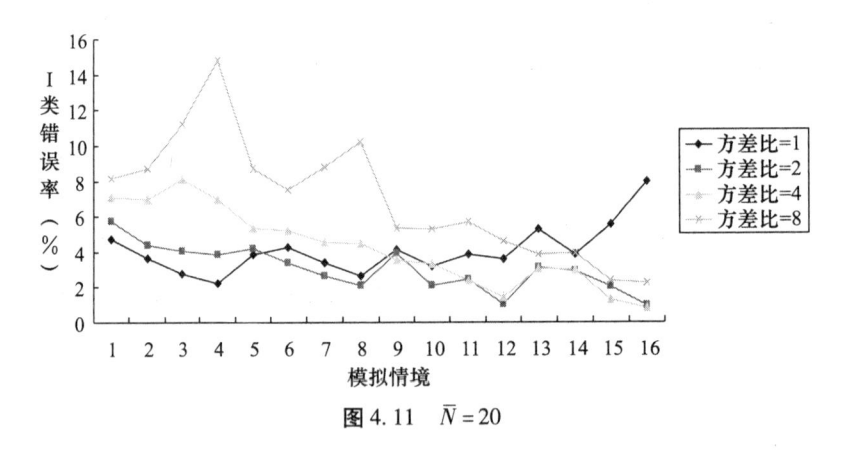

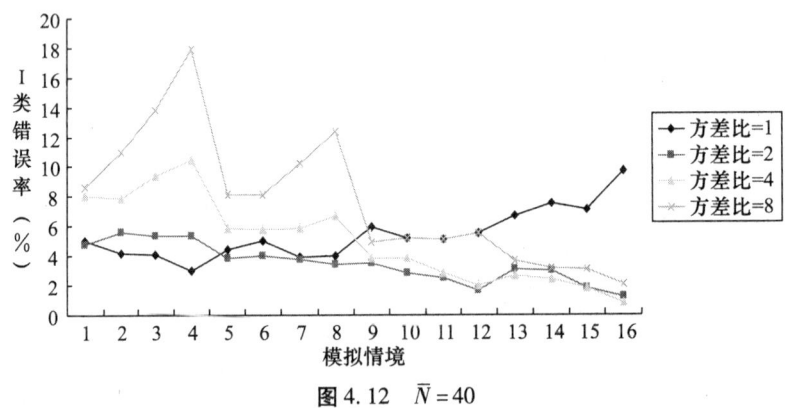

图 4.11　$\bar{N}=20$

图 4.12　$\bar{N}=40$

第四章　原始研究数据分布对 Hedges Q 检验性能的影响　95

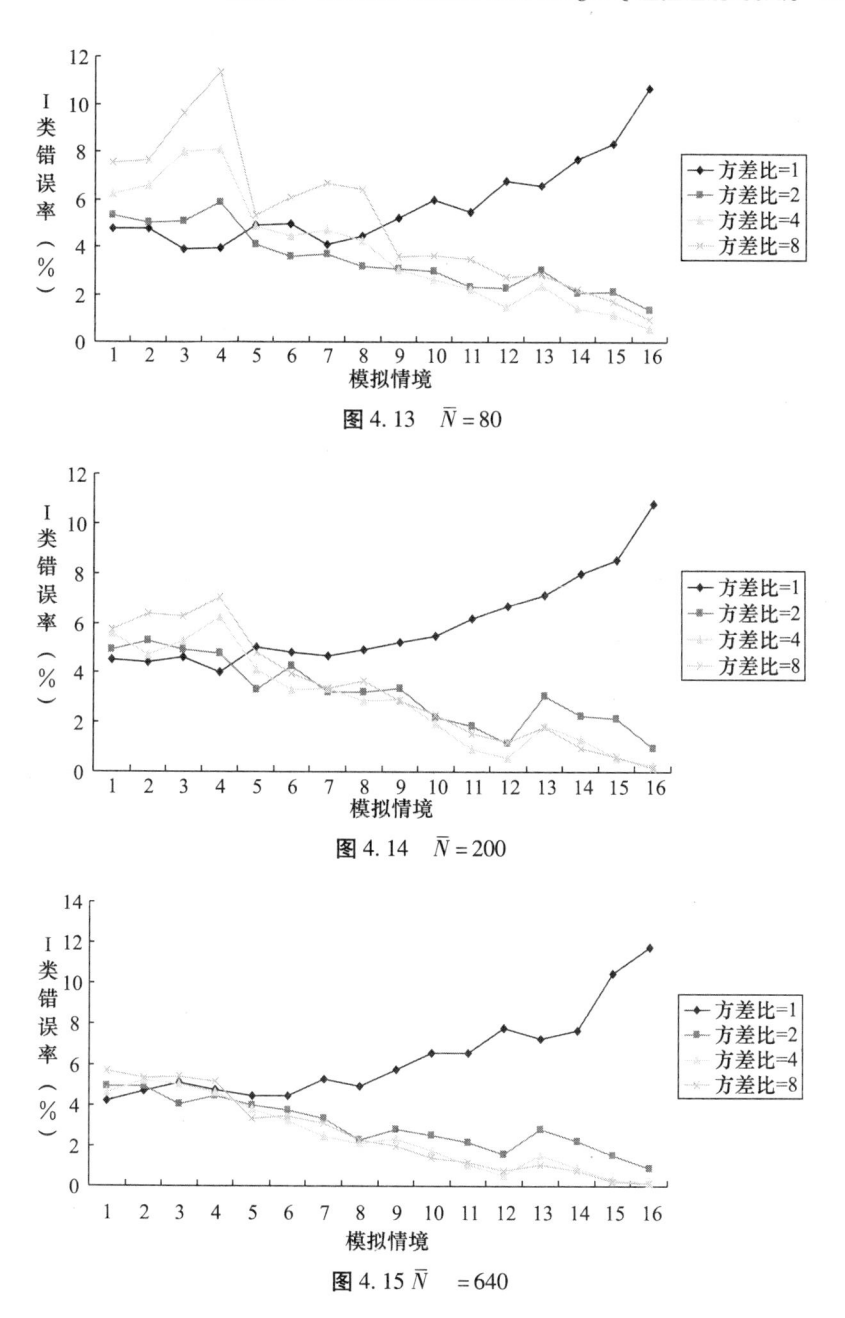

图 4.13　$\bar{N}=80$

图 4.14　$\bar{N}=200$

图 4.15　$\bar{N}=640$

整体而言，图 4.11 至图 4.15 显示，原始研究数据呈偏态分布 2 时，σ_E^2/σ_C^2 因素对 Hedges Q 检验 I 类错误率的影响与原始研究数据呈偏态分布 1 时该因素对 Hedges Q 检验 I 类错误率的影响基本类似，但两者在影响量上存在着一定程度的差异。

五 原始研究数据呈偏态分布 3 与 Hedges Q 检验 I 类错误率（实验 7）

（一）实验目的

本实验旨在探索原始研究数据呈偏态分布 3（$df = 2$ 的 χ^2 分布，$\gamma_1 = 2$ 且 $\gamma_2 = 6$）时模拟情境变量 θ、σ_E^2/σ_C^2、k 以及 $\bar{N}$ 对 Hedges Q 检验 I 类错误率的影响以及该检验在各种模拟情境下对 I 类错误率控制的实际表现。在模拟情境的设置方面，本实验与前面实验 4、实验 5 与实验 6 一样。为此，研究者共创设了 $4 \times 4 \times 4 \times 5 = 320$ 种模拟情境。

（二）模拟研究过程

本实验的模拟研究过程与前面 3 个实验基本相同，差别主要体现在原始研究实验组与控制组数据的模拟产生上。具体而言，设随机变量 Z_1、Z_2、Z_3、Z_4 均服从 $N(0, 1)$ 分布且彼此相互独立：

控制组数据的随机产生：通过对 Z_1、Z_2 构造 Chi_1 统计量，公式为：$Chi_1 = Z_1^2 + Z_2^2$，则有随机变量 Chi_1 服从自由度为 2 的 χ^2 分布。为方便数据处理，将 Chi_1 减去 2，得到 Chc，Chc 形态特征与 Chi_1 无异，但此时其平均数为 0。在此基础上，通过随机变量 Chc 产生样本容量为 n_C 的控制组数据。

实验组数据的随机产生：通过对 Z_3、Z_4 构造 Chi_2 统计量，公式为：$Chi_2 = Z_3^2 + Z_4^2$，显然随机变量 Chi_2 也服从自由度为 2 的 χ^2 分布。在此基础上对 Chi_2 进行线性转换，得到随机变量 Che。其中，这里的线性转换公式为：$Che = (\sigma_E/\sigma_C) \times (Chi_2 - 2) + 2 \times \theta$。在此基础上，通过随机变量 Che 产生样本容量为 n_E 的实验组数据。

除此之外，其他过程与前面 3 个实验相同。

（三）实验结果与分析

在原始研究数据呈分布 3（$\gamma_1 = 2$，$\gamma_2 = 6$）条件下，Hedges Q 检验在所创设的 320 种模拟情境下 I 类错误率的经验估计值见表 4.4。表 4.4 如下：

表 4.4　原始研究数据呈偏态分布 3 时 Hedges Q 检验在 320 种模拟情境下 I 类错误率的经验估计值

$\dfrac{\sigma_E^2}{\sigma_C^2}$	$\bar{N}$	$\theta=0$ $k=5$	$k=10$	$k=20$	$k=40$	$\theta=0.2$ $k=5$	$k=10$	$k=20$	$k=40$	$\theta=0.5$ $k=5$	$k=10$	$k=20$	$k=40$	$\theta=0.8$ $k=5$	$k=10$	$k=20$	$k=40$
1	20	3.64	3.08	2.58	1.56	4.50	3.36	2.22	2.32	3.88	3.50	3.48	3.14	4.82	5.34	3.60	5.06
1	40	4.54	3.70	3.94	2.74	3.88	3.22	3.24	2.96	5.60	4.32	3.88	3.94	4.96	5.44	5.66	5.50
1	80	3.88	4.28	4.20	4.00	4.84	4.70	4.30	4.08	5.12	4.98	5.00	6.72	5.66	6.16	6.82	
1	200	5.14	4.46	4.28	4.36	4.24	4.42	4.58	4.54	5.18	5.00	5.26	5.34	5.66	5.38	6.76	6.94
1	640	5.40	4.98	4.42	4.22	5.00	5.20	5.06	4.78	5.54	5.22	6.10	6.64	7.06	6.16	7.84	
2	20	4.18	4.12	4.16	4.40	4.10	2.52	2.80	2.52	3.18	2.36	2.08	1.70	2.54	3.26	1.88	1.42
2	40	5.54	5.50	5.80	5.98	5.18	4.56	4.14	3.90	4.66	3.08	2.32	2.84	2.58	1.98	1.80	
2	80	5.22	5.62	5.12	5.66	4.76	4.76	4.22	3.74	4.46	3.40	2.50	2.26	3.56	2.22	2.32	1.80
2	200	4.70	5.14	4.50	5.18	4.02	4.34	3.84	3.90	3.88	3.24	2.32	2.00	3.04	2.58	1.68	1.34
2	640	5.74	4.80	5.00	4.74	4.36	3.96	3.50	3.16	3.38	3.62	2.36	1.60	3.54	2.52	1.42	1.28
4	20	7.16	7.56	8.34	12.22	5.54	6.46	6.74	7.86	4.68	5.22	4.44	4.20	4.58	3.54	2.42	1.90
4	40	8.12	9.58	10.68	14.26	8.36	7.42	8.20	9.12	5.68	4.78	5.28	5.10	3.04	3.62	3.06	2.48
4	80	6.80	7.78	9.32	9.74	5.00	5.34	6.58	7.02	4.50	3.70	3.76	2.96	3.38	2.88	2.30	1.50
4	200	5.94	5.94	5.92	6.74	5.10	4.48	4.34	4.20	3.42	2.50	2.32	2.04	2.66	1.96	1.06	0.58
4	640	5.00	5.56	5.48	5.58	4.58	4.30	3.78	3.32	3.36	2.22	1.80	1.38	2.24	1.74	0.70	0.48
8	20	11.96	14.24	20.00	26.30	10.52	11.58	16.52	21.04	9.84	9.56	9.80	12.82	8.08	6.96	7.48	8.56
8	40	10.48	14.04	19.40	25.82	9.60	13.38	15.62	19.96	8.62	8.98	11.70	12.92	6.40	7.66	7.46	7.94
8	80	9.26	9.72	12.38	16.48	7.30	8.24	9.18	11.5	5.92	6.02	6.40	6.00	4.64	4.24	3.50	2.96
8	200	6.16	6.52	7.68	9.52	4.96	5.64	5.34	5.84	3.74	3.56	2.98	2.58	3.14	2.48	1.76	1.00
8	640	5.42	5.42	6.34	5.56	4.32	4.40	3.86	3.18	3.04	2.66	1.70	1.48	2.40	1.62	1.06	0.38

（注：I 类错误率经验估计值的单位为%。）

表 4.4 中的数据显示，原始研究数据呈自由度 $df=2$ 的 χ^2 分布时，Hedges Q 检验的 I 型错误率与各种模拟情境变量间的关系方面以及 Hedges Q 检验对 I 类错误率控制的实际表现方面有以下结果：

1. $\sigma_E^2/\sigma_C^2=1$

如果总体效应量 $\theta\leqslant 0.2$，则在 $\bar{N}\leqslant 40$ 条件下，Hedges Q 检验在 $k=5$ 处对 I 类错误率的控制略显保守，并且随着 k 的增大，这种保守状态在程度上会加重。同时，表4.4中对应部分的数据也显示，Hedges Q 检验对Ⅰ类错误率的控制随 k 增大而趋于保守的程度会随着 $\bar{N}$ 的增大而获得改善。只要 $\bar{N} \geqslant 80$，Hedges Q 检验Ⅰ类错误率的经验估计值就几乎全部处于区间 [0.04, 0.06] 这个区间之内（0.0388接近0.04）。无疑，此时 Hedges Q 检验对Ⅰ类错误率的控制表现良好；如果 $\theta = 0.5$，则当 $\bar{N} = 20$ 时，表中数据显示 Hedges Q 检验对Ⅰ类错误率的控制略呈保守状态，但受 k 的影响较小。然而，只要 $\bar{N} \geqslant 40$，数据显示 Hedges Q 检验Ⅰ类错误率的经验估计值均处于3.88%—6.1%之间，接近区间 [0.04, 0.06]。因此，在此条件下该检验对Ⅰ类错误率的控制整体上比较理想；若 $\theta = 0.8$，则当 $\bar{N} \leqslant 40$ 时，该检验整体上对Ⅰ类错误率的控制表现良好（只有3.6%稍显保守）。然而，当 $\bar{N} \geqslant 80$ 时，该检验对Ⅰ类错误率的控制整体上呈轻度失控状态，而且这种失控状态的程度会随着 $\bar{N}$ 与 k 的增大而略呈加重趋势。

2. $\sigma_E^2 / \sigma_C^2 = 2$

如果总体效应量 θ 等于0，则表4.4中对应部分的数据显示 Hedges Q 检验Ⅰ类错误率的经验估计值均处于4%—6%这个区间上。这些结果意味着无论 $\bar{N}$ 与 k 的取值为多少，此时 Hedges Q 检验对Ⅰ类错误率的控制表现均十分理想；如果 $\theta = 0.2$，则 Hedges Q 检验对Ⅰ类错误率的控制在 $k = 5$ 处均表现良好。但是，这种良好状态在 $\bar{N} = 20$ 时会随着 k 的进一步增大而趋于保守。而且在 $\bar{N} \geqslant 40$ 时，会随着 k 的增大趋于轻度保守；如果 $\theta \geqslant 0.5$，则表4.4中对应部分的数据显示 Hedges Q 检验对Ⅰ类错误率的控制整体呈现保守状态，且这种保守程度会随着 k、θ 的增大而加重，但受 $\bar{N}$ 的影响不大。

3. $\sigma_E^2 / \sigma_C^2 = 4$

如果总体效应量 θ 等于0，则在 $\bar{N} \leqslant 80$ 条件下，表4.4中对应部分的数据显示 Hedges Q 检验对Ⅰ类错误率的控制均处于中度或中度以上的失控状态。而且，失控程度会随着 k 的增大而加剧。相对而言，较之于 $\bar{N} = 20$、80时 Hedges Q 检验的Ⅰ类错误率，该检验在 $\bar{N} = 40$ 处的Ⅰ类错误率达到最高水平。然而，只要 $\bar{N} \geqslant 40$，在其他模拟设置不变条件下，Hedges Q 检验的Ⅰ类错误率会随着 $\bar{N}$ 的增大而下降。此时，如果 $\bar{N} \geqslant 200$，则 Hedges Q 检验对Ⅰ类错误率的控制表现良好；如果 $\theta = 0.2$，则在 $\bar{N} \leqslant 80$ 条件下，Hedges Q 检验与模拟情境变量间的关系类似

于 $\theta=0$ 时的情况，只是失控程度较之于后者相对要轻一些。此时只要 $\bar{N}=200$，则 Hedges Q 检验对 I 类错误率的控制表现良好。然而，$\bar{N}$ 增大至 640 时，该检验在 $k \leqslant 10$ 条件下对 I 类错误率的控制表现良好，但这种状况随着 k 的继续增大逐渐趋于轻度保守状态；如果 $\theta=0.5$，则在 $\bar{N} \leqslant 40$ 的条件下，由于所有的 Hedges Q 检验 I 类错误率的经验估计值均处于 4%—6% 这个区间上，因此，该检验此时对 I 类错误率的控制表现良好。然而，只要 $\bar{N} \geqslant 80$，Hedges Q 检验的 I 类错误率会分别随着 $\bar{N}$、k 的增大而趋于保守；如果 $\theta=0.8$，则在 $\bar{N}=20$ 且 $k=5$ 时，Hedges Q 检验对 I 类错误率的控制表现良好。然而，随着 $\bar{N}$、k 的进一步增大，该检验对 I 类错误率的控制就会明显地趋于保守状态。

4. $\sigma_E^2/\sigma_C^2=8$

如果总体效应量 θ 等于 0，则在 $\bar{N} \leqslant 200$ 条件下，Hedges Q 检验对 I 类错误率的控制整体上出现非常严重的失控，而且这种失控程度还会随着 k 的增大而变得更加严重。但是，增大会 $\bar{N}$ 对这种失控状态有所改善。只要 $\bar{N} \geqslant 640$，则 Hedges Q 检验对 I 类错误率的控制表现良好；如果 $\theta=0.2$，数据显示 Hedges Q 检验对 I 类错误率的控制在 $\bar{N} \leqslant 80$ 时呈现失控状态，失控程度与 $\bar{N}$、k 间的关系类似于 $\theta=0$ 时的情形。但 $\bar{N}$ 增大至 200 时，该检验对 I 类错误率的控制表现良好。然而，随着 $\bar{N}$ 继续增大至 640，该检验对 I 类错误率的良好控制会随着 k 的增大而趋于保守；如果 $\theta=0.5$，则在 $\bar{N} \leqslant 40$ 条件下，Hedges Q 检验对 I 类错误率的控制严重失控。并且，这种失控的程度还会随着 k 的增大而变得更加严重。然而，$\bar{N}$ 增大至 80 时，Hedges Q 检验对 I 类错误率的控制表现良好。随着 $\bar{N}$ 继续增大至 200 或 200 以上，此时，Hedges Q 检验对 I 类错误率的控制渐呈保守状态，而且保守程度分别会随着 $\bar{N}$、k 的增大而趋于更加严重；如果 $\theta=0.8$，则 Hedges Q 检验的 I 类错误率与 $\bar{N}$、k 间的关系类似于 $\theta=0.5$ 的情况，只是失控程度要轻于后者。然而，只要 $\bar{N} \geqslant 80$，该检验对 I 类错误的合理控制就会随着 $\bar{N}$、k 的增大而逐渐变得非常保守。

同样，在原始研究数据呈 $df=2$ 的 χ^2 分布条件下，为直观地呈现 σ_E^2/σ_C^2 因素对 Hedges Q 检验 I 类错误率的影响，这里将依据 $\bar{N}$ 的不同取值分别绘制 σ_E^2/σ_C^2 在 16 种模拟情境下对 Hedges Q 检验 I 类错误率控制产生影响的折线图，结果见图 4.16、图 4.17、图 4.18、图 4.19 与图

4.20。具体如下:

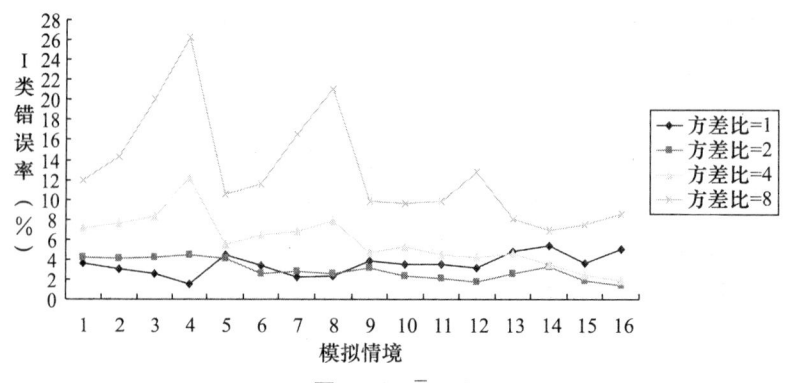

图 4.16　$\bar{N}=20$

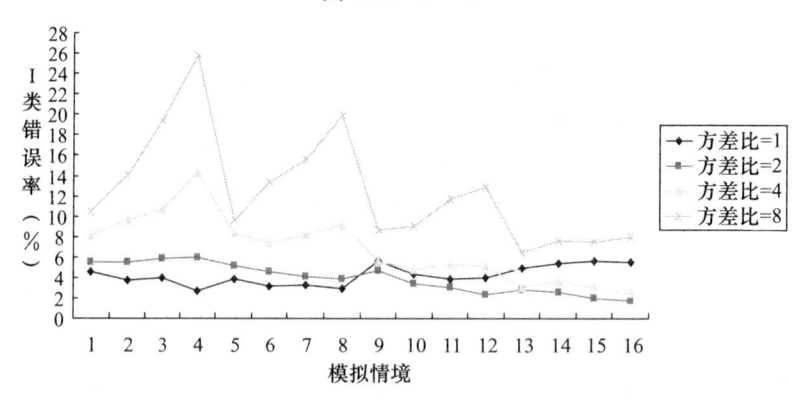

图 4.17　$\bar{N}=40$

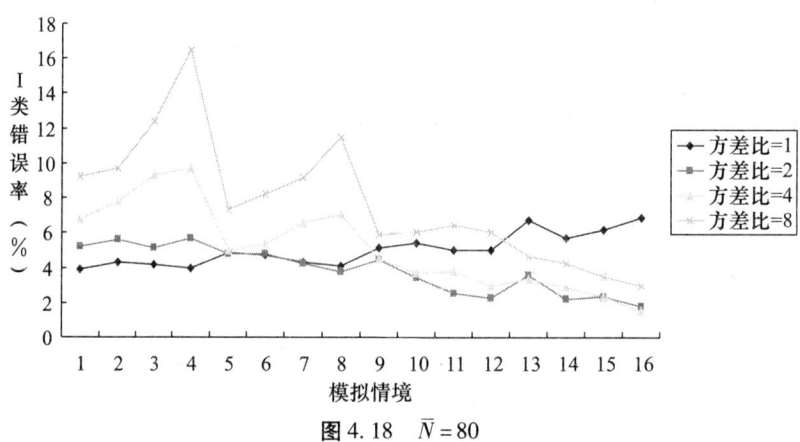

图 4.18　$\bar{N}=80$

图 4.19 $\bar{N}=200$

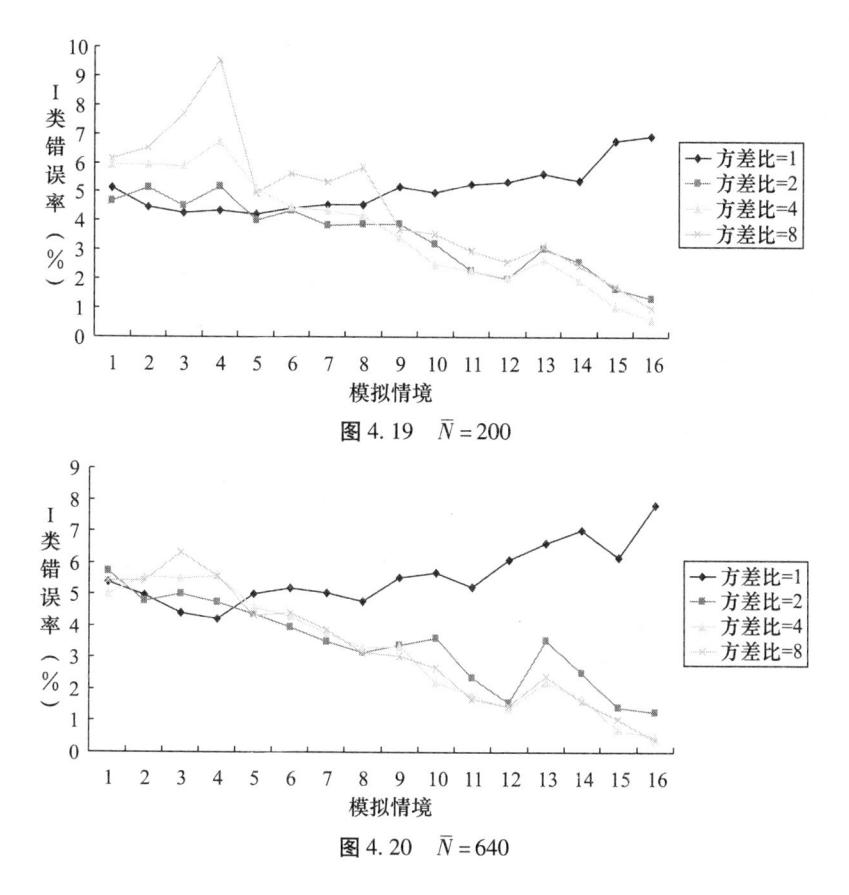

图 4.20 $\bar{N}=640$

图 4.16 至图 4.20 显示，σ_E^2/σ_C^2 因素对 Hedges Q 检验 I 类错误率的控制是有影响的。但这种影响实际上比较复杂，它受模拟情境变量 k、$\bar{N}$ 及 θ 的影响。具体而言：(1) 如果 $\bar{N} \leqslant 40$，则 $\sigma_E^2/\sigma_C^2 = 8$ 时 Hedges Q 检验 I 类错误率的经验估计值要明显高于 $\sigma_E^2/\sigma_C^2 = 1$、2、4 时的 I 类错误率经验估计值。而且，此时该检验对 I 类错误率的控制在所有模拟情境中几乎都严重失控。(2) 当 $\bar{N} = 20$ 时，在 $\theta \leqslant 0.5$ 条件下 Hedges Q 检验的 I 类错误率经验估计值在 $\sigma_E^2/\sigma_C^2 = 4$ 处要明显高于 $\sigma_E^2/\sigma_C^2 = 1$、2 处的 I 类错误率经验估计值，然而，当 $\theta \geqslant 0.8$ 时，该检验的 I 类错误率在 $\sigma_E^2/\sigma_C^2 = 4$ 处与 $\sigma_E^2/\sigma_C^2 = 2$ 处大体相当，但整体上略低于该检验在 $\sigma_E^2/\sigma_C^2 = 1$ 处的 I 类错误率。(3) 当 $\bar{N} = 40$ 时，Hedges Q 检验对 I 类错误率的控制与 $\bar{N} = 20$ 时的情况基本类似。(4) 如果 $\bar{N} = 80$，则：①在 $\theta \leqslant 0.5$ 的条件下，Hedges Q 检验 I 类错误率的经验估计值在 $\sigma_E^2/\sigma_C^2=8$ 处明显分别高于 $\sigma_E^2/\sigma_C^2=$ 1、2、4 处该检验 I 类错误率的经验估计值。其中,在 $\theta \leqslant 0.2$ 条件下,该检验 I 类错误率的经验估计值在 $\sigma_E^2/\sigma_C^2=4$ 处分别明显高于 $\sigma_E^2/\sigma_C^2=1$、2 处的 I 类错误率经验估计值。在 $\theta=0$ 条件下,该检验 I 类错误率的经验估计值在 $\sigma_E^2/\sigma_C^2=2$ 处要略高于 $\sigma_E^2/\sigma_C^2=1$ 处的经验估计值;②在 $\theta=$ 0.2 条件下,Hedges Q 检验在 $\sigma_E^2/\sigma_C^2=1$ 处与 $\sigma_E^2/\sigma_C^2=2$ 处的 I 类错误率的经验估计值大体相当。然而,在 $\theta \geqslant 0.5$ 条件下,该检验在 $\sigma_E^2/\sigma_C^2=2$ 处与在 $\sigma_E^2/\sigma_C^2=4$ 处的 I 类错误率经验估计值大体相当,但均低于该检验在 $\sigma_E^2/\sigma_C^2=1$ 处的 I 类错误率经验估计值。而且,这种差异随着 θ 的增大呈现出扩大的趋势。(5)如果 $\bar{N}=200$,则:①在 $\theta=0$ 条件下,Hedges Q 检验对 I 类错误率的控制在 $\sigma_E^2/\sigma_C^2=1$ 处与 $\sigma_E^2/\sigma_C^2=2$ 处均表现良好。但在 $\sigma_E^2/\sigma_C^2=4$ 与 8 处分别出现轻度与严重失控现象;②在 $\theta=0.2$ 条件下,Hedges Q 检验对 I 类错误率的控制在 $\sigma_E^2/\sigma_C^2=1$、2 与 4 处表现良好。但当 σ_E^2/σ_C^2 增大至 8 时,该检验对 I 类错误率的控制出现轻度失控现象;③当 $\theta \geqslant 0.5$ 时,则 Hedges Q 检验 I 类错误率的经验估计值在 σ_E^2/σ_C^2 为 2、4 或 8 时非常一致,呈保守状态,但其值均低于 $\sigma_E^2/\sigma_C^2=1$ 时的 I 类错误率经验估计值。(6)如果 $\bar{N}=640$,则:①$\theta=0$ 时,Hedges Q 检验 I 类错误率的经验估计值随着 σ_E^2/σ_C^2 的增大整体略有提高,但这种影响很小。此时,该检验对 I 类错误率的控制整体表现良好;②$\theta \geqslant 0.2$ 时,Hedges Q 检验在 $\sigma_E^2/\sigma_C^2=2$、4 与 8 条件下对 I 类错误率的控制表现非常相近,但均比该检验在 $\sigma_E^2/\sigma_C^2=1$ 条件下对 I 类错误率的控制相对显得更加保守。而且 θ 越大,这种保守的程度也更严重。

六 总体效应量 θ 与 Hedges Q 检验 I 类错误率控制的表现

由于探测总体效应量 θ 是否会对 Hedges Q 检验的 I 类错误率产生影响也是研究二感兴趣的重要研究目标之一,因此,前面的阐述中对这种影响已经略有说明,但为将 θ 与 Hedges Q 检验的 I 类错误率间的关系更清晰、更直观地呈现出来,研究者对表 4.1 至表 4.4 的数据进行重新整理与计算,以 θ 为横轴,以 θ、$\bar{N}$ 及方差比确定条件下 Hedges Q 检验的 I 类错误率经验估计值的平均数为纵轴绘制出二者间的折线图。具体结果见图 4.21、图 4.22、图 4.23 与图 4.24：

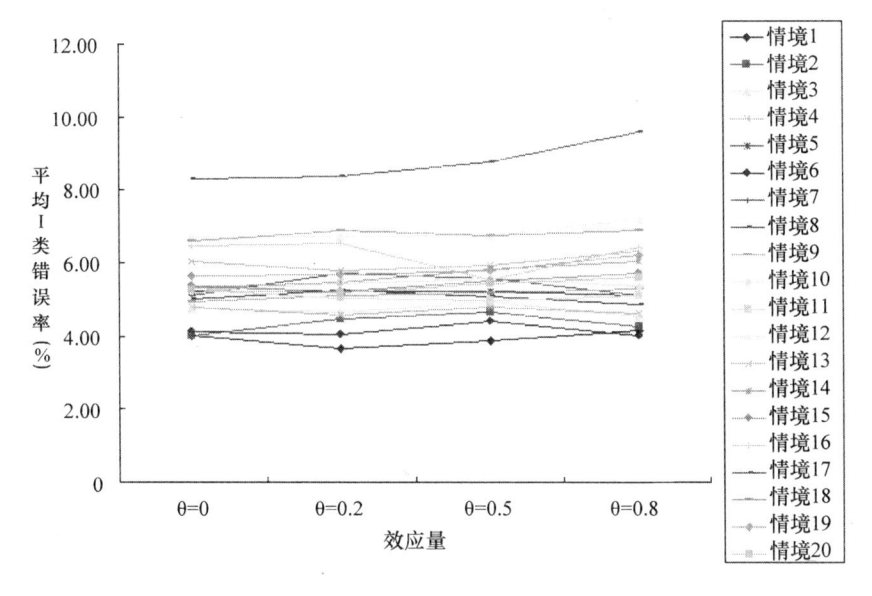

图 4.21 原始研究数据呈正态分布

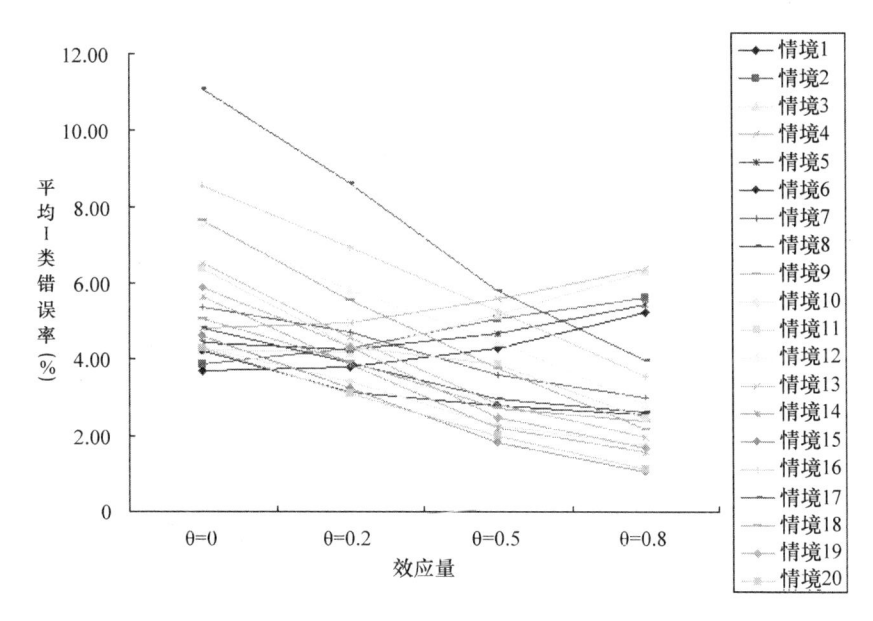

图 4.22 原始研究数据呈 df=8 的 χ^2 分布

图 4.23　原始研究数据呈 df = 4 的 χ^2 分布

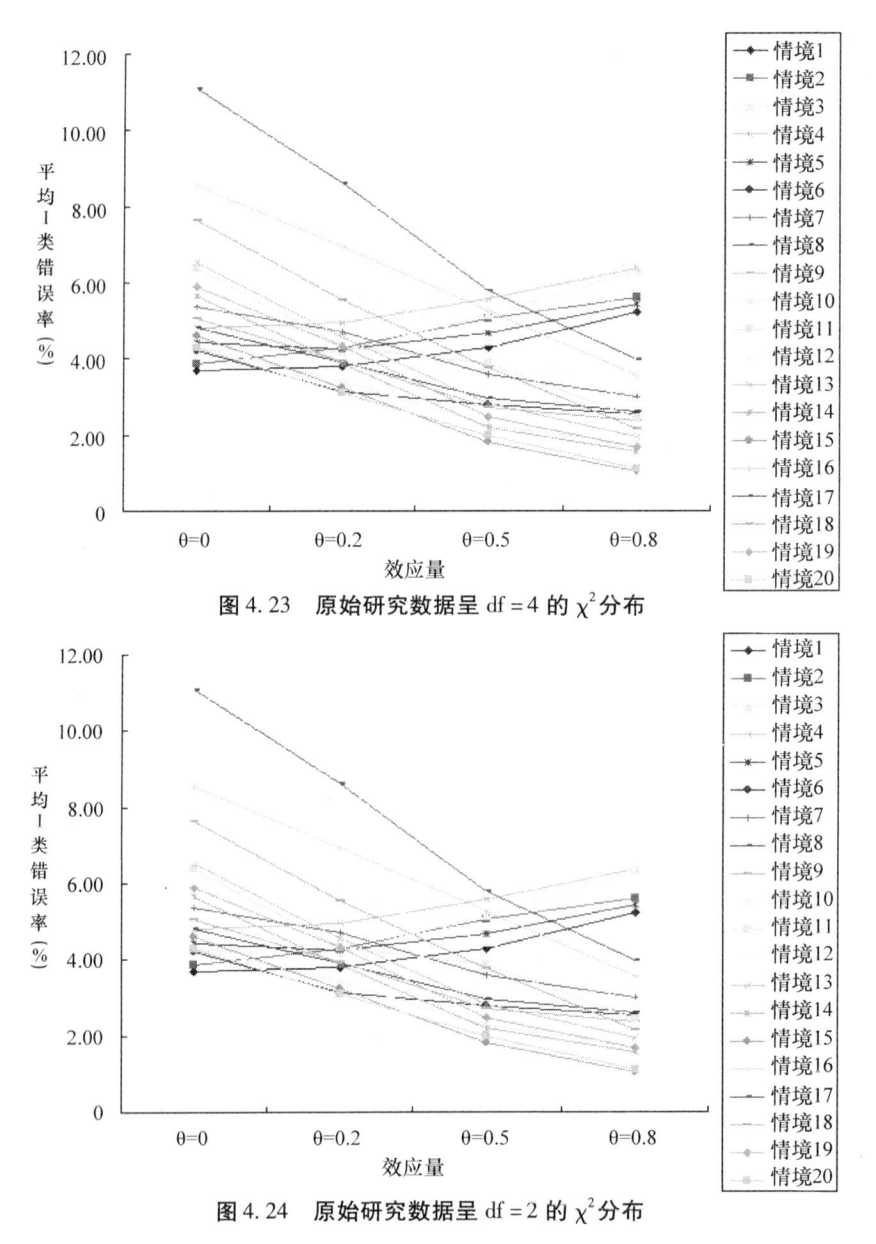

图 4.24　原始研究数据呈 df = 2 的 χ^2 分布

（注：这里的情境 1 表示 $\sigma_E^2/\sigma_C^2 = 1$ 且 $\overline{N} = 20$、情境 2 表示 $\sigma_E^2/\sigma_C^2 = 1$ 且 $\overline{N} = 40$，情境 3 表示 $\sigma_E^2/\sigma_C^2 = 1$ 且 $\overline{N} = 80$，情境 4 表示 $\sigma_E^2/\sigma_C^2 = 1$ 且 $\overline{N} = 200$，情境 5 表示 $\sigma_E^2/\sigma_C^2 = 1$ 且 $\overline{N} = 640$，情境 6 表示 $\sigma_E^2/\sigma_C^2 = 2$ 且 $\overline{N} = 20$，情境 7 表示 $\sigma_E^2/\sigma_C^2 = 2$ 且 $\overline{N} = 40$，情境 8 表示 $\sigma_E^2/\sigma_C^2 = 2$ 且 $\overline{N} = 80$，情境 9 表示 $\sigma_E^2/\sigma_C^2 = 2$ 且 $\overline{N} = 200$，情境 10 表示 $\sigma_E^2/\sigma_C^2 = 2$ 且 $\overline{N} = 640$，…，情境 20 表示 $\sigma_E^2/\sigma_C^2 = 8$ 且 $\overline{N} = 640$。）

从图 4.21 可知，如果原始研究数据呈正态分布，则在 σ_E^2/σ_C^2 与不同水平的所有组合中，总体效应量 θ 的不同取值几乎不会对 Hedges Q 检验的平均 I 类错误率产生影响。然而，图 4.22 至图 4.24 显示，如果原始研究数据呈非正态分布，则 θ 对该检验的 I 类错误率有很大的影响。这种影响具体表现为：（1）$\sigma_E^2/\sigma_C^2=1$ 时，Hedges Q 检验 I 类错误率的经验估计值会随着 θ 的增大而提高；（2）$\sigma_E^2/\sigma_C^2 \geqslant 2$ 时，Hedges Q 检验 I 类错误率的经验估计值会随着 θ 的增大而下降。显然，原始研究数据呈偏态分布时，θ 对 Hedges Q 检验 I 类错误率的影响受到 σ_E^2/σ_C^2 因素的调节。

七 原始研究数据呈不同分布时 Hedges Q 检验 I 类错误率间的比较

前面分别探查了原始研究数据分别呈正态分布、$df=8$ 的 χ^2 分布、$df=4$ 的 χ^2 分布与 $df=2$ 的 χ^2 分布时 Hedges Q 检验对 I 类错误率的控制表现。然而，它并未清晰回答原始研究数据分布对该检验的 I 类错误率控制是否有影响这个问题。为此，研究者将把实验 4、实验 5、实验 6 与实验 7 的模拟研究结果联合起来，绘制出在相同模拟情境条件下原始研究数据呈不同分布时 Hedges Q 检验的 I 类错误率折线图。结果见附录第一部分。

附录中第一部分的附图 1 至附图 5 直观地显示，当原始研究实验组与控制组数据的方差齐性（$\sigma_E^2/\sigma_C^2=1$）时，如果 $\theta \leqslant 0.5$，则 Hedges Q 检验的 I 类错误率受原始研究数据分布的影响较轻。但是，如果 $\theta \geqslant 0.8$，则原始研究数据分布对正态分布的偏离就会对 Hedges Q 检验的 I 类错误率控制产生一定程度的影响。这种影响具体表现为：（1）Hedges Q 检验在原始研究数据呈偏态分布 1（$df=8$ 的 χ^2 分布）时与呈偏态分布 3（$df=2$ 的 χ^2 分布）条件下的 I 类错误率彼此非常相近，其值略高于该检验在原始研究数据呈正态分布条件下的 I 类错误率；（2）原始研究数据呈偏态分布 2（$df=4$ 的 χ^2 分布）时，Hedges Q 检验的 I 类错误率经验估计值要明显高于原始研究呈正态分布时的 I 类错误率经验估计值。此时，该检验对 I 类错误率的控制明显失控。而且随着 k 的增大，这种失控的程度也愈加严重。

然而，原始研究实验组与控制组数据的方差非齐时，原始研究数据分布对 Hedges Q 检验 I 类错误率的影响较之于方差齐性时的情况存在着很大的差异。附图 6 至附图 20 显示：（1）如果 $\sigma_E^2/\sigma_C^2 = 2$，则在 $\theta = 0$ 条件下，原始研究数据呈正态分布时与呈非正态分布时 Hedges Q 检验的 I 类错误率彼此之间相差较小（尤其原始研究数据呈正态分布、偏态分布 1 与偏态分布 3 时，更是如此），原始研究数据分布对 Hedges Q 检验 I 类错误率的影响较轻。可是，在 $\theta \neq 0$ 条件下，原始研究数据呈正态分布与呈非正态分布时 Hedges Q 检验 I 类错误率的经验估计值间的差异会随着 θ、k 与 $\bar{N}$ 的增大而变大。整体上，原始研究数据呈 3 种非正态分布时 Hedges Q 检验的 I 类错误率彼此间差异很小，但均低于原始研究数据呈正态分布时该检验的 I 类错误率。此时，原始研究数据分布对 Hedges Q 检验的 I 类错误率显然是有影响的，这种影响就体现在原始研究数据呈非正态分布时 Hedges Q 检验对 I 类错误率的控制较之于原始研究数据呈正态分布时的情况更加保守。（2）如果 $\sigma_E^2/\sigma_C^2 = 4$，则原始研究数据分布对 Hedges Q 检验 I 类错误率的影响相对比较复杂。具体而言：①当 $20 \leqslant \bar{N} \leqslant 40$ 时，附图 11 至 15 显示 Hedges Q 检验 I 类错误率的经验估计值在 $\theta = 0$ 处会分别随着原始研究数据呈正态分布、偏态分布 1、偏态分布 2 与偏态分布 3 而依次增大。而且数据显示，原始研究数据呈非正态分布时 Hedges Q 检验对 I 类错误率的控制整体上处于不同程度的失控状态。此时，如果 θ 增大至 0.2，则 Hedges Q 检验在原始研究数据呈正态分布、偏态分布 1 与偏态分布 2 时的 I 类错误率经验估计值相近，但其值均比较明显低于原始研究数据呈偏态分布 3 时的 I 类错误率经验估计值。同时，数据显示原始研究数据呈偏态分布 3 时该检验对 I 类错误率的控制整体处于轻度或中度失控状态。然而，只要 $\theta \geqslant 0.5$，原始研究数据呈非正态分布时 Hedges Q 检验 I 类错误率的经验估计值均低于原始研究数据呈正态分布时该检验 I 类错误率的经验估计值。而且，这种差异会随着 θ、k 的增大而呈现得更加明显。相比较而言，Hedges Q 检验对 I 类错误率的控制在原始研究数据呈偏态分布 2 时表现得相对最为保守，而原始研究数据呈偏态分布 1 与呈偏态分布 3 时该检验对 I 类错误率的控制却彼此之间表现相近；②$\bar{N} = 80$ 时，在 $\theta = 0$ 处，原始研究数据分布对 Hedges Q 检验 I 类错误率的影响类似于20≤$\bar{N}$≤40 时该检验在 θ = 0 处的情况。此时，如果 θ 增大至 0.2，则原始研究数据呈偏态分布 3 与呈正态分布时 Hedges Q 检验Ⅰ类错误率的经验估计值彼此相近，该检验对Ⅰ类错误率的控制整体呈轻度失控状态。同时，原始研究数据呈偏态分布 1 与呈偏态分布 2 时 Hedges Q 检验Ⅰ类错误率的经验估计值彼此间也相近，而且该检验对Ⅰ类错误率的控制整体表现良好。然而，只要 θ≥0.5，原始研究数据分布对 Hedges Q 检验的影响就类似于 20≤$\bar{N}$≤40 且 θ≥0.5 时的情况；③$\bar{N}$ = 200 时，在 θ = 0 处，原始研究数据分布对 Hedges Q 检验Ⅰ类错误率的影响并不大。整体上，除原始研究呈偏态分布 3 时 Hedges Q 检验对Ⅰ类错误率的控制在大 k 条件下出现轻度失控之外，无论原始研究数据呈正态分布、呈偏态分布 1 还是呈偏态分布 2，Hedges Q 检验对Ⅰ类错误率的控制均表现良好。但只要 θ≥0.2，在原始研究呈正态分布时 Hedges Q 检验Ⅰ类错误率的经验估计值就都大于原始研究数据呈偏态分布时的Ⅰ类错误率经验估计值。并且，这种差异会随着 θ、k 的增大而表现得更加明显。其中，原始研究呈偏态分布时该检验对Ⅰ类错误率的控制表现彼此相近，且呈现保守状态。相对而言，原始研究呈偏态分布 2 时该检验对Ⅰ类错误率的控制表现得最为保守；④$\bar{N}$ = 640 时，在 θ = 0 处，原始研究数据分布对 Hedges Q 检验Ⅰ类错误率的影响不大。整体上，无论原始研究呈何种分布，Hedges Q 检验对Ⅰ类错误率的控制均表现良好。然而，此时只要 θ≥0.2，则原始研究数据分布对 Hedges Q 检验Ⅰ类错误率的影响类似于该检验在 $\bar{N}$ = 200 且 θ≥0.2 条件下的情况。（3）如果 σ_E^2/σ_C^2 = 8，则原始研究数据分布对 Hedges Q 检验Ⅰ类错误率的影响比较复杂，受模拟情境变量的调节。具体而言：①$\bar{N}$ = 20 时，如果 θ = 0，则 Hedges Q 检验Ⅰ类错误率的经验估计值分别随着原始研究数据呈正态分布、偏态分布 1、偏态分布 2 与偏态分布 3 而依次增大。Hedges Q 检验对Ⅰ类错误率的控制均处于失控状态，但原始研究数据呈正态分布时，该检验对Ⅰ类错误率的控制整体上只处于轻度失控状态。此时，如果 θ = 0.2，则 Hedges Q 检验对Ⅰ类错误率的控制类似于 θ = 0 时的情况，但失控程度要整体上要轻于后者。而且，原始研究数据呈正态分布与呈偏态分布 1 时 Hedges Q 检验对Ⅰ类错误率的控制表现相近。此时，如果 θ = 0.5，则原始研究数据呈正态分布、呈偏态分布 1 与呈偏态分布 2 时 Hedges Q 检验对 I 类错误率的控制表现得相近且整体良好，但 Hedges Q 检验在原始研究数据呈偏态分布 3 时对 I 类错误率的控制处于失控状态。然而，此时如果 $\theta=0.8$，则 Hedges Q 检验在原始研究数据呈偏态分布 1 与偏态分布 2 条件下的 I 类错误率经验估计值彼此相近，但均低于原始研究数据呈正态分布与呈偏态分布 3 时该检验 I 类错误率的经验估计值。而且，这种差异会随着 θ 的增大而加大。原始研究数据呈偏态分布时 Hedges Q 检验对 I 类错误率的控制随着 θ 增大而渐呈保守状态；②当 $40 \leqslant \bar{N} \leqslant 80$ 时，原始研究数据分布对 Hedges Q 检验 I 类错误率的影响非常明显。此时，在 $\theta=0$ 处，Hedges Q 检验 I 类错误率的经验估计值分别随着原始研究数据呈正态分布、呈偏态分布 1、呈偏态分布 2 与呈偏态分布 3 而依次增大。无论原始研究数据呈何种分布，数据显示 Hedges Q 检验对 I 类错误率的控制整体上都呈现失控状态。此时，如果 θ 增大至 0.2，则原始研究数据呈正态分布、呈偏态分布 1 与呈偏态分布 2 时 Hedges Q 检验 I 类错误率的经验估计值虽然彼此相近，但要明显低于原始研究呈偏态分布 3 时该检验 I 类错误率的经验估计值。此时，如果 θ 增大至 0.5，则 Hedges Q 检验在原始研究数据呈偏态分布 3 与呈正态分布时的 I 类错误率经验估计值彼此相近，而原始研究数据呈偏态分布 1 与偏态分布 2 时该检验 I 类错误率的经验估计值也彼此相近。但整体上，Hedges Q 检验在原始研究数据呈偏态分布 1 与呈偏态分布 2 时的 I 类错误率要低于原始研究数据呈偏态分布 3 与呈正态分布时的 I 类错误率，前者对 I 类错误率的控制表现基本尚可，而后者则呈膨胀状态。如果 θ 增大至 0.8，则 Hedges Q 检验在原始研究数据呈偏态分布 1 时与呈偏态分布 2 时的 I 类错误率彼此间也依然相近，但整体上要依次低于原始研究数据呈正态分布与偏态分布 3 与时的 I 类错误率。数据显示，Hedges Q 检验在原始研究数据呈偏态分布 1 与偏态分布 2 时对 I 类错误率的控制呈保守状态，而在原始研究数据呈正态分布与呈偏态分布 3 与时处于失控状态；③$\bar{N}=200$ 时，如果 $\theta=0$，则 Hedges Q 检验 I 类错误率的经验估计值会随着原始研究数据分别呈正态分布、呈偏态分布 1、呈偏态分布 2 与呈偏态分布 3 而依次增大。此时，原始研究数据呈正态分布时 Hedges Q 对 I 类错误率的控制良好，但在原始数据呈非正态分布时这种控制却呈现失控状态。如果 $\theta \geqslant 0.2$，则原始研究数据呈非正态分布时，Hedges Q 检验对Ⅰ类错误率的控制彼此间表现得比较相似，但整体上要比原始研究数据呈正态分布时显得保守。而且，这种对Ⅰ类错误控制的相对保守状态会随着 $\bar{N}$、k 的增大而实际演变成非常保守的状态。然而，如果此时原始研究数据呈正态分布，则 Hedges Q 检验对Ⅰ类错误率的控制略显轻度失控状态；④当 $\bar{N}=640$ 时，如果 $\theta=0$，则 Hedges Q 检验在原始研究数据呈偏态分布 2 与呈正态分布条件下的Ⅰ类错误率相近，并且都对Ⅰ类错误率的控制表现良好。但同时该检验在原始研究数据呈偏态分布 1 条件下对Ⅰ类错误率的控制略显保守，而在原始研究数据呈偏态分布 3 条件下对Ⅰ类错误率的控制整体良好，但有时会出现轻度失控；如果 $\theta\geqslant0.2$，则 Hedges Q 检验在原始研究数据呈非正态分布下对Ⅰ类错误率的控制表现也相近，但会随着 θ、k 的增大而呈现越来越保守的趋势。然而，在原始研究数据呈正态分布条件下，该检验对Ⅰ类错误率的控制表现整体良好。

总而言之，如果实验组与控制组数据的方差齐性且原始研究数据呈非正态分布，则 Hedges Q 检验的Ⅰ类错误率随着 θ、k 的增大整体上呈现出"左低右高"的趋势。尤其在 $\theta\geqslant0.8$ 处，Hedges Q 检验对Ⅰ类错误率的控制会不同程度地处于失控状态。相反，如果 $\sigma_E^2/\sigma_C^2=2$、4 或 8，则检验对Ⅰ类错误率的控制整体呈现出"左高右低"的趋势。这个结果表明 Hedges Q 检验对Ⅰ类错误率的控制会随着 θ、k 的增大而会表现得越来越保守。然而，只要原始研究数据呈正态分布，Hedges Q 检验对Ⅰ类错误率的控制随着 θ、k 的增大整体上表现得相当平稳。

八 讨论与结论

Box（1953）指出，任何一个统计检验的Ⅰ类错误率对其所基于的统计假设是否敏感是评价该检验性能的两个重要方面之一。因此，在所创设的接近现实元分析研究的模拟情境中，Ⅰ类错误率的表现是评估 Hedges Q 检验性能的核心指标之一。某种意义上，这也是评价该检验另外一个核心指标——检验力表现的重要基础。因为，Hedges Q 检验对Ⅰ类错误率的控制表现无论是呈现保守还是失控（膨胀）均会对其检验力的表现产生影响。具体而言，如果研究发现 Hedges Q 检验对Ⅰ类错误率控制保守，则在其他条件相同下，该检验相应的检验力就会被低估。其后果将会导致真实存在的效应量异质性更难被识别出来；相反，其他条件相同时，如果该检验的检验力出现失控，则即使效应量实际上同质，也会更易于错误地被识别为异质。这两种结果均会给心理科学和其他科学领域中的元分析实践带来负面影响，尤其后者更是如此。在尽可能模拟出现实元分析实践情境的背景下，通过操纵原始研究数据分布形态（正态分布、$df=2$ 的 χ^2 分布、$df=4$ 的 χ^2 分布与 $df=8$ 的 χ^2 分布）及实验组与控制组数据的方差比等因素，研究二系统地探讨了原始研究数据分布相关假设被违背与否给 Hedges Q 检验对 I 类错误率的控制带来的影响。研究二的一些研究结果对已有的一些研究结论可以提供进一步相互印证或质疑的证据，还有一些研究结果无疑将进一步拓展与加深了人们对 Hedges Q 检验对 I 类错误率控制的认识。

实验组与控制组数据正态分布假设与方差齐性假设得到满足时，研究二关于 Hedges Q 检验 I 类错误率的经验估计值与其他研究者所报告的结果（Hedges，1982a；Hedges & Olkin，1985；Huedo-Medina, Sanchez-Meca & Botella，2006；Viechtbauer，2007b）是基本一致的。由于研究二每次模拟同质性检验所包含原始研究的样本容量随机产生，除 Viechtbauer（2007b）研究之外，这种策略与前人通常采用的原始研究样本容量固定设置策略并不一样。而且，在原始研究实验组与控制组的样本容量设置方面，研究二突破了前人将实验组、控制组样本容量固定设置的做法，也由随机变量产生。因此，研究二在 Hedges Q 检验 I 类错误率方面的研究结论与其他研究的研究结论基本一致这个事实暗示着原始研究数据的正态分布假设与齐性假设得到满足时，原始研究样本容量及实验组与控制组的样本容量变化对 Hedges Q 检验 I 类错误率控制的影响几乎可以忽略。整体而言，在不违背上述两个基本假设的前提下，只要元分析中原始研究的平均样本容量 $\bar{N} \geq 80$，Hedges Q 检验对 I 类错误率的控制就会表现良好，而且这种控制几乎不受原始研究数目 k 的影响。这个研究结论与前人的研究（Hedges，1982a；Hedges & Olkin，1985；Huedo-Medina, Sanchez-Meca & Botella，2006；Viechtbauer，2007b）是一致的。然而，当 $\bar{N}$ 较小（$\bar{N} \leq 80$）时，Hedges Q 检验对 I 类错误率的控制会随着 k 的增大渐趋保守。这个结论不支持 Chang（1993）关于小 N_i 大 k 模拟情境下该检验的 I 类错误率会出现膨胀的结论，但与 Harwell（1997）、Hedges（1981）、Hedges 和 Olkin（1985，p125）、Harwell（1997）、Sanchez-Meca & Marin-Martinez（1997）及 Viechtbauer（2007）等人的研究结论基本一致。为什么 Hedges Q 检验对 I 类错误率的控制表现与 k 间的关系受 $\bar{N}$ 影响？这与同质性检验模型中关于原始研究样本容量的大样本假设有关。为此，Hedges（1981）与 Harwell（1992）曾给出了合理的解释；同时，原始研究数据正态分布假设与方差齐性假设均得到满足时，研究二与 Hedges（1982a）的报告均显示 Hedges Q 检验对 I 类错误率的控制与总体效应量值 θ 的大小几乎没有什么关系。这个结果为原始研究数据呈正态分布并且实验组与控制组的数据方差齐性条件下的一些研究者（Chang, 1993; Harwell, 1997; Huedo-Medina, Sanchez-Meca & Botella, 2006）认为 Hedges Q 检验在 θ 某个取值处的 I 类错误率表现可被推广至 θ 在其他取值上去的这种想法提供了实证支持。

原始研究数据正态分布假设得到满足但方差齐性假设未得到满足时，研究二显示，如果实验组、控制组数据的方差比为 2，则 Hedges Q 检验的 I 类错误率表现及 I 类错误率与其他模拟情境变量间的关系都类似于原始研究数据呈正态分布且方差齐性时的情况。这一结果与 Harwell（1997）及 Huedo-Medina 等人（2006）的研究报告中可比情况下的相应研究结果基本一致。但实验组与控制组数据的方差比 $\sigma_E^2/\sigma_C^2 \geq 4$ 时，即使效应量 $\theta = 0$，研究二发现 Hedges Q 检验对 I 类错误率的控制表现与 Harwell（1997）表 1 中所报告的结果存在着较大差异。在此条件下，Harwell 研究报告表 1 中的数据显示除少数值小于 4% 之外，其余的值均落在 4%—6% 这个区间上。Harwell 的这个结果意味着原始研究数据呈正态分布时，Hedges Q 检验对 I 类错误率的控制表现良好，该检验的 I 类错误率对实验组与控制组数据的方差比并不敏感。然而，研究二的模拟研究结果显示，在 $\sigma_E^2/\sigma_C^2 \geq 4$ 条件下 Hedges Q 检验对 I 类错误率的控制出现了轻度与中度的失控现象。而且，这种失控现象会随着 σ_E^2/σ_C^2 的增大进一步变得严重。但是，这种现象也会随着 $\bar{N}$ 的增大而改善。究竟是什么原因造成研究二与 Harwell 研究结果之间的差异？仔细分析这两个研究模拟情境的设置可知，研究二中模拟原始研究的样本容量及实验组与样本容量的样本容量均是随机产生的，而 Harwell 在研究中设定每次元分析原始研究的样本容量相同且每个原始研究内实验组与控制组的样本容量也被设定为相等。本书作者推测，这种差异可能就是研究二与 Harwell（1997）研究间研究结果出现不同的原因所在。这个结果也表明在实验组与控制组数据的方差非齐程度较大时，原始研究样本容量的分布及实验组与控制组的样本容量分配方式确实可以对 Hedges Q 检验的检验性能产生影响。这个结论也可从 Harwell（1997）在原始研究实验组与控制组数据的样本容量与方差之间负向匹配设置下 Hedges Q 检验对Ⅰ类错误率的控制表现中得到佐证。同时，这个结果也暗示着在现实研究中实验组与控制组样本容量相等的平衡设计策略实际上会为 Hedges Q 检验在Ⅰ类错误率控制性能方面提供了一种自动保护机制。不但如此，研究二进一步发现只要原始研究数据呈正态分布，即使实验组与控制组数据的方差非齐，总体效应量 θ 也对该检验Ⅰ类错误率的控制几乎没有什么影响。此外，研究二也发现，只要元分析原始研究的平均样本容量 $\bar{N} \geqslant 200$，Hedges Q 检验对Ⅰ类错误率的控制表现比较理想（只有小数场合会出现轻度或中度膨胀现象）。这些研究结果以及在实验组与控制组数据的方差非齐条件下总体效应量 θ 对 Hedges Q 检验的Ⅰ类错误控制性能方面的影响等这些研究结论无疑进一步丰富与加深了人们对 Hedges Q 检验性能的认识。

原始研究数据正态分布假设未得到满足但实验组与控制组数据的方差齐性假设得到满足时，研究二也对 Hedges Q 检验的Ⅰ类错误率与各模拟情境变量间的关系以及该检验在各种模拟情境中的Ⅰ类错误率表现进行了全面、深入的探讨。研究发现，在 $\theta = 0$ 处，Hedges Q 检验对Ⅰ类错误率的控制表现实际上受原始研究数据分布的影响不大。但当原始研究平均样本容量 $\bar{N}$ 固定时，Hedges Q 检验对Ⅰ类错误率的控制会随着原始研究数目 k 的增大渐趋保守。显然，这些研究结果与 Harwell 研究报告（1997）中的研究结果基本一致。然而，研究二同时也表明，在 $\theta = 0$ 处，Hedges Q 检验的Ⅰ类错误率随着 k 的增大渐趋保守的趋势会随着 $\bar{N}$ 的增大而改善。只要 $\bar{N} \geqslant 80$，该检验对Ⅰ类错误率的控制就会表现良好，而且该检验对Ⅰ类错误率的控制几乎不受 k 的影响。这个研究结论与 Harwell（1997）的研究结果有所不同，Harwell 的研究结果显示即使 $\bar{N}$ 高达 200，Hedges Q 检验在原始研究数据呈偏态分布时对Ⅰ类错误率的控制依然会随着 k 的增大而趋于保守。不仅如此，与前人的研究不同的是，研究二并不想当然地认为有关 Hedges Q 检验在 $\theta=0$ 处对Ⅰ类错误率的控制表现方面所获得的结论可以自动、合法地推广至 $\theta\neq 0$ 处去。实际上，研究二的研究结果也证实了这一点。研究二表明，即使实验组与控制组数据的方差齐性假设得到满足，只要原始研究数据呈非正态分布，Hedges Q 检验对Ⅰ类错误率的控制确实会受 θ 因素的影响。当 $\theta\leqslant 0.5$ 时，这种影响较小。但如果 $\theta\geqslant 0.8$（大效应量），则这种影响就会明显地呈现出来。此时，Hedges Q 检验对Ⅰ类错误率的控制出呈现不同程度的失控状态。而且，此时 $\bar{N}$ 的增大不但不能使该检验对Ⅰ类错误率的控制回归名义Ⅰ类错误率，反而会加剧这种失控程度。然而，需要指出的是，原始研究数据呈 $df=8$ 的 χ^2 分布与呈正态分布时，Hedges Q 检验对Ⅰ类错误率的控制表现差异不大。这些结论实际上破除了由于 Hedges（1982a，1985）的研究结果所导致的一种错觉——Hedges Q 检验对Ⅰ类错误率的控制表现不会受 θ 影响。研究二的研究结果清晰、明确地告诉人们 θ 究竟会不会影响到 Hedges Q 检验对Ⅰ类错误率的控制还取决于原始研究数据的分布形态。这些结论也表明目前关于 Hedges Q 检验性能的一些研究（Harwell，1997；Huedo-Medina，Sanchez-Meca，& Botella，2006）在原始研究数据呈偏态分布时至少在Ⅰ类错误率控制方面存在着一些不足或不当之处。因此，这些研究结果无疑丰富了目前有关 Hedges Q 检验性能的研究成果，而且进一步加深了人们在 Hedges Q 检验Ⅰ类错误率控制方面的认识。

在原始研究数据正态分布假设以及实验组与控制组数据的方差齐性假设均未得到满足条件下，Hedges Q 检验的Ⅰ类错误率控制与模拟情境变量间的关系以及Ⅰ类错误率的表现又如何？如果实验组方差不高于控制组数据方差 2 倍，则在 $\theta=0$ 处，研究二的研究结果显示原始研究数据分布的偏态与峰度因素对 Hedges Q 检验Ⅰ类错误的控制影响不大。Hedges Q 检验对Ⅰ类错误率的控制表现与原始研究数据呈正态分布时的情况类似，整体上表现良好。然而，这种状况会随着 σ_E^2/σ_C^2 的增大而发生改变。$\bar{N}$ 较小时，Hedges Q 检验对Ⅰ类错误率的控制会随着 σ_E^2/σ_C^2 的增大出现失控。并且，这种失控的程度随着偏态、峰态程度的增大将加剧。但是，这种失控状态会随着 $\bar{N}$ 的增大而得到缓解。这些结论基本上与 Harwell（1997）的研究结果是一致的；然而，当 $\theta\neq0$ 时，整体上 Hedges Q 检验对 I 类错误率的控制会随着 θ 的增大而趋于更加保守。并且，其保守程度会随着 $\bar{N}$、k 与 θ 的增大而愈加严重。这一点显然与 $\theta=0$ 时的情况有很大差别。显然，只要 $\sigma_E^2/\sigma_C^2 \geq 4$，那么在原始研究数据呈非正态分布条件下，Hedges Q 检验对 I 类错误率的控制在 θ 为小效应量时表现失控。但在 θ 为中、大效应量时表现保守是一个不争的事实。这些结论无疑是对 Hedges Q 检验在原始研究数据呈非正态分布且实验组与控制组数据的方差齐性条件下其对 I 类错误率控制方面的相关研究成果的进一步补充与发展，也是对 Harwell（1997）研究结果的进一步拓展与深化。这些结果提示人们在元分析实践中如果有把握确定原始研究数据为非正态分布且实验组与控制组数据的方差非齐（比如心理咨询与治疗领域且疗效非常显著条件下的元分析），那么对 Hedges Q 检验的结果就应该更加慎重地进行分析（同质性检验结果更可能倾向保守状态）。

  总而言之，上述研究表明，如果原始研究数据呈正态分布，Hedges Q 检验的 I 类错误率对实验组与控制组数据的方差之比以及 θ 值的变化并不是很敏感。只要 $\sigma_E^2/\sigma_C^2 \leq 4$ 且 $\bar{N}>80$，则该检验对 I 类错误率的控制整体良好，只有少数情况会出现轻度膨胀的现象。但在 $\sigma_E^2/\sigma_C^2 \leq 2$ 且 $\bar{N}\leq40$ 时，如果 k 较大，则该检验对 I 类错误率的控制容易出现轻度保守倾向。然而，研究二也显示，如果原始研究数据呈非正态分布，则 Hedges Q 检验对 I 类错误率的控制及 I 类错误率与各模拟情境变量（包含总体效应量 θ）间的关系较之于原始研究数据呈正态分布时的情况存在着较大的差异。这一事实表明 Hedges Q 检验的 I 类错误率控制表现对原始研究数据的分布形态及总体效应量 θ 还是比较敏感的。然而，如果实验组与控制组数据的方差齐性，只要原始研究数据分布的偏态与峰度程度较轻，则 Hedges Q 检验对 I 类错误率的控制表现类似于原始研究数据呈正态分布时的情况。这表明在实验组与控制组数据的方差齐性条件下，Hedges Q 检验对 I 类错误率的控制表现对原始研究数据分布的变化具有一定程度的稳健性。但这种稳健性也是相对脆弱的，会随着实验组与控制组数据的方差比增大以及原始研究数据分布偏离正态分布的程度增大而改变。

第二节 原始研究数据分布形态对 Hedges Q 检验检验力的影响(研究三)

正如前面所述,统计检验力也是评估 Hedges Q 检验性能的另一个核心指标。理论上,统计检验力与 I 类错误率的控制存在着紧密的内在联系。因此,在对 Hedges Q 检验的 I 类错误控制性能进行系统研究之后,了解该检验的检验力表现是不容回避的另一个重要问题。研究三旨在通过构建各种充分接近现实元分析真实情况的模拟情境以系统地探查原始研究数据分布对 Hedges Q 检验检验力的影响以及其检验力表现与各种模拟情境变量间的关系。

一 模拟研究设计

与前面研究一、研究二相同,研究三也采用 Monte Carlo 模拟法作为研究工具以实现研究目标。由于 I 类错误率的控制与检验力表现间具有深刻的内在联系,为使研究三的研究成果可以成为评估 Hedges Q 检验检验力表现的基础,故研究三也将构建出与研究二一样的模拟情境。然而,研究三与研究二相比最大的不同之处在于研究二中的每次模拟同质性检验所包含的总体效应量是同质的,而研究三中的每次模拟同质性检验所包含的总体效应量是异质的,它们将通过相应的分布随机产生。也正因为如此,为最大限度地提高有关 Hedges Q 检验 I 类错误率方面的研究成果在评价该检验检验力表现时的指导价值,研究三将会把研究二中的 θ 与此研究中的 μ_θ 联系起来综合考虑,具体做法是让 $\mu_\theta = \theta$。至于总体效应量分布如何选取这个问题,研究一对此已进行了基础性的探索。根据研究一的研究成果,采用正态分布来随机产生每次模拟同质性检验中的 k 个总体效应量是比较合适的。同时,前面研究已经指出,总体效应量方差 σ_θ^2 本身就是总体效应量异质性程度的量化指标,它无疑会对 Hedges Q 检验的检验力产生直接的影响。因此,该因素在研究三中无疑也需要被考虑进来。

(一) 研究内容

为实现研究三所设置的目标,研究三在原始研究数据层面也将采用正态分布（实验8）、偏态分布1（$df=8$ 的 χ^2 分布：偏态系数 $\gamma_1=1$，峰度系数 $\gamma_2=1.5$）（实验9）、偏态分布2（$df=4$ 的 χ^2 分布：$\gamma_1=1.414$，$\gamma_2=3$）（实验10）以及偏态分布3（$df=2$ 的 χ^2 分布：$\gamma_1=2$，$\gamma_2=6$）（实验11）这4种分布来随机产生每个原始研究实验组与控制组的数据，这一做法与研究二相同。在此基础上，进而系统地考察原始研究数据分布对 Hedges Q 检验检验力表现的影响及其他模拟情境变量与该检验检验力之间的关系。

（二）模拟情境变量水平设置

1. 总体效应量分布均值 μ_θ

研究二中，为考察总体效应量 θ 对 Hedges Q 检验Ⅰ类错误率的影响，其值被设置为0、0.2、0.5 与 0.8 这4个水平。为与这4个水平相对应，同时也是借鉴 Viechtbauer（2007）的做法，研究三也将 μ_θ 设置了0、0.2、0.5 与 0.8 这4个水平。这种做法可以避免仅仅依据 Hedges Q 检验在 θ 某特定取值处的Ⅰ类错误控制表现来对该检验的检验力表现进行评价。显然，这种做法较之于以前人的做法（Hardy & Thompson, 1998; Harwell, 1997; Huedo-Medina, Sanchez-Meca & Botella, 2006）更具合理性。比如，元分析同质性检验中，如果总体效应量由均值 $\mu_\theta=0.5$ 的分布所产生，则评价 Hedges Q 检验的检验力表现时，显然采用该检验在 $\theta=0.5$ 时而非 $\theta=0$ 时的Ⅰ类错误率信息进行评价更加合理。同时，将 μ_θ 设置多个水平的做法也使得考察 μ_θ 对 Hedges Q 检验检验力的影响成为可能。

2. 总体效应量方差 σ_θ^2

为探讨总体效应量方差 σ_θ^2 对 Hedges Q 检验检验力的影响，研究三参考前人研究（Biggerstaff & Tweedie, 1997; Brockwell & Gordon, 2001; Erez, Bloom & Wells, 1996; Field, 2001; Hedges & Vevea, 1998; Huedo-Medina, Sanchez-Meca & Botella, 2006; Overton, 1998）中的相应设置，将 σ_θ^2 设置为0.01、0.04、0.08 与 0.16 这4个水平。σ_θ^2 的这4个水平基本上能够覆盖元分析实践中总体效应量的现实异质性程度。

3. 其他模拟情境变量

这里，其他模拟情境变量包括每次模拟同质性检验时所包含的原始研究数目 k、实验组与控制组数据的方差比 σ_E^2/σ_C^2 与原始研究平均样本容量$\bar{N}$。其中，k、$\bar{N}$与σ_E^2/σ_C^2的水平设置以及每个原始研究样本容量N（$N=n_E+n_C$）以及实验组与控制组的样本容量n_E与n_C的产生机制均与研究二相同。这样设置的理由在这里就不再赘述。

（三）Hedges Q 检验检验力的经验估计值计算

研究三中，由于每次模拟同质性检验所包含的总体效应量均由相应的正态分布随机产生，故这些总体效应量是异质的。因此，每种模拟情境下 Hedges Q 检验检验力的经验估计值就等于该模拟情境下模拟同质性检验——Hedges Q 检验统计量值大于$\chi^2_{\alpha(k-1)}$的次数除以同质性检验的总模拟次数。由于在研究三，每种模拟情境下 Hedges Q 检验的总模拟次数事先被设置为 5000 次，并且名义显著性水平α也被事先设置为 0.05，故在此模拟情境下 Hedges Q 检验检验力的经验估计值就等于 5000 次模拟同质性检验中 Hedges Q 统计量值大于$\chi^2_{0.05(k-1)}$的次数除以 5000 后所得到的商。

二 原始研究数据正态分布与 Hedges Q 检验的统计检验力（实验 8）

（一）实验目的

本实验旨在探索原始研究数据呈正态分布时模拟情境变量μ_θ、σ_θ^2、k、σ_E^2/σ_C^2与$\bar{N}$对 Hedges Q 检验检验力的影响并考察各种模拟情境中该检验检验力的实际表现。结合前面有关模拟情境变量设置的信息，可知本实验总共设置了$4\times4\times4\times4\times5=1280$种模拟情境。

（二）模拟研究过程

为获得原始研究数据呈正态分布时 Hedges Q 检验在 1280 种模拟情境中检验力的经验估计值，本实验模拟研究过程将按以下几个步骤进行：

第一，在程序中通过设置相应的数组变量以读入μ_θ、σ_θ^2、k、$\bar{N}$与σ_E^2/σ_C^2的取值，并通过正态分布$N(\mu_\theta, \sigma_\theta^2)$随机产生$k$个总体效应量$\theta_1$，$\theta_2$，…，$\theta_k$。

第二，利用模拟情境变量设置部分所指出的方法随机产生每次模拟同质性检验所包含的k个原始研究的样本容量N_1，N_2，…，N_k以及每个原始研究实验组与控制组的样本容量（n_{iE}与n_{iC}）（$i=1, 2, …, k$）。

第三，在前面工作的基础上，通过随机变量 X_1（这里，$X_1 \sim N(0,1)$）随机产生 n_{iC} 个控制组数据。同时，利用随机变量 Y 随机产生 n_{iE} 个实验组数据，这里 $Y = \theta_i + (\sigma_E/\sigma_C) \times X_2$，其中 $X_2 \sim N(0,1)$，$i = 1, 2, \cdots, k$)。并在此基础上计算出该原始研究的观察效应量 d_i 及其抽样误差方差 σ_{di}^2。这样的过程独立地进行 k 次，k 个原始研究数据模拟完成，共获得 k 个观察效应量与其抽样误差方差。

第四，计算本次同质性检验的 Hedges Q 检验统计量的值，并将之与对应的临界值 $\chi_{0.05(k-1)}^2$ 比较。之后，将这样的模拟过程重复 5000 次，统计 Hedges Q $> \chi_{0.05(k-1)}^2$ 的次数，并将其除以 5000 就可以得到该检验检验力的经验估计值。

第五，运行所有模拟情境，获得 1280 种模拟情境中 Hedges Q 检验检验力的全部经验估计值。

（三）实验结果与分析

通过运行自编的模拟研究程序，获得了 Hedges Q 检验在原始研究数据呈正态分布条件下其检验力的 1280 个经验估计值。由于数据量过于庞大，这里将其按总体效应量方差的取值分为 4 个表。它们分别为表 4.5、表 4.6、表 4.7、表 4.8。具体结果如下：

表 4.5　原始研究数据正态分布且 $\sigma_\theta^2 = 0.01$ 时 Hedges Q 检验检验力的经验估计值

$\dfrac{\sigma_E^2}{\sigma_C^2}$	$\overline{N}$	$\theta=0$				$\theta=0.2$				$\theta=0.5$				$\theta=0.8$			
		$k=5$	$k=10$	$k=20$	$k=40$	$k=5$	$k=10$	$k=20$	$k=40$	$k=5$	$k=10$	$k=20$	$k=40$	$k=5$	$k=10$	$k=20$	$k=40$
1	20	4.96	4.80	4.64	5.06	5.06	4.90	5.00	5.10	5.20	5.54	5.08	4.70	5.02	5.42	5.28	5.28
	40	6.48	6.60	7.88	9.46	6.46	6.60	7.96	9.40	8.28	6.90	8.08	9.50	6.92	6.32	7.90	9.16
	80	8.68	11.16	13.80	18.80	8.36	11.04	14.32	19.06	9.54	10.96	13.90	18.88	8.08	10.22	13.96	17.46
	200	17.02	23.76	38.22	56.78	17.86	25.02	37.00	56.02	16.20	24.08	36.38	55.46	17.24	23.34	35.74	53.30
	640	43.84	68.04	90.64	98.98	44.46	68.22	89.68	99.18	44.14	65.48	88.76	99.02	43.12	65.68	87.48	98.86

续表

$\dfrac{\sigma_E^2}{\sigma_C^2}$	$\overline{N}$	$\theta=0$				$\theta=0.2$				$\theta=0.5$				$\theta=0.8$			
		$k=5$	$k=10$	$k=20$	$k=40$	$k=5$	$k=10$	$k=20$	$k=40$	$k=5$	$k=10$	$k=20$	$k=40$	$k=5$	$k=10$	$k=20$	$k=40$
2	20	5.40	4.86	4.90	5.22	5.40	4.56	4.88	4.50	5.32	4.94	4.82	4.94	5.68	4.58	5.22	5.38
	40	7.52	6.66	8.00	9.72	5.98	6.40	8.40	9.00	6.46	6.74	8.04	9.88	5.02	7.72	7.80	9.18
	80	7.22	9.34	11.22	14.32	7.68	9.14	11.70	14.28	8.12	8.78	11.62	15.02	7.82	9.28	11.26	14.60
	200	12.90	17.44	25.72	37.32	12.78	17.12	24.56	37.54	12.60	17.34	23.54	38.10	13.74	17.66	25.02	36.96
	640	33.82	51.00	74.18	93.90	33.58	49.62	74.54	93.20	32.32	51.44	72.54	93.46	30.48	48.92	71.94	91.84
4	20	5.30	5.86	5.34	4.76	5.62	5.56	5.62	5.66	5.38	5.58	5.66	6.16	4.76	6.04	5.50	6.22
	40	6.20	8.52	9.70	9.48	8.40	8.46	8.94	10.62	7.68	8.18	9.44	10.92	6.70	8.00	9.90	11.32
	80	7.50	7.72	10.52	11.72	6.80	8.42	9.46	11.68	7.80	8.40	10.06	11.86	8.00	8.50	9.56	12.66
	200	9.16	12.86	16.54	21.14	9.96	12.26	15.74	22.96	9.06	12.74	16.98	23.64	9.68	11.98	15.84	24.46
	640	21.52	32.46	48.76	72.92	20.86	33.06	48.76	71.68	20.30	33.14	50.46	72.08	21.62	32.16	48.14	71.44
8	20	6.18	6.22	7.14	6.90	6.30	6.50	6.72	6.88	5.64	6.06	6.82	7.46	6.40	6.42	7.24	7.60
	40	8.54	9.12	10.66	11.50	6.90	9.28	9.64	12.24	7.60	8.66	10.20	12.90	7.42	9.04	11.04	12.78
	80	6.56	7.50	8.98	9.96	6.64	7.48	8.26	10.56	7.02	8.18	9.48	10.60	6.20	8.20	9.64	10.72
	200	7.80	9.44	10.90	14.92	7.00	9.54	11.60	15.10	8.26	9.50	10.88	14.84	9.22	9.90	11.82	15.46
	640	13.80	19.32	27.62	42.54	13.26	19.16	29.32	41.04	13.60	19.24	26.48	42.76	13.22	19.38	27.44	42.54

（注：检验力经验估计值的单位为%。）

表4.6　原始研究数据正态分布且 $\sigma_\theta^2=0.04$ 时 Hedges Q 检验
检验力的经验估计值

$\dfrac{\sigma_E^2}{\sigma_C^2}$	$\overline{N}$	$\theta=0$				$\theta=0.2$				$\theta=0.5$				$\theta=0.8$			
		$k=5$	$k=10$	$k=20$	$k=40$	$k=5$	$k=10$	$k=20$	$k=40$	$k=5$	$k=10$	$k=20$	$k=40$	$k=5$	$k=10$	$k=20$	$k=40$
1	20	8.40	9.44	11.18	14.26	7.62	9.30	11.08	13.96	7.42	8.94	10.66	14.52	8.16	9.28	11.08	13.58
	40	14.52	16.58	25.34	38.96	14.72	19.44	25.64	38.96	12.24	18.02	25.28	38.88	12.76	17.32	24.62	36.50
	80	24.46	38.14	57.52	81.68	24.14	37.02	58.28	81.48	23.32	36.98	56.84	79.26	22.12	34.40	54.54	76.80
	200	51.18	76.40	94.74	99.82	53.34	76.98	94.94	99.80	50.10	76.32	94.36	99.60	50.40	75.36	93.86	99.76
	640	86.20	98.54	100.00	100.00	85.86	98.70	100.00	100.00	85.70	98.60	99.98	100.00	84.96	98.30	100.00	100.00

续表

$\dfrac{\sigma_E^2}{\sigma_C^2}$	$\overline{N}$	$\theta=0$				$\theta=0.2$				$\theta=0.5$				$\theta=0.8$			
		$k=5$	$k=10$	$k=20$	$k=40$	$k=5$	$k=10$	$k=20$	$k=40$	$k=5$	$k=10$	$k=20$	$k=40$	$k=5$	$k=10$	$k=20$	$k=40$
2	20	6.98	7.44	8.28	10.12	7.50	7.50	8.16	10.28	6.44	7.62	8.90	11.06	7.26	8.20	8.30	10.32
	40	11.82	15.18	18.82	28.44	11.20	13.90	19.74	28.84	11.62	12.70	18.74	27.54	9.76	14.40	18.28	27.16
	80	17.46	28.04	38.02	60.12	18.30	27.46	39.58	58.48	18.06	24.22	39.96	58.40	17.76	24.52	38.46	57.66
	200	39.50	59.50	81.76	97.72	38.94	61.52	84.50	97.26	39.06	59.60	82.78	97.50	38.06	59.98	81.86	97.50
	640	77.46	95.44	99.80	100.00	76.42	95.86	99.86	100.00	75.94	94.90	99.76	100.00	76.40	94.96	99.82	100.00
4	20	6.84	7.88	7.98	8.78	6.44	7.48	8.20	8.88	6.32	6.94	8.32	9.02	6.14	7.24	8.04	8.98
	40	10.54	11.52	15.40	20.94	10.70	10.94	15.86	21.94	11.14	13.12	16.02	22.16	10.72	11.90	16.60	22.26
	80	11.80	17.22	25.02	37.28	14.14	17.86	24.02	37.64	11.92	18.36	24.06	37.96	12.70	18.40	25.38	38.60
	200	26.72	39.24	59.78	83.56	25.90	40.68	60.24	83.86	26.16	38.86	60.08	83.10	26.84	39.74	58.00	83.34
	640	60.92	86.16	98.06	100.00	61.48	85.38	98.16	99.98	61.58	84.92	97.80	100.00	60.38	84.38	98.06	99.90
8	20	6.76	6.88	8.00	8.82	6.76	7.10	8.48	8.12	6.80	7.62	8.56	9.36	7.36	7.44	8.44	9.06
	40	9.26	10.16	14.18	17.08	9.22	12.08	13.86	18.42	9.30	11.68	14.08	19.12	9.22	10.78	14.56	19.30
	80	10.12	13.14	16.88	23.08	10.18	13.98	15.74	23.46	9.44	12.58	16.80	22.18	10.62	13.12	17.28	25.90
	200	16.44	23.98	36.24	52.54	16.18	24.74	34.28	54.72	16.90	23.48	35.18	54.12	16.70	22.82	35.14	53.28
	640	41.44	64.68	87.50	98.68	41.62	63.24	87.10	98.30	41.96	62.26	86.42	98.26	41.36	62.12	86.10	98.46

（注：检验力经验估计值的单位为%。）

表 4.7 原始研究数据正态分布且 $\sigma_\theta^2=0.08$ 时 Hedges Q 检验 检验力的经验估计值

$\dfrac{\sigma_E^2}{\sigma_C^2}$	$\overline{N}$	$\theta=0$				$\theta=0.2$				$\theta=0.5$				$\theta=0.8$			
		$k=5$	$k=10$	$k=20$	$k=40$	$k=5$	$k=10$	$k=20$	$k=40$	$k=5$	$k=10$	$k=20$	$k=40$	$k=5$	$k=10$	$k=20$	$k=40$
1	20	12.36	16.30	23.52	35.36	12.54	16.62	22.70	33.54	12.34	15.92	21.82	34.58	11.10	16.18	21.68	31.40
	40	24.52	36.46	53.36	78.72	22.92	35.92	53.86	78.14	23.32	35.66	53.08	76.10	22.08	32.22	50.46	73.94
	80	44.32	66.56	88.20	99.02	44.22	66.14	88.74	98.86	43.96	66.90	87.66	98.74	40.36	61.58	85.16	98.44
	200	75.18	94.40	99.76	100.00	73.94	94.24	99.76	100.00	74.30	93.96	99.68	100.00	73.48	92.72	99.64	100.00
	640	95.20	99.76	100.00	100.00	95.38	99.80	100.00	100.00	95.00	99.92	100.00	100.00	94.44	99.86	100.00	100.00

续表

$\dfrac{\sigma_E^2}{\sigma_C^2}$	$\overline{N}$	\multicolumn{4}{c	}{$\theta=0$}	\multicolumn{4}{c	}{$\theta=0.2$}	\multicolumn{4}{c	}{$\theta=0.5$}	\multicolumn{4}{c	}{$\theta=0.8$}
		$k=5$	$k=10$	$k=20$	$k=40$	$k=5$	$k=10$	$k=20$	$k=40$	$k=5$	$k=10$	$k=20$	$k=40$	$k=5$	$k=10$	$k=20$	$k=40$
2	20	9.70	11.34	15.98	22.56	9.68	11.68	14.30	21.22	9.88	11.90	15.60	21.86	9.76	12.04	15.84	21.40
	40	17.18	24.54	39.02	58.12	18.12	24.82	38.62	58.30	17.22	22.76	38.22	57.36	17.80	25.48	37.06	57.02
	80	32.22	49.56	72.66	92.92	32.70	51.00	73.44	93.04	29.94	48.64	71.48	92.34	31.96	47.70	71.30	91.64
	200	62.38	87.48	97.94	99.98	62.42	86.12	98.14	100.00	61.06	85.66	98.06	99.98	61.36	84.12	98.12	100.00
	640	90.68	99.50	100.00	100.00	90.94	99.44	100.00	100.00	90.12	99.40	100.00	100.00	90.32	99.58	100.00	100.00
4	20	8.42	9.26	11.72	14.96	8.10	9.44	11.64	15.00	8.74	10.08	11.16	15.10	8.62	9.04	12.08	16.20
	40	13.52	18.18	26.24	38.18	14.20	19.42	27.12	39.74	13.46	17.74	25.82	38.18	14.70	18.14	27.04	40.30
	80	22.10	32.98	49.28	73.24	22.52	33.34	49.04	73.36	21.20	31.30	50.10	73.06	21.88	33.10	49.56	72.16
	200	44.96	69.96	89.74	99.14	44.76	67.00	90.02	99.18	45.06	68.10	90.10	99.08	44.62	66.72	88.86	98.86
	640	82.50	97.36	99.94	100.00	80.82	97.18	99.90	100.00	81.28	97.06	99.98	100.00	80.02	96.80	99.94	100.00
8	20	7.36	8.80	10.20	11.58	8.04	8.44	9.86	12.26	7.60	9.00	9.40	10.82	7.96	8.84	10.70	12.60
	40	9.94	13.94	18.72	28.70	9.74	14.98	18.60	27.04	11.10	15.36	18.74	29.18	12.74	14.94	19.52	28.64
	80	14.76	20.88	30.28	45.58	14.58	18.92	31.44	43.38	14.20	20.72	29.64	46.26	14.14	21.00	29.94	46.04
	200	29.12	44.08	65.66	88.64	28.34	44.40	65.60	88.34	28.12	45.74	67.48	88.20	28.34	44.42	65.08	88.24
	640	65.70	88.84	98.88	99.98	64.42	88.48	98.64	99.98	64.68	87.86	98.76	100.00	64.74	88.42	98.60	100.00

（注：检验力经验估计值的单位为%。）

表 4.8　原始研究数据正态分布且 $\sigma_\theta^2=0.16$ 时 Hedges Q 检验
检验力的经验估计值

$\dfrac{\sigma_E^2}{\sigma_C^2}$	$\overline{N}$	\multicolumn{4}{c	}{$\theta=0$}	\multicolumn{4}{c	}{$\theta=0.2$}	\multicolumn{4}{c	}{$\theta=0.5$}	\multicolumn{4}{c	}{$\theta=0.8$}
		$k=5$	$k=10$	$k=20$	$k=40$	$k=5$	$k=10$	$k=20$	$k=40$	$k=5$	$k=10$	$k=20$	$k=40$	$k=5$	$k=10$	$k=20$	$k=40$
1	20	21.32	31.32	50.14	73.52	21.00	31.40	48.94	72.88	22.42	31.64	48.98	71.54	20.98	30.60	47.78	69.14
	40	39.26	64.20	86.76	98.44	42.34	64.10	86.48	98.38	42.24	62.18	86.12	98.24	40.52	60.08	83.48	97.98
	80	66.48	90.04	99.32	99.98	67.32	90.28	99.18	100.00	67.00	89.46	98.84	100.00	65.40	88.38	98.86	100.00
	200	89.42	99.24	99.98	100.00	89.88	99.28	100.00	100.00	89.62	99.24	100.00	100.00	88.28	99.06	100.00	100.00
	640	98.54	100.00	100.00	100.00	98.72	99.98	100.00	100.00	98.48	99.98	100.00	100.00	98.02	100.00	100.00	100.00

续表

$\dfrac{\sigma_E^2}{\sigma_C^2}$	$\bar{N}$	$\theta=0$				$\theta=0.2$				$\theta=0.5$				$\theta=0.8$			
		$k=5$	$k=10$	$k=20$	$k=40$	$k=5$	$k=10$	$k=20$	$k=40$	$k=5$	$k=10$	$k=20$	$k=40$	$k=5$	$k=10$	$k=20$	$k=40$
2	20	16.34	21.94	33.10	51.12	16.74	22.32	32.86	50.72	15.60	21.56	32.84	50.54	15.74	21.74	31.60	48.92
	40	30.76	48.00	69.90	91.08	30.52	48.06	69.80	91.18	33.12	48.66	70.02	91.76	31.54	47.18	69.74	90.42
	80	53.80	78.26	95.20	99.80	54.66	77.40	95.64	99.90	50.80	77.24	95.74	99.64	52.34	75.34	95.06	99.78
	200	82.42	97.10	99.92	100.00	83.00	97.32	99.96	100.00	80.62	97.14	99.94	100.00	79.86	97.28	99.90	100.00
	640	96.84	99.88	100.00	100.00	96.86	99.90	100.00	100.00	97.10	99.94	100.00	100.00	96.80	99.90	100.00	100.00
4	20	11.90	16.14	21.50	31.56	11.62	16.14	21.52	31.28	11.84	14.96	21.54	30.62	12.02	15.66	21.78	29.90
	40	20.04	32.44	50.86	72.44	20.30	31.06	49.06	73.30	23.04	31.94	49.70	73.78	21.16	31.54	49.24	71.84
	80	38.12	59.10	80.78	97.26	38.58	59.02	82.00	96.88	36.86	57.02	82.22	97.28	37.58	58.26	80.18	97.12
	200	68.18	90.32	99.26	99.98	69.22	90.32	99.16	100.00	67.90	90.62	99.22	100.00	66.82	90.08	98.86	100.00
	640	93.32	99.74	100.00	100.00	93.08	99.80	100.00	100.00	93.34	99.70	100.00	100.00	93.08	99.68	100.00	100.00
8	20	10.00	11.18	14.46	19.96	9.64	11.24	15.20	20.14	9.66	11.28	14.86	20.26	9.30	12.16	15.72	20.32
	40	13.18	22.66	32.00	48.26	16.34	23.04	32.94	48.96	16.80	23.90	32.50	47.68	15.74	22.22	33.16	48.48
	80	23.54	37.08	54.82	80.36	25.40	36.04	55.58	78.94	24.90	37.40	55.70	79.96	22.40	37.60	56.28	78.48
	200	49.46	72.90	92.76	99.52	48.98	73.40	92.80	99.48	48.90	72.80	93.10	99.50	49.20	73.72	92.92	99.56
	640	83.94	98.14	99.98	100.00	83.12	98.18	99.96	100.00	84.04	97.90	100.00	100.00	84.40	98.22	99.98	100.00

（注：检验力经验估计值的单位为%。）

通过对表4.5至表4.8中数据的分析，大体上可以了解Hedges Q检验在原始研究数据呈正态分布条件下其检验力的实际表现以及该检验的检验力与模拟情境变量之间的关系。原始研究数据呈正态分布时，在其他模拟情境变量设置固定的条件下，Hedges Q检验检验力与各模拟情境变量间的关系具体表现如下：

第一，Hedges Q检验检验力的经验估计值会随着σ_θ^2的增大而提高。无论原始研究实验组与控制组数据的方差齐性或否，无论原始研究平均样本容量$\bar{N}$是大还是小，无论原始研究数目k是多还是少，无论平均总体效应量μ_θ是大还是小，综合表4.5至表4.8中原始研究数据呈正态分布条件下Hedges Q检验检验力的经验估计值可知，该检验的检验力都随着σ_θ^2的增大而提高。当然，这并不是说其他模拟情境变量对该检验的检验力与σ_θ^2间的关系不会产生什么影响。相反，该检验的检验力由σ_θ^2的增大而引起的提高量明显受其他模拟情境变量的影响。

第二，Hedges Q 检验的检验力与$\bar{N}$间的关系也有些复杂。整体上，该检验的检验力会随着$\bar{N}$的增大而提高。但是，这种趋势受σ_θ^2与σ_E^2/σ_C^2的影响较大。表4.5至表4.8中的数据显示：（1）在$\sigma_\theta^2 \geq 0.04$条件下，Hedges Q 检验检验力的经验估计值随着$\bar{N}$的增大而提高；（2）在σ_θ^2低至0.01条件下，如果$\sigma_E^2/\sigma_C^2 \leq 4$，则 Hedges Q 检验检验力的经验估计值会随着$\bar{N}$的增大而提高。然而，σ_E^2/σ_C^2继续增大至8，则在$20 \leq \bar{N} \leq 40$范围内该检验检验力的经验估计值会随着$\bar{N}$的增大而提高。但在$40 \leq \bar{N} \leq 80$范围内，该检验检验力的经验估计值会随着$\bar{N}$的增大反而会降低。然而，此时只要$\bar{N} \geq 80$，则该检验检验力的经验估计值就会随着$\bar{N}$的增大而提高。整体上，在$\sigma_\theta^2 = 0.01$且$\sigma_E^2/\sigma_C^2 = 8$条件下 Hedges Q 检验力与$\bar{N}$间的关系呈现出先升后降再升这样一种"$N$"形趋势。

第三，整体上，Hedges Q 检验的检验力会随着k的增多而提高。但是，该检验的检验力与k间的这种关系有时也比较复杂，受模拟情境变量σ_θ^2与$\bar{N}$的影响较大。这具体表现为在少数比较极端的模拟情境中，Hedges Q 检验的检验力并不会随着k的增大而提高。表4.5至表4.8中的数据显示：（1）在$\sigma_\theta^2 \geq 0.04$条件下，Hedges Q 检验检验力的经验估计值就会随着k的增大而提高；（2）如果σ_θ^2低至0.01，则在$\bar{N} \geq 40$条件下 Hedges Q 检验检验力的经验估计值也会随着k的增大而提高。但此时如果$\bar{N}$低至20，则该检验检验力的经验估计值受k的影响就很小，因为其检验力的经验估计值的变化量最大不超过0.02。

第四，整体上，Hedges Q 检验的检验力随着σ_E^2/σ_C^2的增大呈现出下降趋势。类似地，σ_E^2/σ_C^2与 Hedges Q 检验检验力间的这种关系也受模拟情境变量σ_θ^2以及$\bar{N}$的影响较大。表4.5至表4.8中的 Hedges Q 检验检验力的经验估计值显示：（1）σ_θ^2低至0.01时，Hedges Q 检验的检验力与σ_E^2/σ_C^2间的关系比较复杂。此时，如果$\bar{N}$小至20且$\sigma_E^2/\sigma_C^2 \leq 4$，则 Hedges Q 检验检验力的经验估计值极低，几乎接近名义 I 类错误率。整体上，该检验的检验力几乎不受σ_E^2/σ_C^2的增大影响或影响甚微（地板效应)。并且,随着 σ_E^2/σ_C^2 的进一步增大,此时 Hedges Q 检验的检验力不但不下降,反而还会随之略有提高,呈现出一种较为反常的趋势。此时,如果 $\bar{N}$ 增至 40,则 Hedges Q 检验检验力的经验估计值在 $1 \leqslant \sigma_E^2/\sigma_C^2 \leqslant 2$ 范围内几乎不受 σ_E^2/σ_C^2 的影响。但只要 $\sigma_E^2/\sigma_C^2 > 2$,该检验检验力的经验估计值就会随着 σ_E^2/σ_C^2 的增大而略有提高。显然,这也是一种较为反常的趋势。此时,如果 $\bar{N} \geqslant 80$,则模拟研究结果显示 Hedges Q 检验检验力的经验估计值会随着 σ_E^2/σ_C^2 的增大而整体上呈现出明显降低的趋势;(2) σ_θ^2 增至 0.04 时,则 Hedges Q 检验检验力与 σ_E^2/σ_C^2 间的关系较之于 $\sigma_\theta^2 = 0.01$ 时的情况更为简洁。此时,如果 $\bar{N}$ 低至 20,则 Hedges Q 检验检验力的经验估计值会随着 σ_E^2/σ_C^2 的增大整体呈现下降趋势。但在 $4 \leqslant \sigma_E^2/\sigma_C^2 \leqslant 8$ 范围内,该检验检验力的经验估计值随着 σ_E^2/σ_C^2 增大而下降的趋势并不明显。此时,如果 $\bar{N} \geqslant 40$,则该检验检验力的经验估计值会随着 σ_E^2/σ_C^2 的增大而呈明显一致下降的趋势;(3) 当 $\sigma_\theta^2 \geqslant 0.08$ 时,Hedges Q 检验的检验力会随着 σ_E^2/σ_C^2 的增大呈明显下降的趋势。此外,表 4.5 与表 4.8 中的数据同时显示,原始研究数据呈正态分布时,无论原始研究实验组与控制组数据的方差是否齐性, σ_E^2/σ_C^2 对 Hedges Q 检验检验力的作用均不受平均总体效应量 μ_θ 的影响。

第五,表 4.5 至表 4.8 一致显示,在原始研究数据呈正态分布条件下,无论原始研究实验组与控制组数据的方差是否齐性,Hedges Q 检验的检验力几乎都不受 μ_θ 的影响或影响甚微。

另一方面,在 Hedges Q 检验检验力的实际表现上,表 4.5 至表 4.8 中的数据显示,原始研究数据呈正态分布时,Hedges Q 检验的检验力在大多数模拟情境中都无法达到 Cohen(1988)所给出的 0.8 这个最低合理检验力标准。具体而言:

第一,如果 σ_θ^2 低至 0.01,则 Hedges Q 检验检验力的实际表现整体上很不理想。所创设的 320 种模拟情境中,其检验力达到 0.8 的只有 12 种,占比为 3.75%。此时,在实验组与控制组数据方差齐性($\sigma_E^2/\sigma_C^2 = 1$)的前提下,只要 $\bar{N} \leqslant 200$ 且 $k \leqslant 40$、或者 $\bar{N} = 640$ 但 $k \leqslant 10$,Hedges Q 检验的检验力就无法达到 0.8 这个水平。同样,如果 $\sigma_E^2/\sigma_C^2 = 2$,则在 $\bar{N} \leqslant 200$ 且 $k \leqslant 40$、或者 $\bar{N} = 640$ 但 $k \leqslant 20$,Hedges Q 检验的检验

力都无法达到0.8这个水平。此时，如果$\sigma_E^2/\sigma_C^2 \geq 4$，则Hedges Q检验在所有模拟情境中的检验力都无法达到0.8这个水平。

第二，如果σ_θ^2增大至0.04，则Hedges Q检验的检验力较之于$\sigma_\theta^2 = 0.01$时的检验力有较为明显的提高。所创设的320种模拟情境中，该检验检验力达到0.8的只有70种，占比为21.88%。此时，在$\sigma_E^2/\sigma_C^2 \leq 2$前提下，只要$\bar{N} \leq 40$且$k \leq 40$、或者$\bar{N} = 200$但$k \leq 10$，Hedges Q检验的检验力就无法达到0.8这个水平。此时，如果$\sigma_E^2/\sigma_C^2 = 4$，只要$\bar{N} \leq 80$且$k \leq 40$、或者$\bar{N} = 200$但$k \leq 20$、或者$\bar{N} = 640$但$k \leq 5$，则Hedges Q检验的检验力就无法达到0.8这个水平。此时，如果$\sigma_E^2/\sigma_C^2 = 8$，只要$\bar{N} \leq 200$且$k \leq 40$、或者$\bar{N} = 640$但$k \leq 10$，则Hedges Q检验的检验力都无法达到0.8这个水平。

第三，如果σ_θ^2增大至0.08，则Hedges Q检验的检验力较之于$\sigma_\theta^2 = 0.04$时其检验力也有进一步的提高。在所创设的320种模拟情境中，该检验检验力达到0.8的只有108种，占比为33.75%。此时，在$\sigma_E^2/\sigma_C^2 = 1$前提下，只要$\bar{N} \leq 40$且$k \leq 40$、或者$\bar{N} = 80$但$k \leq 10$、或者$\bar{N} = 200$但$k \leq 5$，Hedges Q检验的检验力就都无法达到0.8这个水平。如果$\sigma_E^2/\sigma_C^2 = 2$，则在$\bar{N} \leq 40$且$k \leq 40$、或者$\bar{N} = 80$且$k \leq 20$、或者$\bar{N} = 200$且$k \leq 5$，则Hedges Q检验的检验力也都无法达到0.8这个水平。如果$\sigma_E^2/\sigma_C^2 = 4$，则在$\bar{N} \leq 80$且$k \leq 40$、或者$\bar{N} = 200$且$k \leq 10$条件下，Hedges Q检验的检验力也无法达到0.8这个水平。如果$\sigma_E^2/\sigma_C^2 = 8$，则在$\bar{N} \leq 80$且$k \leq 40$、或者$\bar{N} = 200$且$k \leq 20$、或者$\bar{N} = 640$且$k \leq 5$条件下，Hedges Q检验的检验力都无法达到0.8这个水平。

第四，类似地，如果σ_θ^2增大至0.16，则Hedges Q检验的检验力较之于$\sigma_\theta^2 = 0.08$时的检验力又有明显的提高。在所创设的320种模拟情境中，其检验力达到0.8的只有156种，占比为48.75%。此时，在$\sigma_E^2/\sigma_C^2 = 1$前提下，只要$\bar{N} \leq 20$且$k \leq 40$、或者$\bar{N} = 40$且$k \leq 10$、或者$\bar{N} = 80$且$k \leq 5$，Hedges Q检验的检验力就无法达到0.8这个水平。此时，如果$\sigma_E^2/\sigma_C^2 = 2$，则在$\bar{N} \leq 20$且$k \leq 40$、或者$\bar{N} = 40$且$k \leq 20$、或者$\bar{N} = 80$且$k \leq 10$条件下，Hedges Q检验的检验力均无法达到0.8这个水

平。此时，如果 $\sigma_E^2/\sigma_C^2 = 4$，则在 $\bar{N} \leq 40$ 且 $k \leq 40$、或者 $\bar{N} = 80$ 且 $k \leq 10$、或者 $\bar{N} = 200$ 且 $k \leq 5$ 条件下，Hedges Q 检验的检验力也无法达到 0.8 这个水平。此时，如果 $\sigma_E^2/\sigma_C^2 = 8$，则在 $\bar{N} \leq 80$ 且 $k \leq 40$、或者 $\bar{N} = 200$ 且 $k \leq 10$ 条件下，该检验检验力无法达到 0.8 这个水平（但 $\bar{N} = 80$ 且 $k = 40$ 时该检验的检验力接近 0.8）。

总之，本实验的研究结果也揭示出这样一个事实。即在原始研究呈正态分布的条件下，Hedges Q 检验的检验力要达到 0.8 这个水平，如果总体效应量方差 σ_θ^2 较小，则就需要较大的 $\bar{N}$ 与 k。但是，随着 σ_θ^2 的增大，$\bar{N}$ 与 k 的水平可适当降低。同时，随着 σ_E^2/σ_C^2 的增大，较之于实验组/控制组数据方差齐性时的情况，Hedges Q 检验需要在更大的 $\bar{N}$ 与 k 的条件下方可能达到 0.8 这个检验力最低合理水平。

三 原始研究数据呈偏态分布 1 与 Hedges Q 检验的检验力（实验 9）

（一）实验目的

本实验旨在探索原始研究数据呈偏态分布 1（即 $df = 8$ 的 χ^2 分布）时模拟情境变量 μ_θ、σ_θ^2、k、$\bar{N}$ 与 σ_E^2/σ_C^2 对 Hedges Q 检验检验力的影响及各种模拟情境下该检验检验力的实际表现。为此，本实验如实验 8 一样共设置了 $4 \times 4 \times 4 \times 4 \times 5 = 1280$ 种模拟情境。

（二）模拟研究过程

为获得原始研究数据呈偏态分布 1 时 Hedges Q 检验在 1280 种模拟情境中检验力的经验估计值，本实验所进行的模拟研究过程与实验 8 基本相同，两者间存在的差别体现在原始研究数据随机产生方面。实验 8 利用正态分布随机产生符合需要的实验组与控制组数据，而本实验则采用 $df = 8$ 的 χ^2 分布产生实验组与控制组的数据。至于如何利用 $df = 8$ 的 χ^2 分布产生符合需要的数据，具体算法见之于研究二中实验 2 相应部分的数据模拟过程。至于其他相同部分，这里就不再赘述。

（三）实验结果与数据分析

原始研究数据呈偏态分布 1 时，通过运行自己编制的模拟程序，本实验总共获得了 1280 种模拟情境中 Hedges Q 检验检验力的经验估计值。同理，这里也按总体效应量方差的取值依次将其编制成 4 个表。它们分别为表 4.9、表 4.10、表 4.11、表 4.12。具体结果如下：

表 4.9   原始研究数据呈偏态分布 1 时 Hedges Q 检验检验力的经验估计值 ($\sigma_\theta^2 = 0.01$)

$\dfrac{\sigma_E^2}{\sigma_C^2}$	$\overline{N}$	$\theta=0$				$\theta=0.2$				$\theta=0.5$				$\theta=0.8$			
		$k=5$	$k=10$	$k=20$	$k=40$	$k=5$	$k=10$	$k=20$	$k=40$	$k=5$	$k=10$	$k=20$	$k=40$	$k=5$	$k=10$	$k=20$	$k=40$
1	20	4.62	5.16	4.34	5.74	5.52	5.10	4.98	5.38	5.94	5.40	5.32	5.12	5.44	5.94	6.28	6.38
	40	6.16	7.44	7.92	9.54	6.70	6.92	7.96	9.10	7.04	7.38	8.44	10.28	7.46	8.60	9.78	13.50
	80	8.78	11.18	13.74	19.12	9.02	10.74	13.86	19.56	9.04	11.74	14.72	19.86	9.60	11.60	16.58	24.46
	200	17.22	24.68	36.64	55.44	17.50	25.48	37.82	56.62	16.58	24.00	38.04	55.58	17.30	25.72	38.54	58.26
	640	44.70	68.62	89.46	99.00	44.46	68.32	89.52	99.02	45.04	67.82	89.50	99.08	42.90	66.32	88.58	99.06
2	20	4.80	6.00	5.44	6.10	4.86	4.80	4.18	3.72	3.62	3.38	3.28	3.40	3.68	3.30	2.94	2.20
	40	6.84	6.94	8.22	9.60	5.90	7.08	6.48	8.18	5.00	4.72	4.68	5.14	4.96	4.06	4.38	4.42
	80	8.16	9.58	11.26	14.76	6.82	7.48	10.24	11.84	6.44	6.72	7.70	8.36	5.66	5.84	6.00	5.70
	200	12.44	18.42	24.72	36.36	13.12	15.56	21.72	32.58	10.44	13.18	18.72	25.56	10.00	11.98	16.36	22.04
	640	32.68	51.86	73.46	93.70	29.94	48.96	71.92	91.58	30.36	45.98	68.00	91.26	27.96	44.98	66.10	87.94
4	20	6.18	6.58	7.00	7.86	5.94	6.00	5.22	4.90	4.34	4.16	3.68	2.74	3.50	3.36	2.42	1.80
	40	7.28	9.34	10.02	12.70	6.68	7.60	8.72	8.44	5.54	5.10	4.86	4.70	4.64	3.74	4.04	3.22
	80	7.12	9.54	9.70	11.76	5.86	6.74	7.28	8.40	5.56	5.26	4.86	4.60	3.78	3.56	3.26	2.22
	200	9.96	12.48	14.94	21.82	8.12	10.34	12.78	17.80	7.06	7.40	9.12	10.40	5.58	6.26	6.56	7.16
	640	21.30	31.16	48.12	72.66	18.88	28.78	43.38	65.76	17.60	24.98	39.66	59.46	16.12	22.64	33.36	52.36
8	20	6.98	8.94	10.06	11.24	6.72	6.90	8.04	8.52	5.56	5.56	4.88	4.98	4.48	4.46	3.80	2.70
	40	9.08	10.10	12.54	16.20	7.36	8.84	10.16	12.54	6.30	7.06	7.06	7.70	4.16	5.22	4.46	4.22
	80	7.92	8.84	10.28	11.32	6.08	7.00	7.58	8.54	5.32	4.60	4.98	4.24	4.00	3.14	3.02	2.48
	200	7.36	8.68	11.96	14.24	6.42	7.66	8.32	10.50	5.28	4.76	5.44	5.72	4.18	4.12	3.84	3.18
	640	13.76	18.66	25.42	39.56	11.46	16.04	22.30	33.06	10.42	12.76	16.36	24.76	9.28	10.56	13.44	18.10

（注：检验力经验估计值的单位为 %。）

表4.10　　原始研究数据偏态分布1时Hedges Q检验检验力的经验估计值（$\sigma_\theta^2 = 0.04$）

$\dfrac{\sigma_E^2}{\sigma_C^2}$	$\overline{N}$	$\theta=0$ k=5	k=10	k=20	k=40	$\theta=0.2$ k=5	k=10	k=20	k=40	$\theta=0.5$ k=5	k=10	k=20	k=40	$\theta=0.8$ k=5	k=10	k=20	k=40
1	20	8.62	9.24	11.34	14.70	7.82	9.50	11.60	15.70	8.26	9.86	12.04	16.42	9.16	10.24	12.94	17.96
	40	13.54	18.98	27.32	40.22	13.52	18.48	28.48	41.26	13.38	19.10	26.62	42.86	13.88	19.64	27.34	42.20
	80	25.44	37.16	57.80	80.86	26.32	37.92	57.66	81.62	24.90	37.02	58.10	80.20	23.80	38.42	57.48	80.72
	200	52.22	77.14	94.30	99.80	51.62	77.62	95.06	99.70	51.34	75.40	93.94	99.72	49.56	75.76	93.68	99.70
	640	86.20	98.58	100.00	100.00	87.18	98.20	100.00	100.00	86.40	98.28	100.00	100.00	85.32	98.88	100.00	100.00
2	20	7.52	7.78	8.68	11.42	6.52	7.40	8.46	8.94	6.36	6.24	6.70	6.92	5.78	5.36	5.64	6.32
	40	10.74	14.08	20.60	29.22	9.82	13.36	18.12	24.68	8.68	10.94	14.92	20.26	8.26	10.26	13.22	18.00
	80	18.34	26.68	40.16	61.74	17.20	24.42	37.38	57.76	15.20	23.36	33.82	51.82	14.92	20.92	30.06	48.14
	200	39.62	59.96	83.84	97.70	38.24	58.96	82.14	97.16	36.28	56.28	79.76	95.92	35.92	54.16	78.16	95.24
	640	76.68	94.98	99.76	100.00	76.44	95.22	99.84	100.00	74.94	95.34	99.82	100.00	74.78	93.86	99.74	100.00
4	20	7.64	8.58	9.50	11.20	6.36	6.76	7.70	8.66	5.84	5.30	5.58	5.78	5.02	4.42	4.12	3.34
	40	10.50	12.54	16.26	25.56	9.04	10.84	14.38	19.20	7.62	8.08	10.96	13.42	5.76	7.34	7.58	9.68
	80	13.40	18.70	25.70	39.56	12.32	16.04	21.94	32.98	10.42	13.20	17.82	25.10	8.96	11.34	14.08	19.08
	200	25.36	39.90	59.68	83.30	24.72	37.52	55.74	80.78	23.06	33.88	51.48	75.76	20.40	31.18	46.82	68.84
	640	61.32	85.12	98.44	99.98	60.84	84.68	97.60	100.00	60.26	82.62	97.40	100.00	56.60	82.10	97.06	99.88
8	20	8.16	8.66	10.78	13.60	8.04	7.90	9.88	10.02	6.30	6.80	7.04	6.92	5.10	4.76	4.50	4.10
	40	10.18	12.44	16.78	23.90	9.52	11.20	14.04	17.42	7.74	8.46	10.08	12.88	6.08	6.46	7.10	7.88
	80	10.70	13.30	17.38	26.36	8.98	11.38	15.32	19.98	8.08	9.50	10.84	13.34	6.70	7.18	8.08	8.02
	200	16.58	23.28	34.54	53.02	14.98	21.22	31.38	46.92	12.78	18.60	26.06	39.46	11.76	15.36	22.04	31.36
	640	42.02	64.42	85.52	98.34	40.06	61.20	84.42	98.00	38.82	59.48	83.12	97.32	36.40	57.24	80.22	96.62

（注：检验力经验估计值的单位为‰。）

表 4.11　　原始研究数据偏态分布 1 时 Hedges Q 检验
检验力的经验估计值（$\sigma_\theta^2 = 0.08$）

$\dfrac{\sigma_E^2}{\sigma_C^2}$	$\overline{N}$	\multicolumn{4}{c	}{$\theta = 0$}	\multicolumn{4}{c	}{$\theta = 0.2$}	\multicolumn{4}{c	}{$\theta = 0.5$}	\multicolumn{4}{c}{$\theta = 0.8$}
		$k=5$	$k=10$	$k=20$	$k=40$	$k=5$	$k=10$	$k=20$	$k=40$	$k=5$	$k=10$	$k=20$	$k=40$	$k=5$	$k=10$	$k=20$	$k=40$
1	20	12.12	17.00	25.42	36.98	13.24	17.20	24.86	37.12	13.58	17.96	25.28	37.74	13.14	17.64	26.72	39.04
	40	24.26	35.32	57.66	79.50	24.50	36.66	55.90	79.14	23.20	35.78	55.36	78.24	25.02	35.96	54.34	79.70
	80	43.84	67.10	88.00	98.86	44.96	65.80	88.60	98.82	44.00	66.40	87.56	99.06	42.72	64.14	87.82	98.50
	200	75.64	94.82	99.86	100.00	75.16	94.14	99.92	100.00	75.48	93.62	99.62	100.00	72.30	93.76	99.72	100.00
	640	94.86	99.80	100.00	100.00	94.98	99.96	100.00	100.00	94.70	99.94	100.00	100.00	94.50	99.86	100.00	100.00
2	20	10.60	12.90	17.30	25.00	9.94	11.82	15.84	21.84	8.72	10.50	13.12	18.16	7.52	9.30	11.98	14.70
	40	17.50	26.38	39.40	59.64	17.08	26.10	38.02	56.82	15.60	23.20	34.34	51.92	14.48	20.92	31.22	47.06
	80	32.82	50.12	73.48	93.28	32.22	48.24	72.28	91.76	30.82	45.90	68.90	90.50	29.32	43.80	66.52	88.22
	200	62.30	86.22	98.36	100.00	61.90	85.52	98.24	100.00	60.68	85.78	97.98	99.96	59.00	83.72	97.66	99.96
	640	90.78	99.34	100.00	100.00	91.02	99.60	100.00	100.00	90.44	99.30	100.00	100.00	90.54	99.28	100.00	100.00
4	20	9.66	11.02	13.96	18.82	9.10	9.94	11.68	15.14	7.18	7.76	8.62	11.16	6.54	6.58	6.36	6.44
	40	14.66	20.30	29.24	43.00	12.40	17.70	24.74	37.88	11.86	14.94	21.14	29.86	9.16	12.34	16.58	23.36
	80	21.60	33.12	49.64	73.42	20.98	31.12	48.34	69.52	19.14	26.78	41.92	62.90	16.20	25.58	36.90	54.38
	200	44.78	68.54	90.08	99.20	44.18	66.66	88.98	99.38	43.26	64.12	87.18	98.84	40.92	61.68	85.44	98.50
	640	81.76	97.32	99.96	100.00	81.00	97.06	100.00	100.00	80.18	97.38	100.00	100.00	80.68	96.62	99.98	100.00
8	20	9.44	10.42	13.98	17.70	8.44	9.66	12.18	13.62	6.94	7.82	8.44	9.68	5.40	6.62	6.36	6.50
	40	11.68	16.18	24.18	33.52	10.80	14.74	18.42	26.60	9.38	11.48	16.26	20.30	8.22	9.58	11.28	14.54
	80	15.70	21.80	31.34	47.18	12.92	19.10	28.08	40.88	11.88	16.38	21.78	32.58	11.22	14.02	18.52	25.64
	200	28.04	44.28	67.64	88.40	26.72	42.12	63.68	85.02	25.52	37.82	59.02	81.80	22.40	35.84	54.12	77.80
	640	64.56	87.78	99.12	100.00	63.10	86.76	98.58	100.00	63.58	86.82	98.64	100.00	62.44	86.06	98.46	99.98

（注：检验力经验估计值的单位为%）

表 4.12　　原始研究数据偏态分布 1 时 Hedges Q 检验检验力的经验估计值（$\sigma_\theta^2 = 0.16$）

$\dfrac{\sigma_E^2}{\sigma_C^2}$	$\overline{N}$	$\theta=0$ $k=5$	$k=10$	$k=20$	$k=40$	$\theta=0.2$ $k=5$	$k=10$	$k=20$	$k=40$	$\theta=0.5$ $k=5$	$k=10$	$k=20$	$k=40$	$\theta=0.8$ $k=5$	$k=10$	$k=20$	$k=40$
1	20	23.58	34.86	52.52	75.54	22.60	34.74	53.30	75.62	24.22	35.04	52.50	76.82	22.28	33.58	53.02	76.60
	40	42.56	64.88	86.84	98.90	42.40	63.96	87.40	98.54	41.48	64.70	86.16	98.52	41.10	63.68	86.22	98.64
	80	66.86	89.78	99.06	100.00	67.50	90.64	99.12	100.00	66.70	89.94	98.80	100.00	66.20	88.36	98.72	100.00
	200	89.78	99.42	100.00	100.00	90.04	99.24	100.00	100.00	90.40	99.40	100.00	100.00	88.80	99.22	100.00	100.00
	640	98.66	100.00	100.00	100.00	98.64	100.00	100.00	100.00	98.48	100.00	100.00	100.00	98.58	100.00	100.00	100.00
2	20	17.48	22.58	35.80	54.68	16.24	22.78	33.18	52.52	15.28	21.10	31.76	46.20	14.20	19.34	28.76	43.00
	40	31.56	49.34	72.30	92.10	29.84	48.66	71.70	90.94	29.18	46.24	68.62	90.34	27.52	43.36	65.64	88.00
	80	53.38	77.88	95.40	99.84	54.16	77.60	94.48	99.82	51.56	76.82	94.72	99.86	50.88	75.00	94.04	99.62
	200	82.62	97.68	99.94	100.00	81.98	97.82	99.96	100.00	81.60	97.18	99.96	100.00	80.80	96.66	99.98	100.00
	640	96.70	99.98	100.00	100.00	96.74	99.96	100.00	100.00	96.94	99.74	100.00	100.00	96.92	99.96	100.00	100.00
4	20	12.40	19.00	24.82	37.70	12.14	16.56	20.76	33.74	10.68	12.98	18.40	25.36	9.24	11.60	14.60	19.68
	40	22.38	34.36	51.36	75.34	21.46	31.90	49.36	70.84	20.34	30.06	43.98	65.32	18.90	26.62	39.24	59.30
	80	37.56	59.18	81.60	96.92	38.14	57.22	80.56	96.70	35.36	55.84	77.44	95.04	33.50	52.68	75.18	93.90
	200	68.42	90.66	99.06	100.00	68.36	89.44	99.26	100.00	67.22	89.26	98.72	100.00	66.26	89.26	98.84	100.00
	640	93.28	99.74	100.00	100.00	92.98	99.62	100.00	100.00	93.10	99.74	100.00	100.00	92.60	99.76	100.00	100.00
8	20	11.38	14.52	19.20	27.04	10.52	13.18	16.48	22.82	9.42	10.86	12.20	16.30	8.26	9.42	10.28	12.56
	40	17.08	24.58	36.66	54.80	15.58	21.54	32.22	48.08	13.12	19.66	27.28	43.96	12.44	16.12	23.82	34.36
	80	24.36	38.78	57.72	80.92	23.32	36.72	54.42	76.74	21.98	31.00	50.36	71.20	21.02	28.62	44.12	66.92
	200	47.48	72.72	92.24	99.52	47.66	72.52	91.62	99.50	47.20	71.42	91.12	99.26	45.24	68.54	89.98	99.44
	640	84.12	97.90	100.00	100.00	84.06	98.22	99.96	100.00	83.80	97.66	99.96	100.00	83.10	97.60	99.94	100.00

（注：检验力经验估计值的单位为%）

通过对表 4.9 至表 4.12 中数据的分析，不难发现原始研究数据呈偏态与峰度程度均较轻的偏态分布 1 时，Hedges Q 检验的检验力与各模拟情境变量间的关系整体上比较复杂。具体而言，如果原始研究数据呈偏态分布 1，则在其他模拟情境变量的设置固定条件下，Hedges Q 检验的检验力与各模拟情境变量间的关系表现为：

第一，Hedges Q 检验的检验力会随着 σ_θ^2 的增大而提高，但这种提高速度会受其他模拟情境变量的影响。相对而言，在$\bar{N}$较小时，由于此时 Hedges Q 检验检验力的经验估计值整体较低，σ_θ^2 的增大对 Hedges Q 检验检验力的经验估计值提升速度影响非常明显。而在$\bar{N}$较大时，由于此时 Hedges Q 检验检验力的经验估计值整体较高，限于检验力不会超过 1 的这一事实（天花板效应），σ_θ^2 增大对 Hedges Q 检验的检验力提升在量上的影响会逐渐降低，这种趋势在 k 较大时体现得尤其明显。

第二，整体上，Hedges Q 检验检验力随着$\bar{N}$的增大而提高，但该检验的检验力与$\bar{N}$间的关系相对而言略显复杂，受 σ_θ^2 与 σ_E^2/σ_C^2 因素的影响较大。具体而言，总体效应量异质程度 σ_θ^2 低至 0.01 时，如果原始研究实验组与控制组数据方差的非齐程度不严重（$\sigma_E^2/\sigma_C^2 \leq 2$），则 Hedges Q 检验检验力的经验估计值会随着$\bar{N}$的增大而提高。反之，如果实验组与控制组数据方差的非齐程度严重（$\sigma_E^2/\sigma_C^2 \geq 4$），则该检验的检验力虽随着$\bar{N}$的增大而整体上呈现提高趋势，但这种提高的趋势在一定程度上存在着"起伏"现象。这种"起伏"表现为 $20 \leq \bar{N} \leq 40$ 时该检验的检验力会随着$\bar{N}$的增大而提高。但在 $40 \leq \bar{N} \leq 80$ 时其检验力会随着$\bar{N}$的增大表现出一定程度的下降。当$\bar{N} \geq 80$，则该检验的检验力会随着$\bar{N}$的增大而表现出一致性提高的趋势。当 $\sigma_\theta^2 \geq 0.04$ 时，Hedges Q 检验的检验力会随着$\bar{N}$的增大而提高。与原始研究数据正态分布时的情况类似，随着$\bar{N}$的增大，Hedges Q 检验检验力的提高速度整体上也受 k 的大小与统计检验力不大于 100% 这个上限的影响。

第三，整体上，Hedges Q 检验检验力随着 k 的增大而上升。但两者间这种关系实际上也受其他模拟情境变量的影响。具体而言，当 σ_θ^2 低至 0.01 时，表 4.9 中的数据显示：（1）如果 $\sigma_E^2/\sigma_C^2 = 1$，只要$\bar{N} \geq 40$，Hedges Q 检验的检验力会随着 k 的增大而提高。但$\bar{N} \leq 20$ 时，情况则有所不同。此时，该检验的检验力基本上不受 k 的影响，并且其检验力的经验估计值极低，接近名义 I 类错误率水平；（2）如果 $\sigma_E^2/\sigma_C^2 = 2$，则在$\bar{N} \leq 20$ 条件下，k 的增大实际上无助于提高 Hedges Q 检验的检验力。$\bar{N}$增大至 40 时，Hedges Q 检验在$\mu_\theta \leq 0.2$ 处的检验力会随着 k 的增大而缓慢地提高，但在$\mu_\theta \geq 0.5$ 处，该检验的检验力实际上不受 k 影响。$\bar{N}$增大至 80 时，该检验在$\mu_\theta \leq 0.5$ 处的检验力会随着 k 增大而缓慢地提高，但在 $\mu_\theta \geq 0.8$ 处，k 的增大实际无助于提高该检验的检验力。然而，只要 $\bar{N} \geq 200$，无论 μ_θ 取何值，Hedges Q 检验的检验力都会随着 k 的增大而提高；（3）如果 $\sigma_E^2/\sigma_C^2 = 4$，则在 $\bar{N} \leq 20$ 条件下，k 的增大实际上无助于提高 Hedges Q 检验的检验力。相反，此时该检验在 $\mu_\theta \geq 0.2$ 处的检验力会呈现出随着 k 增大而降低的趋势。$40 \leq \bar{N} \leq 80$ 时，Hedges Q 检验在 $\mu_\theta \leq 0.2$ 条件下的检验力会随着 k 的增大而提高。但在 μ_θ 增大至 0.5 条件下，k 因素实际上对该检验的检验力没有什么影响。不仅如此，只要 $\mu_\theta \geq 0.8$，相反 k 的增大将会降低该检验的检验力。此时，只有 $\bar{N} \geq 200$，Hedges Q 检验的检验力才会随着 k 的增大而一致提高；（4）如果 $\sigma_E^2/\sigma_C^2 = 8$，则 $\bar{N} \leq 200$ 时，Hedges Q 检验在 $\mu_\theta \leq 0.2$ 处的检验力会随着 k 的增大而提高。但 μ_θ 达到 0.5 时，其检验力受 k 的影响不大。相反，该检验在 $\mu_\theta \geq 0.8$ 处的检验力还会随着 k 的增大而下降。只有 $\bar{N} \geq 640$，Hedges Q 检验的检验力才会随着 k 的增大而一致提高。当 σ_θ^2 增大至 0.04 时，表 4.10 中的数据显示，如果 $\sigma_E^2/\sigma_C^2 = 1$，则 Hedges Q 检验的检验力会随着 k 的增大而提高。然而，如果 $\sigma_E^2/\sigma_C^2 \geq 2$，则除少数模拟情境之外，Hedges Q 检验的检验力也随着 k 的增大而提高。这些少数模拟情境的一个共同特点是 $\bar{N} \leq 20$、$\mu_\theta \geq 0.5$ 且 $\sigma_E^2/\sigma_C^2 \geq 2$，在这些模拟情境中，$k$ 的增大实际上无助于 Hedges Q 检验的检验力的提高。随着 σ_θ^2 进一步地增大，$\sigma_\theta^2 \geq 0.08$ 时，Hedges Q 检验的检验力随着 k 的增大而提高。

第四，整体上，Hedges Q 检验的检验力会随着 σ_E^2/σ_C^2 的增大而下降。然而，这种关系的表现也比较复杂，受其他模拟情境变量的影响较大（原始研究数据呈偏态分布 1 时，实验组/控制组方差比 σ_E^2/σ_C^2 对 Hedges Q 检验检验力的影响示意图见附录中的第二部分）。具体而言：（1）总体效应量方差 σ_θ^2 低至 0.01 时，如果 $\bar{N} \leq 40$，则整体上 Hedges Q 检验的检验力很低。此时，该检验在 $\mu_\theta = 0$ 处的检验力随着 σ_E^2/σ_C^2 的增大而提高，呈现出一种比较反常的趋势。而且，k 值越大，该检验的检验力由 σ_E^2/σ_C^2 增大所导致的提高量也越大。但 μ_θ 增大至 0.2 时，该检验的检验力在 $\sigma_E^2/\sigma_C^2 = 1$、2、4 条件下的检验力彼此之间比较接近，但都略低于 $\sigma_E^2/\sigma_C^2 = 8$ 条件下的检验力，也表现出比较反常的趋势。随着

μ_θ 继续增大，当 $\mu_\theta \geqslant 0.5$ 时，该检验在 $\sigma_E^2/\sigma_C^2 = 1$ 条件下的检验力要分别高于 $\sigma_E^2/\sigma_C^2 = 2$、4、8 条件下的检验力。而在 $\sigma_E^2/\sigma_C^2 = 2$、4 条件下该检验的检验力接近，但整体上要略低于 $\sigma_E^2/\sigma_C^2 = 2$ 条件下的该检验的检验力。然而，只要 $\bar{N} \geqslant 80$，Hedges Q 检验的检验力会随着 σ_E^2/σ_C^2 的增大而下降；（2）σ_θ^2 增大至 0.04 时，如果 $\bar{N} \leqslant 20$，则整体上该检验的检验力表现很低。然而，与 $\sigma_\theta^2 = 0.01$ 时的情况有所不同的地方是 Hedges Q 检验在 $\sigma_E^2/\sigma_C^2 = 1$ 条件下的检验力始终要高于 $\sigma_E^2/\sigma_C^2 = 2$、4 与 8 条件下的检验力。并且，随着 μ_θ 的增大，该检验在 $\sigma_E^2/\sigma_C^2 = 1$ 条件下的检验力与在 $\sigma_E^2/\sigma_C^2 = 2$、4 与 8 条件下的检验力间差距越来越大。由于检验力不会小于 0 这个下限的原因，该检验在 $\sigma_E^2/\sigma_C^2 = 2$、4 与 8 条件下的检验力彼此间差异不大（地板效应）。然而，此时只要 $\bar{N} \geqslant 40$，Hedges Q 检验的检验力会随着 σ_E^2/σ_C^2 的增大而迅速下降；（3）$\sigma_\theta^2 \geqslant 0.08$ 时，Hedges Q 检验的检验力会随着 σ_E^2/σ_C^2 的增大而迅速下降。但 $\sigma_\theta^2 = 0.08$ 时，如果 $\bar{N} = 20$，由于前面所指出的检验力"地板效应"原因，则该检验在 $\sigma_E^2/\sigma_C^2 = 4$ 与 8 条件下的检验力彼此之间非常接近。

同时，附录第二部分的附图 21 至 40 显示，Hedges Q 检验的检验力随着 σ_E^2/σ_C^2 的增大而下降的幅度会随着 μ_θ 的增大而加剧。但是，μ_θ 的这种下降趋势也会随着 $\bar{N}$ 的增大而被削弱。比如，如果 σ_θ^2 分别等于 0.04、0.08、0.16，则 $\bar{N}$ 只要依次增大至 640、200、80，σ_E^2/σ_C^2 对 Hedges Q 检验检验力的影响几乎不受 μ_θ 的影响；

第五，Hedges Q 检验的检验力与 μ_θ 间的关系比较复杂，受 σ_E^2/σ_C^2 因素的影响较大。有时候其检验力表现出随着 μ_θ 增大而提高的趋势，有时候表现出随 μ_θ 增大而下降的趋势，有时候又表现出受 μ_θ 的影响不大的趋势。具体而言：

（1）总体效应量方差 σ_θ^2 低至 0.01 时，如果实验组与控制组数据的方差齐性（$\sigma_E^2/\sigma_C^2 = 1$），则 μ_θ 与 Hedges Q 检验检验力间的关系可总结为 3 点：①在 $\bar{N} \leqslant 20$ 条件下，Hedges Q 检验的检验力几乎不受 μ_θ 的影响；②在 $40 \leqslant \bar{N} \leqslant 80$ 条件下，Hedges Q 检验的检验力在 $\mu_\theta \leqslant 0.5$ 处其检验力随着 μ_θ 的增大整体上略呈提高趋势，但影响轻微。因为，此时由 μ_θ

增大而导致的该检验检验力间最大差异不超过 0.049。相对而言，k 值越大，提高量也相对越大；③只要 $\bar{N} \geqslant 200$，则 Hedges Q 检验的检验力就几乎不受 μ_θ 的影响；然而，此时如果实验组与控制组数据的方差非齐（$\sigma_E^2/\sigma_C^2 \geqslant 2$），则 Hedges Q 检验的检验力会随着 μ_θ 的增大而整体上呈现下降趋势。

（2）σ_θ^2 增至 0.04 时，如果 $\sigma_E^2/\sigma_C^2 = 1$，则 Hedges Q 检验的检验力由 μ_θ 的增大而导致的最大差值不超过 0.0326，故此时该检验的检验力基本不受 μ_θ 的影响。然而，只要 $\sigma_E^2/\sigma_C^2 \geqslant 2$，Hedges Q 检验的检验力随着 μ_θ 的增大整体呈现下降的趋势。其中，$\sigma_E^2/\sigma_C^2 = 2$ 时，如果满足 $\bar{N} > 200$ 这个条件，或者 $\sigma_E^2/\sigma_C^2 = 4$ 时，如果满足 $\bar{N} \geqslant 640$，则该检验的检验力基本上不受 μ_θ 的影响。

（3）σ_θ^2 继续增至 0.08 时，如果 $\sigma_E^2/\sigma_C^2 = 1$，则 Hedges Q 检验的检验力也基本不受 μ_θ 的影响。然而，如果 $\sigma_E^2/\sigma_C^2 \geqslant 2$，则 Hedges Q 检验的检验力随着 μ_θ 的增大整体呈现下降的趋势。如果 $4 \geqslant \sigma_E^2/\sigma_C^2 \geqslant 2$，只要 $\bar{N} > 200$，Hedges Q 检验的检验力基本上不受 μ_θ 的影响。

（4）σ_θ^2 大至 0.16 时，Hedges Q 检验的检验力与 μ_θ 的关系类似于 $\sigma_\theta^2 = 0.08$ 时的情况。但在 $\sigma_E^2/\sigma_C^2 = 2$ 时，只要 $\bar{N} > 80$，或者在 $\sigma_E^2/\sigma_C^2 > 2$ 时，只要 $\bar{N} > 200$，Hedges Q 检验的检验就基本上就不受 μ_θ 的影响。

总而言之，如果原始研究数据呈偏态分布 1，则在实验组与控制组数据的方差齐性条件下，Hedges Q 检验的检验力在总体效应量方差 σ_θ^2 与 $\bar{N}$ 均较小而 μ_θ 较大情境中随着 μ_θ 的增大略有提高表现，但 μ_θ 对该检验检验力的影响轻微。然而，此时如果实验组与控制组数据方差非齐，则该检验的检验力会随着 μ_θ 的增大整体呈现下降趋势。

另一方面，表 4.9 至表 4.12 的数据也表明，在原始研究数据呈偏态分布 1 条件下，Hedges Q 检验的实际检验力在本实验所创设的模拟情境中整体表现不高，多数模拟情境中都难以达到 0.8 这个最低合理标准。具体而言：

第一，当 σ_θ^2 低至 0.01 时，整体上 Hedges Q 检验检验力的实际表现很不理想。在所创设的 320 种模拟情境中，该检验的检验力只有 12 种达到 0.8 这个水平，占比为 3.75%。此时，如果实验组与控制组数据的方差齐性（$\sigma_E^2/\sigma_C^2=1$），则在$\bar{N}\leq 200$且$k\leq 40$、或者$k\leq 10$且$\bar{N}\leq 640$这些模拟条件下，Hedges Q 检验的检验力就无法达到 0.8 这个水平。此时，如果$\sigma_E^2/\sigma_C^2=2$，则在$\bar{N}\leq 200$或者$k\leq 20$模拟条件下，Hedges Q 检验的检验力也无法达到 0.8 这个水平。此时，如果$\sigma_E^2/\sigma_C^2\geq 4$，则该检验的检验力在本实验所创设的所有模拟情境中都无法达到 0.8 这个水平。

第二，σ_θ^2增至 0.04 时，Hedges Q 检验检验力的实际表现较之于$\sigma_\theta^2=0.01$时的情况有较大程度的改善。在所创设的 320 种模拟情境中，该检验的检验力达到 0.8 的有 68 种，占比为 21.25%。此时，在$\sigma_E^2/\sigma_C^2=1$条件下，如果$\bar{N}\leq 40$且$k\leq 40$、或者$\bar{N}=80$但$k\leq 20$、或者$\bar{N}=200$但$k\leq 10$，则该检验的检验力均无法达到 0.8 这个水平。此时，如果$\sigma_E^2/\sigma_C^2=2$，则在$\bar{N}\leq 80$且$k\leq 40$、或者$\bar{N}=200$且$k\leq 10$、或者$\bar{N}=640$且$k\leq 5$的条件下，该检验的检验力也无法达到 0.8 这个水平；此时，如果$\sigma_E^2/\sigma_C^2=4$，则在$\bar{N}\leq 80$且$k\leq 40$、或者$\bar{N}=200$且$\mu_\theta\leq 0.2$且$k\leq 20$、或者$\bar{N}=200$且$\mu_\theta\geq 0.5$、或者$\bar{N}=640$且$k\leq 5$条件下，该检验的检验力都无法达到 0.8 这个水平。此时，如果$\sigma_E^2/\sigma_C^2=8$，则在$\bar{N}\leq 200$、或者$\bar{N}=640$但$k\leq 10$条件下，该检验的检验力也无法达到 0.8 这个水平。

第三，σ_θ^2增至 0.08 时，Hedges Q 检验检验力的实际表现较之于$\sigma_\theta^2=0.04$时的情况又有进一步的提高。在所创设的 320 种模拟情境中，该检验的检验力达到 0.8 的只有 108 种，占比为 33.75%。此时，在$\sigma_E^2/\sigma_C^2=1$条件下，如果$\bar{N}\leq 20$且$k\leq 40$、或者$\bar{N}=40$但$k\leq 20$、或者$\bar{N}=80$但$k\leq 10$，则该检验的检验力无法达到 0.8 这个水平。此时，如果$\sigma_E^2/\sigma_C^2=2$，则在$\bar{N}\leq 40$且$k\leq 40$、或者$\bar{N}=80$且$k\leq 20$、或者$\bar{N}=200$且$k\leq 5$条件下，该检验的检验力也无法达到 0.8 这个水平。此时，如果$\sigma_E^2/\sigma_C^2=4$，则在$\bar{N}\leq 80$且$k\leq 40$、或者$\bar{N}=200$且$k\leq 10$条件下，该检验的检验力也无法达到 0.8 这个水平。此时，如果$\sigma_E^2/\sigma_C^2=8$，则在$\bar{N}\leq 200$且$k\leq 40$、或者$\bar{N}=640$且$k\leq 5$条件下，该检验的检验力都无法达到 0.8 这个水平。

第四，σ_θ^2增至 0.16 时，Hedges Q 检验检验力的实际表现较之于

$\sigma_\theta^2 = 0.08$ 时的情况继续有进一步提高。在所创设的 320 种模拟情境中，该检验的检验力达到 0.8 的只有 153 种，占比为 47.81%。此时，在 $\sigma_E^2/\sigma_C^2 = 1$ 条件下，如果 $\bar{N} \leq 20$ 且 $k \leq 40$、或者 $\bar{N} = 40$ 且 $k \leq 10$、或者 $\bar{N} = 80$ 且 $k \leq 5$，则该检验的检验力无法达到 0.8 这个水平。此时，如果 $\sigma_E^2/\sigma_C^2 = 2$，则在 $\bar{N} \leq 20$ 且 $k \leq 40$、或者 $\bar{N} = 40$ 且 $k \leq 20$、或者 $\bar{N} = 80$ 且 $k \leq 10$ 条件下，该检验的检验力也无法达到 0.8 这个水平。此时，如果 $\sigma_E^2/\sigma_C^2 = 4$，则在 $\bar{N} \leq 40$ 且 $k \leq 40$、或者 $\bar{N} = 80$ 且 $\mu_\theta \leq 0.2$ 且 $k \leq 10$、或者 $\bar{N} = 80$ 且 $\mu_\theta \geq 0.5$ 且 $k \leq 20$、或者 $\bar{N} = 200$ 且 $k \leq 5$ 条件下，该检验的检验力也无法达到 0.8 这个水平。此时，如果 $\sigma_E^2/\sigma_C^2 = 8$，则在 $\bar{N} \leq 80$ 且 $k \leq 40$、或者 $\bar{N} = 200$ 且 $k \leq 10$ 条件下，该检验的检验力也都无法达到 0.8 这个水平。

四　原始研究数据呈偏态分布 2 与 Hedges Q 检验的检验力（实验 10）

（一）实验目的

本实验旨在探索原始研究数据呈偏态分布 2（$df = 4$ 的 χ^2 分布）时各模拟情境变量 μ_θ、σ_θ^2、k、$\bar{N}$ 与 σ_E^2/σ_C^2 对 Hedges Q 检验检验力的影响以及在所创设的各种模拟情境中其检验力的实际表现。为此，本实验如实验 8 和实验 9 一样共设置了 $4 \times 4 \times 4 \times 4 \times 5 = 1280$ 种模拟情境。

（二）模拟研究过程

为获得原始研究数据呈偏态分布 2 时 Hedges Q 检验在 1280 种模拟情境中检验力的经验估计值，本实验的整个数据模拟过程与实验 8、实验 9 基本相同。与前两个实验间的主要差别体现在原始研究数据的随机产生方面。实验 8 与实验 9 利用正态分布或偏态分布 1 随机产生符合需要的实验组与控制组数据，而本实验则采用 $df = 4$ 的 χ^2 分布产生实验组与控制组的数据。至于如何利用 $df = 4$ 的 χ^2 分布产生符合需要的数据，具体算法见之于研究二中实验 3 部分的数据模拟过程。其他相同部分不再赘述。

（三）实验结果与数据分析

在原始研究数据呈偏态分布 2 条件下，本实验通过运行自编模拟研究程序，获得了 1280 种模拟情境下 Hedges Q 检验检验力的经验估计值。与实验 8 和实验 9 中的数据呈现方式一样，这里也将其按总体效应量方差 σ_θ^2 的取值大小分为 4 个表，它们分别为表 4.13、表 4.14、表 4.15、表 4.16。具体结果如下：

表 4.13　　原始研究数据呈偏态分布 2 时 Hedges Q 检验检验力的经验估计值（$\sigma_\theta^2 = 0.01$）

$\dfrac{\sigma_E^2}{\sigma_C^2}$	$\overline{N}$	$\theta=0$				$\theta=0.2$				$\theta=0.5$				$\theta=0.8$			
		k=5	k=10	k=20	k=40	k=5	k=10	k=20	k=40	k=5	k=10	k=20	k=40	k=5	k=10	k=20	k=40
1	20	4.94	5.18	4.64	3.98	5.16	5.52	5.12	4.16	5.96	5.74	6.40	6.42	6.78	7.92	8.90	10.42
	40	6.78	6.68	8.38	9.16	6.60	6.82	8.00	9.80	8.18	8.32	9.34	12.08	8.96	11.10	13.88	19.54
	80	9.76	11.24	13.28	20.92	10.10	11.00	15.44	21.28	10.32	13.64	18.42	25.54	11.38	15.76	21.30	33.10
	200	18.04	27.40	38.74	57.04	18.20	25.48	38.64	58.74	19.22	27.52	41.18	61.18	20.00	29.30	45.40	67.94
	640	46.02	69.32	90.94	99.50	46.12	68.66	90.74	99.30	45.00	69.12	90.10	99.26	45.56	69.48	89.94	99.20
2	20	4.84	5.34	5.34	4.56	4.66	4.06	3.50	3.40	3.74	3.32	2.58	2.34	3.58	3.20	2.34	2.28
	40	7.28	7.58	8.96	9.94	4.92	6.28	5.62	7.18	4.90	4.38	4.90	4.60	5.18	4.50	3.64	3.32
	80	8.50	10.18	11.52	15.84	8.46	7.06	9.60	11.94	6.44	5.82	6.46	7.86	5.24	6.30	6.40	5.78
	200	13.70	18.48	26.68	39.10	11.16	16.20	21.32	32.10	10.88	12.98	17.90	26.14	9.56	12.22	15.94	22.80
	640	32.62	51.56	75.34	93.94	32.48	48.52	71.80	92.54	29.18	46.02	67.76	90.34	28.60	43.80	65.48	87.92
4	20	6.28	6.78	7.50	8.96	5.84	5.10	5.58	4.72	4.58	3.50	3.10	2.38	3.36	2.46	1.86	.88
	40	7.84	8.64	11.80	14.96	6.14	6.96	8.04	9.26	6.02	4.22	4.16	3.88	2.86	2.90	2.96	1.84
	80	7.92	9.46	10.40	15.56	7.16	6.72	7.25	8.98	4.70	4.58	3.66	3.74	3.10	2.24	1.64	
	200	11.36	13.62	17.50	25.96	9.64	9.84	12.22	16.70	6.00	6.88	7.28	9.38	4.42	4.52	4.56	4.48
	640	21.76	31.90	50.98	73.82	19.98	29.36	44.72	65.92	16.60	24.64	36.88	55.12	14.44	21.00	30.94	46.02
8	20	9.24	10.14	12.34	15.10	7.14	8.04	9.42	10.96	5.74	5.56	5.62	5.32	4.32	3.48	3.24	1.84
	40	8.94	13.24	14.80	20.06	7.12	8.54	10.66	14.10	5.04	7.12	5.90	6.46	4.66	3.74	3.68	2.98
	80	9.22	10.02	12.78	15.32	6.26	7.62	8.68	9.50	5.30	5.04	3.76	3.12	3.00	2.64	1.22	
	200	8.48	9.32	13.54	17.14	6.84	7.72	8.36	10.42	4.46	4.66	4.38	3.84	3.34	2.72	2.08	1.56
	640	14.38	19.92	27.98	42.78	11.42	17.12	22.86	33.66	9.74	11.68	15.58	21.98	7.44	8.44	10.80	12.74

（注：检验力经验估计值的单位为%）

表 4.14 原始研究数据呈偏态分布 2 时 Hedges Q 检验检验力的经验估计值（$\sigma_\theta^2 = 0.04$）

$\dfrac{\sigma_E^2}{\sigma_C^2}$	$\overline{N}$	$\theta=0$ $k=5$	$k=10$	$k=20$	$k=40$	$\theta=0.2$ $k=5$	$k=10$	$k=20$	$k=40$	$\theta=0.5$ $k=5$	$k=10$	$k=20$	$k=40$	$\theta=0.8$ $k=5$	$k=10$	$k=20$	$k=40$
1	20	8.44	10.04	12.38	15.34	7.94	10.08	11.04	16.46	8.60	11.02	14.40	19.76	9.48	11.98	17.42	27.22
	40	13.90	18.04	27.78	43.10	11.44	21.70	27.18	43.88	15.28	20.04	30.90	46.46	15.32	23.08	33.80	53.22
	80	24.84	37.34	59.52	83.22	26.46	40.36	60.88	82.60	26.80	38.76	62.08	82.80	27.08	41.98	63.80	86.08
	200	53.26	77.50	95.40	99.82	53.22	77.74	95.48	99.76	52.08	76.22	95.06	99.86	53.36	76.88	95.46	99.78
	640	86.08	98.26	100.00	100.00	87.04	98.46	100.00	100.00	85.20	98.54	100.00	100.00	86.10	98.36	99.96	100.00
2	20	7.48	8.30	9.92	12.54	6.86	7.14	7.50	9.82	6.26	5.60	6.10	6.52	5.74	5.30	5.58	5.32
	40	11.42	16.42	21.70	31.32	11.48	12.64	17.94	25.50	8.50	11.30	14.72	20.62	8.92	10.88	13.94	18.26
	80	18.62	27.62	41.50	63.80	16.82	25.46	40.18	58.16	15.22	22.68	33.70	52.72	15.94	20.62	31.98	47.44
	200	40.20	60.96	84.50	97.58	39.36	58.84	84.22	97.46	35.68	56.02	79.74	96.14	35.86	56.00	78.10	95.14
	640	78.46	95.72	99.84	100.00	77.48	96.00	99.82	100.00	75.28	95.16	99.86	100.00	76.38	95.12	99.78	100.00
4	20	8.62	8.90	11.12	14.82	6.24	7.20	8.44	9.32	5.06	5.32	5.24	4.98	3.98	4.04	3.14	2.34
	40	11.24	14.86	20.10	27.72	10.60	10.60	14.16	19.48	6.72	8.58	9.26	10.94	5.28	6.50	6.24	6.90
	80	14.08	19.24	27.94	44.22	12.00	16.16	22.94	34.10	9.68	13.02	16.16	23.52	7.68	9.32	12.54	14.94
	200	26.92	41.80	62.18	84.78	25.40	37.86	56.06	81.66	21.96	33.10	48.94	72.62	19.12	30.14	43.52	66.38
	640	61.54	86.32	97.92	99.98	60.04	84.32	98.08	99.98	58.62	84.42	97.34	99.88	57.22	81.30	96.80	99.94
8	20	8.66	12.16	14.36	18.76	8.40	9.04	11.24	13.00	6.12	6.84	6.42	6.94	4.78	4.30	4.52	3.28
	40	10.62	14.56	19.10	27.22	9.50	11.44	16.12	20.52	7.74	7.70	10.04	11.34	6.42	6.10	5.66	5.96
	80	11.96	15.20	21.32	30.82	8.86	13.16	16.10	21.52	7.96	9.00	10.50	12.26	5.78	6.06	6.58	6.58
	200	17.22	25.78	37.92	56.64	16.98	22.70	32.06	48.22	12.86	16.62	24.10	35.18	10.38	12.58	17.80	24.92
	640	41.28	65.02	87.06	98.28	39.52	62.20	84.22	97.82	38.12	58.36	81.88	96.86	35.32	54.92	78.02	95.66

（注：检验力经验估计值的单位为%）

表 4.15　　原始研究数据呈偏态分布 2 时 Hedges Q 检验检验力的经验估计值（$\sigma_\theta^2 = 0.08$）

$\dfrac{\sigma_E^2}{\sigma_C^2}$	$\overline{N}$	$\theta=0$				$\theta=0.2$				$\theta=0.5$				$\theta=0.8$			
		$k=5$	$k=10$	$k=20$	$k=40$	$k=5$	$k=10$	$k=20$	$k=40$	$k=5$	$k=10$	$k=20$	$k=40$	$k=5$	$k=10$	$k=20$	$k=40$
1	20	13.86	16.94	25.26	40.98	13.80	17.90	26.76	41.76	13.76	18.98	27.70	44.58	14.84	21.32	32.20	48.58
	40	25.88	39.96	57.72	82.34	24.46	38.78	58.38	81.92	26.66	38.94	60.20	82.20	27.26	42.36	63.52	84.98
	80	44.42	68.74	90.26	99.12	45.42	66.96	89.62	98.98	45.52	69.02	89.46	99.18	44.20	67.22	90.18	99.18
	200	74.90	94.30	99.78	100.00	74.78	94.54	99.78	100.00	75.18	93.90	99.90	100.00	73.16	94.16	99.62	100.00
	640	95.40	99.92	100.00	100.00	95.52	99.96	100.00	100.00	94.40	99.82	100.00	100.00	94.42	99.76	100.00	100.00
2	20	10.54	13.58	18.28	26.72	10.26	12.88	16.64	23.20	8.84	10.86	12.62	19.08	7.72	10.16	11.78	15.64
	40	16.74	27.94	42.74	63.30	19.32	26.46	40.10	58.58	15.10	22.92	35.12	52.84	15.46	21.64	32.34	50.06
	80	32.62	50.88	75.32	93.90	33.34	50.38	72.50	92.28	30.38	47.06	69.16	90.84	29.14	45.48	66.40	88.62
	200	63.46	86.16	98.36	100.00	62.10	85.98	98.08	99.98	61.60	84.14	97.62	99.96	58.92	83.42	97.34	99.98
	640	91.00	99.30	100.00	100.00	91.06	99.64	100.00	100.00	90.84	99.58	100.00	100.00	89.74	99.30	100.00	100.00
4	20	10.00	11.90	16.50	21.66	9.60	10.32	12.36	17.20	7.54	7.70	8.84	10.38	5.30	6.46	6.06	6.06
	40	14.72	22.00	31.52	46.90	13.78	18.26	26.56	39.28	10.84	14.70	19.78	28.88	8.88	11.92	15.28	20.84
	80	22.54	34.38	53.06	77.06	21.38	31.90	47.46	71.36	17.38	26.98	41.14	61.86	17.62	23.12	34.22	53.36
	200	47.06	70.40	90.18	99.14	45.10	67.12	88.44	99.14	42.90	64.92	86.42	98.50	40.28	61.44	84.94	98.18
	640	81.74	97.42	99.92	100.00	81.82	97.70	99.92	100.00	80.98	97.42	99.96	100.00	79.38	96.30	99.88	100.00
8	20	11.16	14.04	17.64	23.70	10.02	10.60	14.04	17.78	7.48	8.60	9.12	10.82	5.84	6.24	4.90	5.90
	40	13.44	20.20	27.60	39.48	12.12	15.56	21.22	28.96	10.32	12.50	14.42	20.58	7.04	9.32	10.42	11.92
	80	17.94	23.26	34.26	51.96	15.28	20.74	30.22	43.56	11.98	14.58	24.36	32.12	9.54	11.82	16.40	22.50
	200	29.72	45.68	68.44	89.84	27.16	43.82	63.22	86.84	23.12	38.50	57.90	81.14	23.36	33.76	51.78	74.60
	640	64.88	88.02	98.82	99.96	65.84	87.34	98.74	99.96	62.94	86.36	98.42	99.98	61.28	85.20	97.96	99.94

（注：检验力经验估计值的单位为%）

表 4.16 原始研究数据呈偏态分布 2 时 Hedges Q 检验检验力的经验估计值（$\sigma_\theta^2 = 0.16$）

$\dfrac{\sigma_E^2}{\sigma_C^2}$	$\overline{N}$	$\theta=0$				$\theta=0.2$				$\theta=0.5$				$\theta=0.8$			
		$k=5$	$k=10$	$k=20$	$k=40$	$k=5$	$k=10$	$k=20$	$k=40$	$k=5$	$k=10$	$k=20$	$k=40$	$k=5$	$k=10$	$k=20$	$k=40$
1	20	24.72	37.24	57.18	80.42	25.00	37.12	56.74	80.02	23.78	38.50	57.38	80.72	24.98	39.08	57.94	81.84
	40	45.62	67.92	88.54	99.10	46.04	66.38	89.44	99.14	43.18	66.46	88.64	99.06	45.24	65.28	88.62	98.76
	80	68.78	90.06	99.00	100.00	68.84	90.78	99.32	100.00	67.26	90.14	99.00	100.00	67.24	89.48	99.18	100.00
	200	89.58	99.20	100.00	100.00	90.06	99.20	100.00	100.00	89.92	99.24	99.98	100.00	89.30	99.20	100.00	100.00
	640	98.50	99.98	100.00	100.00	98.64	100.00	100.00	100.00	98.46	100.00	100.00	100.00	98.14	100.00	100.00	100.00
2	20	18.74	26.70	38.46	59.66	17.96	24.90	36.86	54.72	15.48	22.28	32.24	50.08	14.06	20.88	29.20	44.80
	40	29.48	49.72	75.62	93.48	35.60	48.58	72.74	92.40	30.86	46.76	69.88	90.26	29.90	45.46	68.34	88.78
	80	54.84	79.90	95.64	99.88	53.70	78.86	95.32	99.86	53.28	77.58	95.36	99.84	52.16	75.66	93.70	99.80
	200	82.92	97.32	99.94	100.00	81.74	97.48	99.88	100.00	81.10	97.58	99.90	100.00	80.18	96.52	99.84	100.00
	640	97.66	99.96	100.00	100.00	96.58	99.94	100.00	100.00	97.10	99.96	100.00	100.00	96.82	100.00	100.00	100.00
4	20	14.56	20.90	26.90	42.80	13.32	16.90	23.32	36.28	11.16	14.18	19.04	25.50	9.58	10.92	15.30	18.08
	40	24.90	36.56	55.16	78.24	26.34	34.92	51.44	73.12	19.14	30.22	45.54	65.22	18.88	25.60	39.74	56.76
	80	38.70	60.30	83.98	97.58	38.62	58.32	82.26	96.74	35.36	54.96	78.22	95.34	34.56	52.90	74.76	93.32
	200	69.90	90.50	99.12	100.00	68.20	90.18	99.26	100.00	67.72	90.76	99.06	100.00	64.88	87.78	98.88	100.00
	640	93.52	99.56	100.00	100.00	93.06	99.76	100.00	100.00	93.12	99.76	100.00	100.00	92.78	99.54	100.00	100.00
8	20	12.84	17.56	24.38	35.28	11.14	15.06	19.86	27.64	9.46	11.66	13.70	18.66	7.46	8.78	9.80	11.66
	40	20.42	24.72	40.70	60.08	16.50	23.74	35.36	52.76	14.76	19.80	28.78	40.94	12.28	15.94	23.04	30.64
	80	28.42	41.22	59.70	83.36	25.68	37.24	56.38	79.32	21.72	33.58	49.46	72.66	18.62	29.38	42.84	63.82
	200	50.28	74.42	93.56	99.58	49.16	73.32	92.62	99.70	46.76	70.46	91.14	99.20	44.50	67.24	89.44	98.92
	640	83.94	98.14	100.00	100.00	83.88	98.18	99.92	100.00	84.02	97.86	99.96	100.00	83.26	97.80	99.96	100.00

（注：检验力经验估计值的单位为%）

原始研究数据呈偏态与峰度程度均适中的偏态分布 2 时，通过对表 4.13 至表 4.16 中的数据分析，不难发现各模拟情境变量与 Hedges Q 检验检验力间的关系以及该检验检验力的实际表现方面与实验 9 的研究结果既有所差别，又有类似的地方。具体表现如下：

第一，Hedges Q 检验检验力的经验估计值会随着 σ_θ^2 的增大而提高。但是，该检验的检验力关于 σ_θ^2 的提高速度会受其他模拟情境变量的影响。整体上，该检验的检验力与σ_θ^2间的关系在趋势上与原始研究数据呈偏态分布1时的情况类似，这里就不再赘述。

第二，整体上，Hedges Q检验的检验力会随着$\bar{N}$的增大而提高，但两者间的关系受σ_θ^2与σ_E^2/σ_C^2因素的影响较大，也在少数模拟情境中表现出反常现象。具体而言：（1）总体效应量异质程度σ_θ^2低至0.01时，Hedges Q检验的检验力表现整体不理想。此时，如果$\sigma_E^2/\sigma_C^2 \leq 2$，则该检验的检验力会随着$\bar{N}$的增大而提高。此时，如果$\sigma_E^2/\sigma_C^2 = 4$，则一方面在$20 \leq \bar{N} \leq 40$条件下，Hedges Q检验的检验力会随着$\bar{N}$的增大而提高，但检验力的提高量会随着$\mu_\theta$的增大而整体下降。另一方面，在$40 \leq \bar{N} < 80$条件下，该检验的检验力几乎不受$\bar{N}$的影响。只要$\bar{N} \geq 80$，该检验的检验力会随着$\bar{N}$的增大而提高。此时，如果$\sigma_E^2/\sigma_C^2 = 8$，只要$k$较小（$k \leq 5$），则Hedges Q检验的检验力在$20 \leq \bar{N} \leq 200$范围内就几乎不受$\bar{N}$的影响。但如果$k \geq 10$，则在$20 \leq \bar{N} \leq 40$范围内，该检验的检验力会随着$\bar{N}$的增大而提高，其检验力的提高量在$\mu_\theta$较小时（$\mu_\theta \leq 0.2$）稍微明显，而在$\mu_\theta$较大时可以忽略。相反，同样在$k \geq 10$条件下，该检验的检验力在$40 \leq \bar{N} \leq 80$范围内会随着$\bar{N}$的增大而呈现下降趋势。此外，在$80 \leq \bar{N} \leq 200$范围内，$\bar{N}$的增大对该检验的检验力几乎没有什么影响。然而，只要$\bar{N} \geq 200$，该检验的检验力就展现出随着$\bar{N}$的增大而提高的稳定趋势；②如果总体效应量异质程度σ_θ^2增大至0.04时或0.04以上，则Hedges Q检验的检验力随着$\bar{N}$的增大而提高。

第三，整体上，Hedges Q检验的检验力随着原始研究数目k的增大而提高。但同样k对该检验检验力的作用也受μ_θ、σ_θ^2、σ_E^2/σ_C^2与$\bar{N}$的影响。具体而言：

当σ_θ^2低至0.01时，Hedges Q检验的检验力与k之间的关系比较复杂。此时，如果$\sigma_E^2/\sigma_C^2 = 1$，则：（1）在$\bar{N} \leq 20$条件下，该检验在$\mu_\theta \leq 0.5$处的检验力几乎不受$k$的影响。但只要$\mu_\theta \geq 0.5$，该检验的检验力会随着$k$的增大而提高；（2）随着$\bar{N}$增大至40，该检验的检验力会随着$k$的增大而提高。此时，如果$\sigma_E^2/\sigma_C^2 = 2$，则：（1）在$\bar{N} \leq 20$条件下，该检验的检验力在$\mu_\theta = 0$处受$k$的影响不大。但只要$\mu_\theta \geq 0.2$，其检验力

会随着 k 的增大不但不提高反而会轻微下降；（2）随着 $\bar{N}$ 增大至 40，该检验在 $0.2 \geqslant \mu_\theta \geqslant 0$ 处的检验力会随着 k 的增大而提高，而在 $\mu_\theta = 0.5$ 处受 k 的影响不大。但只要 $\mu_\theta \geqslant 0.8$，其检验力将会随着 k 的增大而轻微下降；（3）$\bar{N}$ 进一步增大至 80 时，Hedges Q 检验的检验力在 $0.2 \geqslant \mu_\theta \geqslant 0$ 处也会随着 k 的增大而提高。但只要 $\mu_\theta \geqslant 0.5$，该检验的检验力就几乎不受 k 的影响；（4）只要 $\bar{N} \geqslant 200$，该检验的检验力就会随着 k 的增大而提高。此时，如果 $\sigma_E^2 / \sigma_C^2 = 4$，则有：（1）在 $\bar{N} \leqslant 20$ 条件下，Hedges Q 检验在 $\mu_\theta = 0$ 处的检验力会随着 k 的增大而轻微提高。但在 $\mu_\theta = 0.2$ 处其检验力几乎不受 k 的影响。相反，当 $\mu_\theta \geqslant 0.5$ 时，该检验的检验力还呈现出随着 k 的增大而下降的趋势；（2）在 $40 \leqslant \bar{N} \leqslant 80$ 条件下，Hedges Q 检验在 $\mu_\theta \leqslant 0.2$ 处的检验力会随着 k 的增大而轻微提高。但只要 $\mu_\theta \geqslant 0.5$，其检验力会随着 k 的增大而转下降趋势；（3）在 $\bar{N} = 200$ 条件下，只要 $\mu_\theta \leqslant 0.5$，Hedges Q 检验的检验力会随着 k 的增大而提高。但如果 $\mu_\theta \geqslant 0.8$，则 k 的增大不会有助于该检验的检验力提高；（4）在 $\bar{N} \geqslant 640$ 条件下，该检验的检验力会随着 k 的增大而提高；此时，如果 $\sigma_E^2 / \sigma_C^2 = 8$，则只要 $\bar{N} \leqslant 200$，Hedges Q 检验的检验力在 $\mu_\theta \leqslant 0.2$ 会着 k 的增大而提高。而在 $\mu_\theta \geqslant 0.5$ 处其检验会随着 k 的增大而下降。然而，在 $\bar{N} \geqslant 640$ 条件下，Hedges Q 检验的检验会随着 k 的增大而提高。

当 σ_θ^2 增大至 0.04 时，整体上 Hedges Q 检验的检验力与 k 之间的关系较之于 $\sigma_\theta^2 = 0.01$ 时的复杂情况更为简洁。此时，如果 $\sigma_E^2 / \sigma_C^2 = 1$，则 Hedges Q 检验的检验力会随着 k 的增大而提高；此时，如果 $\sigma_E^2 / \sigma_C^2 = 2$，则有：（1）在 $\bar{N} \leqslant 20$ 条件下，Hedges Q 检验的检验力在 $\mu_\theta \leqslant 0.2$ 处其检验力会随着 k 的增大而提高。但只要 $\mu_\theta \geqslant 0.5$，k 的增大就无助于提高该检验的检验力；（2）只要 $\bar{N} \geqslant 40$，该检验的检验力会随着 k 的增大而提高；此时，如果 $\sigma_E^2 / \sigma_C^2 = 4$，则有：（1）在 $\bar{N} \leqslant 20$ 条件下，该检验的检验力在 $\mu_\theta \leqslant 0.2$ 处会随着 k 的增大而提高，而在 $\mu_\theta = 0.5$ 处的检验力几乎不受 k 的影响，但只要 $\mu_\theta \geqslant 0.5$，该检验的检验力就会随着 k 的增大而呈现下降趋势；（2）在 $\bar{N} = 40$ 条件下，该检验在 $\mu_\theta \leqslant 0.5$ 处的检验力会随着 k 的增大而提高。但只要 $\mu_\theta \geqslant 0.8$，该检验的检验力

就几乎不受 k 的影响;(3) 在 $\bar{N} \geqslant 80$ 条件下,该检验的检验力会随着 k 的增大而提高;此时,如果 $\sigma_E^2/\sigma_C^2 = 8$,则有:(1) 在 $\bar{N} \leqslant 20$ 条件下,Hedges Q 检验在 $\mu_\theta \leqslant 0.2$ 处的检验力会随着 k 的增大而提高。而在 $\mu_\theta = 0.5$ 处,k 的增大对其检验力几乎没有什么影响。相反,在 $\mu_\theta \geqslant 0.8$ 处,其检验力还会随着 k 的增大呈下降趋势;(2) 在 $40 \leqslant \bar{N} \leqslant 80$ 条件下,Hedges Q 检验在 $\mu_\theta \leqslant 0.5$ 处的检验力会随着 k 的增大而提高。但只要 $\mu_\theta \geqslant 0.8$,该检验的检验力几乎不受 k 的影响;(3) 只要 $\bar{N} \geqslant 200$,该检验在所创设的所有模拟情境中的检验力均随着 k 的增大而提高。

当 σ_θ^2 继续增大至 0.08 时,Hedges Q 检验检验力与 k 之间的关系较之于 $\sigma_\theta^2 = 0.04$ 时的情况又更显简洁。此时,如果 $\sigma_E^2/\sigma_C^2 \leqslant 2$,则该检验的检验力会随着 k 的增大而提高。此时,如果 $4 \leqslant \sigma_E^2/\sigma_C^2 \leqslant 8$,则有:(1) 在 $\bar{N} = 20$ 条件下,该检验在 $\mu_\theta \leqslant 0.5$ 处的检验力随着 k 的增大而提高。但只要 $\mu_\theta \geqslant 0.8$,k 的增大就无助于提高该检验的检验力;(2) 只要 $\bar{N} \geqslant 40$,该检验的检验力就会随着 k 的增大而提高。

同时,当 σ_θ^2 大至 0.16,Hedges Q 检验在所创设的所有模拟情境中的检验力都随着 k 的增大而提高。

第四,整体上,σ_E^2/σ_C^2 对 Hedges Q 检验检验力的影响在趋势上非常类似于原始研究呈偏态分布 1 时情况(从附录第三部分与附录第二部分中对应图形间的比较可得这一结论,故在这里就不再赘述)。

当然,原始研究数据呈偏态分布 2 时 σ_E^2/σ_C^2 对 Hedges Q 检验检验力的影响在量上与原始研究数据呈偏态分布 1 时存在着一定程度的差异。附录中第三部分的附图 41 至 60 显示,在原始研究数据呈偏态分布 2 条件下,σ_E^2/σ_C^2 对 Hedges Q 检验检验力的作用受 μ_θ 影响较大。同样,该检验的检验力随着 σ_E^2/σ_C^2 的增大而下降,并且这种下降的幅度会随着 μ_θ 的增大而变大。同样,类似于原始研究数据呈偏态分布 1 时的情况,μ_θ 的这种作用也会随着 $\bar{N}$ 的增大而被削弱。具体而言,如果 σ_θ^2 分别等于 0.04、0.08、0.16 时,则只要 $\bar{N}$ 依次增大至 640、640、200,μ_θ 对 Hedges Q 检验检验力与 σ_E^2/σ_C^2 间的关系就几乎不会产生任何影响。

第五,Hedges Q 检验的检验力与 μ_θ 之间的关系与前面原始研究数据呈偏态分布 1 时两者间的关系基本类似,但也有不同。两者间的差异主要体现在该检验的检验力随μ_θ增大而提高或者降低的量上,具体而言:(1)总体效应量方差σ_θ^2低至0.01时,在实验组与控制组数据方差齐性($\sigma_E^2/\sigma_C^2=1$)的条件下,如果$\bar{N}\leqslant 200$,则Hedges Q检验的检验力随着μ_θ的增大呈明显的上升趋势,尤其在$\mu_\theta\geqslant 0.5$处,更是如此。其中,$\bar{N}$等于20、40、80、200时由μ_θ增大所产生的该检验检验力的最大提高量分别为0.0644、0.138、0.128、0.129。此时如果$\bar{N}$大至640,则该检验的检验力受μ_θ的影响不大。然而,此时如果实验组与控制组数据的方差非齐($\sigma_E^2/\sigma_C^2\geqslant 2$),则通过对表4.13中数据的分析可知,该检验的检验力会随着μ_θ增大而降低。表4.13显示,即使此时$\bar{N}$高达640,在实验组、控制组数据的方差非齐条件下,该检验的检验力仍依然受μ_θ的影响;(2)总体效应量方差σ_θ^2增至0.04时,如果$\sigma_E^2/\sigma_C^2=1$,则Hedges Q检验在$\bar{N}\leqslant 80$条件下的检验力随着μ_θ的增大而整体提高。并且,这种提高的趋势集中表现在$\mu_\theta\geqslant 0.5$处。其中,$\bar{N}$等于20、40、80时由μ_θ增大所产生的该检验检验力的最大提高量分别为0.119、0.101、0.0464。然而,此时只要$\bar{N}\geqslant 200$,该检验的检验力就基本不受μ_θ的影响。此时,如果$\sigma_E^2/\sigma_C^2\geqslant 2$,则该检验的检验力会随着$\mu_\theta$的增大而整体下降。只要$\bar{N}\geqslant 200$,则基本上可以忽略由$\mu_\theta$增大而导致该检验检验力下降的这种影响。但此时如果原始研究实验组与控制组数据的方差非齐程度很高($\sigma_E^2/\sigma_C^2\geqslant 4$),则只有在$\bar{N}\geqslant 640$条件下,$\mu_\theta$对该检验检验力的影响方可被忽略。(3)总体效应量方差σ_θ^2继续增至0.08时,整体上Hedges Q检验的检验力与μ_θ的关系与$\sigma_\theta^2=0.04$时的情况类似。此时,如果$\sigma_E^2/\sigma_C^2=1$且$\bar{N}\leqslant 40$,则Hedges Q检验的检验力在$\mu_\theta\geqslant 0.5$处随着μ_θ增大而提高。其中,$\bar{N}$等于20、40时由μ_θ增大所导致的该检验检验力的最大提高量分别为0.076、0.058。然而,此时只要$\bar{N}\geqslant 80$,该检验的检验力基本上就不会受μ_θ变化影响。此时,如果$\sigma_E^2/\sigma_C^2\geqslant 2$,则Hedges Q检验的检验力会随着$\mu_\theta$的增大而整体呈下降趋势。然而,在$\sigma_E^2/\sigma_C^2$等于2、4、8时,只要分别$\bar{N}$大于200、640与640,$\mu_\theta$对Hedges Q检验检验力的影响就会很轻;(4)总体效应量方差σ_θ^2大至0.16时,如果$\sigma_E^2/\sigma_C^2=1$,则Hedges Q检验的检验力基本上不受μ_θ的影响。然而，如果实验组与控制组数据的方差非齐，则该检验力随着μ_θ的增大整体上呈现下降趋势。但此时只要$\bar{N}$大至一定水平，Hedges Q 检验检验力就几乎不受μ_θ的影响。在σ_E^2/σ_C^2等于 2、4、8 时，只要$\bar{N}$分别大于 80、200 与 640，μ_θ对 Hedges Q 检验检验力就几乎没有什么影响。

另一方面，表 4.13 至表 4.16 中的数据也表明，在原始研究数据呈偏态分布 2 条件下，Hedges Q 检验在大多数模拟情境中的检验力也不高。实际上，在很多模拟情境中它的检验力很低，根本无法达到 0.8 这个最低合理标准。具体而言：

第一，如果σ_θ^2低至 0.01，则 Hedges Q 检验的检验力表现整体很不理想。在所创设的 320 种模拟情境中只有 12 种达到 0.8 这个水平，占比为 3.75%。此时，如果实验组与控制组数据的方差齐性（$\sigma_E^2/\sigma_C^2 = 1$），只要$\bar{N} \leqslant 200$，则即使 k 高达 40，该检验检验力也无法达到 0.8 这个水平。在$\bar{N}$大至 640 条件下，只要 $k \leqslant 10$，该检验的检验力也无法达到 0.8 这个水平；随着σ_E^2/σ_C^2的增大，该检验的检验力就低得更加厉害。此时，如果$\sigma_E^2/\sigma_C^2 = 2$ 且$\bar{N} \leqslant 200$，即使 k 高达 40，该检验的检验力也无法达到 0.8 这个水平。在$\bar{N} = 640$ 条件下，只要 $k \leqslant 20$，该检验的检验力也无法达到 0.8 这个水平；此时，如果$\sigma_E^2/\sigma_C^2 \geqslant 4$，在 $k \leqslant 40$ 条件下，该检验的检验力也无法达到 0.8 这个水平。

第二，随着σ_θ^2增至 0.04，Hedges Q 检验的检验力表现要比在$\sigma_\theta^2 = 0.04$ 0.01 条件下的检验力有较为显著的提高。在所创设的 320 种模拟情境中有 60 种该检验的检验力可以达到 0.8 这个水平，占比为 18.75%。此时，如果$\sigma_E^2/\sigma_C^2 = 1$，则在$\bar{N} \leqslant 40$ 条件下，即使 k 高达 40，Hedges Q 检验的检验力也无法达到 0.8 这个水平。在$\bar{N}$大至 80 条件下，只要 $k \leqslant 20$，该检验的检验力也无法达到 0.8 水平。在$\bar{N}$大至 200 条件下，只要 $k \leqslant 10$，该检验的检验力也无法达到 0.8 水平（但 $k = 10$ 时比较接近）。在$\bar{N}$大至 640 条件下，只要 $k \geqslant 5$，该检验检验力就一定会达到 0.8 水平；此时，如果σ_E^2/σ_C^2增大至 2，则在$\bar{N} \leqslant 80$ 条件下，即使 k 高达 40，该检验的检验力也无法达到 0.8 这个水平。在$\bar{N}$增大至 200 条件下，只要 $k \leqslant 10$，该检验的检验力就无法达到 0.8 这个水平。即使$\bar{N}$大至 640，在 $k \leqslant 5$ 时也难以达 0.8 水平；此时，如果$\sigma_E^2/\sigma_C^2 = 4$，则同样在$\bar{N} \leqslant 80$

条件下，即使 k 高达 40，该检验的检验力也无法达到 0.8 这个水平。在 $\bar{N}$ 增至 200 条件下，只要 $k \leqslant 20$，该检验的检验力也无法达到 0.8 这个水平。在 $\bar{N}$ 大至 640 条件下，只要 $k \leqslant 5$，该检验的检验力也无法达到 0.8 这个水平。此时，如果 σ_E^2/σ_C^2 高至 8，则在 $\bar{N} \leqslant 200$ 条件下，即使 k 高达 40，该检验的检验力也无法达到 0.8 这个水平。即使在 $\bar{N}$ 增至 640，只要 $k \leqslant 10$，该检验的检验力也无法达到 0.8 这个水平。

第三，σ_θ^2 增至 0.08 时，Hedges Q 检验的检验力较之于 $\sigma_\theta^2 = 0.04$ 时有进一步的提高。在所创设的 320 种模拟情境中该检验在 110 种模拟情境中的检验力达到 0.8 这个水平，占比为 34.38%。此时，如果 $\sigma_E^2/\sigma_C^2 = 1$，只要 $\bar{N} \leqslant 20$，则即使 k 高达 40，该检验的检验力也无法达到 0.8 这个水平。在 $\bar{N}$ 增大至 40 条件下，如果 $k \leqslant 20$，则该检验的检验力也无法达到 0.8 这个水平。在 $\bar{N}$ 继续增大至 80 条件下，如果 $k \leqslant 10$，则该检验的检验力也无法达到 0.8 这个水平。如果 $\bar{N}$ 继续增大至 200，则在 $k \leqslant 5$ 条件下，该检验的检验力也无法达到 0.8 这个水平。此时，如果 σ_E^2/σ_C^2 增大至 2，则只要 $\bar{N} \leqslant 40$，即使 k 高达 40，该检验的检验力就无法达到 0.8 这个水平。在 $\bar{N}$ 增至 80 条件下，只要 $k \leqslant 20$，该检验的检验力就无法达到 0.8 这个水平。在 $\bar{N}$ 增至 200 条件下，只要 $k \leqslant 5$，该检验的检验力无法达到 0.8 这个水平。如果 σ_E^2/σ_C^2 增大至 4，则只要 $\bar{N} \leqslant 80$，即使 k 高达 40，该检验的检验力也无法达到 0.8 这个水平。在 $\bar{N}$ 增至 200 条件下，只要 $k \leqslant 10$，该检验的检验力就无法达到 0.8 这个水平。如果 σ_E^2/σ_C^2 大至 8，则 $\bar{N}$ 在 $\leqslant 200$ 条件下，即使 k 高达 40，该检验的检验力也无法达到 0.8 这个水平。而且，即使 $\bar{N}$ 大至 640，只要 $k \leqslant 5$，该检验的验检验力就无法达到 0.8 这个水平。

第四，σ_θ^2 大至 0.16 时，Hedges Q 检验的检验力较之于 $\sigma_\theta^2 = 0.08$ 时的情况呈现较大程度的改善。在所创设的 320 种模拟情境中，该检验在 159 种模拟情境中的检验力达到 0.8 这个水平，占比为 49.69%。如果 $\sigma_E^2/\sigma_C^2 = 1$，在 $\bar{N}$ 低至 20 与 $k \leqslant 20$ 的条件下，则该检验的检验力无法达到 0.8 这个水平。此时，如果 $\bar{N}$ 继续增大至 40，只要 $k \leqslant 10$，则该检验的检验力就无法达到 0.8 这个水平。在 $\bar{N}$ 增至 80 条件下，只要 $k \leqslant 5$，该检验的检验力就无法达到 0.8 这个水平；此时，如果 σ_E^2/σ_C^2 增大至 2，则在

$\bar{N} \leqslant 20$ 条件下，即使 k 高达 40，该检验的检验力也无法达到 0.8 这个水平。在 $\bar{N}$ 增至 40 条件下，只要 $k \leqslant 20$，该检验的检验力就无法达到 0.8 这个水平。$\bar{N}$ 继续增大至 80 时，如果 $k \leqslant 10$，则该检验检验力也难以达到 0.8 这个水平；此时，如果 σ_E^2/σ_C^2 增大至 4，则在 $\bar{N} \leqslant 40$ 条件下，即使 k 高达 40，该检验的检验力也无法达到 0.8 这个水平。在 $\bar{N}$ 增至 80 条件下，只要 $k \leqslant 10$，该检验的检验力就无法达到 0.8 这个水平。在 $\bar{N}$ 增至 200 条件下，只要 $k \leqslant 5$，则该检验的检验力也无法达到 0.8 这个水平；此时，如果 σ_E^2/σ_C^2 增至 8，则同样在 $\bar{N} \leqslant 40$ 条件下，即使 k 高达 40，该检验的检验力也无法达到 0.8 这个水平。在 $\bar{N}$ 继续增至 80 条件下，如果 $k \leqslant 20$，则该检验的检验力无法达到 0.8 这个水平。在 $\bar{N}$ 继续增至 200 条件下，如果 $k \leqslant 10$，则该检验的检验力无法达到 0.8 这个水平。

五 原始研究数据呈偏态分布 3 与 Hedges Q 检验的检验力（实验 11）

（一）实验目的

本实验旨在探索原始研究数据呈偏态分布 3（即 $df=2$ 的 χ^2 分布）时各模拟情境变量 μ_θ、σ_θ^2、k、$\bar{N}$ 与 σ_E^2/σ_C^2 对 Hedges Q 检验检验力的影响以及评估该检验在各种模拟情境中检验力的实际表现。为此，本实验如实验 8、实验 9 及实验 10 一样共设置了 $4 \times 4 \times 4 \times 4 \times 5 = 1280$ 种模拟情境。

（二）模拟研究过程

为获得原始研究数据呈偏态分布 3 时 Hedges Q 检验在 1280 种模拟情境中检验力的经验估计值，本实验整个模拟研究过程与实验 8、实验 9 与实验 10 基本相同，唯一的差别存在于原始研究数据随机产生方面。前面的实验 8、实验 9 与实验 10 分别利用正态分布、偏态分布 1 与偏态分布 2 随机产生符合研究需要的原始研究实验组与控制组数据，而本实验则采用 $df=2$ 的 χ^2 分布产生原始研究实验组与控制组的数据。至于如何利用 $df=2$ 的 χ^2 分布产生符合需要的数据，具体算法见研究二的实验 7 部分的数据模拟过程。其他相同部分在此就不再赘述。

（三）实验结果与数据分析

在原始研究数据呈偏态分布 3 的条件下，通过运行自编模拟程序，获得 Hedges Q 检验在 1280 种模拟情境中检验力的经验估计值。与前面一样，这里也将这些数据按总体效应量方差的不同水平分为 4 个表，它们分别为表 4.17、表 4.18、表 4.19、表 4.20。具体结果如下：

表 4.17　　原始研究数据呈偏态分布 3 时 Hedges Q 检验检验力的经验估计值（$\sigma_\theta^2 = 0.01$）

$\dfrac{\sigma_E^2}{\sigma_C^2}$	$\overline{N}$	$\theta=0$ $k=5$	$k=10$	$k=20$	$k=40$	$\theta=0.2$ $k=5$	$k=10$	$k=20$	$k=40$	$\theta=0.5$ $k=5$	$k=10$	$k=20$	$k=40$	$\theta=0.8$ $k=5$	$k=10$	$k=20$	$k=40$
1	20	4.86	4.14	4.16	3.58	4.88	5.14	5.06	4.48	5.72	6.54	7.52	9.14	8.96	10.16	13.80	19.92
	40	5.92	6.16	7.72	9.84	6.52	7.28	8.24	9.68	9.02	10.02	12.14	15.88	10.90	14.38	20.84	28.80
	80	9.46	11.68	14.94	19.90	9.36	11.88	16.06	23.20	11.62	13.94	20.60	29.58	14.24	19.40	28.66	44.26
	200	17.70	24.72	38.84	57.40	18.16	25.54	39.14	59.06	20.98	28.84	43.62	65.40	21.76	33.84	51.00	74.74
	640	45.08	67.42	89.30	99.26	43.58	68.82	90.12	99.08	44.46	69.04	89.68	99.44	47.04	71.52	91.46	99.22
2	20	5.26	6.02	5.26	5.78	4.60	3.78	3.22	3.16	3.56	2.88	2.32	1.74	3.24	2.66	2.08	1.34
	40	6.52	7.68	8.76	11.00	6.46	5.32	6.28	6.06	4.86	4.32	4.18	4.12	4.18	4.22	3.36	2.82
	80	8.20	10.58	11.84	15.82	6.92	7.08	8.98	11.16	5.16	5.22	5.58	6.36	4.90	5.00	6.00	5.54
	200	13.78	17.70	26.26	38.32	11.36	14.92	21.14	30.48	10.10	12.48	16.02	22.16	8.52	11.60	14.68	21.68
	640	33.36	51.34	74.54	93.56	31.52	47.70	71.44	92.34	29.60	44.58	68.00	89.52	27.62	43.02	66.40	87.42
4	20	8.38	9.14	11.16	13.58	5.88	5.82	6.38	6.54	3.82	3.18	2.90	2.14	2.08	1.78	1.12	.62
	40	9.88	11.02	14.16	18.52	7.34	7.56	8.84	9.20	4.50	3.58	3.66	2.82	3.14	2.24	1.36	.92
	80	9.02	11.06	13.12	17.00	6.50	7.00	7.46	9.04	4.30	3.62	2.92	2.86	2.94	1.82	1.64	.88
	200	9.66	13.76	18.84	25.50	8.06	9.16	11.48	14.56	5.26	5.26	5.52	5.84	3.92	3.10	2.94	2.30
	640	21.00	31.24	49.60	72.96	18.76	27.66	42.36	63.44	15.42	20.90	32.92	48.88	12.78	17.04	25.28	38.68
8	20	11.40	16.08	18.62	26.22	8.80	11.08	13.14	16.52	6.52	6.92	7.20	7.02	4.36	3.46	3.28	2.26
	40	11.88	15.66	21.18	29.08	8.90	10.36	14.22	18.38	6.98	6.56	6.80	7.18	4.08	3.88	2.80	2.20
	80	8.80	11.92	14.92	21.56	7.84	7.94	8.64	11.76	4.54	4.10	4.20	3.46	2.52	1.94	1.58	.92
	200	9.38	11.02	13.14	18.62	6.26	7.88	8.70	9.46	4.36	3.70	3.34	2.70	2.36	1.64	1.24	.64
	640	13.88	19.24	29.16	41.56	12.64	14.24	20.02	29.56	7.46	10.02	11.80	16.60	6.36	6.40	6.76	7.52

（注：检验力经验估计值的单位为%）

表 4.18　原始研究数据呈偏态分布 3 时 Hedges Q 检验检验力的经验估计值（$\sigma_\theta^2 = 0.04$）

$\dfrac{\sigma_E^2}{\sigma_C^2}$	$\overline{N}$	\multicolumn{4}{c	}{$\theta = 0$}	\multicolumn{4}{c	}{$\theta = 0.2$}	\multicolumn{4}{c	}{$\theta = 0.5$}	\multicolumn{4}{c}{$\theta = 0.8$}
		$k=5$	$k=10$	$k=20$	$k=40$	$k=5$	$k=10$	$k=20$	$k=40$	$k=5$	$k=10$	$k=20$	$k=40$	$k=5$	$k=10$	$k=20$	$k=40$
1	20	7.48	10.56	12.18	16.86	8.70	10.18	13.58	18.28	10.92	13.30	17.34	25.16	12.40	17.02	25.06	36.76
	40	12.92	20.80	30.10	47.18	14.68	21.72	31.12	46.82	16.16	22.92	35.72	55.22	19.46	27.50	43.28	63.70
	80	25.88	41.10	60.20	84.28	27.18	39.74	62.06	84.78	27.22	44.18	63.50	87.54	30.62	46.12	69.14	89.64
	200	53.06	77.84	94.92	99.86	51.66	78.20	94.82	99.82	53.16	77.96	94.94	99.88	53.32	77.88	95.78	99.86
	640	87.16	98.62	100.00	100.00	86.32	98.66	100.00	100.00	86.36	98.62	100.00	100.00	85.22	98.42	99.98	100.00
2	20	8.30	8.74	10.90	14.32	6.32	7.60	8.78	9.84	6.22	5.12	5.72	6.48	5.32	5.04	5.26	5.78
	40	11.62	15.72	21.74	34.74	10.42	13.60	19.30	26.74	8.94	11.78	14.12	19.46	8.28	10.42	13.34	18.54
	80	18.46	28.72	44.82	65.10	18.48	25.62	39.68	59.62	15.92	23.20	33.98	51.74	15.30	20.78	30.92	48.06
	200	40.66	62.52	84.44	97.84	38.02	57.44	82.52	96.92	35.66	55.96	80.00	96.60	33.98	53.88	78.20	95.20
	640	76.92	95.68	99.92	100.00	76.56	95.70	99.96	100.00	75.34	94.70	99.80	100.00	73.98	94.96	99.76	100.00
4	20	9.70	12.06	15.52	21.18	7.36	9.20	10.40	11.72	4.82	5.02	4.86	4.92	4.04	3.38	2.48	1.78
	40	10.90	15.34	23.90	32.58	10.44	12.52	16.26	22.32	6.76	9.00	8.52	9.70	5.80	4.88	5.36	4.84
	80	15.14	21.68	31.52	46.32	12.72	17.00	22.80	34.98	9.34	10.98	14.62	20.04	8.40	8.18	10.70	12.56
	200	25.98	41.12	62.80	85.96	24.82	35.86	55.92	79.48	21.70	31.22	47.22	69.42	18.92	27.18	40.48	61.24
	640	62.24	85.32	98.00	99.98	59.28	84.40	97.58	99.96	58.90	82.82	96.90	99.92	57.78	79.30	96.40	99.94
8	20	13.16	17.36	22.38	30.60	10.48	12.70	15.52	20.98	7.22	7.92	8.52	9.52	5.46	4.38	3.92	3.96
	40	13.62	18.58	26.00	36.68	10.20	14.12	19.76	23.94	7.24	9.36	10.12	11.96	5.80	5.36	5.22	4.46
	80	13.52	18.38	24.94	35.92	11.52	13.36	18.40	24.28	7.22	8.54	9.86	11.80	4.60	6.04	4.72	4.24
	200	16.92	25.86	38.00	57.46	15.04	20.04	32.06	46.80	11.76	13.68	20.78	29.92	8.70	11.40	13.92	18.32
	640	41.58	64.04	86.48	98.30	39.00	59.76	83.88	97.38	34.72	56.84	79.76	96.26	33.16	51.24	74.78	94.74

（注：检验力经验估计值的单位为%）

表 4.19　　原始研究数据呈偏态分布 3 时 Hedges Q 检验检验力的经验估计值（$\sigma_\theta^2 = 0.08$）

$\dfrac{\sigma_E^2}{\sigma_C^2}$	$\overline{N}$	$\theta=0$ $k=5$	$k=10$	$k=20$	$k=40$	$\theta=0.2$ $k=5$	$k=10$	$k=20$	$k=40$	$\theta=0.5$ $k=5$	$k=10$	$k=20$	$k=40$	$\theta=0.8$ $k=5$	$k=10$	$k=20$	$k=40$
1	20	14.08	20.06	29.24	44.58	14.36	20.82	30.64	45.64	15.44	21.74	33.62	52.28	17.18	26.04	42.16	61.38
	40	24.74	41.28	60.24	84.40	26.34	39.72	62.00	84.84	28.28	41.10	63.46	85.64	29.98	45.64	67.80	89.42
	80	47.58	69.42	90.38	99.16	47.38	69.58	91.18	98.88	48.10	69.04	90.96	99.32	46.98	70.92	91.16	99.38
	200	75.22	95.32	99.72	100.00	75.82	94.90	99.82	100.00	74.60	94.98	99.74	100.00	73.94	94.46	99.66	100.00
	640	95.02	99.92	100.00	100.00	95.04	99.92	100.00	100.00	94.88	99.82	100.00	100.00	94.96	99.88	100.00	100.00
2	20	12.00	15.82	21.10	32.74	10.42	12.32	17.28	24.74	8.66	11.24	14.50	18.78	8.86	10.88	13.38	18.06
	40	20.22	31.30	45.40	67.36	17.66	28.74	40.24	61.30	17.08	24.36	36.06	54.26	15.38	22.56	33.68	49.72
	80	35.06	53.02	77.58	94.64	32.48	51.46	72.50	93.26	30.44	46.82	69.48	91.32	30.14	45.54	66.92	89.14
	200	62.84	87.48	98.08	100.00	62.60	85.82	98.18	99.96	59.64	84.90	97.86	100.00	60.02	83.76	97.72	99.94
	640	90.84	99.52	100.00	100.00	90.80	99.64	100.00	100.00	91.20	99.38	100.00	100.00	89.62	99.18	100.00	100.00
4	20	12.24	15.12	19.90	30.66	9.98	13.02	15.40	20.80	7.02	8.38	9.28	10.36	5.32	5.34	5.54	4.54
	40	16.32	25.06	35.66	54.92	13.36	19.78	28.82	42.62	11.02	14.68	20.24	28.30	8.42	10.72	12.52	17.64
	80	23.96	36.72	56.38	79.14	22.70	32.06	49.72	71.14	18.38	26.42	40.48	59.86	15.00	23.30	32.34	49.16
	200	46.76	70.18	90.56	99.14	45.06	66.54	88.42	99.08	42.24	63.56	85.86	98.28	39.54	59.60	83.84	97.26
	640	81.56	96.76	99.94	100.00	81.00	97.34	99.98	100.00	80.46	96.76	99.94	100.00	79.16	96.84	99.92	100.00
8	20	14.20	18.88	25.76	37.34	11.92	14.14	19.84	26.16	8.82	9.06	10.88	13.14	6.28	6.34	6.28	5.60
	40	16.14	23.52	34.04	49.02	14.82	19.40	25.26	35.70	10.18	13.36	16.06	20.24	7.20	9.08	9.76	9.88
	80	18.72	26.32	39.70	58.34	14.62	19.86	30.98	46.92	12.08	15.46	20.64	31.64	9.04	11.12	13.90	18.18
	200	29.24	47.10	69.32	89.30	27.56	42.04	62.14	85.64	24.16	36.82	56.02	78.72	20.66	32.06	46.98	69.42
	640	64.10	88.28	99.02	100.00	65.02	87.08	98.64	100.00	61.92	85.58	98.60	100.00	61.68	84.62	97.74	100.00

（注：检验力经验估计值的单位为%）

表 4.20　　原始研究数据呈偏态分布 3 时 Hedges Q 检验
检验力的经验估计值（$\sigma_\theta^2 = 0.16$）

$\dfrac{\sigma_E^2}{\sigma_C^2}$	$\overline{N}$	$\theta=0$				$\theta=0.2$				$\theta=0.5$				$\theta=0.8$			
		$k=5$	$k=10$	$k=20$	$k=40$	$k=5$	$k=10$	$k=20$	$k=40$	$k=5$	$k=10$	$k=20$	$k=40$	$k=5$	$k=10$	$k=20$	$k=40$
1	20	26.32	39.12	60.86	83.80	27.56	39.96	60.92	85.10	28.58	40.80	63.42	85.00	28.90	43.54	66.22	88.90
	40	44.54	68.34	89.76	99.16	46.26	69.76	89.64	99.22	48.88	69.80	91.38	99.20	46.28	68.98	90.34	99.34
	80	68.68	91.24	99.30	100.00	69.16	91.06	99.38	100.00	69.38	90.80	99.16	100.00	69.44	90.88	99.16	100.00
	200	89.90	99.24	100.00	100.00	90.12	99.24	100.00	100.00	89.94	99.28	100.00	100.00	89.84	99.28	100.00	100.00
	640	98.78	100.00	100.00	100.00	98.38	100.00	100.00	100.00	98.56	100.00	100.00	100.00	98.42	100.00	100.00	100.00
2	20	20.04	29.28	43.38	66.34	18.84	27.42	41.14	60.24	16.76	23.98	36.10	55.20	16.66	21.96	33.54	51.94
	40	34.48	53.66	77.24	94.74	33.64	49.50	73.88	93.26	33.08	49.34	71.76	92.56	30.96	46.32	69.00	89.70
	80	55.46	79.74	96.84	99.96	54.80	79.80	95.48	99.86	52.62	78.30	95.26	99.86	53.14	76.64	94.10	99.68
	200	82.48	97.58	99.94	100.00	82.90	97.32	99.98	100.00	81.74	97.48	99.94	100.00	80.96	97.40	99.96	100.00
	640	96.90	99.98	100.00	100.00	97.30	100.00	100.00	100.00	96.74	99.96	100.00	100.00	96.94	99.92	100.00	100.00
4	20	16.66	23.94	34.68	53.68	14.64	19.80	27.86	41.48	11.64	15.10	19.94	27.74	9.54	11.72	15.78	18.92
	40	26.00	38.82	60.80	83.94	23.84	35.58	52.10	77.56	21.58	30.44	48.34	65.90	17.26	25.26	38.16	57.66
	80	41.14	63.24	84.78	97.74	40.62	59.00	82.64	96.80	36.42	55.36	77.46	95.06	33.78	50.94	74.64	93.36
	200	69.78	91.48	99.04	100.00	67.88	90.30	99.06	99.98	66.96	89.12	99.06	100.00	62.20	88.32	98.74	100.00
	640	93.16	99.70	100.00	100.00	92.84	99.66	100.00	100.00	92.80	99.68	100.00	100.00	92.76	99.60	100.00	100.00
8	20	17.08	23.32	33.18	48.34	14.90	19.54	26.12	37.96	10.88	14.20	17.80	23.10	8.94	10.10	11.02	13.24
	40	20.22	31.64	48.04	68.38	18.56	26.48	40.46	58.18	14.98	22.04	29.12	43.36	11.76	16.00	21.06	30.76
	80	28.42	43.60	63.88	87.16	26.32	38.10	58.38	81.54	23.14	32.80	49.46	71.50	19.18	26.82	40.12	61.02
	200	50.48	74.38	92.82	99.68	49.02	73.06	92.30	99.62	45.70	68.88	90.06	99.12	41.96	67.00	88.08	98.62
	640	84.60	97.80	99.98	100.00	84.54	97.94	99.98	100.00	82.52	97.58	100.00	100.00	81.92	97.68	99.92	100.00

（注：检验力经验估计值的单位为%）

原始研究数据呈偏态与峰度程度均较高的分布 3 时，通过对表 4.17 至表 4.20 中所列的 1280 种模拟情境中 Hedges Q 检验检验力的经验估计值进行分析，基本上可以了解各种模拟情境变量与 Hedges Q 检验检验力间的关系以及该检验检验力的实际表现。在其他模拟情境变量设置固定的条件下，原始研究数据呈偏态分布 3 时 Hedges Q 检验检验力与各种模拟情境变量间的关系具体表现如下：

第一，Hedges Q 检验的检验力随着 σ_θ^2 的增大而提高，但该检验的检验力关于 σ_θ^2 的速度会受其他模拟情境变量的影响。具体而言，无论实验组与控制组数据的方差齐性还是非齐，Hedges Q 检验的检验力关于 σ_θ^2 的提高速度在 $\bar{N}$ 较小时均表现出随 σ_θ^2 的增大先提高较慢而后提高较快的特点。但这种特点会随着 $\bar{N}$ 的增大逐渐转变，在 $\bar{N}$ 较大时，Hedges Q 检验的检验力关于 σ_θ^2 的提高速度会随着 σ_θ^2 的增大呈现出先提高较快而后提高较慢的特点。比如，在 $\bar{N}=20$、$k=5$ 及 $\sigma_E^2/\sigma_C^2=1$ 条件下，Hedges Q 检验的检验力随着 σ_θ^2 从 0.01 增大至 0.04 和从 0.08 增大至 0.16 时其检验力提高量分别为 0.0262 与 0.1224。而在 $\bar{N}=640$、$k=5$ 及 $\sigma_E^2/\sigma_C^2=1$ 条件下，Hedges Q 检验检验力随着 σ_θ^2 从 0.01 增大至 0.04 和从 0.08 增大至 0.16 时其检验力提高量分别为 0.4558 与 0.0376。然而，需要指出的是，Hedges Q 检验的检验力随着 σ_θ^2 的增大提高较慢的地方其检验力本身要么极低或者要么极高。由于该检验检验力本身还受 k、σ_E^2/σ_C^2 与 μ_θ 等模拟情境变量的作用，故这种作用显然也会体现在 σ_θ^2 对该检验检验力的影响上来。

第二，整体上，Hedges Q 检验的检验力会随着 $\bar{N}$ 的增大而提高。但也存在着一些比较极端的模拟情境，Hedges Q 检验在这些模拟情境中的检验力与 $\bar{N}$ 间的关系会出现反常现象。具体而言：（1）总体效应量方差 σ_θ^2 低至 0.01 时，Hedges Q 检验的检验力与 $\bar{N}$ 之间的关系有些复杂。此时，只要原始研究实验组与控制组数据的方差齐性或非齐的程度较轻（$1 \leq \sigma_E^2/\sigma_C^2 \leq 2$），则表 4.17 中的数据显示该检验的检验力会随着 $\bar{N}$ 的增大而提高；此时，如果原始研究实验组与控制组数据的方差非齐程度比较严重（$\sigma_E^2/\sigma_C^2=4$），则在 $20 \leq \bar{N} \leq 80$ 条件下，该检验的检验力随着 $\bar{N}$ 的增大会经历一个先略有提高而之后轻度下降的发展趋势。然后，在 $\bar{N} \geq 80$ 条件下，该检验的检验力会随着 $\bar{N}$ 的增大而提高；此时，如果原始研究实验组与控制组数据的方差非齐程度非常严重（$\sigma_E^2/\sigma_C^2=8$），则在 $\mu_\theta \leq 0.2$ 条件下，该检验的检验力与 $\bar{N}$ 间的关系显然也与 $\sigma_E^2/\sigma_C^2=4$ 的情况基本类似。但在 $\mu_\theta \geq 0.5$ 条件下，该检验的检验力在 $20 \leq \bar{N} \leq 200$ 这个较宽范围内都会随着 $\bar{N}$ 的增大整体上呈现出下降趋势。只有 $\bar{N} \geq 200$，Hedges Q 检验的检验力才会随着 $\bar{N}$ 的增大重新表现出提高趋势；

(2) σ_θ^2 增大至 0.04 时,在 $1 \leqslant \sigma_E^2/\sigma_C^2 \leqslant 4$ 范围内,表 4.18 中的数据显示 Hedges Q 检验的检验力随着 $\bar{N}$ 的增大而提高。然而,当 σ_E^2/σ_C^2 大至 8 时,该检验的检验力随着 $\bar{N}$ 的增大也整体上呈现出提高趋势,但此时在 $\mu_\theta \geqslant 0.5$ 且 $20 \leqslant \bar{N} \leqslant 80$ 条件下这种提高趋势会出现轻微地波动;(3) 当 $\sigma_\theta^2 \geqslant 0.08$ 时,表 4.19 与表 4.20 中的数据均显示 Hedges Q 检验的检验力会随着 $\bar{N}$ 的增大而提高。

整体而言,凡是 Hedges Q 检验的检验力随着 $\bar{N}$ 的增大其值出现波动的地方其检验力均不高。

第三,Hedges Q 检验的检验力与原始研究数目 k 间的关系不是呈现单一的某种趋势,受其他模拟情境变量的影响较大。但整体上,Hedges Q 检验的检验力会随着 k 的增大而呈现出提高趋势。具体而言:

总体效应量异质性程度 σ_θ^2 低至 0.01 时,Hedges Q 检验检验力与 k 间的关系有些复杂。此时,如果原始研究实验组与控制组数据的方差齐性($\sigma_E^2/\sigma_C^2 = 1$),则在 $\bar{N} = 20$ 条件下,只要 $\mu_\theta \leqslant 0.2$,Hedges Q 检验的检验力就几乎不受 k 因素的影响。但在 $\mu_\theta \geqslant 0.2$ 条件下,该检验的检验力会随着 k 的增大而呈上升趋势。然而,这种情况会随着 $\bar{N}$ 的增大而逐渐改善。如果 $\bar{N} \geqslant 40$,则该检验的检验力随着 k 的增大而提高;此时,如果 $\sigma_E^2/\sigma_C^2 = 2$,则有:(1) 在 $\bar{N} = 20$ 条件下,Hedges Q 检验在 $\mu_\theta = 0$ 处的检验力几乎不受 k 因素的影响。但如果 $\mu_\theta \geqslant 0.2$,则该检验的检验力会随着 k 的增大而呈下降趋势。(2) 在 $\bar{N}$ 增至 40 条件下,如果 $\mu_\theta = 0$,则 Hedges Q 检验的检验力会随着 k 的增大而提高。但如果 $0.5 \geqslant \mu_\theta \geqslant 0.2$,则该检验的检验力几乎不受 k 因素的影响。相反,只要 $\mu_\theta \geqslant 0.8$,该检验的检验力就会随着 k 的增大呈下降趋势。(3) 在 $\bar{N}$ 继续增大至 80 条件下,如果 $\mu_\theta \leqslant 0.2$,则 Hedges Q 检验的检验力会随着 k 增大而提高。但只要 $\mu_\theta \geqslant 0.5$,k 的增大无助于提高该检验检的检验力。然而,只要 $\bar{N} \geqslant 200$,该检验的检验力就会随着 k 的增大而提高;此时,如果 $\sigma_E^2/\sigma_C^2 = 4$,则有:(1) 在 $\bar{N} = 20$ 条件下,该检验在 $\mu_\theta = 0$ 处的检验力随着 k 的增大而提高,但在 $\mu_\theta = 0.2$ 处的检验力几乎不受 k 的影响。相反,只要 $\mu_\theta \geqslant 0.5$,该检验的检验力就会随着 k 的增大呈下降趋势。(2) 在 $40 \leqslant \bar{N} \leqslant 80$ 条件下,只要 $\mu_\theta \leqslant 0.2$,则该检验的检验力就会随着

k 的增大而提高。相反，如果 $\mu_\theta \geq 0.5$，则该检验的检验力会随着 k 的增大而下降。(3) 即使 $\bar{N}$ 大至 200，只要 $\mu_\theta \geq 0.5$，k 的增大无助于该检验的检验力的提高。(4) 在 $\bar{N} \geq 640$ 条件下，则该检验的检验力会随着 k 的增大而提高；此时，如果 $\sigma_E^2/\sigma_C^2 = 8$，则在 $\bar{N} \leq 200$ 条件下，只要 $\mu_\theta \leq 0.2$，该检验的检验力就会随着 k 的增大而提高。但如果 $\mu_\theta \geq 0.5$，则 k 的增大实际上无助于该检验的检验力的提高。此时即使 $\bar{N}$ 大至 640，该检验的检验力在 $\mu_\theta \geq 0.8$ 处也没有呈现出随着 k 的增大而提高的趋势。

当 σ_θ^2 增至 0.04 时，Hedges Q 检验的检验力随着 k 的增大而提高的趋势较之于 $\sigma_\theta^2 = 0.01$ 时的情况更加稳定。此时，如果 $\sigma_E^2/\sigma_C^2 = 1$，则只要 $\bar{N} \geq 20$，Hedges Q 检验的检验力就随着 k 的增大而提高；此时，如果 $\sigma_E^2/\sigma_C^2 = 2$，则在 $\bar{N} = 20$ 条件下，Hedges Q 检验的检验力在 $\mu_\theta \leq 0.2$ 处会随着 k 的增大而提高。但当 $\mu_\theta \geq 0.5$ 时，k 的增大无助于该检验的检验力提高。然而，只要 $\bar{N} \geq 40$，该检验的检验力总是随着 k 的增大而提高；此时，如果 σ_E^2/σ_C^2 增大至 4，则有：（1）在 $\bar{N}$ 低至 20 条件下，Hedges Q 检验检验力在 $\mu_\theta \leq 0.2$ 处会随着 k 的增大而提高。当 μ_θ 增至 0.5 时，该检验的检验力几乎不受 k 增大的影响。相反，只要 μ_θ 大于 0.8，该检验的检验力会随着 k 的增大而降低。（2）在 $\bar{N}$ 增至 40 条件下，Hedges Q 检验在 $\mu_\theta \leq 0.5$ 处会随着 k 的增大而提高。但在 μ_θ 大至 0.8 处该检验的检验力就几乎不受 k 增大的影响。（3）只要 $\bar{N} \geq 80$，Hedges Q 检验的检验力就随着 k 的增大而提高；此时，如果 σ_E^2/σ_C^2 增至 8 时，则只要 $\bar{N} \leq 80$，则在 $\mu_\theta \leq 0.5$ 处 Hedges Q 检验的检验力会随着 k 的增大而提高。但在 $\mu_\theta \geq 0.8$ 处，k 的增大实际上无助于提高该检验的检验力。只要 $\bar{N} \geq 200$，Hedges Q 检验的检验力就会随着 k 的增大而提高。

当 σ_θ^2 增至 0.08 时，Hedges Q 检验的检验力随着 k 增大而提高的趋势较之于 $\sigma_\theta^2 = 0.04$ 时的情况又更加明显。此时，只要原始研究实验组与控制组数据的方差齐性或非齐程度较轻（$1 \leq \sigma_E^2/\sigma_C^2 \leq 2$），Hedges Q 检验在 $\bar{N}$ 不低于 20 条件下的检验力均会随着 k 的增大而提高。此时，如果 σ_E^2/σ_C^2 增大至 4，则在 $\bar{N}$ 低至 20 条件下，Hedges Q 检验在 $\mu_\theta \leq 0.5$

处的检验力会随着 k 增大而提高。但在 $\mu_\theta \geq 0.8$ 处，k 的增大就无助于该检验的检验力提高。然而，只要 $\bar{N} \geq 40$，则 Hedges Q 检验的检验力就会随着 k 的增大而提高。此时，如果 $\sigma_E^2/\sigma_C^2 = 8$，则在 $\bar{N} \leq 40$ 条件下，Hedges Q 检验在 $\mu_\theta \leq 0.5$ 处的检验力会随着 k 的增大而提高。在 $\mu_\theta \geq 0.8$ 处，k 的增大无助于该检验的检验力提高。然而，只要 $\bar{N} \geq 80$，则该检验的检验力就会随着 k 增大而提高。

当 σ_θ^2 高达 0.16 时，Hedges Q 检验在所有的模拟情境中的检验力均呈现出随着 k 的增大而提高的趋势。

整体而言，在原始研究数据呈偏态分布 3 条件下，Hedges Q 检验的检验力随着 k 增大而提高的规律会因为 σ_E^2/σ_C^2 与 μ_θ 的增大而恶化，会因为 σ_θ^2、$\bar{N}$ 的增大而越来越稳定。

第四，Hedges Q 检验的检验力与 σ_E^2/σ_C^2 间的关系非常类似于原始研究呈偏态分布 1 与偏态分布 2 时的情形，这一结论可以通过比较附录中第二部分、第三部分与第四部分中的各图而获得。整体上，该检验的检验力会随着 σ_E^2/σ_C^2 的增大而下降。但是，这种趋势会受到其他模拟情境变量的调节。在少数比较极端的模拟情境中，该检验的检验力会随着 σ_E^2/σ_C^2 的增大而提高。具体而言：（1）总体效应量方差 σ_θ^2 低至 0.01 时，Hedges Q 检验的检验力与 σ_E^2/σ_C^2 之间的关系比较复杂。此时，如果 $\bar{N} \leq 40$，则 Hedges Q 检验的检验力与 σ_E^2/σ_C^2 间关系受 μ_θ 的影响较大。在 $\mu_\theta = 0$ 处，σ_E^2/σ_C^2 从 1 增至 2，实际上对该检验的检验力影响甚微。但随着 σ_E^2/σ_C^2 继续增大，该检验的检验力有明显的提高。在 $\mu_\theta = 0.2$ 处，该检验的检验力与 σ_E^2/σ_C^2 间的关系类似于 $\mu_\theta = 0$ 处的情况，但在 $1 \leq \sigma_E^2/\sigma_C^2 \leq 4$ 范围内，σ_E^2/σ_C^2 的增大对该检验的检验影响很轻。只要 $\mu_\theta \geq 0.5$，σ_E^2/σ_C^2 从 1 增至 2，整体上该检验的检验力也随之有明显的下降。但在 $2 \leq \sigma_E^2/\sigma_C^2 \leq 4$ 范围内，σ_E^2/σ_C^2 的增大对该检验的检验力影响较轻；此时，如果 $\bar{N}$ 增至 80，则在 $\mu_\theta = 0$ 处，Hedges Q 检验的检验力受 σ_E^2/σ_C^2 增大的影响很轻。只要 $\mu_\theta \geq 0.2$，σ_E^2/σ_C^2 从 1 增至 2 会导致该检验的检验力明显下降，而 σ_E^2/σ_C^2 从 2 继续增至 8 对该检验的检验力的影响却很轻；此时，如果 $\bar{N} \geq 200$，则 Hedges Q 检验检验力会随着

σ_E^2/σ_C^2 的增大而降低；（2）当 σ_θ^2 增至 0.04 时，Hedges Q 检验的检验力与 σ_E^2/σ_C^2 间关系较之于 $\sigma_\theta^2 = 0.01$ 时的情况更显清晰。此时，如果 $\bar{N}$ 低至 20，则在 $1 \leq \sigma_E^2/\sigma_C^2 \leq 4$ 范围内，该检验在 $\mu_\theta = 0$ 处的检验力受 σ_E^2/σ_C^2 的影响很轻。但是 σ_E^2/σ_C^2 从 4 增至 8 时，该检验检验力会出现明显提高的现象。在 $\mu_\theta = 0.2$ 处，σ_E^2/σ_C^2 从 1 增至 2，该检验的检验力会随之出现轻微下降。而 σ_E^2/σ_C^2 从 2 增至 4 对该检验该检验几乎没有什么影响。但随着 σ_E^2/σ_C^2 从 4 增至 8，该检验检验力又会随之提高至 $\sigma_E^2/\sigma_C^2 = 1$ 时的水平。只要 $\mu_\theta \geq 0.5$，该检验的检验力会随着 σ_E^2/σ_C^2 从 1 增至 2 而明显降低，而从 2 继续增至 8 却对该检验的检验力没有什么影响；此时，如果 $\bar{N}$ 增至 40，则在 $\mu_\theta \leq 0.2$ 处，σ_E^2/σ_C^2 从 1 增大至 2，该检验的检验力会随之出现明显下降。但是，σ_E^2/σ_C^2 从 2 继续增至 8 则几乎不会对该检验的检验力产生影响。只要 $\mu_\theta \geq 0.5$，则该检验的检验力会随着 σ_E^2/σ_C^2 的增大而整体降低。其中，σ_E^2/σ_C^2 从 4 增大至 8 实际上几乎不会对该检验的检验力产生影响。此时，如果 $\bar{N} \geq 80$，则 Hedges Q 检验的检验力会随着 σ_E^2/σ_C^2 增大而降低；（3）当 σ_θ^2 增至 0.08 时，Hedges Q 检验检验力与 σ_E^2/σ_C^2 间的关系较之于 $\sigma_\theta^2 = 0.04$ 时的情况更加清晰。只要 $\bar{N} \geq 40$，Hedges Q 检验的检验力会随着 σ_E^2/σ_C^2 的增大而降低。然而，如果 $\bar{N}$ 低至 20，Hedges Q 检验检验力与 σ_E^2/σ_C^2 间关系也受 μ_θ 的影响。该检验在 $\mu_\theta \leq 0.2$ 处的检验力会随着 σ_E^2/σ_C^2 从 1 增大至 2 而出现明显下降，但 σ_E^2/σ_C^2 从 2 继续增至 8 却对该检验的检验力几乎没有什么影响。此时，如果 $\mu_\theta \geq 0.5$，则该检验的检验力会随着 σ_E^2/σ_C^2 从 1 增至 4 而出现明显下降，但 σ_E^2/σ_C^2 从 4 增至 8 却对该检验的检验力没有什么影响；（4）附录第四部分的附图 76 至 80 显示，只要 σ_θ^2 大至 0.16，则在 $\bar{N} \geq 20$ 条件下，该检验的检验力会随着 σ_E^2/σ_C^2 的增大而降低。

同样，附图 61 至 80 显示，在原始研究数据呈偏态分布 3 时，μ_θ 对 Hedges Q 检验检验力与 σ_E^2/σ_C^2 间关系的影响类似于原始研究数据呈偏态分布 2 时的情况，这里就不再赘述了。

整体而言，在趋势影响方面，Hedges Q 检验的检验力与 σ_E^2/σ_C^2 间的关系受σ_θ^2、$\bar{N}$与μ_θ的影响较大。而在量的影响方面，σ_E^2/σ_C^2对该检验检验力的作用受k的影响较大。

第五，Hedges Q 检验检验力与μ_θ间的关系比较复杂，受其他模拟情境变量的影响。两者间的关系类似于原始研究数据呈偏态分布 1 与偏态分布 2 时的情况。但μ_θ对该检验检验力的影响在量上与原始研究数据呈现其他偏态分布时有所差别。具体而言：（1）总体效应量方差σ_θ^2低至 0.01 时，Hedges Q 检验的检验力与μ_θ间的关系表现受原始研究实验组与控制组数据的方差齐性与否的影响较大。表 4.17 中的数据显示，此时，如果$\sigma_E^2/\sigma_C^2=1$，则整体上 Hedges Q 检验的检验力在$\mu_\theta \geqslant 0.5$处会随着μ_θ的增大而提高。其中$\bar{N}=20$、40、80、200 时 Hedges Q 检验的检验力由μ_θ的增大所导致的最大提高量分别为 0.163、0.189、0.234 与 0.173。然而，此时只要$\bar{N}$高达 640，μ_θ对该检验检验力提高的影响实际上就可以不予考虑。此时，如果$\sigma_E^2/\sigma_C^2 \geqslant 2$，则 Hedges Q 检验的检验力会随着$\mu_\theta$的增大而下降。但在$\sigma_E^2/\sigma_C^2=2$条件下，如果$\bar{N}$高达 640，则$\mu_\theta$增大对该检验的检验力影响较轻。在$\sigma_E^2/\sigma_C^2 \geqslant 4$条件下，只有$\bar{N}$大于 640 方有可能使得 Hedges Q 检验的检验力基本上不受μ_θ的影响；（2）当σ_θ^2增大至 0.04 时，Hedges Q 检验的检验力与μ_θ间的关系与$\sigma_\theta^2=0.01$时的情况基本类似。表 4.18 中的数据显示，此时如果$\sigma_E^2/\sigma_C^2=1$，则整体上 Hedges Q 检验的检验力会随着μ_θ增大而提高。其中，$\bar{N}$等于 20、40、80 时，该检验的检验力由μ_θ增大所导致的最大提高量分别为 0.199、0.165 与 0.089。然而，只要$\bar{N} \geqslant 200$，μ_θ对该检验的检验力就几乎没有什么影响。此时，如果$\sigma_E^2/\sigma_C^2=2$，则整体上 Hedges Q 检验的检验力会随着μ_θ增大而下降。但在$\bar{N} \geqslant 200$条件下，μ_θ的增大对该检验检验力的影响就会较轻。此时，如果σ_E^2/σ_C^2增至 4，则整体上 Hedges Q 检验的检验力会随着μ_θ的增大而下降。但在$\bar{N} \geqslant 640$条件下，μ_θ对该检验检验力的影响就会较轻。此时，如果σ_E^2/σ_C^2继续增至 8，则 Hedges Q 检验的检验力随着μ_θ的增大而下降。此时，即使$\bar{N}$高达 640，μ_θ也会对该检验检验力产生影响，只不过在$k \geqslant 20$条件下这种影响较轻；（3）当σ_θ^2增至 0.08 时，表 4.19 中的数据显示，Hedges Q 检验的检验力与μ_θ间的关系与$\sigma_\theta^2=0.04$时的情况有较大改变。此时，如果$\sigma_E^2/\sigma_C^2=1$，则在$\bar{N}\leqslant20$条件下，Hedges Q 检验的检验力会随着μ_θ的增大而提高。其中，$\bar{N}$等于20、40时，该检验检验力由μ_θ增大所导致的最大提高量分别为0.168与0.076。但只要$\bar{N}\geqslant80$，则该检验的检验力受μ_θ的影响就很轻。此时，如果$\sigma_E^2/\sigma_C^2=2$，则在$\bar{N}\leqslant80$范围内，Hedges Q 检验的检验力会随着μ_θ增大而下降。但只要$\bar{N}\geqslant200$，μ_θ对该检验的检验力就几乎没有什么影响。此时，如果σ_E^2/σ_C^2增大至4，则只要$\bar{N}\leqslant200$，Hedges Q 检验的检验力就会随着μ_θ的增大而整体下降。其中，在$\bar{N}=200$条件下，这种下降趋势集中发生在$k\leqslant10$的背景下。但在$\bar{N}\geqslant640$条件下，μ_θ对该检验的检验力也几乎没有什么影响。此时，如果σ_E^2/σ_C^2继续增大至8时，则 Hedges Q 检验在$\bar{N}\leqslant200$条件下，该检验的检验力会随着μ_θ增大而下降。但在$\bar{N}\geqslant640$条件下，μ_θ对该检验的检验力几乎也没有什么影响。

(4) 当σ_θ^2大至0.16时，表4.20中的数据显示，Hedges Q 检验的检验力与μ_θ间的关系与$\sigma_\theta^2=0.08$时的情况有所不同。此时，如果$\sigma_E^2/\sigma_C^2=1$，则只要$\bar{N}\geqslant20$，Hedges Q 检验的检验力受μ_θ的影响就会很轻或几乎不受其影响。此时，如果σ_E^2/σ_C^2增大至2，则在$\bar{N}\leqslant40$条件下，Hedges Q 检验的检验力会随着μ_θ增大而下降。但只要$\bar{N}\geqslant80$，μ_θ对该检验检验力的影响就几乎可以不予考虑。此时，如果σ_E^2/σ_C^2增大至4，则 Hedges Q 检验的检验力随着μ_θ的增大而下降。但只要$\bar{N}\geqslant200$，μ_θ对该检验检验力就几乎没有什么影响。此时，如果σ_E^2/σ_C^2增至8，则 Hedges Q 检验的检验力与μ_θ间的关系类似于$\sigma_E^2/\sigma_C^2=4$时的情况，但只要$\bar{N}\geqslant640$，则μ_θ对该检验的检验力就几乎没有什么影响。

整体而言，μ_θ对 Hedges Q 检验检验力的影响受$\bar{N}$与σ_E^2/σ_C^2的调节。$\bar{N}$较小时，μ_θ对 Hedges Q 检验检验力的影响相对就大。随着$\bar{N}$的增大，μ_θ对 Hedges Q 检验检验力的影响就逐渐减弱。相对而言，σ_E^2/σ_C^2越大，就需要更大的$\bar{N}$方能使μ_θ对 Hedges Q 检验检验力的影响就可以不予考虑。

另一方面，表 4.17 至表 4.20 中的数据显示，原始研究数据呈偏态分布 3 时，Hedges Q 检验在所创设的模拟情境中的检验力多数表现并不理想，无法达到 0.8 这个最低合理水平。具体而言：

第一，总体效应量方差 σ_θ^2 低至 0.01 时，Hedges Q 检验在所创设的 320 种模拟情境中的检验力只有 12 种达到 0.8 这个水平，占比为 3.75%，表现极不理想。此时，如果实验组与控制组数据方差齐性（$\sigma_E^2/\sigma_C^2 = 1$），则在 $\bar{N} \leq 200$ 且 $k \leq 40$、或者 $\bar{N} = 640$ 且 $k \leq 10$ 条件下，该检验的实际检验力就不可能达到 0.8 这个水平；此时，如果 σ_E^2/σ_C^2 增大至 2，则在 $\bar{N} \leq 200$ 且 $k \leq 40$、或者 $\bar{N} = 640$ 且 $k \leq 20$ 的条件下，该检验的检验力无法达到 0.8 这个水平；此时，如果 $\sigma_E^2/\sigma_C^2 \geq 4$，则在 $k \leq 40$ 条件下，即使 $\bar{N}$ 大至 640，该检验的检验力也无法达到 0.8 这个水平。

第二，总体效应量方差 σ_θ^2 增至 0.04 时，Hedges Q 检验检验力的实际表现较之于 $\sigma_\theta^2 = 0.01$ 时的情况有所改善。Hedges Q 检验在所创设的 320 种模拟情境中的检验力有 66 种达到 0.8 这个水平，占比为 20.63%。此时，如果 $\sigma_E^2/\sigma_C^2 = 1$，则在 $\bar{N} \leq 40$ 且 $k \leq 40$、或者 $\bar{N} = 80$ 且 $k \leq 20$、或者 $\bar{N} = 200$ 且 $k \leq 10$ 等模拟背景下，该检验的检验力都无法达到 0.8 这个水平；此时，如果 σ_E^2/σ_C^2 增大至 2，则在 $\bar{N} \leq 80$ 且 $k \leq 40$、或者 $\bar{N} = 200$ 且 $k \leq 10$、或者 $\bar{N} = 640$ 且 $k \leq 5$ 这些模拟情境中，该检验的检验力无法达到 0.8 这个水平；此时，如果 σ_E^2/σ_C^2 继续增大至 4，则在 $\bar{N} = 200$ 且 $k \leq 40$、或者 $\bar{N} = 640$ 且 $k \leq 5$ 这些模拟背景下，该检验的检验力无法达到 0.8 这个水平；此时如果 σ_E^2/σ_C^2 高达 8，则在 $\bar{N} = 200$ 且 $k \leq 40$、或者 $\bar{N} = 640$ 且 $k \leq 10$ 且 $\mu_\theta \leq 0.5$、或者 $\bar{N} = 640$ 且 $k \leq 20$ 且 $\mu_\theta \geq 0.8$ 这些模拟背景下，该检验的检验力无法达到 0.8 这个水平。

第三，当 σ_θ^2 增至 0.08 时，Hedges Q 检验检验力的实际表现较之于 $\sigma_\theta^2 = 0.04$ 时的情况又有进一步的改善。Hedges Q 检验在所创设的 320 种模拟情境中的检验力只有 105 种达到 0.8 这个水平，占比为 32.81%。此时，如果 $\sigma_E^2/\sigma_C^2 = 1$，则在 $\bar{N} \leq 20$ 且 $k \leq 40$、或者 $\bar{N} = 40$ 且 $k \leq 20$、或者 $\bar{N} = 80$ 且 $k \leq 10$、或者 $\bar{N} = 200$ 且 $k \leq 5$ 这些模拟背景下，该检验的检验力无法达到 0.8 这个水平；此时，如果 σ_E^2/σ_C^2 增至 2，则在 $\bar{N} \leq 40$ 且 $k \leq 40$、或者 $\bar{N} = 80$ 且 $k \leq 20$、或者 $\bar{N} = 200$ 且 $k \leq 5$ 这些模拟背景下，该

检验的检验力无法达到 0.8 这个水平；此时，如果 σ_E^2/σ_C^2 增至 4，则在 $\bar{N} \leqslant 80$ 且 $k \leqslant 40$、或者 $\bar{N} = 200$ 且 $k \leqslant 10$ 这些模拟背景下，该检验的检验力无法达到 0.8 这个水平；此时，如果 σ_E^2/σ_C^2 大至 8，则在 $\bar{N} \leqslant 80$ 且 $k \leqslant 40$、或者 $\bar{N} = 200$ 且 $k \leqslant 20$ 且 $\mu_\theta \leqslant 0.2$、或者 $\bar{N} = 200$ 且 $k \leqslant 40$ 且 $\mu_\theta \geqslant 0.8$、或者 $\bar{N} = 640$ 且 $k \leqslant 5$ 这些模拟背景下，该检验的检验力也都无法达到 0.8 这个水平；此时，如果 σ_E^2/σ_C^2 增至 8，则在 $\bar{N} \leqslant 80$ 且 $k \leqslant 40$、或者 $\bar{N} = 200$ 且 $k \leqslant 20$ 且 $\mu_\theta \leqslant 0.2$、或者 $\bar{N} = 200$ 且 $\mu_\theta \geqslant 0.5$、或者 $\bar{N} = 200$ 且 $k \leqslant 5$ 这些模拟背景下，该检验的检验力均无法达到 0.8 这个水平。

第四，σ_θ^2 大至 0.16 时，Hedges Q 检验检验力的实际表现较之于 $\sigma_\theta^2 = 0.08$ 时的情况又有明显的提高。Hedges Q 检验在所创设的 320 种模拟情境中的检验力有 161 种达到 0.8 这个水平，占比为 50.31%。此时，如果 $\sigma_E^2/\sigma_C^2 = 1$，则在 $\bar{N} = 20$ 且 $k \leqslant 20$、或者 $\bar{N} = 40$ 且 $k \leqslant 10$、或者 $\bar{N} = 80$ 且 $k \leqslant 5$ 这些模拟背景下，该检验的检验力均无法达到 0.8 这个水平；此时，σ_E^2/σ_C^2 增至 2，则在 $\bar{N} \leqslant 20$ 且 $k \leqslant 40$、或者 $\bar{N} = 40$ 且 $k \leqslant 20$、或者 $\bar{N} = 80$ 且 $k \leqslant 10$ 这些模拟背景下，该检验的检验力无法达到 0.8 这个水平；此时，如果 σ_E^2/σ_C^2 增至 4，则在 $\bar{N} \leqslant 20$ 且 $k \leqslant 40$、或者 $\bar{N} = 40$ 且 $k \leqslant 20$ 且 $\mu_\theta = 0$、或者 $\bar{N} = 40$ 且 $k \leqslant 40$ 且 $\mu_\theta \geqslant 0.2$、或者 $\bar{N} = 80$ 且 $k \leqslant 10$ 且 $\mu_\theta \leqslant 0.2$、或者 $\bar{N} = 80$ 且 $k \leqslant 20$ 且 $\mu_\theta \geqslant 0.5$、或者 $\bar{N} = 200$ 且 $k \leqslant 5$ 这些模拟背景下，该检验的检验力均无法达到 0.8 这个水平；此时，如果 σ_E^2/σ_C^2 大至 8，则在 $\bar{N} \leqslant 40$ 且 $k \leqslant 40$、或者 $\bar{N} = 80$ 且 $k \leqslant 20$ 且 $\mu_\theta \leqslant 0.2$、或者 $\bar{N} = 80$ 且 $k \leqslant 40$ 且 $\mu_\theta \geqslant 0.5$、或者 $\bar{N} = 200$ 且 $k \leqslant 10$ 这些模拟背景下，该检验的检验力也都无法达到 0.5 这个水平。

六 原始研究数据呈不同分布条件下 Hedges Q 检验检验力间的比较

为清晰、直观地呈现原始研究数据分布对 Hedges Q 检验检验力的影响，这里将以具体模拟情境为横坐标，以统计检验力为纵坐标绘制出该检验在 4 种不同原始研究数据分布条件下该检验检验力的折线图。具体结果见附录第五部分中的附图 81 至 160。为方便描述，这里将依据实验组与控制组数据方差比的不同水平将原始研究的数据分布对 Hedges Q 检验检验力的影响分成多个部分进行阐述。

（一）原始研究实验组与控制组数据的方差齐性

在实验组与控制组数据方差齐性的条件下，原始研究数据分布对 Hedges Q 检验的检验力有何影响？在模拟情境相同的条件下，附图 81 至 100 显示：

第一，总体效应量方差 σ_θ^2 低至 0.01 时，原始研究数据分布对 Hedges Q 检验检验力的作用受 μ_θ 及 $\bar{N}$ 的影响较大。此时，如果 $\mu_\theta \leq 0.2$，则附图 51 至 85 显示 Hedges Q 检验在原始研究数据分别呈正态分布、偏态分布 1（$df=8$ 的 χ^2 分布）、偏态分布 2（$df=4$ 的 χ^2 分布）以及偏态分布 3（$df=2$ 的 χ^2 分布）条件下的检验力非常接近。这个事实表明，在 $\sigma_\theta^2 = 0.01$ 且 $\mu_\theta \leq 0.2$ 条件下，Hedges Q 检验的检验力几乎不受原始研究数据分布的影响；此时，如果 $\mu_\theta \geq 0.5$，则在 $20 \leq \bar{N} \leq 200$ 条件下，整体上该检验的检验力会随着原始研究数据分别呈正态分布、偏态分布 1、偏态分布 2 与偏态分布 3 而依次提高。而且，μ_θ 与 k 值越大，彼此间的检验力差异也越大。这个结果表明，在 $\sigma_\theta^2 = 0.01$ 且 $\mu_\theta \geq 0.5$ 条件下，Hedges Q 检验的检验力随着原始研究数据分布的偏态、峰度综合程度的增大而呈现出提高的趋势。然而，此时只要 $\bar{N} \geq 640$，该检验在原始研究数据呈不同分布条件下的检验力就彼此相近。这意味着此时该检验的检验力实际上几乎不受原始研究数据分布因素的影响。

第二，σ_θ^2 增大至 0.04 时，原始研究数据分布与 Hedges Q 检验检验力间的关系具体表现为：（1）如果 $20 \leq \bar{N} \leq 40$，则附图 86 与 87 显示，Hedges Q 检验在 $\mu_\theta \geq 0.5$ 处其检验力随着原始研究数据分布分别呈正态分布、偏态分布 1、偏态分布 2 与偏态分布 3 而依次有明显的提高。而且，k 与 μ_θ 值越大，该检验的检验力彼此间的差异也越大。需要指出的是，在 $20 \leq \bar{N} \leq 40$ 条件下，如果 μ_θ 减小至 0.2，则 Hedges Q 检验在原始研究数据呈偏态分布 1、偏态分布 2 时的检验力非常接近，均略高于原始研究数据呈正态分布时该检验的检验力，但略低于原始研究数据呈偏态分布 3 时的检验力。如果 μ_θ 继续减小至 0，则该检验在原始研究数据分别呈正态分布、偏态分布 1 与偏态分布 2 条件下的检验力彼此间也非常接近，但稍稍略低于该检验在原始研究数据呈偏态分布 3 时的检验力；（2）此时，如果 $\bar{N}$ 增大至 80，则在 $\mu_\theta \leqslant 0.2$ 处，原始研究的数据分布对该检验检验力的影响可以忽略。但在 $\mu_\theta \geqslant 0.5$ 条件下，原始研究数据分布就会对该检验的检验力产生较轻的影响。其中在 $\mu_\theta = 0.5$ 处，原始研究数据呈正态分布、偏态分布 1 与偏态分布 2 时的检验力非常接近，但均略低于原始研究数据呈偏态分布 3 时的检验力。而当 μ_θ 增至 0.8 时，该检验的检验力会随着原始研究数据分布分别呈正态分布、偏态分布 1、偏态分布 2 与偏态分布 3 而依次略有提高；（3）此时，只要 $\bar{N} \geqslant 200$，附图 89 与 90 显示该检验的检验力实际上几乎不受原始研究数据分布的影响。

第三，当 σ_θ^2 增至 0.08 时，原始研究的数据分布对 Hedges Q 检验检验力的影响具体而表现为：（1）如果 $\bar{N}$ 低至 20，则附图 91 显示该检验的检验力随着原始研究数据分别呈正态分布、偏态分布 1、偏态分布 2 与偏态分布 3 而依次提高。而且 k、μ_θ 越大，在原始研究数据呈不同分布条件下该检验的检验力间的差异也越大。这个结果意味着，此时在 $\bar{N}$ 低至 20 条件下，原始研究数据分布对 Hedges Q 检验检验力的作用会随着 μ_θ 与 k 的增大而变大；（2）此时，如果 $\bar{N}$ 增至 40，则附图 92 显示，原始研究数据分布对 Hedges Q 检验的检验力只在 $\mu_\theta \geqslant 0.8$ 条件下有较轻的影响。该检验的检验力随着原始研究数据分别呈正态分布、偏态分布 1、偏态分布 2 与偏态分布 3 而依次略有提高；（3）此时，只要 $\bar{N} \geqslant 80$，则附图 93 至 95 显示，原始研究数据分布对 Hedges Q 检验的检验力的影响轻微。

第四，如果 σ_θ^2 大至 0.16，则在 $\bar{N}$ 低至 20 条件下，附图 96 显示，原始研究的数据分布对 Hedges Q 检验检验力的作用受 μ_θ 的影响很轻。此时，在原始研究数据呈偏态分布 3 条件下该检验的检验力略高于原始研究数据呈正态分布、偏态分布 1 与偏态分布 2 条件下的检验力。其中，原始研究数据呈正态分布、偏态分布 1 与偏态分布 2 时该检验的检验力彼此间比较接近。这意味着即使 $\bar{N}$ 低至 20，此时原始研究数据分布对该检验的检验力也影响较轻。附图 97 至 100 显示，只要 $\bar{N} \geqslant 40$，原始研究数据分布对 Hedges Q 检验的检验力就几乎没有什么影响。

(二) 原始研究实验组与控制组数据的方差非齐但 σ_E^2/σ_C^2 等于 2

原始研究实验组与控制组数据的方差非齐时，原始研究的数据分布对 Hedges Q 检验检验力的影响较之于实验组与控制组数据方差齐性时的情况有较大不同。此时，如果 $\sigma_E^2/\sigma_C^2=2$，则在模拟情境相同条件下，附图 101 至 120 显示：

第一，总体效应量方差 σ_θ^2 低至 0.01 时，原始研究数据分布对 Hedges Q 检验检验力的作用具体表现为：(1) 如果 $\bar{N}$ 低至 20，则附图 101 显示，该检验的检验力在 $\mu_\theta=0$ 处并没有随着原始研究数据分布的不同而呈现出某种一致性分化的趋势。而且，该检验在 4 种不同原始研究数据分布下的检验力均低至名义 I 类错误率水平左右，彼此间的差异并不大，此时原始研究的数据分布在 $\mu_\theta=0$ 处实际上对该检验检验力的影响很轻。但只要 $\mu_\theta \geqslant 0.2$，整体上，该检验的检验力就会随着原始研究数据分别呈正态分布、偏态分布 1、偏态分布 2 与偏态分布 3 而依次降低。其中，该检验在原始研究数据呈偏态分布 2 条件下的检验力与原始研究数据呈偏态分布 3 时的检验力彼此之间非常接近。需要指出的是，当 $\mu_\theta \geqslant 0.2$ 时，μ_θ、k 值越大，原始研究数据呈正态分布与呈偏态分布时该检验的检验力间的差异也越大；(2) 此时，如果 $\bar{N}$ 增至 40，则附图 102 显示，在 $\mu_\theta=0$ 处，Hedges Q 检验在原始研究数据呈正态分布、偏态分布 1 及偏态分布 2 条件下的检验力非常接近，均略低于原始研究数据呈偏态分布 3 条件下的检验力。而当 μ_θ 增大至 0.2 时，Hedges Q 检验在原始研究数据呈正态分布与呈偏态分布 1 时的检验力彼此间相近，而原始研究数据呈偏态分布 2 与偏态分布 3 时的检验力彼此间也相近。但前两种数据分布条件下该检验的检验力要略高于后两种数据分布条件下该检验的检验力。总的来说，在 $\mu_\theta=0.2$ 处，原始研究数据分布对该检验检验力的影响实际上也较小。随着 μ_θ 地增大，当 μ_θ 增至 0.5 时，Hedges Q 检验在原始研究数据呈 3 种偏态分布条件下的检验力彼此间非常接近，但均小于原始研究呈正态分布下的检验力。而且，这种差距也随着 μ_θ、k 的增大而变大；(3) 此时，如果 $80 \leqslant \bar{N} \leqslant 200$，则附图 103 与 104 显示，Hedges Q 检验在原始研究数据呈 3 种偏态分布条件下的检验力彼此相近，但都低于原始研究数据呈正态分布时该检验的检验力。同样，此时k、μ_θ越大，该检验在原始研究数据呈正态分布时的检验力与原始研究数据呈偏态分布时的检验力之间的差异也越大；(4) 当$\bar{N}$大至640时，附图105显示，该检验的检验力几乎不受研究数据分布的影响。

第二，当σ_θ^2增至0.04时，原始研究的数据分布对Hedges Q检验检验力的作用具体表现为：(1) 如果$\bar{N}=20$，则附图106显示，在$\mu_\theta=0$处，该检验在原始研究数据分别呈正态分布、偏态分布1、偏态分布2与偏态分布3条件下的检验力依次提高。随着μ_θ增至0.2处，该检验在原始研究数据呈不同分布条件下的检验力彼此差异很小，这表明原始研究数据分布此时对该检验的检验力影响甚微。当$\mu_\theta \geq 0.5$时，整体上，该检验在原始研究数据呈3种不同偏态分布条件下的检验力彼此之间非常接近，但都明显低于该检验在原始研究数据呈正态分布条件下的检验力。而且，k越大，这种检验力间的差异也越大；(2) 此时，如果$\bar{N}$增至40时，则附图107显示，在$\mu_\theta=0$处，该检验在原始研究数据呈正态分布、偏态分布1与偏态分布2条件下的检验力相近，但整体上都略低于原始研究数据呈偏态分布4时的检验力。当μ_θ增至时0.2时，该检验在原始研究数据呈偏态分布1与偏态分布2条件下的检验力彼此相近，但整体上都略低于原始研究数据呈偏态分布3时的检验力，而该检验在原始研究数据呈偏态分布3条件下的检验力又略低于原始研究数据呈正态分布条件下的检验力。只要$\mu_\theta \geq 0.5$，则该检验在原始研究数据呈3种不同偏态分布条件下的检验力彼此间非常接近，但均低于原始研究数据呈正态分布条件下的检验力。并且，k值越大，该检验在原始研究数据呈正态分布与呈偏态分布条件下的检验力之间的差异也越大；(3) 此时，如果$\bar{N}$继续增至80，则附图108显示，在$\mu_\theta \leq 0.2$条件下，该检验在原始研究数据呈不同分布条件下的检验力彼此之间非常接近，这表明原始研究数据分布在此条件下对该检验的检验力并没有什么影响。然而，当$\mu_\theta \geq 0.5$时，该检验在原始研究呈3种不同偏态分布条件下的检验力彼此间非常接近，但均略低于原始研究呈正态分布时的检验力。同样，k值越大，该检验在原始研究数据呈正态分布与呈偏态分布条件下的检验力之间的差异也越大；(4) 此时，只要$\bar{N} \geq 200$，则附图109与110都一致显示，此时原始研究数据的分布对该检验的检验力实际上没有什么影响。

　　第三，当 σ_θ^2 增至 0.08 时，原始研究数据分布与 Hedges Q 检验检验力间的关系具体表现为：（1）如果 $\bar{N}=20$，则附图 111 显示，该检验在 $\mu_\theta=0$ 处的检验力随着原始研究数据分别呈正态分布、偏态分布 1、偏态分布 2 与偏态分布 3 而依次提高。随着 μ_θ 进一步增大至 0.2，该检验在原始研究数据呈正态分布、偏态分布 1 与偏态分布 2 条件下的检验力彼此相近，但整体上均略低于该检验在原始研究数据呈偏态分布 3 条件下的检验力。当 μ_θ 继续增至 0.5 时，该检验在原始研究数据呈 3 种偏态分布条件下的检验力实际上彼此相近，但均略低于该检验在原始研究数据呈正态分布条件下的检验力。当 μ_θ 继续增至 0.8 时，该检验在原始研究数据呈偏态分布 1 与偏态分布 2 条件下的检验力彼此相近，但其值均略低于原始研究数据呈偏态分布 3 时的检验力，而该检验在原始研究数据呈偏态分布 3 条件下的检验力又略低于原始研究数据呈正态分布条件下的检验力；（2）此时，如果 $\bar{N}$ 增至 40，则附图 112 显示，在 $\mu_\theta=0$ 处，原始研究数据呈正态分布、偏态分布 1 与偏态分布 2 条件下该检验的检验力彼此之间接近，但均略低于该检验在原始研究数据呈偏态分布 3 条件下的检验力。随着 μ_θ 的增大，$0.2 \leqslant \mu_\theta \leqslant 0.5$ 时，原始研究数据分布对该检验检验力的影响实际上很小。但当 $\mu_\theta \geqslant 0.8$ 时，该检验在原始研究数据呈 3 种不同偏态分布条件下的检验力彼此之间相近，但均略低于原始研究数据呈正态分布时该检验的检验力；（3）此时，如果 $\bar{N} \geqslant 80$，则附图 113 至 115 均显示，原始研究的数据分布对该检验检验力的影响甚微。

　　第四，如果 σ_θ^2 大至 0.16，则原始研究数据对 Hedges Q 检验检验力的影响较之于前面更加简洁。具体而言：（1）只要 $\bar{N} \geqslant 40$，原始研究的数据分布对 Hedges Q 检验的检验力就几乎没有什么影响；（2）此时，如果 $\bar{N}$ 低至 20，则原始研究的数据分布对 Hedges Q 检验的检验力只有较轻的影响。这又表现为，Hedges Q 检验在原始研究数据呈偏态分布 3 条件下的检验力要高于原始研究数据分布呈现另外 3 种分布时的检验力，但这种检验力间的差异会随着 μ_θ 地增大而缩小。在 $\mu_\theta=0$ 处，该检验的检验力分别随着原始研究数据呈正态分布、偏态分布 1 与偏态分

2 而依次略有提高。随着μ_θ的增大，当 $0.2 \leq \mu_\theta \leq 0.5$ 时，该检验在原始研究数据呈正态分布、偏态分布 1 与偏态分布 2 条件下的检验力彼此相近。但在$\mu_\theta \geq 0.8$ 条件下，原始研究数据呈偏态分布 1 与偏态分布 2 时该检验的检验力略低于该检验在原始研究数据呈正态分布时的检验力。

（三）原始研究实验组与控制组数据的方差非齐但 σ_E^2/σ_C^2 等于 4

原始研究实验组与控制组数据的方差比 σ_E^2/σ_C^2 增大至 4 时，原始研究的数据分布对 Hedges Q 检验检验力的作用在影响趋势方面基本上与 σ_E^2/σ_C^2 等于 2 时的情况类似，但也有所不同。在其他模拟情境相同条件下，附图 121 至 140 显示：

第一，总体效应量方差 σ_θ^2 低至 0.01 时，原始研究的数据分布与 Hedges Q 检验检验力间的关系具体表现为：（1）如果 $20 \leq \bar{N} \leq 40$，则附图 121 显示，Hedges Q 检验在$\mu_\theta = 0$ 处的检验力随着原始研究数据分别呈正态分布、偏态分布 1、偏态分布 2 与偏态分布 3 而依次提高。当μ_θ增至 0.2 时，原始研究数据分布实际上对该检验检验力的影响很小。然而，如果$\mu_\theta \geq 0.5$，则该检验的检验力会随着原始研究数据分别呈正态分布、偏态分布 1、偏态分布 2 与偏态分布 3 而依次降低，但实际上原始研究数据呈 3 种不同偏态分布时的检验力彼此之间差异较小。然而，在$\mu_\theta \geq 0.5$ 处，原始研究数据呈正态分布时的检验力与原始研究数据呈偏态分布时该检验的检验力间的差异会随着μ_θ与 k 的增大渐呈扩大趋势；（2）此时，如果$\bar{N}$增至 80，则附图 123 显示，在$\mu_\theta = 0$ 处，Hedges Q 检验在原始研究数据呈正态分布与呈偏态分布 1 时的检验力彼此相近，但依次低于原始研究数据呈偏态分布 2 与呈偏态分布 3 时的检验力。μ_θ增大至 0.2 时，该研究在原始研究数据呈 3 种不同偏态分布条件下的检验力彼此相近，但都低于原始研究数据呈正态分布时的检验力。并且，k 值越大，这种差异也越大。然而，只要$\mu_\theta \geq 0.5$，该检验的检验力随着原始研究数据分别呈偏态分布 3、偏态分布 2 与偏态分布 1 而依次略有提高，但均明显低于原始研究数据呈正态分布时的检验力。同时，μ_θ与 k 值越大，该检验在原始研究数据呈正态分布与呈非正态分布条件下的检验力彼此间的差异也越大；（3）此时，如果$\bar{N}$增至 200，则附图 124 显示，在$\mu_\theta = 0$ 处，Hedges Q 检验在原始研究呈正态分布、偏态分布 1 与偏态分布 2 条件下的检验力彼此相近，但都略低于原始研究数据呈偏态分布 3 条件下的检验力。然而，此时只要$\mu_\theta \geq 0.5$，该检验的检验力随着原始研究数据呈正态分布、偏态分布 1、偏态分布 2 与偏态分布 3 而依次降低。并且，μ_θ 与 k 值越大，该检验在原始研究数据呈不同分布条件下的检验力之间的差异也越大；（4）此时，如果 $\bar{N}$ 高达 640，则附图 125 显示，Hedges Q 检验的检验力随着原始研究数据分别呈正态分布、偏态分布 1、偏态分布 2 与偏态分布 3 而依次下降，并且这种趋势会随着 μ_θ、k 的增大而逐渐呈现出来。在 $\mu_\theta \leq 0.2$ 时，该检验的检验力不会或受原始研究数据分布的影响较轻。但当 $\mu_\theta \geq 0.5$ 时，该检验在原始研究数据呈不同分布条件下的检验力间的差异才会凸显出来。而且，μ_θ 与 k 值越大，这种差异也表现得更加明显。

第二，当 σ_θ^2 增至 0.04 时，原始研究的数据分布对 Hedges Q 检验检验力的影响具体表现为：（1）如果 $\bar{N} = 20$，则附图 126 显示，在 $\mu_\theta = 0$ 处，该检验的检验力随着原始研究数据分别呈正态分布、偏态分布 1、偏态分布 2 与偏态分布 3 而依次提高。在 $\mu_\theta = 0.2$ 处，该检验在原始研究数据呈正态分布、偏态分布 1 与偏态分布 2 条件下的检验力彼此相近，但均低于原始研究数据呈偏态分布 3 条件下的检验力。相反，只要 $\mu_\theta \geq 0.5$，该检验的检验力会随着原始研究数据分别呈正态分布、偏态分布 1、偏态分布 2 与偏态分布 3 而依次下降。其中，该检验在原始研究数据呈 3 种不同偏态分布条件下的检验力彼此之间非常接近。并且，μ_θ 与 k 的增大会扩大原始研究数据呈正态分布与呈非正态分布条件下该检验检验力间的差异；（2）此时，如果 $40 \leq \bar{N} \leq 80$，则附图 127 与 128 显示，该检验在 $\mu_\theta = 0$ 处的检验力会随着原始研究数据分别呈正态分布、偏态分布 1、偏态分布 2 与偏态分布 3 而依次提高，并且在 $\mu_\theta = 0.2$ 处该检验的检验力受原始研究数据分布的影响也很轻。但只要 $\mu_\theta \geq 0.5$，该检验的检验力就会随着原始研究数据分别呈正态分布、偏态分布 1、偏态分布 2 与偏态分布 3 而依次下降。而且，μ_θ、k 越大，该检验在原始研究数据呈正态分布与偏态分布条件下的检验力间的差异也将越大；（3）此时，如果 $\bar{N}$ 增大至 200，则只要 $\mu_\theta \leq 0.2$，则附图 129 显示原始研究数据分布对该检验的检验力实际上没有什么影响。但如果 $\mu_\theta \geq 0.5$，则该检验的检验力会随着原始研究数据分别呈正态分布、偏态分布1、偏态分布2与偏态分布3而依次下降。只不过在原始研究数据呈偏态分布时该检验在$\mu_\theta=0.5$处的3种检验力彼此之间非常接近。同时,该检验在原始研究数据呈偏态分布1与偏态分布2条件下的检验力在$\mu_\theta=0.8$处也非常接近;(4)此时,如果$\bar{N}\geq 640$,附图130显示原始研究的数据分布对该检验的检验力实际上并没有什么影响。

第三,当σ_θ^2增至0.08时,原始研究的数据分布对Hedges Q检验检验力的影响具体表现为:(1)此时,如果$20\leq\bar{N}\leq 40$,则附图131与132显示,在$\mu_\theta=0$处,该检验的检验力随着原始研究数据分别呈正态分布、偏态分布1、偏态分布2与偏态分布3而依次提高。在$\mu_\theta=0.2$处,该检验在原始研究数据分别呈正态分布、偏态分布1、偏态分布2条件下的检验力彼此相近,但均低于原始研究数据呈偏态分布3条件下的检验力。在$\mu_\theta=0.5$处,该检验在原始研究数据呈偏态分布1、偏态分布2与偏态分布3条件下的检验力彼此也相近,均低于原始研究数据呈正态分布时该检验的检验力。然而,当μ_θ大至0.8时,该检验在原始研究数据呈偏态分布1与呈偏态分布2条件下的检验力彼此相近,但略高于原始研究数据呈偏态分布3时的检验力,但又低于原始研究数据呈正态分布时的检验力。同时,附图131也显示,因原始研究数据分布的不同而导致的该检验检验力之间的差异会随着k的增大而扩大;(2)此时,如果$\bar{N}$增至80时,则附图133显示,在$\mu_\theta\leq 0.2$处,该检验的检验力几乎不受原始研究数据分布的影响。但在$\mu_\theta\geq 0.5$处,原始研究数据呈3种不同偏态分布时该检验的检验力彼此接近,但均低于原始研究数据呈正态分布时该检验的检验力。而且,这种差异随着k、μ_θ增大而呈现扩大趋势;(3)此时,只要$\bar{N}\geq 200$,附图134与135显示,原始研究的数据分布对Hedges Q检验的检验力实际上没有什么影响。

第四,当σ_θ^2大至0.16时,原始研究数据分布对Hedges Q检验检验力的影响具体表现为:(1)如果$\bar{N}$低至20,则附图136显示,在$\mu_\theta=0$处,该检验的检验力随着原始研究数据分别呈正态分布、偏态分布1、偏态分布2与偏态分布3而依次提高。在$\mu_\theta=0.2$处,该检验在原始研究数据呈正态分布、偏态分布1与偏态分布2条件下的检验力彼此相近，但均低于原始研究数据呈偏态分布 3 条件下的检验力。在 $\mu_\theta = 0.5$ 处，原始研究数据分布对该检验检验力的影响较小。然而，如果 μ_θ 增大至 0.8，原始研究数据呈偏态分布时该检验的检验力之间彼此接近，但均低于原始研究数据呈正态分布时该检验的检验力；（2）此时，如果 $\bar{N}$ 增至 40，则附图 137 显示，在 $\mu_\theta = 0$ 处，该检验在原始研究数据分布呈正态分布、偏态分布 1 与偏态分布 2 条件下的检验力彼此相近，但均低于原始研究数据呈偏态分布 3 时的检验力。如果 $0.2 \leqslant \mu_\theta \leqslant 0.5$，则原始研究数据分布对该检验的检验力影响较轻。然而，如果 μ_θ 大至 0.8，则原始研究数据呈偏态分布时的检验力彼此接近，但其值均低于原始研究数据呈正态分布时的检验力；（3）此时，如果 $\bar{N} \geqslant 80$，则附图 138 至 140 显示，原始研究数据分布对该检验的检验力实际上没有什么影响。

（四）原始研究实验组与控制组数据的方差非齐但 σ_E^2/σ_C^2 等于 8

原始研究实验组与控制组数据的方差比大至 8 时，原始研究数据分布对 Hedges Q 检验检验力的影响基本类似于 $\sigma_E^2/\sigma_C^2 = 4$ 时的情况，但整体上要更显复杂一些。在模拟情境相同的条件下，附图 141 至 160 显示：

第一，总体效应量方差 σ_θ^2 低至 0.01 时，原始研究数据分布对 Hedges Q 检验检验力的影响具体表现为：（1）如果 $\bar{N}$ 低至 20，则附图 141 显示，在 $\mu_\theta \leqslant 0.2$ 处，Hedges Q 检验的检验力随着原始研究数据分别呈正态分布、偏态分布 1、偏态分布 2 与偏态分布 3 而依次提高。并且 k 值越大，该检验在不同原始研究数据分布条件下检验力之间的差异也越大。当 μ_θ 增至 0.5 时，该检验在原始研究数据呈偏态分布 1 与偏态分布 2 条件下的检验力彼此相近，而该检验在原始研究数据呈正态分布与偏态分布 3 条件下的检验力也彼此相近，但前两种检验力要略低于后两种检验力。在此处，原始研究数据分布对该检验检验力的影响整体较小。当 μ_θ 增至 0.8 时，该检验在原始研究数据呈偏态分布条件下的检验力彼此相近，但均低于原始研究数据呈正态分布时的检验力。并且，k 值越大，该检验在原始研究数据呈正态分布与呈偏态分布条件下的检验力间的差异也越大；（2）此时，如果 $\bar{N}$ 增至 40，则附图 142 显示，在 $\mu_\theta = 0$ 处，该检验的检验力随着原始研究数据分别呈正态分布、偏态分布 1、偏态分布 2 与偏态分布 3 而依次提高。并且，k 越大，该检验在不同原始研究数据分布下检验力之间的差异也越大。当μ_θ增至 0.2 时，该检验在原始研究数据呈正态分布、偏态分布 1 与偏态分布 2 条件下的检验力相近，但均低于原始研究数据呈偏态分布 3 条件下的检验力。并且，k 越大，该检验在不同原始研究数据分布条件下的检验力间的差异也越大。然而，当$\mu_\theta \geqslant 0.5$ 时，该检验在原始研究数据呈 3 种不同偏态分布条件下的检验力彼此相近，但均低于原始研究数据呈正态分布时的检验力；(3) 此时，如果$\bar{N}$增至 80，则附图 143 显示，在$\mu_\theta = 0$ 处，该检验的检验力随着原始研究数据呈正态分布、偏态分布 1、偏态分布 2 与偏态分布 3 而依次提高。并且，该检验由于原始研究数据分布不同所导致的检验力间的差异会随着 k 的增大而变大。当μ_θ增至 0.2 时，由于原始研究数据呈不同分布条件下该检验的检验力间的差异较小，故原始研究数据分布对该检验检验力的影响较轻。然而，当$\mu_\theta \geqslant 0.5$ 时，该检验在原始研究数据呈 3 种不同偏态分布条件下的检验力彼此相近，但均低于原始研究数据呈正态分布时的检验力。同样，该检验在原始研究数据呈正态分布与呈偏态分布时的检验力间差异会随着 k 的增大而扩大；(4) 此时，如果$\bar{N}$增至 200，则附图 144 显示，在$\mu_\theta = 0$ 处，该检验在原始研究数据呈正态分布与偏态分布 1 时的检验力彼此相近，但略低于原始研究数据呈偏态分布 2 时的检验力，此时该检验在原始研究数据呈偏态分布 3 条件下的检验力相对最高。当μ_θ增至 0.2 时，该检验在原始研究数据呈 3 种不同偏态分布下的检验力相当，但均低于原始研究数据呈正态分布时的检验力。只要$\mu_\theta \geqslant 0.5$，该检验的检验力随着原始研究数据分布分别呈正态分布、偏态分布 1、偏态分布 2 与偏态分布 3 而依次下降。同样，k 的增大会扩大由于原始研究数据分布的不同所导致的该检验检验力之间的差异；(5) 此时，如果$\bar{N}$大至 640，则附表 145 显示，在$\mu_\theta = 0$ 处，原始研究数据分布对该检验的检验力没有什么影响。在$\mu_\theta = 0.2$ 处，该检验在原始研究数据呈偏态分布 1 与偏态分布 2 条件下的检验力彼此相近，均略高于原始研究数据呈偏态分布 3 时的检验力，但都低于原始研究数据呈正态分布时的检验力。然而，当$\mu_\theta \geqslant 0.5$ 时，该检验的检验力随着原始研究数据分布分别呈正态分布、偏态分布 1、偏态分布 2 与偏态分布 3 而依次下降。同样，k 的增大会扩大由于原始研究数据分布的不同所导致的该检验检验力之间的差异。

第二，当σ_θ^2增至0.04时，原始研究数据分布对Hedges Q检验检验力的影响与$\sigma_\theta^2=0.01$时的情况有所不同。具体而言：（1）如果$\bar{N}$低至20，则附图146显示，在$\mu_\theta\leq0.2$处，该检验的检验力会随着原始研究数据分别呈正态分布、偏态分布1、偏态分布2与偏态分布3而依次提高。并且，在此处k的增大会扩大该检验在不同原始研究数据分布条件下的检验力之间的差异。当μ_θ增至0.5时，该检验在原始研究数据呈偏态分布1与呈偏态分布2条件下的检验力彼此相近。同时，该检验在原始研究数据呈正态分布与偏态分布3条件下的检验力也相近，但前两者的检验力要略低于后两者的检验力。实际上，此时原始研究数据呈不同分布条件下的检验力彼此间的差异较小，故原始研究数据分布在$\mu_\theta=0.5$处对该检验检验力的影响实际也较小。然而，当μ_θ大至0.8时，该检验在原始研究数据呈3种不同偏态分布条件下的检验力彼此相近，但均低于原始研究数据呈正态分布时的检验力。在此处，k的增大也会扩大该检验在原始研究数据呈正态分布与呈偏态分布条件下检验力间的差异；（2）此时，如果$\bar{N}$增至40，则附图147显示，在$\mu_\theta=0$处，该检验的检验力会随着原始研究数据呈正态分布、偏态分布1、偏态分布2与偏态分布3而依次提高。在此处，k的增大也会扩大该检验在不同原始研究数据分布条件下的检验力之间的差异。当μ_θ增至0.2时，该检验在原始研究数据呈正态分布、偏态分布1条件下的检验力彼此相近，但略低于原始研究数据呈偏态分布2时的检验力，此时该检验在原始研究数据呈偏态分布3条件下的检验力相对最高。当μ_θ增至0.5时，该检验在原始研究数据呈3种偏态分布条件下的检验力彼此相近，但均低于原始研究数据呈正态分布时的检验力。当μ_θ大至0.8时，该检验在原始研究数据呈正态分布时的检验力明显高于原始研究数据呈偏态分布时的检验力。而且，该检验在原始研究数据呈偏态分布1时的检验力要依次略高于原始研究数据呈偏态分布2与偏态分布3时的检验力。同样，k的增大会扩大由于原始研究数据分布的不同所导致的该检验检验力间的差异；（3）此时，如果$\bar{N}$增至80，则附图148显示，整体上，原始研究数据分布对该检验检验力的影响非常类似于$\bar{N}=40$时的情况。不同的地方在于，在$\mu_\theta=0.2$处，此时原始研究数据分布对该检验的检验力没有什么影响；（4）此时，如果$\bar{N}$继续增至200时，则附图149显示，在$\mu_\theta=$

0 处，原始研究数据分布对该检验的检验力没有什么影响。当μ_θ增至 0.2 时，该检验在原始研究数据呈正态分布条件下的检验力略高于原始研究数据呈偏态分布条件下的检验力，但该检验在原始研究数据呈 3 种不同偏态分布条件下的检验力却大体相当。然而，只要$\mu_\theta \geqslant 0.5$，该检验的检验力就会随着原始研究数据分别呈正态分布、偏态分布 1、偏态分布 2 与偏态分布 3 而依次下降；(5) 此时，在$\bar{N} \geqslant 640$条件下，附图 150 显示原始研究数据分布对该检验的检验力实际上没有什么影响。

第三，当σ_θ^2增至 0.08 时，原始研究数据分布对 Hedges Q 检验检验力的影响在趋势上类似于$\sigma_\theta^2 = 0.04$时的情况，但也有所不同。具体而言：(1) 如果$\bar{N}$低至 20，则附图 151 显示，在$\mu_\theta \leqslant 0.2$处，该检验的检验力会随着原始研究数据分别呈正态分布、偏态分布 1、偏态分布 2 与偏态分布 3 而依次提高。同样在此处，k越大，该检验在不同原始研究数据分布条件下的检验力之间的差异也越大。当μ_θ增至 0.5 时，原始研究数据分布对该检验的检验力实际上没有什么影响。然而，当μ_θ大至 0.8 时，该检验在原始研究数据呈 3 种不同偏态分布条件下的检验力彼此相近，但均略低于原始研究数据呈正态分布时的检验力。同样，该检验在原始研究呈正态分布与呈偏态分布时的检验力之间的差异会随着k的增大而扩大；(2) 此时，如果$\bar{N}$增至 40，则附图 152 显示，在$\mu_\theta = 0$处，该检验的检验力会随着原始研究数据分别呈正态分布、偏态分布 1、偏态分布 2 与偏态分布 3 而依次提高。在此处，k越大，该检验在不同原始研究数据分布条件下的检验力之间的差异也越大。当μ_θ增至 0.2 时，该检验在原始研究数据呈正态分布、偏态分布 1 与偏态分布 2 条件下的检验力彼此相近，但均略低于原始研究数据呈偏态分布 3 时的检验力。当μ_θ继续增至 0.5 时，该检验在原始研究数据呈 3 种不同偏态分布条件下的检验力彼此相近，但都略低于原始研究数据呈正态分布时的检验力。随着μ_θ进一步增至 0.8，整体上，该检验以原始研究数据呈正态分布条件下的检验力要高于原始研究数据呈偏态分布条件下的检验力。并且，该检验在原始研究数据呈偏态分布 1、偏态分布 2 与偏态分布 3 时的检验力依次降低。同时，该检验在原始研究数据呈正态分布与呈偏态分布条件下的检验力之间的差异会随着k的增大而扩大；

(3) 此时, 如果 $\bar{N}$ 增至 80, 则附图 153 显示, 在 $\mu_\theta = 0$ 处, 该检验在原始研究数据呈正态分布、偏态分布 1 与偏态分布 2 条件下的检验力彼此相近, 但均低于原始研究数据呈偏态分布 3 时的检验力。此时, k 越大, 这种差异也越大。当 μ_θ 增至 0.2 时, 原始研究的数据分布对该检验的检验力没有什么影响。当 μ_θ 继续增至 0.5 时, 该检验在原始研究数据呈偏态分布 1、呈偏态分布 2 与呈偏态分布 3 时的检验力彼此相近, 但均低于原始研究数据呈正态分布时的检验力。当 μ_θ 继续增至 0.8 时, 该检验的检验力会随着原始研究数据分别呈正态分布、偏态分布 1、偏态分布 2 与偏态分布 3 而依次下降; (4) 此时, 如果 $\bar{N}$ 增至 200, 则附图 154 显示, 只要 $\mu_\theta \leq 0.2$, 则该检验的检验力实际上不受原始研究数据分布的影响。但当 $\mu_\theta \geq 0.5$ 时, 原始研究数据分布对该检验的检验力的影响较轻。其中, 在 $\mu_\theta = 0.5$ 处, 该检验在原始研究数据呈 3 种不同偏态分布条件下的检验力彼此相近, 但均略低于原始研究数据呈正态分布条件上的检验力。在 $\mu_\theta = 0.8$ 处, 该检验的检验力会随着原始研究数据呈正态分布、偏态分布 1、偏态分布 2 与偏态分布 3 而依次略有下降; (5) 此时, 只要 $\bar{N} \geq 640$, 原始研究的数据分布实际上就不会对该检验的检验力产生影响。

第四, 当 σ_θ^2 大至 0.16 时, 原始研究数据分布对 Hedges Q 检验检验力的影响在趋势上基本类似于 $\sigma_\theta^2 = 0.08$ 时的情况, 但具体情况也有所不同。具体而言: (1) 如果 $\bar{N}$ 低至 20, 则附图 156 显示, 在 $\mu_\theta \leq 0.2$ 处, 该检验的检验力随着原始研究数据分别呈正态分布、偏态分布 1、偏态分布 2 与偏态分布 3 而依次提高。同时, 该检验在不同原始研究数据分布条件下的检验力间的差异会随着 k 的增大而扩大。当 μ_θ 增至 0.5 时, 该检验的检验力在原始研究数据呈偏态分布 1 与偏态分布 2 时彼此相近, 但都略低于原始研究数据呈正态分布时的检验力, 而后者又略低于原始研究数据呈偏态分布 3 时的检验力。当 $\mu_\theta \geq 0.8$ 时, 该检验在原始研究数据呈 3 种不同的偏态分布条件下的检验力彼此相近, 但均低于原始研究数据呈正态分布时的检验力。此时, 该检验在原始研究数据呈正态分布与呈偏态分布条件下的检验力间的差异也随着 k 的增大而扩大; (2) 此时, 如果 $\bar{N}$ 增至 40, 则附图 157 显示, 在 $\mu_\theta = 0$ 处, 该检验的检验力随着原始研究数据分别呈正态分布、偏态分布 1、偏态分布 2

与偏态分布 3 而依次提高。同样,该检验在不同原始研究数据分布下的检验力之间的差异会随着 k 的增大而扩大。当 μ_θ 增至 0.2 时,原始研究数据呈正态分布、偏态分布 1 与偏态分布 2 时的检验力彼此相近,但均略低于原始研究数据呈偏态分布 3 时的检验力。当 μ_θ 继续增至 0.5 时,整体上原始研究数据分布对该检验检验力的影响较轻。如果 μ_θ 继续增至 0.8,则该检验在原始研究数据呈 3 种不同偏态分布条件下的检验力彼此相近,但均低于原始研究数据呈正态分布条件下该检验的检验力。此时,该检验在原始研究数据呈正态分布与呈偏态分布下的检验力彼此间地差异也随着 k 的增大而扩大;(3)此时,如果 $\bar{N}$ 增至 80,则附图 158 显示,该检验的检验力在 $\mu_\theta \leqslant 0.5$ 条件下受原始研究数据分布的影响很轻。但如果 $\mu_\theta \geqslant 0.8$,则该检验在原始研究数据呈 3 种不同偏态分布条件下的检验力彼此相近,但均略低于原始研究数据呈正态分布时该检验的检验力;(4)此时,只要 $\bar{N} \geqslant 200$,则附图 159 与 160 显示,原始研究数据分布实际上对该检验的检验力并没有什么影响。

七 讨论与结论

正如前面曾指出的那样,除了 I 类错误率这个指标之外,统计检验力也是评估一个统计检验性能好坏的另一个基本指标。无疑,要对任何一个统计检验的检验力性能进行评价,它的检验力的实际表现是必须考虑的一个重要方面。同时,该统计检验的检验力对其所基于的统计假设敏感与否是另一个需要考虑的重要方面(Box,1953)。为获得 Hedges Q 检验检验力在这个两方面的有效信息,在前人研究的基础上通过创设更接近现实元分析研究情况的模拟情境,研究三在 4 个模拟研究中系统地完成了对该检验在总共 5120 种模拟情境中的检验力的实证测量。模拟研究结果同时也系统地呈现了平均总体效应量 μ_θ、总体效应量方差 σ_θ^2、原始研究平均样本容量 $\bar{N}$、原始研究数目 k 以及原始研究实验组与控制组数据的方差比 σ_E^2/σ_C^2 这些模拟情境变量对 Hedges Q 检验检验力的影响,也较为全面地揭示了原始研究数据分布对该检验检验力的影响。为方便表达,研究者将沿着 Hedges Q 检验所基于的基本统计假设满足与否这条主线对各模拟情境变量与该检验检验力间的关系以及该检验检验力的实际表现这两个方面展开比较、讨论与综合。

(一) 模拟情境变量与 Hedges Q 检验力

1. 总体效应量方差 σ_θ^2 与 Hedges Q 检验检验力间的关系

由于总体效应量方差 σ_θ^2 本身就是描述元分析中总体效应量异质性程度的量化指标，因此，理论上无论 σ_θ^2 是大还是小，一个性能优良的同质性（或异质性）检验对于这样的 σ_θ^2 都应该表现出高的检验力。然而，这种情况在同质性检验中实际上是不会存在的。不但如此，其实这样的表现在其他任何一个统计检验中也不会存在。退而求其次，一个合格的同质性检验理论上至少必须能够对 σ_θ^2 的大小作出灵敏的反应。即在其他条件不变的前提下，该同质性检验的检验力至少应该表现出随着 σ_θ^2 的增大而提高的特征。

研究三中实验 8 的模拟研究结果表明，在原始研究数据呈正态分布且原始研究实验组与控制组数据方差齐性的条件下，只要其他模拟情境设置相同，Hedges Q 检验的检验力随着 σ_θ^2 的增大而提高。这一研究结论与前人（Chang，1993；Harwell，1997；Hardy & Thompson，1998；Huedo-Medina, Sanchez-Meca & Botella，2006；Sanchez-Meca & Marin-Martinez，1997；Viechtbauer，2007）的研究结论基本是一致的。不仅如此，研究三的实验 9、实验 10 与实验 11 的研究结果还显示，即使在原始数据呈非正态分布或者原始研究数据方差非齐的条件下，Hedges Q 检验的检验力也依然表现出随着 σ_θ^2 的增大而提高的趋势。这一个结论也与 Harwell（1997）及 Huedo-Medina 等人（2006）的研究结论基本一致。但实际上，Harwell（1997）在总体效应量分布设置时实际上并未将 σ_θ^2 与总体效应量分布其他特征（如 μ_θ、偏态与峰度水平等）对 Hedges Q 检验检验力的作用严格分离开来，故 Harwell 研究中的 σ_θ^2 对 Hedges Q 检验检验力的影响实际上是与总体效应量分布其他特征对其检验力的影响混淆在一起的，严格意义上讲，基于他们的研究实际上并不能直接得出 σ_θ^2 与 Hedges Q 检验检验力间的关系。同时，Huedo-Medina 等人（2006）的研究虽然考察了原始研究数据呈正态分布与非正态分布、方差齐性与非齐条件下 σ_θ^2 与 Hedges Q 检验检验力间的关系，但却没有考虑 μ_θ 对 σ_θ^2 与 Hedges Q 检验检验力间关系的影响，故所得出的 σ_θ^2 对 Hedges Q 检验检验力地影响的结论实际上也并不全面。比如，研究三的研究结果就发现在原始研究数据呈正态分布条件下，σ_θ^2对Hedges Q检验检验力的作用几乎不受μ_θ的影响。但如果原始研究数据呈偏态分布并且实验组与控制组数据的方差非齐，则在$\bar{N}$较小条件下，σ_θ^2对Hedges Q检验检验力的提升作用在μ_θ较小时更强，而在μ_θ较大处σ_θ^2对Hedges Q检验检验力的提高作用整体上要弱一些等。因此，较之于前人的研究，研究三不但在更大范围内验证了Hedges Q检验检验力随着σ_θ^2的增大而提高这一基本论断，而且有关原始研究数据呈偏态分布时μ_θ对σ_θ^2与该检验检验力间关系的调节影响方面的研究结果也进一步加深了人们对σ_θ^2与该检验检验力间关系的认识。同时，无论原始研究数据呈正态分布还是偏态分布，无论实验组与控制组数据的方差是否齐性，Hedges Q检验对σ_θ^2的灵敏反应至少说明它具有成为一个合格同质性检验的潜质。

2. 原始研究平均样本容量$\bar{N}$与Hedges Q检验检验力间的关系

根据前面对实验8的模拟研究结果的分析，在原始研究数据呈正态分布条件下，整体上，Hedges Q检验的检验力会随着$\bar{N}$的增大而提高。这个研究结论与前人（Chang，1993；Harwell，1997；Sanchez-Meca & Marin-Martinez，1997；Viechtbauer，2007）的研究结论基本上是吻合的。但是，研究三也发现，在原始研究数据呈正态分布的条件下$\bar{N}$与Hedges Q检验检验力之间的这种关系是有条件的。除去由于"检验力最大也不会超过1"这种"天花板效应"所导致的该检验检验力随着$\bar{N}$的增大但提高不大的这种情况之外，实验8的分析结果表明，如果此时总体效应量异质性很低（$\sigma_\theta^2=0.01$）并且实验组与控制组数据方差的非齐程度很严重（$\sigma_E^2/\sigma_C^2\geqslant 8$），则在$20\leqslant\bar{N}\leqslant 80$范围内，Hedges Q检验的检验力会随着$\bar{N}$的增大先提高后下降，之后又随着$\bar{N}$的进一步增大而呈一致性提高的发展趋势。显然，$\bar{N}$与该检验检验力间的关系在$\bar{N}$不大时表现出一定程度的反常，而且这种反常表现会随着k的增大而加重。是什么原因导致$\bar{N}$与Hedges Q检验检验力间的关系出现这种反常现象？联系研究二中Hedges Q检验在原始研究数据呈正态分布且$\sigma_E^2/\sigma_C^2=8$条件下Ⅰ类错误率实际表现的研究结果（表4.1），不难发现该检验在相应条件下对Ⅰ类错误率的控制处于失控状态。k值越大，该检验对Ⅰ类错误率的失控程度也越严重。并且，该检验在此条件下对Ⅰ类错误率的失控程度也表现随$\bar{N}$的增大先加重、后减轻、再趋于正常的发趋势。众所周知，在其他条件不变的条件下，一个统计检验对Ⅰ类错误率的失控必然会导致该检验检验力在相应情况下出现虚高（或膨胀）现象。因此，此时$\bar{N}$与Hedges Q检验检验力间的关系出现这种反常现象的主要原因就在于在对应条件下该检验对Ⅰ类错误率的控制出现了反常。此外，此时该检验检验力低也是一个重要诱因。因为检验力低本身就意味着其与$\bar{N}$间关系的趋势对该检验Ⅰ类错误率的失控非常敏感。研究三的这个研究结论与Harwell（1997）研究结论略有不同。在类似的模拟情境中，Harwell的研究报告的表1显示$\bar{N}$对该Hedges Q检验的检验力影响不大。究其原因，Harwell研究报告表明在原始研究数据呈正态分布且$\sigma_E^2/\sigma_C^2=8$条件下Hedges Q检验对Ⅰ类错误率的控制依然表现整体良好，这与研究三中相应的部分的研究结果有所不符。当然，研究三发现，在原始研究数据呈正态分布条件下，只要$\sigma_\theta^2 \geq 0.04$，Hedges Q检验的检验力就会随着$\bar{N}$的增大而提高。

　　同样，研究三实验9、实验10与实验11的数据分析结果表明，原始研究数据呈偏态分布时，$\bar{N}$与Hedges Q检验检验力间的关系与原始研究数据呈正态分布时这两者之间的关系有所不同。当原始研究数据呈偏态与峰度程度较轻的偏态分布1时，$\bar{N}$与Hedges Q检验检验力间的关系在趋势上大体类似于原始研究数据呈正态分布时的情况。只不过此时，在σ_θ^2同样低至0.01的条件下，只要$\sigma_E^2/\sigma_C^2 \geq 4$，Hedges Q检验就会出现类似原始研究数据呈正态分布且$\sigma_E^2/\sigma_C^2 \geq 8$时其检验力随着$\bar{N}$的增大所出现的"波动现象"。并且，当$\sigma_\theta^2=0.01$且$\sigma_E^2/\sigma_C^2=8$时，在$80 \leq \bar{N} \leq 200$范围内，Hedges Q检验的检验力几乎不会随着$\bar{N}$的增大而提高；如果原始研究数据呈偏态与峰度程度中等的偏态分布2，则$\bar{N}$与Hedges Q检验检验力间的关系在趋势上类似于原始研究数据呈偏态分布1时的情况；如果原始研究数据呈偏态与峰度程度较大的偏态分布3，则$\bar{N}$与Hedges Q检验检验力间的关系在趋势上也类似于原始研究数据呈偏态分布2时的情况。只不过$\bar{N}$与原始研究数据呈偏态分布2有所不同的是，此时在$\sigma_\theta^2=0.04$条件下，只要$\mu_\theta \geq 0.5$且$20 \leq \bar{N} \leq 80$，Hedges Q

检验的检验力也依然会随着$\bar{N}$的增大而出现轻微波动现象。当前，在原始研究数据呈非正态分布或方差非齐状态下探索各模拟情境变量与 Hedges Q 检验检验力间关系的研究不多。一是 Harwell（1997）的研究，另一是 Huedo-Medina 等人（2006）的研究。但是，Huedo-Medina 等人的研究报告没有提供$\bar{N}$对 Hedges Q 检验检验力影响的信息，故无法知晓$\bar{N}$对 Hedges Q 检验检验力影响的详细情况。Harwell（1997）研究报告表 1 虽然显示了在原始研究数据呈偏态分布条件下 Hedges Q 检验检验力会随着$\bar{N}$的增大而提高这一事实，但这一事实是基于$\sigma_E^2/\sigma_C^2 \leq 2$条件之上得出的。这一结论实际上也与研究三的结论也是吻合的。因此，研究三有关$\bar{N}$对 Hedges Q 检验检验力影响方面的研究结论实际上丰富了人们对 Hedges Q 检验检验力性能的认识。

整体而言，原始研究数据分布对正态分布的偏离将在一定程度上不利于 Hedges Q 检验检验力随着$\bar{N}$的增大而提高的这个规律。而且，这种偏离程度越高，对这个规律的干扰程度也越严重。

3. 原始研究数目 k 与 Hedges Q 检验检验力间的关系

元分析研究本身是基于某一特定研究主题下的多个原始研究基础上进行的，因此，在探索 Hedges Q 检验的检验力性能表现时，元分析中原始研究数目 k 对该检验检验力的影响无疑是必须要考虑的问题。在总体效应量异质性水平固定的条件下，如果 Hedges Q 检验的检验力会随着 k 的增多而提高，则意味着原始研究积累得越多就越有可能将这种程度的总体效应量异质性检测出来。否则，如果 k 的增多无助于提高 Hedges Q 检验的检验力，这就意味着原始研究的积累对于检测这种程度的总体效应量异质性而言没有任何意义。

是不是原始研究数目的增多就一定会导致 Hedges Q 检验检验力的提高？研究一与研究三的研究结果表明，整体上 Hedges Q 检验的检验力随着 k 的增大而提高。但是，这个结论是有条件的，它受其他模拟情境变量以及原始研究的数据分布等因素影响。实验 8 的分析结果表明，如果原始研究数据呈正态分布，只要总体效应量方差 $\sigma_\theta^2 \leq 0.01$ 且 $\bar{N} \leq 20$，则该检验的检验力就不会呈现出随 k 的增大而提高的趋势。这一研究结论与本论文研究一中所得的结论以及 Sanchez-Meca 和 Marin-Martinez（1997）研究论文表 1 与 Harwell（1997）研究论文表 1 中所报告的数据是一致的。这个结果同时也意味着在研究三所创设的所有模拟情境中，在原始研究数据呈正态分布条件下，k 与 Hedges Q 检验检验力间的关系在趋势上主要受 σ_θ^2 与 $\bar{N}$ 的影响。如果原始研究数据呈偏态分布，则前面关于实验 9、实验 10 与实验 11 的数据分析结果显示，k 与 Hedges Q 检验检验力间的关系在趋势上不仅受 σ_θ^2 与 $\bar{N}$ 的影响，而且还受 σ_E^2/σ_C^2 与 μ_θ 的影响。前面的数据分析结果表明，Hedges Q 检验的检验力要表现出随 k 的增大而提高的趋势，那么，在总体效应量异质性相等条件下所需要的原始研究平均样本容量 $\bar{N}$ 的最低水平也会因原始研究数据分布的不同而不同。其中，原始研究数据呈正态分布时所需 $\bar{N}$ 的值相对最小，原始研究数据呈偏态分布 1 时所需 $\bar{N}$ 的值次之，原始研究数据呈偏态分布 2 与偏态分布 3 时所需 $\bar{N}$ 的值大体相当但原始研究数据呈偏态分布 3 时所需 $\bar{N}$ 的值相对最大。不仅如此，研究三的研究结果还表明，如果原始研究数据呈偏态分布，则在实验组与控制组数据方差非齐的条件下，μ_θ 的增大还会对 Hedges Q 检验的检验力随着 k 增大而提高的这种趋势产生不利影响。因此，整体而言，原始研究数据分布偏离正态分布分布越远，则越不利于 Hedges Q 检验的检验力表现出随着 k 的增大而提高的趋势。由于 Harwell（1997）在对 Hedges Q 检验检验力与 k 间的关系进行研究时实际上并未对 σ_θ^2 进行控制，而 Huedo-Medina 等人（2006）的研究中根本没有考虑到 μ_θ 对 Hedges Q 检验检验力的影响。因此，研究三的这些研究结果可视作对 Harwell 与 Huedo-Medina 等人研究的进一步发展，它们丰富与加深了人们对 k 与 Hedges Q 检验检验力间关系的认识。

至于原始研究数据呈偏态分布 2 与偏态分布 3 条件下为什么 k 与 Hedges Q 检验间的关系表现比较相似，这个问题可能从 Harwell（1997）的研究中看出一些端倪。Harwell 的研究表明，原始研究数据分布的偏态水平相同时（正态分布与 Cauchy 分布），峰度系数的增大可能导致 Hedges Q 检验的 I 类错误率趋于更加保守，但整体上同时又有利于提高 Hedges Q 检验的检验力。结合研究三的研究结果，本文研究者推测，在峰度水平不变条件下，原始研究数据分布偏态水平的提高可能对 Hedges Q 检验检验力的表现产生不利影响。进而推测偏态与峰度对该检验检验力的不同效应的相互叠加可能是导致研究三中 k 与 Hedges

Q 检验间的关系在原始研究数据呈偏态分布 2 与偏态分布 3 时表现得比较相似的原因。当然，这种推测需要进一步系统的研究才能加以证实。

同时，元分析研究者通常有一种看法，只要元分析中原始研究数目 k 足够大，Q 检验的检验力就会过高（Hardy & Thompson，1998；Higgins & Thompson，2002；Viechtbauer，2007b）。研究三的研究结果表明这种观点是有条件的。当然，Higgins、Thompson 等人（2003）对上述观点进行了修正，认为"只要元分析中原始研究数目够大，该检验尤其在原始研究样本为大样本条件下的检验力过高"。这一论断与研究三的研究结论是吻合的。但是，原始研究样本容量究竟要达到多大才能保证 Hedges Q 检验的检验力随着 k 的增大而提高？这个问题在研究三的实验 8、实验 9、实验 10 与实验 11 中所获得的该检验检验力的实证数据中提供了具有价值的回答。

4. 原始研究数据方差比 σ_E^2/σ_C^2 与 Hedges Q 检验检验力间的关系

心理学与其他学科的研究实践中，原始研究实验组与控制组数据的方差非齐是一种较为常见的现象（McWilliams，1991；Wilcox，1987）。然而，Hedges Q 检验渐近服从 $df = k - 1$ 的 χ^2 分布（Hedges，1981）的统计基础之一就是原始研究实验组与控制组数据的方差齐性。因此，揭示实验组与控制组数据的方差偏离方差齐性假设对该检验检验力的影响无疑对元分析同质性检验实践具有重要意义。

研究三中实验 8、实验 9、实验 10 与实验 11 的数据分析结果表明，无论原始研究数据呈正态分布还是呈偏态分布，Hedges Q 检验的检验力对 σ_E^2/σ_C^2 非常敏感，均会随着 σ_E^2/σ_C^2 的增大而整体表现出明显下降的趋势，这一结论与前人有关的研究结论是一致的（Harwell，1997；Huedo-Medina, Sanchez-Meca & Botella，2006）。此外，研究三的结果也显示，的确存在一些比较极端的模拟情境，尤其在 $\sigma_\theta^2 = 0.01$ 且 $\bar{N} \leq 40$ 或 $\sigma_\theta^2 = 0.04$ 且 $\bar{N} \leq 20$ 这样的模拟背景下，无论原始研究数据呈正态分布还是呈偏态分布，Hedges Q 检验的检验力都会随着 σ_E^2/σ_C^2 的增大出现不降反升或先降后升的这样反常现象。

然而，需要指出的是，原始研究数据呈正态分布时 σ_E^2/σ_C^2 对 Hedges Q 检验检验力的影响与原始研究数据呈偏态分布时 σ_E^2/σ_C^2 对 Hedges Q 检验检验力的影响两者之间也存在很大的差异。原始研究数据呈正态分布时，σ_E^2/σ_C^2 对 Hedges Q 检验检验力的作用几乎不受平均总体效应量μ_θ影响。然而，原始研究数据呈偏态分布时，σ_E^2/σ_C^2 对 Hedges Q 检验检验力的作用受μ_θ的影响相当大。具体表现为 Hedges Q 检验检验力随着 σ_E^2/σ_C^2 增大在μ_θ小时其下降幅度均相对较小（检验力提高时下降量为负数），而在μ_θ大时其下降幅度均相对较大。当然，前面的分析也指出，只要$\bar{N}$达到前面曾指出的相应水平，σ_E^2/σ_C^2 与 Hedges Q 检验检验力间的关系就几乎不会受μ_θ的影响。

为什么 σ_E^2/σ_C^2 对 Hedges Q 检验检验力的作用在原始研究数据呈正态分布条件下不受μ_θ的影响而在原始研究数据呈偏态分布时却又受μ_θ的影响？为什么在上述比较极端的模拟情境中，Hedges Q 检验的检验力随着 σ_E^2/σ_C^2 的增大会出现反常现象？结合研究二中 Hedges Q 检验对 I 类错误率的控制表现，人们不难发现该检验对 I 类错误率的控制表现是回答这两个问题的关键。

对于第一个问题的回答，原因是在原始研究数据呈正态分布时，无论实验组与控制组数据的方差是否齐性，Hedges Q 检验对 I 类错误率的控制表现与θ无关。但原始研究数据呈偏态分布时，该检验对 I 类错误率的控制表现受θ的影响很大。不但如此，原始研究数据呈偏态分布时，该检验在 $\sigma_E^2/\sigma_C^2=1$ 条件下对 I 类错误率的控制随着θ的增大会逐渐变为失控（膨胀），但随着 σ_E^2/σ_C^2 的增大，该检验对 I 类错误率的控制随着θ的增大所呈现的失控状态会逐渐转变为保守状态。因此，这就进一步解释了原始研究数据呈偏态分布时 Hedges Q 检验的检验力随着 σ_E^2/σ_C^2 增大在μ_θ小时其下降幅度均相对较小而在μ_θ增大时其下降幅度均相对较大这种现象出现的原因。

另一方面，对第二个问题的回答也与 Hedges Q 检验对 I 类错误率的控制表现有关。因为在前面所指出的那些极端模拟情境中，Hedges Q 检验的检验力本身极低。因此该检验的检验力对其 I 类错误率的控制表现非常敏感。而研究二的结果表明，在这些极端的模拟情境中，Hedges Q 检验对 I 类错误率的控制表现随着 σ_E^2/σ_C^2 增大而出现膨胀现象。因此，该检验在这些模拟情境中对 I 类错误率的失控与其本身检验力低两个方面的结合正是第二个问题发生的原因所在。同时，这个结果也意味着该检验的检验力随着σ_E^2/σ_C^2的增大而提高的那部分本质上是一种虚高（含水分的），而非其检验力的真正提高。同时，前面实验9、实验10与实验11的数据表明，原始研究数据分布偏离正态分布的程度越大，那么这种虚高的程度也相对越大。

上述研究结论尤其是在原始研究数据呈偏态分布条件下μ_θ对σ_E^2/σ_C^2与Hedges Q检验检验力间关系的影响方面的研究结论可视作对Harwell（1997）、Huedo-Medina等人（2006）研究成果的进一步完善与拓展，这些研究成果丰富与加深了人们对Hedges Q检验性能的理解。

5. 平均总体效应量μ_θ与Hedges Q检验检验力间的关系

平均总体效应量μ_θ对Hedges Q检验检验力是否有影响以及如何影响这个问题目前鲜有研究者涉及，但在研究三问题提出部分研究者已经指出，对这个问题的回答在元分析实践具有重要的价值。勉强地说，目前有两个研究涉及了此问题，它们分别是Sanchez-Meca（1997）与Viechtbauer（2007b）的研究。但需要指出的是，这两个研究都是基于原始研究数据呈正态分布并且实验组与控制组数据方差齐性的条件下进行的。如果Sanchez-Meca（1997）在研究报告中提供了详细的数据，则在一定程度上可以总结出控制总体效应量方差σ_θ^2条件下μ_θ对Hedges Q检验检验力影响的有用信息。但可惜该研究论文并没有给出Hedges Q检验检验力的详细信息。同样，Viechtbauer（2007b）虽然在研究中系统地操纵了μ_θ的变化以探索其对Hedges Q检验检验力的影响，但也没有汇报有关μ_θ对Hedges Q检验检验力影响的有关信息。因此，研究者推测可能上述研究者尤其是Viechtbauer在其模拟研究中实际上已经发现了μ_θ几乎不会对Hedges Q检验的检验力产生影响这一结论，故没有将此结论在论文中呈现出来。这一推测获得论文研究三实验8的研究结果的支持。实验8的研究结果表明，在原始研究数据呈正态分布且实验组与控制组数据方差齐性的条件下，μ_θ几乎不会对Hedges Q检验的检验力产生影响。

不仅如此，研究三实验8数据的分析结果还表明，原始研究数据呈正态分布时，即使实验组数据与控制组数据方差非齐，Hedges Q检验的检验力也不受μ_θ的影响。结合前面原始研究实验组与控制组数据的方差齐性的情况，我们可以得到一个基本结论：即只要原始研究数据呈正态分布，则无论实验组与控制组数据的方差是否齐性，Hedges Q 检验的检验力均不受平均总体效应量μ_θ的影响。这个研究结论也为前人（Chang，1993；Harwell，1997；Sanchez-Meca，1997；Huedo-Medina，Sanchez-Meca & Botella，2006）利用 Hedges Q 检验在 θ 的某个取值上的 I 类错误率控制表现来对该检验的检验力表现进行评价提供了坚实的实证依据。然而，联系研究二实验 4 中该检验对 I 类错误率的控制表现可知，在 $\sigma_E^2/\sigma_C^2=4$ 且 $\bar{N}\leqslant 40$，或者 $\sigma_E^2/\sigma_C^2=8$ 且 $\bar{N}\leqslant 80$ 环境下，该检验的检验力中含有膨胀成分。这个事实应该引起元分析实践者的重视。

同时，实验 9、实验 10 与实验 11 的数据分析结果表明，如果原始研究数据呈偏态分布，则μ_θ对 Hedges Q 检验检验力的作用将与原始研究数据呈正态分布时的情况有很大的不同。原始研究数据呈偏态分布时，μ_θ会对 Hedges Q 检验的检验力产生重要影响。此时，如果实验组与控制组数据的方差齐性，则该检验的检验力会在$\mu_\theta\geqslant 0.5$处整体上随着μ_θ增大而提高，而在$\mu_\theta\leqslant 2$时其检验力受μ_θ的影响可以忽略。此时，如果实验组与控制组数据的方差非齐，则该检验的检验力会随着μ_θ增大而整体下降。依据这个研究结论，Harwell（1997）、Huedo-Medina 等人（2006）仅仅根据 Hedges Q 检验在 θ 的某个取值处对 I 类错误率的控制表现就来评价原始研究数据呈偏态分布时该检验的检验力是否含有虚胀成分或是否显得保守的做法明显是欠妥的。更合理的做法是利用 Hedges Q 检验在 $\theta=\mu_\theta$处对 I 类错误率的控制表现来评价平均总体效应量为μ_θ时该检验检验力的表现。当然，对实验 9、实验 10 与实验 11 的数据分析结果也表明，μ_θ对 Hedges Q 检验检验力的影响在量上受模拟情境变量 σ_θ^2 与$\bar{N}$的调节。只要$\bar{N}$大到前面分析时所指出的最低水平，则μ_θ对 Hedges Q 检验检验力的影响就几乎可以不予考虑。整体而言，σ_θ^2 越大，Hedges Q 检验检验力基本不受μ_θ影响所需要的$\bar{N}$最低水平也越低。

原始研究数据呈偏态分布时，为什么 Hedges Q 检验的检验力在实验组与控制组数据方差齐性的条件下会随着μ_θ的增大而整体提高？为什么 Hedges Q 检验的检验力在实验组与控制组数据的方差非齐时又会随着μ_θ的增大而整体下降？这两个问题的答案在研究二中表 4.2、表 4.3 与表 4.4 中可以获得解释。表 4.2、表 4.3 与表 4.4 中的数据表明，实验组与控制组数据的方差齐性时，Hedges Q 检验对 I 类错误率的控制在 $\theta \leqslant 0.2$ 处的表现非常相似，但在 $\theta \geqslant 0.5$ 处该检验的 I 类错误率经验估计值明显高于 $\theta \leqslant 0.2$ 处 I 类错误率的经验估计值。并且，θ 越大，其 I 类错误率的经验估计值也越大，不少还明显高于名义 I 类错误率水平，该检验对 I 类错误率的控制出现明显失控现象。在 Hedges Q 检验对 I 类错误率控制出现失控的地方，该检验在平均总体效应量 $\mu_\theta = \theta$ 条件下的检验力实际上是一种虚高，含有虚胀水分。相反，实验组与控制组数据的方差非齐时，表 4.2、表 4.3 与表 4.4 中的数据也表明，Hedges Q 检验 I 类错误率的经验估计值随着 μ_θ 的增大而下降，这也就是为什么在实验组与控制组数据的方差非齐时该检验的检验力又会随着 μ_θ 的增大而整体下降的原因所在。当原始研究数据呈偏态分布时，由于在 $\sigma_E^2/\sigma_C^2 \geqslant 4$ 且 $\bar{N} \leqslant 80$ 时，Hedges Q 检验在 $\theta \leqslant 0.2$ 处对 I 类错误率的失控现象而在 $\theta \geqslant 0.5$ 处对 I 类错误率控制保守的现象都比较普遍。因此，此时元分析实践者无疑应该注意到 Hedges Q 检验在 $\mu_\theta \leqslant 0.2$ 处其检验力包含虚胀水分而在 $\mu_\theta \geqslant 0.5$ 处的检验力又过于保守这个事实，方能比较正确地利用该检验的检验结果以作出合理的、可靠的研究结论。

整体上，原始研究数据呈不同偏态分布时，Hedges Q 检验对 I 类错误率控制的失控与保守对其检验力所产生的影响实际上也意味着原始研究数据分布对正态分布的偏离会给该检验的检验力表现带来负面作用。而且，研究二中表 4.2、4.3 与 4.4 中的数据表明原始研究数据分布对正态分布偏离程度越大，那么对 Hedges Q 检验检验力的表现所造成的不利影响也越大。

总而言之，原始研究数据呈偏态分布时或实验组、控制组数据的方差非齐时对 μ_θ 与 Hedges Q 检验检验力间关系所展开的研究填补了 Hedges Q 检验性能研究的一个空白领域。因此，这些研究结论无疑进一步丰富与加深人们对 Hedges Q 检验性能的认识。

（二）原始研究数据分布对 Hedges Q 检验检验力的影响

在 Hedges Q 检验检验力与各模拟情境变量间关系的讨论中，实际上已经在一定上程度上涉及了原始研究数据分布对该检验检验力的影响这个问题，但这些讨论整体上比较零散。这里将对原始研究的数据分布对 Hedges Q 检验检验力影响的一些研究结果展开系统、全面的讨论。

前面已经指出，Hedges Q 检验检验力的表现与其对Ⅰ类错误率的控制表现这两者间存在着紧密的内在联系。在其他条件不变的条件下，Ⅰ类错误控制表现保守（低于名义显著性水平）则必然导致该检验检验力的表现也保守（低估检验力）。反之，如果Ⅰ类错误控制表现失控（高于名义显著性水平），则必然导致该检验的检验力出现膨胀（高估检验力）。然而，无论是检验力高估还是检验力低估都将对该检验的统计性能带来估计偏差，从而削弱该检验的统计性能。因此，评价原始研究数据分布对 Hedges Q 检验检验力的影响时，该检验对Ⅰ类错误控制的表现是必须要考虑的前提。

原始研究实验组与控制组数据的方差齐性（$\sigma_E^2/\sigma_C^2 = 1$）时，原始研究数据分布对 Hedges Q 检验检验力的影响受μ_θ调节。Hedges Q 检验在$\mu_\theta \leqslant 0.2$处的检验力受原始研究数据分布的影响很轻，而该检验在$\mu_\theta \geqslant 0.5$处的检验力随着原始研究数据分别呈正态分布、偏态分布 1、偏态分布 2 与偏态分布 3 而依次提高。并且，这些检验力彼此间的差异会随着μ_θ与 k 的增大而扩大。然而，如果$\bar{N}$足够大，则在$\mu_\theta \geqslant 0.5$处原始研究的数据分布对 Hedges Q 检验检验力的影响就可以被忽略。当然，前面的分析也指出，σ_θ^2越大，为达到 0.8 这个标准，所需要$\bar{N}$的最低水平也越低。据此似乎可以得出这样一个结论，即原始研究数据对正态分布偏离的程度越大，越有利于 Hedges Q 检验在$\mu_\theta \geqslant 0.5$处检验力的提高。但如果结合前面研究二中 Hedges Q 检验对Ⅰ类错误率的控制表现，就会发现这个研究结论是片面、不正确的。研究二中表 4.1 的数据显示，如果原始研究数据呈正态分布，除在少数情境（$\bar{N} \leqslant 20$ 且 $k \geqslant 20$）中 Hedges Q 检验对Ⅰ类错误率的控制表现略显保守（意味着该检验对应的检验力略显保守）之外，该检验对Ⅰ类错误率的控制整体良好。这个结论也意味着除少数模拟情境之外，该检验在相应条件下的检验力表现整体上既无膨胀（高估）也无保守（低估）现象发生。但是，此时如果原始研究数据呈偏态分布，则表 4.2、表 4.3 与表 4.4 中的数据显示，原始研究数据呈偏态分布 1 时在$\theta \geqslant 0.8$处、原始研究数据呈偏态分布 2 时在$\theta \geqslant 0.5$处与原始研究数据呈偏态分布 3 时在$\theta \geqslant 0.8$处，Hedges Q 检验对Ⅰ类错误率的控制均不同程度地出现失控现象。这意味着在实验组与控制组数据方差齐性的条件下，原始研究数据呈偏态分布1或呈偏态分布3时该检验在$\mu_\theta \geq 0.8$处与原始研究数据呈偏态分布2时该检验在$\mu_\theta \geq 0.5$处的检验力出现了不同程度的膨胀现象。其中原始研究数据呈偏态分布1时其检验力的膨胀程度最轻，原始研究数据呈偏态分布3时其检验力的膨胀程度最高，而原始研究数据呈偏态分布2时其检验力的膨胀程度居中。如果结合原始研究数据呈不同偏态分布条件下Hedges Q检验对Ⅰ类错误率的控制表现，则这个研究结论隐含了一个理论上非常有意思与值得探讨的现象，即原始研究数据分布偏离正态分布的程度对Hedges Q检验检验力的影响是多途径的。它一方面可以通过影响该检验对Ⅰ类错误率的控制进而对其检验力产生影响。另一方面，它也会对该检验的检验力表现产生额外的影响。依据Harwell（1997）的研究结果，本文研究者推测峰度水平越高可能会在促使该检验的Ⅰ类错误率趋于保守的同时有利于提高其检验力，而偏态水平的增大可能会在加重Ⅰ类错误率失控的同时又不利于该检验检验力的提高。正是这两方面因素的相互作用最终导致了实验组与控制组数据方差齐性的条件下该检验在原始研究数据呈偏态分布1时其检验力膨胀程度最轻、原始研究数据呈偏态分布3时其检验力膨胀程度最重与原始研究数据呈偏态分布2时其检验力膨胀程度居中的结果。

原始研究实验组与控制组数据的方差非齐时，原始研究数据分布对Hedges Q检验检验力的影响较之于实验组与控制组数据的方差齐性时的情况存在着很大的差别。但两者之间也有相同之处，即原始研究数据分布对该检验检验力的影响都受到μ_θ因素的调节。根据前面对应部分的分析结果，原始研究数据分布对Hedges Q检验检验力的影响可总结为两个方面：

其一，$\sigma_E^2/\sigma_C^2 = 2$且$\sigma_\theta^2 = 0.01$时，原始研究数据分布对Hedges Q检验在$\mu_\theta = 0$处的检验力影响轻微。此时，随着$\mu_\theta$的增大，该检验的检验力会随着原始研究数据分别呈正态分布、偏态分布1、偏态分布2与偏态分布3而依次降低。并且μ_θ越大，原始研究分布对该检验检验力的这种影响也越大。其二，在$\sigma_\theta^2 \geq 0.04$或$\sigma_E^2/\sigma_C^2 \geq 4$条件下，原始研究数据分布对Hedges Q检验检验力的影响规律也非常明显。在$\mu_\theta = 0$处，Hedges Q检验检验力会随着原始研究数据分别呈正态分布、偏态分布1、偏态分布2与偏态分布3而依次提高。但随着μ_θ的增大，原始研究数据分布对 Hedges Q 检验检验力的这种影响会逐渐降低并在μ_θ大至一定水平后逆转为该检验的检验力随着原始研究数据分别呈正态分布、偏态分布1、偏态分布2与偏态分布3而依次降低。然而，前面的分析结果也表明，只要$\bar{N}$够大，原始研究数据分布对 Hedges Q 检验检验力的影响就可以不予考虑。

由于$\sigma_E^2/\sigma_C^2=2$时，无论原始研究数据呈何种分布，Hedges Q 检验在$\theta=0$处对Ⅰ类错误率的控制均表现良好，这意味着此时该检验在$\mu_\theta=0$处的检验力几乎不存在膨胀或保守倾向。故在此条件下所得的该检验的检验力是可靠的。其中，在$\sigma_\theta^2 \geqslant 0.04$的条件下，Hedges Q 检验在$\mu_\theta=0$处的检验力随着原始研究数据分别呈正态分布、偏态分布1、偏态分布2与偏态分布3而依次在一定程度上有所提高的这个事实实际上意味着原始研究数据对正态分布的偏离此时有利于该检验检验力的提高。相反，$\sigma_E^2/\sigma_C^2=2$时，该检验在$\theta \geqslant 0.2$处对Ⅰ类错误率的控制在原始研究数据呈偏态分布时较之于原始研究数据呈正态分布时明显保守，这个事实可以部分解释原始研究数据呈偏态分布时该检验在$\mu_\theta \geqslant 0.2$处的检验力要低于原始研究数据呈正态分布时该检验在$\mu_\theta \geqslant 0.2$处的检验力。总的来说，$\sigma_E^2/\sigma_C^2=2$时，Hedges Q 检验的检验力在$\mu_\theta \geqslant 0.2$处的表现实际上是保守（被低估）的。而且μ_θ、k越大，该检验在原始研究数据呈偏态分布条件下的检验力被低估得越厉害。在元分析实践中，这一点尤其应该引起元分析者的重视。

此外，原始研究实验组与控制组数据方差非齐的程度严重（$\sigma_E^2/\sigma_C^2 \geqslant 4$）时，Hedges Q 检验在$\theta \leqslant 0.2$处对Ⅰ类错误率的控制随着原始研究数据分别呈正态分布、偏态分布1、偏态分布2与偏态分布3而失控程度依次加重，这个事实基本上可以解释为什么 Hedges Q 检验的检验力在$\mu_\theta \leqslant 0.2$处随着原始研究数据分别呈正态分布、偏态分布1、偏态分布2与偏态分布3而依次提高的这一现象。此外，$\sigma_E^2/\sigma_C^2 \geqslant 4$时，Hedges Q 检验在$\mu_\theta \geqslant 0.5$处对Ⅰ类错误率的控制在原始研究数据呈偏态分布条件下表现整体保守也是该检验在此处检验力低于原始研究数据呈正态分布时其检验力的重要原因。但需要指出的是，在$\bar{N} \leqslant 40$条件下，原始研究数据呈偏态分布3时 Hedges Q 检验在$\theta \geqslant 0.5$处的Ⅰ类错误率较之于原始研究数据呈其他分布时的Ⅰ类错误率要高（失控），但该检验在原始研究数据呈偏态分布3条件下在$\mu_\theta \geqslant 0.5$处的检验力却低于或大体相当于原始研究数据呈其他分布时的检验力。这个事实也表明对Ⅰ类错误率控制的表现并非是Hedges Q检验检验力高与低的唯一影响因素,研究者推测原始研究数据分布的偏态水平在其中可能扮演了重要角色。总而言之,当实验组与控制组数据的方差非齐程度严重时,元分析研究者在利用Hedges Q检验的检验结果进而作出关于效应量同质性方面的统计结论时尤其应该慎重。

整体而言,原始研究数据分布对Hedges Q检验检验力的影响在趋势上受实验组与控制组数据的方差齐性与否的影响很大,而在量上却受μ_θ、k、$\bar{N}$与σ_θ^2的影响较大。这一部分较为全面、深入地揭示出实验组与控制组数据的方差齐性与否条件下原始研究的数据分布对Hedges Q检验检验力的影响表现,并在Hedges Q检验性能研究的历史上首次指出μ_θ在这种影响中所起的重要作用。不仅如此,还在对该检验对Ⅰ类错误率控制研究的基础上首次提醒元分析者在应用Hedges Q检验时可能容易犯错的地方。因此,这一部分的研究成果在理论上丰富与加深了人们对Hedges Q检验检验力与原始研究数据分布间关系的认识,在实践上也具有重要的指导意义。

(三) Hedges Q检验检验力的实际表现

目前,Hedges Q检验检验力低是一个公认的结论(Chang, 1993; Hardy & Thompson, 1998; Harwell, 1997; Morris, 2000; Higgins & Thompson, 2002; Higgins, Thompson, Deeks & Altman, 2003; Huedo-Medina, Sanchez-Meca & Botella, 2006; Sanchez-Meca & Marı́n-Martı-nez, 1997; Schmidt & Hunter, 1999; Viechtbauer, 2007b)。研究三的研究结果也再次证实这一点,因为在所设置的所有模拟情境中,研究三的实验8、实验9、实验10与实验11中所得数据的分析结果表明,在$2 \leqslant \sigma_E^2 / \sigma_C^2 \leqslant 8$这个范围内,总体效应量方差$\sigma_\theta^2$等于0.01、0.04、0.08与0.16时,Hedges Q检验在原始研究数据所呈的4种不同分布下的检验力达到Cohen (1988)所认同的0.8这个最低合理水平的平均比率分别为3.75%、20.63%、33.79%与48.91%。即使总体效应量方差高达0.16,Hedges Q检验检验力超过0.8的比例也只是接近50%左右而已。

Hedges Q检验检验力的表现整体不高意味着元分析研究者利用该

检验的检验结果对效应量异质性进行统计推断时容易犯Ⅱ类错误。为此，该如何处理这一问题，不同的研究者从不同的角度出发给出了不同的处理策略。Harwell（1997）给出的两种处理策略。策略一是不要过分强调 Hedges Q 检验在效应量异质性判定中的裁决者作用。策略二是采用随机效应模型进行元分析。其实策略二与美国心理协会（2002）的建议是一致的。对于这两个策略，本文研究者认为由于在许多场合 Hedges Q 检验检验力不高，即使总体效应量异质客观存在，该检验也难以将其检验检测出来，因此，Harwell 的策略一是合理的。但这里需要澄清的是，降低 Hedges Q 检验在效应量异质性判定中的裁决者地位并非取消该检验在效应量异质性中的位置，因为研究三的研究结果已经清晰显示出该检验在哪些场合中得到的检验结果是可靠的（即该检验对Ⅰ类错误率控制表现良好且具有足够的统计检验力）。也正是因为这个原因，美国心理协会的建议（2002）与 Harwell 的策略二的应用并非在任意场合都是好的策略。众所周知，如果效应量同质，在元分析中采用随机效应模型得到的平均效应量置信区间要宽于采用固定效应模型所得到的置信区间，此时不如采用固定效应模型合适。与 Harwell（1997）的处理策略不同，Higgins 与 Thompson 等人（Higgins & Thompson, 2002；Higgins, Thompson, Deeks & Altman, 2003）采用了另外一种策略，他们通过考察观察效应量中不能由抽样误差原因解释的变异部分占整个观察效应量总变异的比例 I^2 这个指标来量化效应量间的异质性程度。由于 I^2 这个指标本身是衡量效应量异质性程度大小的一种效应量，因此，Higgins 等人的这种做法实际上沿袭了传统统计检验法与效应量量化法之间优势功能相互补充的理念，故很难说这两种方法效应量谁优谁劣。本人认为，在元分析实践中，正确的做法是这两种方法同时使用。

此外，Hedges Q 检验在 $\sigma_\theta^2 = 0.01$ 条件下其检验力达到 0.8 的比例以及该检验在 $\bar{N} \leqslant 40$ 处检验力接近或略高于名义Ⅰ类错误率的事实也提醒我们，该检验对于检测 0.01 这种水平的总体效应量异质性非常困难。在原始研究控制组与实验组数据的方差齐性条件下，无论原始研究数据呈何种分布，该检验在原始研究平均样本容量 $\bar{N} \leqslant 200$ 且原始研究数目 $k \leqslant 40$ 条件下将 $\sigma_\theta^2 = 0.01$ 识别出来的检验力最大值不过与抛一枚硬币出现正面的概率大体相当。而且,此时即使大至640,如果原始研究数目不够大,其检验力也难以达到0.8这个水平。不仅如此,该检验检验力的这个最大值还会随着σ_E^2/σ_C^2的增大而明显降低。只要$\sigma_E^2/\sigma_C^2 \geq 4$,在$\sigma_\theta^2$低至0.01且$k=40$条件下,即使$\bar{N}$高达640,该检验检验力的最大值也无法达到0.8这个水平。此外,当σ_θ^2低至0.01时,如果$\bar{N}$不足够大,该检验的检验力与模拟情境变量k、$\bar{N}$与σ_E^2/σ_C^2间的关系还会呈出一些反常现象。基于这些理由,本文研究者认为,除理论上确实需要识别这么小的异质性(理论上很重要)之外,0.01这种水平的效应量异质性在实践上可以被视为同质。

第五章 Hedges Q 检验性能评价标准的制定(研究四)

基于前面的研究结果，Hedges Q 检验性能无论是在对 I 类错误率的控制方面还是在统计检验力的实际表现方面均受原始研究数据分布及实验组与控制组数据方差比的影响。而且，该检验的统计检验力的表现还受总体效应量分布范式的影响。因此，这些结论意味着对 Hedges Q 检验 I 类错误率与检验力方面建立具有普遍意义的且对实践具有精准指导价值的评价标准系统是不可能的。但即便如此，利用正态分布产生总体效应量分布，在实验组与控制组数据方差齐性的条件下分别利用正态分布产生原始研究实验组与控制组的数据，并在此基础上为 Hedges Q 检验在 I 类错误率与检验力表现方面建立具有相对评价意义的评估标准体系还是具有实践价值的。这样做的理由有以下 3 点：

第一，选择正态分布产生总体效应量分布的理由。虽然研究一揭示了这样一个基本事实，即在控制总体效应量分布平均数与方差的条件下，如果模拟情境设置相同，则只要总体效应量分布不同（呈离散型非中心分布、正态分布或连续型非中心分布），Hedges Q 检验的检验力彼此间还是会存在一定程度的差异。其中，该检验在总体效应量呈正态分布时的检验力介于总体效应量呈离散型非中心分布时的检验力与总体效应量呈连续型非中心分布时的检验力之间，并且该检验在后二种总体效应量分布条件下的检验力非常接近。而且，研究一也同时显示，在其他模拟情境相同时，无论总体效应量异质性程度是小至 0.0064 还是大至 0.1532，前面 3 种不同总体效应量分布下 Hedges Q 检验检验力最小值与最大值之比的平均数均在 88% 以上，这也是一个基本事实。后面的这个事实表明 Hedges Q 检验检验力在相当程度上表现出跨总体效应量分布的相对稳健性。因此，为建立 Hedges Q 检验性能评价标准，采用正态分布产生总体效应量分布在理论上是比较合理的。而且在实际操作上，即使确定总体效应量异质性程度与平均效应量的水平，由于离散型非中心分布与连续性非中心分布理论上有无限多种，这就面临一个如何取舍的问题。但总体效应量呈正态分布时不存在着这个问题，因而在操作层面上也切实可行。

第二，选择原始研究实验组与控制组数据方差齐性的理由。正如前面分析中所指出的一样，无论原始研究呈正态分布还是呈非正态分布，无论总体效应量方差 σ_θ^2 小至 0.01 还是大至 0.16，Hedges Q 检验的检验力对原始研究实验组与控制组数据的方差比 σ_E^2/σ_C^2 均非常敏感。除去前面分析中曾指出的少数模拟情境（原始研究数据呈正态分布时，$\sigma_\theta^2 \leq 0.01$ 且 $\bar{N} \leq 20$；原始研究数据呈偏态分布 1 时，$\sigma_\theta^2 \leq 0.01$ 且 $\bar{N} \leq 40$；原始研究数据呈偏态分布 2 时，$\sigma_\theta^2 \leq 0.01$ 且 $\bar{N} \leq 40$ 且 $\mu_\theta \leq 0.2$ 或者 $\sigma_\theta^2 \leq 0.04$、$\bar{N} \leq 20$ 且 $\mu_\theta = 0$；原始研究呈偏态分布 3 时，$\sigma_\theta^2 \leq 0.01$、$\bar{N} \leq 40$ 且 $\mu_\theta \leq 0.2$ 或者 $\sigma_\theta^2 \leq 0.04$、$\bar{N} \leq 20$ 且 $\mu_\theta = 0.2$）之外，整体上，只要其他模拟情境变量的设置不变，Hedges Q 检验的检验力就会随着 σ_E^2/σ_C^2 的增大而明显下降。并且，在所指出的这些少数模拟情境中，该检验的检验力与 σ_E^2/σ_C^2 间的关系虽然表现比较反常，但前面的分析中也已经指出，其之所以会出现反常的主要原因在于该检验对Ⅰ类错误率的控制失控所致。而且，此时 Hedges Q 检验的实际检验力很低，这意味着无论原始研究实验组与控制组数据的方差是否齐性，在元分析实践中都几乎不可能将这种程度的效应量异质性检测出来。因此，选择原始研究实验组与控制组数据的方差齐性来制定该检验检验力的评估标准实际上为元分析研究者提供了某种类似"上限"的检验力评估标准。而且，Hedges（1981）认为多数情况下，假定实验组与控制组数据的方差齐性也是合理的。因此，探索实验组与控制组数据的方差齐性条件下 Hedges Q 性能表现本身也具有较大的实践价值。总之，这种"类上限"标准的制定对元分析研究者轻率地依据 Hedges Q 检验结果不显著而作出效应量同质的研究结论尤其具有警示意义。

第三，选择正态分布产生原始研究数据的理由。具体理由如下：

(1) 前面已经指出，当实验组与控制组数据的方差齐性时，原始研究数据呈正态分布时 Hedges Q 检验在$\mu_\theta \leqslant 0.2$处其检验力与原始研究数据呈偏态分布时的检验力相近，而在$\mu_\theta \geqslant 0.5$处的检验力要整体上低于原始研究数据呈非正态分布时的检验力。并且，研究二中关于该检验对 I 类错误控制的研究结果表明，此时 Hedges Q 检验检验力的结果是可靠的（$\bar{N} < 40$略呈保守但无膨胀），而该检验在原始研究数据呈偏态分布时在$\mu_\theta \geqslant 0.5$处其检验力包含不同程度的膨胀成分（原始在研究数据呈偏态分布 1 时，膨胀较轻）；(2) 当实验组与控制组数据的方差非齐时，只要这种方差非齐程度不是太严重（$\sigma_E^2/\sigma_C^2 \leqslant 4$）Hedges Q 检验在原始研究数据呈正态分布时对 I 类错误率的控制表现整体良好（$\sigma_E^2/\sigma_C^2 = 4$处该检验对 I 类错误率轻度失控）。因此，该检验此时所获得的检验力是可靠的。然而，如果选取偏态分布，则制定出来的 Hedges Q 检验的性能评价标准存在着一系列负面后果。Hedges Q 检验在原始研究数据呈偏态分布时对 I 类错误率的控制在$\sigma_E^2/\sigma_C^2 \geqslant 2$条件下，该检验对 I 类错误率的控制逐渐变得不理想。与此相应，该检验在原始研究数据呈偏态分布时的检验力随着μ_θ的增大呈"左高右低"趋势。但显然由于对 I 类错误率控制的原因，在μ_θ较小处，该检验的检验力含有不同程度的膨胀成分（$\sigma_E^2/\sigma_C^2 > 2$），而在$\mu_\theta$较大处又表现为不同程度的保守估计；(3) 只要原始研究平均样本容量$\bar{N}$足够大，则无论原始研究数据呈正态分布还是呈偏态分布，在模拟情境相同下，Hedges Q 检验检验力间的差异就会很小。

因此，按照这种思路所建立的 Hedges Q 检验性能评价标准中的信息是可靠的。基于这种可靠的信息再结合元分析实践的实际情况并利用研究二与研究三的研究结果（偏离正态分布假设与实验组、控制组数据的方差齐性假设所可能带来的后果）进而对 Hedges Q 检验的检验结果进行评价是稳妥、合理的做法。

虽然研究者认为研究二与研究三的结果足以让元分析研究者对 Hedges Q 检验的性能有一个清晰、全面的认识，但仅有此种认识尚不足以给予元分析同质性检验的实践提供可操作性的指导。因此，为指导元分析同质性检验实践这个目的，建立更为具体、详细与系统的相对评估标准无疑是极具现实意义的。

第一节 模拟情境的设置与数据的产生

为实现上述目标，制定出对元分析研究实践真正具有参考、指导价值的 Hedges Q 检验性能评估标准，需要对总体效应量分布参数、原始研究数据分布参数、模拟情境变量水平进行具有实践指导价值的详尽设置。具体而言：

一 总体效应量分布参数设置

Hedges Q 检验检验力性能评估标准的制定中，由于采用总体效应量分布为正态分布 [$\theta \sim N(\mu_\theta, \sigma_\theta^2)$]，因此对总体效应量分布参数的设置只与参数 μ_θ 与 σ_θ^2 有关。而前面的研究结果已经指出，如果总体效应量分布为正态分布，则当其他模拟情境相同时，Hedges Q 检验的检验力不受 μ_θ 影响，故理论上 μ_θ 可取任意值。然而，为方便起见，这里将 μ_θ 设定为 0.5。同时，为系统地获得 σ_θ^2 变化对 Hedges Q 检验检验力的影响，研究四将 σ_θ^2 依次设置为 0、0.005、0.01、0.03、0.05、0.07、0.09、0.11、0.13、0.15、0.17、0.19、0.21、0.25、0.3、0.32 这 16 种水平。这里当 σ_θ^2 等于 0 时，所得的模拟结果应用于 Hedges Q 检验对 I 类错误控制表现的评估标准的建立。

二 原始研究数据产生

元分析的每个原始研究数据采用随机变量 X_E 产生，$X_E \sim N(\mu + \sigma\theta, \sigma^2)$；控制组数据采用随机变量 X_C 产生，$X_C \sim N(\mu, \sigma^2)$。为方便起见，设 $\mu = 0$，$\sigma = 1$。前面已经指出，这种设置实际上并不失一般性。

三 实验组样本容量与控制组样本容量设置

元分析中原始研究 i 的样本容量 N_i 以及实验组样本容量 n_E 与控制组样本容量 n_C 的产生原理与前面的研究稍有不同。在前面模拟研究中，如果原始研究的样本容量 N_i 低至 20，则在数据模拟时被强制设定 $n_E = n_C =$

10。为增强实验组与控制组样本容量的随机性，这部分只在原始研究的样本容量 N_i 低至 10 时才强制设置 $n_E = 5$（或 $n_C = 5$）。显然，这种设置扩大了实验组和控制组样本容量随机产生的范围，具有更大的普适性。

四 原始研究平均样本容量 $\bar{N}$ 设置

由于这部分内容服务于 Hedges Q 检验检验力评估标准的建立，故 $\bar{N}$ 的取值也应该尽量详细。这里将其值设置为 10、20、40、60、80、100、120、140、160、180、200、220、240、260、280、300、320、340、360、380、400、420、440、460、480、500、520、540、560、580、600、620、640、660、680、700，水平数为 36。

五 元分析原始研究个数 k 设置

类似地，这里将元分析原始研究的个数 k 的值设置为 5、10、15、20、25、30、35、40、45、50 这 10 个水平。

六 Hedges Q 检验检验性能数据模拟获得过程

研究四的实验数据模拟过程与研究一的实验 2 相同，I 类错误率与检验力的计算也如同前面研究。

第二节 Hedges Q 检验对 I 类错误控制表现的评估标准制定结果

Hedges Q 检验对 I 类错误控制表现的评估标准具体结果见表 5.1：

表 5.1　　　Hedges Q 检验 I 类错误率控制表现评估标准

$\bar{N}$	Hedges Q 检验 I 类错误率									
	$k=5$	$k=10$	$k=15$	$k=20$	$k=25$	$k=30$	$k=35$	$k=40$	$k=45$	$k=50$
10	3.94	3.38	3.12	2.50	2.26	2.44	2.16	2.22	2.18	1.80
20	3.88	4.42	4.22	3.56	3.44	3.52	3.30	3.02	2.80	2.58
40	5.26	4.26	4.36	3.70	3.94	3.72	3.82	3.70	4.16	3.46

续表

$\bar{N}$	Hedges Q 检验 I 类错误率									
	$k=5$	$k=10$	$k=15$	$k=20$	$k=25$	$k=30$	$k=35$	$k=40$	$k=45$	$k=50$
60	6.10	5.04	3.90	4.74	4.58	4.46	3.90	3.88	3.46	3.98
80	4.86	4.80	5.16	4.60	4.48	4.24	4.52	3.80	4.26	4.44
100	5.12	5.56	4.72	4.34	4.94	4.30	4.06	4.16	4.24	4.68
120	4.98	5.02	4.56	4.70	4.52	4.36	4.30	3.64	4.50	4.58
140	4.90	4.54	4.48	5.16	5.06	5.08	4.84	4.90	5.06	4.96
160	4.94	4.28	4.84	4.54	4.78	5.18	4.74	4.66	4.88	4.74
180	4.66	5.38	5.46	5.10	5.36	4.90	5.40	5.18	4.92	4.94
200	4.86	4.98	5.06	4.68	4.68	4.92	4.98	5.06	5.00	5.04
220	5.18	4.20	5.36	4.84	4.64	4.86	4.26	4.66	5.54	5.54
240	5.24	5.38	4.60	4.44	4.22	5.48	5.22	4.66	4.98	5.36
260	4.96	4.60	5.14	4.94	5.06	5.10	4.46	4.50	5.08	5.40
280	5.40	5.30	5.06	4.92	4.88	4.56	4.60	4.98	4.52	4.58
300	5.04	4.92	5.26	5.00	4.86	5.46	4.96	4.92	4.58	4.58
320	5.22	5.26	4.50	4.82	5.10	4.86	5.12	5.32	4.36	5.14
340	4.54	5.50	4.80	4.86	5.20	4.58	4.36	5.46	4.74	4.68
360	4.88	5.04	4.16	4.82	5.08	4.98	5.30	5.12	4.86	4.84
380	4.78	4.86	4.78	4.38	4.44	4.16	5.06	4.88	5.12	5.12
400	5.40	4.70	5.68	4.90	5.00	5.00	4.54	4.74	4.88	5.76
420	5.28	4.92	5.18	5.26	5.14	4.52	5.24	5.18	5.30	5.32
440	5.18	4.80	4.94	4.90	4.68	5.36	5.58	5.14	5.22	5.34
460	5.12	5.84	4.86	5.10	4.76	5.24	5.22	5.38	5.22	5.30
480	5.14	5.10	4.96	5.18	4.42	5.38	4.68	4.74	4.78	5.28
500	5.58	4.88	5.12	5.30	5.28	4.88	5.62	5.10	5.24	5.40
520	5.54	5.14	4.96	5.22	5.32	5.32	4.88	5.64	5.54	5.18
540	4.88	4.80	6.06	5.26	5.12	5.68	5.44	5.40	4.92	5.26
560	5.14	5.30	5.42	5.10	5.94	5.28	5.52	5.48	4.98	5.24
580	5.52	5.30	5.18	4.78	5.06	5.00	5.44	5.00	5.24	5.80

续表

$\overline{N}$	Hedges Q 检验 I 类错误率									
	$k=5$	$k=10$	$k=15$	$k=20$	$k=25$	$k=30$	$k=35$	$k=40$	$k=45$	$k=50$
600	5.24	5.10	5.78	5.06	5.72	5.50	5.64	5.44	5.16	5.62
620	5.16	5.40	5.34	5.92	5.22	5.56	5.78	5.26	6.20	5.76
640	5.54	5.04	5.46	6.02	5.56	5.54	4.82	5.16	4.68	5.04
660	5.58	5.06	5.56	5.06	5.22	5.68	4.94	4.60	5.84	5.24
680	5.72	5.36	5.08	5.16	5.72	5.56	5.36	5.78	5.92	5.06
700	5.88	4.82	6.16	5.60	5.04	5.84	4.96	5.20	5.54	5.62

（注：I 类错误率的单位为%，以下单位同此）

第三节　Hedges Q 检验检验力评估标准制定结果

Hedges Q 检验在 σ_θ^2 取值分别为 0.005、0.01、0.03、0.05、0.07、0.09、0.11、0.13、0.15、0.17、0.19、0.21、0.25、0.3、0.32 时其检验力表现具体结果见表 5.2 至表 5.16：

表 5.2　　　　　　　Hedges Q 检验检验力的评估标准

$\overline{N}$	$\sigma_\theta^2 = 0.005$									
	$k=5$	$k=10$	$k=15$	$k=20$	$k=25$	$k=30$	$k=35$	$k=40$	$k=45$	$k=50$
10	4.62	3.48	3.48	2.64	2.86	2.66	2.48	2.40	2.00	2.16
20	5.00	4.20	4.12	3.98	3.98	4.22	3.94	4.16	3.98	3.30
40	5.48	5.50	6.44	5.50	6.02	6.14	5.70	5.66	5.82	6.36
60	6.52	6.92	7.06	6.82	7.06	7.44	8.32	8.10	8.36	8.18
80	6.40	8.28	8.02	9.16	8.88	9.04	9.46	10.66	9.54	10.40
100	6.90	8.60	9.62	9.88	10.14	11.48	12.22	12.32	11.78	13.36
120	7.70	9.70	10.26	10.98	12.68	13.12	13.44	14.16	16.38	16.08
140	8.08	10.34	12.54	13.28	14.10	14.92	16.60	16.70	18.92	20.94
160	9.56	11.44	13.16	14.16	16.10	17.10	19.04	20.54	22.16	22.36
180	9.72	12.80	14.08	16.46	19.06	20.62	22.48	22.88	25.58	27.18
200	10.36	12.24	15.62	17.46	19.62	22.72	23.66	25.94	27.04	29.46

续表

$\bar{N}$	\multicolumn{10}{c}{$\sigma_\theta^2 = 0.005$}
	$k=5$	$k=10$	$k=15$	$k=20$	$k=25$	$k=30$	$k=35$	$k=40$	$k=45$	$k=50$
220	10.96	14.64	16.14	19.80	22.66	24.80	26.84	28.02	30.76	31.54
240	12.32	15.30	18.18	22.04	25.02	26.72	29.00	31.66	34.32	35.14
260	11.64	16.54	20.22	23.68	25.84	28.96	31.68	35.64	37.98	39.78
280	14.30	17.96	22.34	25.22	28.04	32.66	36.28	38.82	40.40	43.18
300	13.82	18.38	23.46	27.44	31.02	35.66	38.16	40.08	44.62	47.10
320	13.44	20.00	24.40	29.62	33.52	37.96	41.06	44.68	47.56	51.78
340	14.66	21.22	26.32	31.74	36.46	38.96	43.10	47.98	50.84	54.40
360	14.82	22.42	28.34	34.10	38.36	40.80	44.46	51.14	54.50	57.48
380	16.70	23.06	29.36	36.02	40.48	45.22	49.82	53.12	56.32	59.62
400	17.22	23.66	30.98	37.14	43.06	48.72	52.72	56.44	60.16	64.58
420	17.76	26.02	32.72	38.88	43.78	49.72	54.94	59.54	62.82	66.40
440	18.42	25.98	33.54	40.76	46.88	52.28	57.24	61.60	66.26	68.24
460	19.24	26.94	35.52	42.38	48.10	55.74	59.66	63.48	67.48	71.94
480	19.50	30.36	37.60	45.48	50.82	57.50	63.10	66.92	71.18	73.38
500	20.82	30.08	38.74	47.22	51.86	59.08	65.02	68.26	72.44	75.60
520	21.12	30.76	40.80	49.00	54.92	61.22	67.88	70.38	75.28	79.40
540	21.94	32.12	42.08	51.52	57.86	62.98	69.12	72.52	76.66	80.74
560	22.90	33.58	43.90	53.72	59.44	64.74	71.28	76.20	79.30	82.64
580	23.34	34.54	45.92	53.78	60.38	66.70	72.80	77.24	80.80	84.36
600	23.10	36.84	47.06	54.80	62.48	68.30	75.32	78.42	82.60	85.86
620	25.10	37.26	50.02	57.02	64.58	69.74	76.02	80.14	83.86	86.54
640	25.54	38.88	49.46	59.12	65.66	72.32	77.12	81.62	85.34	88.68
660	26.50	39.50	50.60	60.42	67.96	74.36	78.84	82.68	87.08	89.28
680	26.90	40.06	52.16	61.40	69.88	76.58	80.94	85.36	87.30	90.14
700	26.62	41.88	53.34	61.84	71.12	76.64	81.30	86.16	88.62	91.70

表 5.3　　Hedges Q 检验检验力的评估标准（续一）

$\overline{N}$	\multicolumn{10}{c}{$\sigma_\theta^2 = 0.01$}
	$k=5$	$k=10$	$k=15$	$k=20$	$k=25$	$k=30$	$k=35$	$k=40$	$k=45$	$k=50$
10	4.08	3.62	3.36	3.60	2.74	3.12	3.16	2.36	2.24	2.20
20	5.06	5.02	5.42	5.20	4.72	5.28	5.56	4.70	5.22	5.28
40	7.20	6.74	7.38	8.46	7.92	9.28	8.42	9.28	9.46	9.80
60	8.50	8.70	8.86	10.50	11.80	11.14	12.52	13.36	14.30	14.38
80	8.44	11.36	11.48	14.06	14.88	15.86	17.48	18.12	19.44	20.74
100	9.68	14.12	14.82	18.06	18.84	20.50	23.84	26.62	27.26	28.18
120	10.64	15.16	18.02	20.44	23.24	26.18	28.66	31.74	32.82	35.74
140	12.66	16.84	20.56	24.84	27.62	31.68	34.88	37.40	40.78	43.94
160	13.98	18.98	24.84	28.44	32.08	37.00	41.68	43.16	47.46	49.80
180	15.38	22.02	28.34	33.04	36.76	43.26	45.50	49.58	54.12	57.16
200	17.58	24.36	31.06	36.70	42.72	46.54	50.70	56.46	58.48	62.84
220	17.18	27.46	33.26	40.46	46.16	52.22	56.96	62.08	64.10	68.00
240	20.16	28.70	36.98	44.42	50.54	56.02	60.56	67.52	70.00	73.96
260	22.02	31.66	41.12	47.70	55.36	59.64	66.64	71.04	73.82	78.30
280	22.24	33.48	43.10	52.22	58.92	65.86	70.72	74.90	78.22	82.46
300	23.26	37.22	46.14	54.82	62.60	67.86	74.36	78.84	82.22	85.14
320	25.34	38.58	49.12	58.32	65.06	72.12	77.60	82.66	85.18	88.74
340	26.42	40.16	52.20	61.72	69.18	75.04	80.46	83.96	88.14	90.00
360	27.58	41.24	55.18	63.80	72.08	78.50	81.68	87.74	90.28	91.86
380	29.30	44.60	56.76	68.16	74.70	80.76	85.66	89.08	92.00	93.48
400	29.18	47.98	60.46	70.76	77.84	83.06	87.10	90.88	93.04	94.96
420	32.46	49.48	61.58	71.72	79.78	85.08	89.52	92.22	94.12	95.92
440	32.56	50.14	65.88	73.86	81.74	86.86	91.08	93.42	95.50	96.84
460	34.56	53.52	65.78	76.14	83.18	89.32	92.64	94.44	96.06	97.40
480	34.92	55.38	69.60	78.02	85.06	90.52	93.46	95.52	97.12	98.38
500	36.62	56.38	70.98	79.88	86.02	91.94	94.28	96.10	97.28	98.62
520	38.02	58.56	72.46	80.96	87.98	92.42	95.06	96.76	97.78	98.62
540	38.88	59.84	74.76	83.64	89.60	93.80	95.50	97.36	98.24	98.80
560	40.48	61.12	76.30	85.20	89.98	94.16	96.70	98.12	98.78	99.18

续表

$\bar{N}$	$\sigma_\theta^2 = 0.01$									
	$k=5$	$k=10$	$k=15$	$k=20$	$k=25$	$k=30$	$k=35$	$k=40$	$k=45$	$k=50$
580	41.48	62.30	76.12	86.06	90.66	95.26	96.66	98.32	99.02	99.32
600	42.00	64.18	78.28	87.04	92.66	95.48	97.02	98.38	99.34	99.38
620	43.22	65.38	79.96	87.66	93.26	95.74	97.76	98.70	99.32	99.58
640	44.12	66.50	81.60	88.40	93.56	96.70	97.96	99.06	99.42	99.70
660	45.86	67.56	81.64	90.02	94.00	96.62	98.50	99.00	99.44	99.76
680	45.58	69.42	83.06	91.38	95.36	97.84	98.72	99.26	99.64	99.84
700	48.42	70.90	83.86	91.78	95.58	97.68	98.70	99.58	99.82	99.92

表 5.4　　Hedges Q 检验检验力的评估标准（续二）

$\bar{N}$	$\sigma_\theta^2 = 0.03$									
	$k=5$	$k=10$	$k=15$	$k=20$	$k=25$	$k=30$	$k=35$	$k=40$	$k=45$	$k=50$
10	5.08	5.00	4.54	4.28	4.16	3.86	3.86	3.96	3.82	3.40
20	6.56	8.08	7.56	7.72	8.76	9.62	8.94	8.76	9.86	11.00
40	9.44	14.30	15.80	18.02	19.30	21.98	24.00	26.74	29.24	30.08
60	14.60	20.28	26.32	31.08	34.94	37.40	42.92	45.54	48.72	52.98
80	17.88	27.82	35.30	42.44	47.78	53.34	58.98	63.84	68.10	70.98
100	23.40	33.54	43.70	52.60	60.30	67.44	72.38	76.92	81.12	84.20
120	27.72	40.32	52.32	62.74	71.18	76.40	81.66	86.02	89.04	91.72
140	30.58	49.78	60.74	70.80	78.50	83.72	88.34	91.36	93.64	94.60
160	35.74	53.64	67.76	77.38	84.90	89.34	93.34	95.22	96.68	97.72
180	38.44	58.90	73.36	82.28	88.88	92.96	95.68	96.86	98.26	98.98
200	41.72	63.52	78.12	87.74	92.10	95.58	97.00	98.72	98.98	99.44
220	44.72	68.00	82.40	89.48	93.84	96.46	98.04	98.94	99.48	99.78
240	48.16	72.10	84.94	92.26	96.00	97.72	98.78	99.44	99.68	99.86
260	51.50	75.76	87.22	93.38	97.20	98.56	99.32	99.62	99.86	99.96
280	52.32	77.14	89.22	94.74	97.74	98.90	99.56	99.88	99.92	99.98
300	56.92	80.26	91.08	95.94	98.48	99.40	99.74	99.98	99.94	100.00
320	56.88	82.14	92.96	97.26	98.68	99.72	99.78	99.98	99.98	99.96

续表

$\overline{N}$	$\sigma_\theta^2 = 0.03$									
	$k=5$	$k=10$	$k=15$	$k=20$	$k=25$	$k=30$	$k=35$	$k=40$	$k=45$	$k=50$
340	60.12	84.10	93.64	97.56	99.32	99.70	99.90	99.90	99.98	100.00
360	60.68	86.60	94.70	97.98	99.52	99.70	99.98	99.96	100.00	100.00
380	64.00	86.32	95.70	98.72	99.56	99.86	99.94	99.98	100.00	100.00
400	65.86	88.46	96.66	98.66	99.76	99.94	99.94	100.00	99.98	100.00
420	65.72	89.26	96.88	98.96	99.74	99.92	99.98	100.00	100.00	100.00
440	66.64	91.44	97.58	99.28	99.78	99.96	99.98	100.00	100.00	100.00
460	68.88	91.30	97.82	99.42	99.92	100.00	100.00	100.00	100.00	100.00
480	71.48	92.34	98.22	99.66	99.86	99.98	99.98	100.00	100.00	100.00
500	72.40	92.86	98.50	99.84	99.94	99.98	100.00	100.00	100.00	100.00
520	73.56	93.56	98.64	99.62	99.90	100.00	99.98	100.00	100.00	100.00
540	74.46	94.20	98.84	99.82	100.00	100.00	100.00	100.00	100.00	100.00
560	77.22	95.06	99.02	99.68	99.96	100.00	100.00	100.00	100.00	100.00
580	75.62	95.56	99.12	99.82	100.00	100.00	100.00	100.00	100.00	100.00
600	77.48	95.76	99.16	99.82	99.96	100.00	100.00	100.00	100.00	100.00
620	78.26	95.94	99.36	99.82	100.00	100.00	100.00	100.00	100.00	100.00
640	79.14	96.62	99.40	99.84	100.00	100.00	100.00	100.00	100.00	100.00
660	79.56	96.94	99.60	99.92	99.98	100.00	100.00	100.00	100.00	100.00
680	80.54	96.98	99.66	99.92	99.98	100.00	100.00	100.00	100.00	100.00
700	81.52	97.58	99.76	99.96	100.00	100.00	100.00	100.00	100.00	100.00

表 5.5　　　　　　　Hedges Q 检验检验力的评估标准（续三）

$\overline{N}$	$\sigma_\theta^2 = 0.05$									
	$k=5$	$k=10$	$k=15$	$k=20$	$k=25$	$k=30$	$k=35$	$k=40$	$k=45$	$k=50$
10	5.96	4.90	5.78	5.56	5.80	5.72	5.68	5.62	5.82	5.38
20	8.92	9.92	11.22	10.68	14.24	15.48	15.30	16.94	18.54	18.38
40	13.56	23.02	28.80	31.70	36.48	40.72	45.10	48.38	52.64	55.96
60	20.84	33.94	43.06	50.70	57.86	62.68	71.16	74.00	78.52	82.48
80	29.62	44.36	56.78	67.22	75.06	81.06	85.08	88.22	91.36	93.46

续表

$\bar{N}$	\multicolumn{10}{c}{$\sigma_\theta^2 = 0.05$}
	$k=5$	$k=10$	$k=15$	$k=20$	$k=25$	$k=30$	$k=35$	$k=40$	$k=45$	$k=50$
100	37.68	55.42	67.96	77.76	85.72	89.72	92.94	95.76	97.08	98.10
120	42.50	63.50	77.44	86.10	91.54	95.02	97.06	98.08	98.98	99.58
140	47.02	69.62	82.44	90.70	95.12	97.62	98.54	99.18	99.68	99.84
160	51.14	74.72	87.14	93.96	97.36	98.82	99.28	99.74	99.86	99.96
180	55.18	80.42	90.42	96.24	98.18	99.52	99.80	99.92	99.94	100.00
200	58.70	82.78	93.14	97.56	98.90	99.70	99.78	99.96	99.98	100.00
220	62.38	86.00	94.76	98.58	99.38	99.70	99.90	100.00	100.00	100.00
240	66.34	88.34	96.18	98.82	99.62	99.94	99.98	99.98	100.00	100.00
260	67.68	89.90	97.34	99.16	99.74	99.98	100.00	100.00	100.00	100.00
280	70.92	91.92	97.92	99.40	99.82	99.98	99.98	100.00	100.00	100.00
300	72.28	92.86	98.22	99.58	99.94	100.00	100.00	100.00	100.00	100.00
320	73.16	94.06	98.76	99.68	99.92	100.00	100.00	100.00	100.00	100.00
340	76.86	94.38	98.76	99.76	99.94	99.98	100.00	99.98	100.00	100.00
360	76.48	95.84	99.20	99.94	100.00	100.00	100.00	100.00	100.00	100.00
380	78.92	96.26	99.32	99.90	100.00	99.98	100.00	100.00	100.00	100.00
400	81.04	96.70	99.56	99.96	100.00	99.98	100.00	100.00	100.00	100.00
420	81.60	96.98	99.54	99.92	100.00	100.00	100.00	100.00	100.00	100.00
440	82.54	97.28	99.70	99.88	100.00	100.00	100.00	100.00	100.00	100.00
460	83.88	97.86	99.82	99.98	100.00	100.00	100.00	100.00	100.00	100.00
480	84.42	98.12	99.66	99.98	100.00	100.00	100.00	100.00	100.00	100.00
500	84.44	98.30	99.78	100.00	100.00	100.00	100.00	100.00	100.00	100.00
520	86.54	98.38	99.82	100.00	100.00	100.00	100.00	100.00	100.00	100.00
540	87.26	98.70	99.90	100.00	100.00	100.00	100.00	100.00	100.00	100.00
560	86.84	98.82	99.88	100.00	100.00	100.00	100.00	100.00	100.00	100.00
580	87.90	99.06	99.88	100.00	100.00	100.00	100.00	100.00	100.00	100.00
600	88.78	98.92	99.94	100.00	100.00	100.00	100.00	100.00	100.00	100.00
620	88.96	99.06	99.94	99.98	100.00	100.00	100.00	100.00	100.00	100.00
640	90.46	99.32	99.96	100.00	100.00	100.00	100.00	100.00	100.00	100.00
660	89.94	99.20	99.98	100.00	100.00	100.00	100.00	100.00	100.00	100.00

续表

$\overline{N}$	$\sigma_\theta^2 = 0.05$									
	k=5	k=10	k=15	k=20	k=25	k=30	k=35	k=40	k=45	k=50
680	90.84	99.20	99.92	100.00	100.00	100.00	100.00	100.00	100.00	100.00
700	90.82	99.46	100.00	100.00	100.00	100.00	100.00	100.00	100.00	100.00

表5.6　　　　Hedges Q 检验检验力的评估标准（续四）

$\overline{N}$	$\sigma_\theta^2 = 0.07$									
	k=5	k=10	k=15	k=20	k=25	k=30	k=35	k=40	k=45	k=50
10	5.96	6.80	6.40	7.26	6.46	8.14	7.18	8.10	8.28	8.00
20	12.14	15.26	15.40	17.46	19.90	21.40	23.20	25.28	27.02	27.90
40	19.66	30.18	38.74	45.52	52.68	58.74	63.26	69.04	72.76	75.52
60	30.50	45.08	58.36	69.94	76.22	81.28	86.52	89.90	92.64	94.30
80	38.08	58.48	72.60	82.70	89.34	92.58	95.16	97.22	98.40	98.78
100	45.90	70.78	81.98	90.18	94.90	97.18	98.50	99.22	99.64	99.76
120	52.44	77.48	88.46	94.46	97.64	98.86	99.46	99.78	99.94	99.96
140	58.28	82.12	92.14	96.80	98.68	99.58	99.80	99.96	100.00	99.98
160	62.36	86.80	95.04	98.36	99.46	99.80	99.90	99.98	99.98	100.00
180	67.42	89.50	97.26	99.16	99.68	99.96	100.00	100.00	100.00	100.00
200	69.68	91.80	97.50	99.40	99.84	99.92	99.98	100.00	100.00	100.00
220	73.68	93.26	98.10	99.64	99.96	100.00	100.00	100.00	100.00	100.00
240	74.48	94.94	98.92	99.92	99.94	100.00	100.00	100.00	100.00	100.00
260	77.88	96.00	99.32	99.82	99.98	100.00	100.00	100.00	100.00	100.00
280	79.44	97.08	99.40	99.94	99.98	100.00	100.00	100.00	100.00	100.00
300	81.84	97.46	99.54	99.96	99.98	100.00	100.00	100.00	100.00	100.00
320	82.92	97.42	99.86	100.00	100.00	99.98	100.00	100.00	100.00	100.00
340	84.20	98.16	99.86	99.92	100.00	100.00	100.00	100.00	100.00	100.00
360	86.30	98.32	99.80	99.98	100.00	100.00	100.00	100.00	100.00	100.00
380	86.98	98.94	99.86	100.00	100.00	100.00	100.00	100.00	100.00	100.00
400	87.10	98.80	99.84	100.00	100.00	100.00	100.00	100.00	100.00	100.00
420	88.44	98.82	99.88	100.00	99.98	100.00	100.00	100.00	100.00	100.00

续表

$\bar{N}$	\multicolumn{10}{c}{$\sigma_\theta^2 = 0.07$}
	$k=5$	$k=10$	$k=15$	$k=20$	$k=25$	$k=30$	$k=35$	$k=40$	$k=45$	$k=50$
440	88.94	99.26	99.94	100.00	100.00	100.00	100.00	100.00	100.00	100.00
460	89.20	99.14	99.96	99.98	100.00	100.00	100.00	100.00	100.00	100.00
480	90.32	99.28	99.92	100.00	100.00	100.00	100.00	100.00	100.00	100.00
500	90.30	99.46	99.96	100.00	100.00	100.00	100.00	100.00	100.00	100.00
520	91.14	99.48	99.96	100.00	100.00	100.00	100.00	100.00	100.00	100.00
540	92.10	99.66	99.98	100.00	100.00	100.00	100.00	100.00	100.00	100.00
560	91.22	99.58	100.00	100.00	100.00	100.00	100.00	100.00	100.00	100.00
580	92.74	99.68	100.00	100.00	100.00	100.00	100.00	100.00	100.00	100.00
600	92.78	99.74	99.98	100.00	100.00	100.00	100.00	100.00	100.00	100.00
620	93.08	99.70	99.96	100.00	100.00	100.00	100.00	100.00	100.00	100.00
640	93.74	99.78	100.00	100.00	100.00	100.00	100.00	100.00	100.00	100.00
660	94.10	99.80	100.00	100.00	100.00	100.00	100.00	100.00	100.00	100.00
680	94.04	99.70	100.00	100.00	100.00	100.00	100.00	100.00	100.00	100.00
700	94.44	99.86	100.00	100.00	100.00	100.00	100.00	100.00	100.00	100.00

表5.7 Hedges Q 检验检验力的评估标准（续五）

$\bar{N}$	\multicolumn{10}{c}{$\sigma_\theta^2 = 0.09$}
	$k=5$	$k=10$	$k=15$	$k=20$	$k=25$	$k=30$	$k=35$	$k=40$	$k=45$	$k=50$
10	7.40	8.16	8.38	9.26	9.22	9.80	10.20	9.94	10.80	12.42
20	11.30	16.16	21.72	21.70	26.90	30.20	33.94	34.66	37.20	41.48
40	26.20	36.86	51.08	57.76	67.56	71.62	79.06	81.06	84.84	88.44
60	36.66	57.06	69.58	79.56	86.72	91.52	93.68	95.96	97.68	98.32
80	46.86	69.86	83.90	91.16	94.90	97.10	98.84	99.36	99.64	99.74
100	54.52	78.76	90.58	96.08	98.10	99.32	99.72	99.90	99.98	100.00
120	61.34	84.82	94.66	97.92	99.36	99.78	99.94	99.98	100.00	100.00
140	66.72	88.80	96.60	98.96	99.64	99.92	99.94	100.00	100.00	100.00
160	71.88	91.84	98.04	99.58	99.82	99.96	99.98	100.00	100.00	100.00
180	74.12	94.30	98.80	99.68	99.86	99.98	100.00	100.00	100.00	100.00

续表

$\overline{N}$	$\sigma_\theta^2 = 0.09$									
	$k=5$	$k=10$	$k=15$	$k=20$	$k=25$	$k=30$	$k=35$	$k=40$	$k=45$	$k=50$
200	76.06	95.36	98.86	99.92	99.98	100.00	100.00	100.00	100.00	100.00
220	80.94	96.54	99.40	99.86	99.98	100.00	100.00	100.00	100.00	100.00
240	81.48	97.36	99.70	99.94	100.00	100.00	100.00	100.00	100.00	100.00
260	84.26	97.76	99.76	99.92	100.00	100.00	100.00	100.00	100.00	100.00
280	85.28	98.18	99.76	100.00	100.00	100.00	100.00	100.00	100.00	100.00
300	86.52	98.54	99.80	100.00	100.00	100.00	100.00	100.00	100.00	100.00
320	87.74	99.02	99.92	100.00	100.00	100.00	100.00	100.00	100.00	100.00
340	88.64	99.20	99.96	100.00	100.00	100.00	100.00	100.00	100.00	100.00
360	89.84	99.38	99.94	99.98	100.00	100.00	100.00	100.00	100.00	100.00
380	90.22	99.36	99.90	100.00	100.00	100.00	100.00	100.00	100.00	100.00
400	91.32	99.54	99.94	100.00	100.00	100.00	100.00	100.00	100.00	100.00
420	91.92	99.52	99.96	100.00	100.00	100.00	100.00	100.00	100.00	100.00
440	92.58	99.46	100.00	100.00	100.00	100.00	100.00	100.00	100.00	100.00
460	92.66	99.68	100.00	100.00	100.00	100.00	100.00	100.00	100.00	100.00
480	93.80	99.70	100.00	100.00	100.00	100.00	100.00	100.00	100.00	100.00
500	93.58	99.76	100.00	100.00	100.00	100.00	100.00	100.00	100.00	100.00
520	94.42	99.76	100.00	100.00	100.00	100.00	100.00	100.00	100.00	100.00
540	94.54	99.86	100.00	100.00	100.00	100.00	100.00	100.00	100.00	100.00
560	95.12	99.76	100.00	100.00	100.00	100.00	100.00	100.00	100.00	100.00
580	95.42	99.84	100.00	100.00	100.00	100.00	100.00	100.00	100.00	100.00
600	95.20	99.90	99.98	100.00	100.00	100.00	100.00	100.00	100.00	100.00
620	95.84	99.90	100.00	100.00	100.00	100.00	100.00	100.00	100.00	100.00
640	96.44	99.92	99.98	100.00	100.00	100.00	100.00	100.00	100.00	100.00
660	96.14	99.88	99.98	100.00	100.00	100.00	100.00	100.00	100.00	100.00
680	96.62	99.90	100.00	100.00	100.00	100.00	100.00	100.00	100.00	100.00
700	96.40	99.94	100.00	100.00	100.00	100.00	100.00	100.00	100.00	100.00

表 5.8　　　　　Hedges Q 检验检验力的评估标准（续六）

$\overline{N}$	\multicolumn{10}{c}{$\sigma_\theta^2 = 0.11$}
	$k=5$	$k=10$	$k=15$	$k=20$	$k=25$	$k=30$	$k=35$	$k=40$	$k=45$	$k=50$
10	7.90	8.94	9.62	10.46	11.18	11.70	13.26	13.30	14.82	15.62
20	14.92	20.72	25.50	30.36	35.28	37.54	41.12	45.98	50.24	51.36
40	28.22	46.56	56.60	68.06	77.02	82.84	86.38	90.16	93.00	94.56
60	43.66	63.82	79.28	87.32	93.20	95.72	97.84	98.60	99.10	99.64
80	53.76	77.80	89.20	95.98	97.52	99.30	99.64	99.90	99.86	99.96
100	60.40	85.58	94.60	98.52	99.24	99.80	99.94	99.98	99.98	99.98
120	68.24	91.22	97.44	99.18	99.74	99.86	99.96	99.98	100.00	100.00
140	71.88	93.10	98.28	99.76	99.90	99.98	99.98	100.00	100.00	100.00
160	76.76	94.94	99.02	99.86	100.00	99.98	100.00	100.00	100.00	100.00
180	80.70	96.54	99.32	99.84	99.98	100.00	100.00	100.00	100.00	100.00
200	81.00	97.30	99.72	99.96	100.00	100.00	100.00	100.00	100.00	100.00
220	83.80	97.70	99.78	99.98	100.00	100.00	100.00	100.00	100.00	100.00
240	85.00	98.38	99.82	100.00	100.00	100.00	100.00	100.00	100.00	100.00
260	87.96	98.68	99.90	100.00	100.00	100.00	100.00	100.00	100.00	100.00
280	89.12	99.16	99.90	100.00	100.00	100.00	100.00	100.00	100.00	100.00
300	89.72	99.40	99.92	100.00	100.00	100.00	100.00	100.00	100.00	100.00
320	90.86	99.58	100.00	100.00	100.00	100.00	100.00	100.00	100.00	100.00
340	91.84	99.64	99.98	100.00	100.00	100.00	100.00	100.00	100.00	100.00
360	92.38	99.64	100.00	100.00	100.00	100.00	100.00	100.00	100.00	100.00
380	93.64	99.72	100.00	100.00	100.00	100.00	100.00	100.00	100.00	100.00
400	93.78	99.70	100.00	100.00	100.00	100.00	100.00	100.00	100.00	100.00
420	94.84	99.86	100.00	100.00	100.00	100.00	100.00	100.00	100.00	100.00
440	94.08	99.84	100.00	100.00	100.00	100.00	100.00	100.00	100.00	100.00
460	95.56	99.78	100.00	100.00	100.00	100.00	100.00	100.00	100.00	100.00
480	95.04	99.92	99.98	100.00	100.00	100.00	100.00	100.00	100.00	100.00
500	95.40	99.92	100.00	100.00	100.00	100.00	100.00	100.00	100.00	100.00
520	95.44	99.96	100.00	100.00	100.00	100.00	100.00	100.00	100.00	100.00
540	96.48	99.94	100.00	100.00	100.00	100.00	100.00	100.00	100.00	100.00
560	95.94	99.92	99.98	100.00	100.00	100.00	100.00	100.00	100.00	100.00

续表

$\bar{N}$	$\sigma_\theta^2 = 0.11$								
	$k=5$	$k=10$	$k=15$	$k=20$	$k=25$	$k=30$	$k=35$	$k=40$	$k=45$	$k=50$
580	96.90	99.94	100.00	100.00	100.00	100.00	100.00	100.00	100.00	100.00
600	96.64	99.96	100.00	100.00	100.00	100.00	100.00	100.00	100.00	100.00
620	96.92	100.00	100.00	100.00	100.00	100.00	100.00	100.00	100.00	100.00
640	96.88	99.90	100.00	100.00	100.00	100.00	100.00	100.00	100.00	100.00
660	97.10	100.00	100.00	100.00	100.00	100.00	100.00	100.00	100.00	100.00
680	97.58	99.96	100.00	100.00	100.00	100.00	100.00	100.00	100.00	100.00
700	97.16	99.98	100.00	100.00	100.00	100.00	100.00	100.00	100.00	100.00

表5.9　　　Hedges Q 检验检验力的评估标准（续七）

$\bar{N}$	$\sigma_\theta^2 = 0.13$								
	$k=5$	$k=10$	$k=15$	$k=20$	$k=25$	$k=30$	$k=35$	$k=40$	$k=45$	$k=50$
10	8.48	10.50	11.46	12.84	14.00	15.08	16.54	16.86	18.06	19.28
20	20.02	22.50	29.40	36.46	41.66	45.80	50.88	54.66	59.14	61.68
40	34.08	53.82	67.38	77.26	84.30	88.18	91.24	94.22	96.42	97.46
60	50.04	73.36	84.94	92.40	95.96	98.22	98.98	99.46	99.72	99.96
80	60.28	83.38	93.70	97.32	99.24	99.70	99.88	99.92	99.96	100.00
100	66.94	89.66	96.78	99.18	99.70	99.98	99.98	99.98	100.00	100.00
120	73.92	93.62	98.76	99.68	99.94	100.00	100.00	100.00	100.00	100.00
140	76.56	95.38	99.04	99.78	99.98	100.00	99.98	100.00	100.00	100.00
160	80.04	97.22	99.52	99.90	99.98	100.00	100.00	100.00	100.00	100.00
180	83.90	98.02	99.76	99.94	100.00	100.00	100.00	100.00	100.00	100.00
200	85.66	98.30	99.92	99.98	100.00	100.00	100.00	100.00	100.00	100.00
220	87.68	98.82	99.94	99.98	100.00	100.00	100.00	100.00	100.00	100.00
240	88.42	99.30	100.00	100.00	100.00	100.00	100.00	100.00	100.00	100.00
260	90.94	99.34	99.92	100.00	100.00	100.00	100.00	100.00	100.00	100.00
280	91.68	99.52	99.94	100.00	100.00	100.00	100.00	100.00	100.00	100.00
300	91.94	99.56	100.00	100.00	100.00	100.00	100.00	100.00	100.00	100.00
320	92.86	99.70	99.98	100.00	100.00	100.00	100.00	100.00	100.00	100.00

续表

$\overline{N}$	$\sigma_\theta^2 = 0.13$									
	$k=5$	$k=10$	$k=15$	$k=20$	$k=25$	$k=30$	$k=35$	$k=40$	$k=45$	$k=50$
340	93.58	99.84	100.00	100.00	100.00	100.00	100.00	100.00	100.00	100.00
360	93.98	99.78	100.00	100.00	100.00	100.00	100.00	100.00	100.00	100.00
380	94.72	99.86	100.00	100.00	100.00	100.00	100.00	100.00	100.00	100.00
400	95.18	99.88	100.00	100.00	100.00	100.00	100.00	100.00	100.00	100.00
420	95.04	99.80	100.00	100.00	100.00	100.00	100.00	100.00	100.00	100.00
440	95.74	99.90	100.00	100.00	100.00	100.00	100.00	100.00	100.00	100.00
460	95.92	99.96	100.00	100.00	100.00	100.00	100.00	100.00	100.00	100.00
480	96.60	99.92	100.00	100.00	100.00	100.00	100.00	100.00	100.00	100.00
500	96.46	99.94	100.00	100.00	100.00	100.00	100.00	100.00	100.00	100.00
520	96.74	99.96	100.00	100.00	100.00	100.00	100.00	100.00	100.00	100.00
540	97.20	99.94	100.00	100.00	100.00	100.00	100.00	100.00	100.00	100.00
560	97.46	99.98	100.00	100.00	100.00	100.00	100.00	100.00	100.00	100.00
580	97.34	99.96	100.00	100.00	100.00	100.00	100.00	100.00	100.00	100.00
600	97.78	99.94	100.00	100.00	100.00	100.00	100.00	100.00	100.00	100.00
620	97.28	99.98	100.00	100.00	100.00	100.00	100.00	100.00	100.00	100.00
640	98.00	99.94	100.00	100.00	100.00	100.00	100.00	100.00	100.00	100.00
660	98.24	100.00	100.00	100.00	100.00	100.00	100.00	100.00	100.00	100.00
680	97.80	100.00	100.00	100.00	100.00	100.00	100.00	100.00	100.00	100.00
700	98.02	99.96	100.00	100.00	100.00	100.00	100.00	100.00	100.00	100.00

表 5.10　　Hedges Q 检验检验力的评估标准（续八）

$\overline{N}$	$\sigma_\theta^2 = 0.15$									
	$k=5$	$k=10$	$k=15$	$k=20$	$k=25$	$k=30$	$k=35$	$k=40$	$k=45$	$k=50$
10	9.24	12.12	13.76	14.88	17.02	18.04	19.66	20.44	21.06	24.48
20	19.98	28.84	34.96	43.44	48.62	53.98	59.22	62.68	67.70	71.52
40	41.60	58.20	74.32	83.04	88.80	93.54	95.36	97.28	98.42	98.94
60	53.54	76.02	89.12	95.28	97.96	99.18	99.66	99.78	99.88	99.96
80	63.12	88.00	95.96	98.78	99.72	99.80	99.98	99.98	99.98	100.00

续表

$\bar{N}$	$\sigma_\theta^2 = 0.15$									
	$k=5$	$k=10$	$k=15$	$k=20$	$k=25$	$k=30$	$k=35$	$k=40$	$k=45$	$k=50$
100	70.30	91.46	98.30	99.58	99.90	99.96	99.98	100.00	100.00	100.00
120	78.02	95.12	99.08	99.78	100.00	100.00	100.00	100.00	100.00	100.00
140	80.30	96.80	99.46	99.94	100.00	100.00	100.00	100.00	100.00	100.00
160	83.98	98.24	99.78	100.00	100.00	100.00	100.00	100.00	100.00	100.00
180	86.38	98.76	99.84	100.00	100.00	100.00	100.00	100.00	100.00	100.00
200	87.92	98.96	99.92	99.96	100.00	100.00	100.00	100.00	100.00	100.00
220	90.14	99.32	99.92	100.00	100.00	100.00	100.00	100.00	100.00	100.00
240	90.92	99.40	100.00	100.00	100.00	100.00	100.00	100.00	100.00	100.00
260	91.88	99.28	100.00	100.00	100.00	100.00	100.00	100.00	100.00	100.00
280	93.60	99.60	99.98	100.00	100.00	100.00	100.00	100.00	100.00	100.00
300	93.28	99.80	100.00	100.00	100.00	100.00	100.00	100.00	100.00	100.00
320	94.22	99.84	100.00	100.00	100.00	100.00	100.00	100.00	100.00	100.00
340	94.90	99.88	100.00	100.00	100.00	100.00	100.00	100.00	100.00	100.00
360	94.60	99.90	100.00	100.00	100.00	100.00	100.00	100.00	100.00	100.00
380	95.34	99.92	100.00	100.00	100.00	100.00	100.00	100.00	100.00	100.00
400	96.46	99.92	100.00	100.00	100.00	100.00	100.00	100.00	100.00	100.00
420	96.20	99.88	100.00	100.00	100.00	100.00	100.00	100.00	100.00	100.00
440	96.94	99.92	100.00	100.00	100.00	100.00	100.00	100.00	100.00	100.00
460	96.94	99.98	100.00	100.00	100.00	100.00	100.00	100.00	100.00	100.00
480	97.28	99.98	100.00	100.00	100.00	100.00	100.00	100.00	100.00	100.00
500	97.22	99.94	100.00	100.00	100.00	100.00	100.00	100.00	100.00	100.00
520	97.50	100.00	100.00	100.00	100.00	100.00	100.00	100.00	100.00	100.00
540	97.76	99.94	100.00	100.00	100.00	100.00	100.00	100.00	100.00	100.00
560	97.72	99.98	100.00	100.00	100.00	100.00	100.00	100.00	100.00	100.00
580	97.72	100.00	100.00	100.00	100.00	100.00	100.00	100.00	100.00	100.00
600	98.20	100.00	100.00	100.00	100.00	100.00	100.00	100.00	100.00	100.00
620	98.36	99.94	100.00	100.00	100.00	100.00	100.00	100.00	100.00	100.00
640	98.40	100.00	100.00	100.00	100.00	100.00	100.00	100.00	100.00	100.00
660	98.06	99.98	100.00	100.00	100.00	100.00	100.00	100.00	100.00	100.00

续表

$\bar{N}$	\multicolumn{10}{c}{$\sigma_\theta^2 = 0.15$}
	$k=5$	$k=10$	$k=15$	$k=20$	$k=25$	$k=30$	$k=35$	$k=40$	$k=45$	$k=50$
680	98.06	100.00	100.00	100.00	100.00	100.00	100.00	100.00	100.00	100.00
700	98.44	99.98	100.00	100.00	100.00	100.00	100.00	100.00	100.00	100.00

表 5.11　　Hedges Q 检验检验力的评估标准（续九）

$\bar{N}$	\multicolumn{10}{c}{$\sigma_\theta^2 = 0.17$}
	$k=5$	$k=10$	$k=15$	$k=20$	$k=25$	$k=30$	$k=35$	$k=40$	$k=45$	$k=50$
10	10.28	12.34	15.10	17.12	20.18	22.48	23.10	24.72	24.56	28.40
20	20.16	31.26	39.98	46.84	55.42	61.68	65.68	71.20	75.22	78.34
40	47.12	64.32	79.18	86.50	92.92	95.74	97.32	98.58	99.24	99.62
60	56.52	83.16	92.68	97.26	98.92	99.52	99.86	99.88	99.98	100.00
80	68.82	89.78	96.70	99.38	99.78	100.00	99.98	100.00	100.00	100.00
100	74.70	95.30	98.88	99.78	99.90	100.00	100.00	100.00	100.00	100.00
120	80.60	96.40	99.40	99.94	99.98	100.00	100.00	100.00	100.00	100.00
140	83.32	97.82	99.78	99.96	100.00	100.00	100.00	100.00	100.00	100.00
160	86.80	98.68	99.80	100.00	100.00	100.00	100.00	100.00	100.00	100.00
180	88.10	98.94	99.96	100.00	100.00	100.00	100.00	100.00	100.00	100.00
200	89.02	99.24	99.94	100.00	100.00	100.00	100.00	100.00	100.00	100.00
220	91.44	99.48	99.96	100.00	100.00	100.00	100.00	100.00	100.00	100.00
240	92.56	99.64	100.00	100.00	100.00	100.00	100.00	100.00	100.00	100.00
260	93.78	99.72	100.00	100.00	100.00	100.00	100.00	100.00	100.00	100.00
280	94.26	99.78	100.00	100.00	100.00	100.00	100.00	100.00	100.00	100.00
300	94.80	99.72	100.00	100.00	100.00	100.00	100.00	100.00	100.00	100.00
320	95.06	99.94	100.00	100.00	100.00	100.00	100.00	100.00	100.00	100.00
340	95.78	99.94	100.00	100.00	100.00	100.00	100.00	100.00	100.00	100.00
360	96.44	99.80	100.00	100.00	100.00	100.00	100.00	100.00	100.00	100.00
380	96.32	99.94	100.00	100.00	100.00	100.00	100.00	100.00	100.00	100.00
400	96.70	99.96	100.00	100.00	100.00	100.00	100.00	100.00	100.00	100.00
420	96.54	99.98	100.00	100.00	100.00	100.00	100.00	100.00	100.00	100.00

续表

$\overline{N}$	$\sigma_\theta^2 = 0.17$									
	$k=5$	$k=10$	$k=15$	$k=20$	$k=25$	$k=30$	$k=35$	$k=40$	$k=45$	$k=50$
440	97.48	99.96	100.00	100.00	100.00	100.00	100.00	100.00	100.00	100.00
460	97.36	99.94	100.00	100.00	100.00	100.00	100.00	100.00	100.00	100.00
480	97.88	100.00	100.00	100.00	100.00	100.00	100.00	100.00	100.00	100.00
500	98.10	100.00	100.00	100.00	100.00	100.00	100.00	100.00	100.00	100.00
520	98.08	99.98	100.00	100.00	100.00	100.00	100.00	100.00	100.00	100.00
540	98.12	99.98	100.00	100.00	100.00	100.00	100.00	100.00	100.00	100.00
560	98.14	99.98	100.00	100.00	100.00	100.00	100.00	100.00	100.00	100.00
580	98.16	100.00	100.00	100.00	100.00	100.00	100.00	100.00	100.00	100.00
600	98.66	99.98	100.00	100.00	100.00	100.00	100.00	100.00	100.00	100.00
620	98.34	100.00	100.00	100.00	100.00	100.00	100.00	100.00	100.00	100.00
640	98.46	100.00	100.00	100.00	100.00	100.00	100.00	100.00	100.00	100.00
660	98.92	100.00	100.00	100.00	100.00	100.00	100.00	100.00	100.00	100.00
680	98.64	100.00	100.00	100.00	100.00	100.00	100.00	100.00	100.00	100.00
700	99.02	99.98	100.00	100.00	100.00	100.00	100.00	100.00	100.00	100.00

表 5.12　　Hedges Q 检验检验力的评估标准（续十）

$\overline{N}$	$\sigma_\theta^2 = 0.19$									
	$k=5$	$k=10$	$k=15$	$k=20$	$k=25$	$k=30$	$k=35$	$k=40$	$k=45$	$k=50$
10	11.92	13.90	17.70	19.90	21.78	25.08	26.58	29.52	33.08	32.54
20	24.60	35.30	45.58	54.52	60.50	68.16	72.70	76.50	80.76	84.24
40	47.10	69.82	83.74	90.40	94.70	97.18	98.52	99.14	99.50	99.80
60	60.30	85.82	95.22	98.22	99.30	99.84	99.88	99.98	99.98	100.00
80	72.68	92.50	98.44	99.54	99.88	100.00	100.00	100.00	100.00	100.00
100	80.22	95.82	99.46	99.92	99.98	100.00	100.00	100.00	100.00	100.00
120	83.26	97.66	99.84	99.98	100.00	100.00	100.00	100.00	100.00	100.00
140	85.98	98.44	99.88	100.00	100.00	100.00	100.00	100.00	100.00	100.00
160	87.86	99.40	99.96	100.00	100.00	100.00	100.00	100.00	100.00	100.00
180	91.10	99.20	99.96	99.98	100.00	100.00	100.00	100.00	100.00	100.00

续表

$\overline{N}$	\multicolumn{10}{c}{$\sigma_\theta^2 = 0.19$}
	$k=5$	$k=10$	$k=15$	$k=20$	$k=25$	$k=30$	$k=35$	$k=40$	$k=45$	$k=50$
200	91.80	99.62	99.96	100.00	100.00	100.00	100.00	100.00	100.00	100.00
220	92.74	99.62	99.98	100.00	100.00	100.00	100.00	100.00	100.00	100.00
240	93.50	99.68	100.00	100.00	100.00	100.00	100.00	100.00	100.00	100.00
260	94.68	99.88	99.98	100.00	100.00	100.00	100.00	100.00	100.00	100.00
280	95.42	99.88	99.98	100.00	100.00	100.00	100.00	100.00	100.00	100.00
300	95.98	99.94	100.00	100.00	100.00	100.00	100.00	100.00	100.00	100.00
320	96.32	99.90	100.00	100.00	100.00	100.00	100.00	100.00	100.00	100.00
340	96.74	99.98	100.00	100.00	100.00	100.00	100.00	100.00	100.00	100.00
360	96.98	100.00	100.00	100.00	100.00	100.00	100.00	100.00	100.00	100.00
380	96.88	99.98	100.00	100.00	100.00	100.00	100.00	100.00	100.00	100.00
400	97.26	99.94	100.00	100.00	100.00	100.00	100.00	100.00	100.00	100.00
420	97.50	99.96	100.00	100.00	100.00	100.00	100.00	100.00	100.00	100.00
440	97.72	100.00	100.00	100.00	100.00	100.00	100.00	100.00	100.00	100.00
460	98.22	99.98	100.00	100.00	100.00	100.00	100.00	100.00	100.00	100.00
480	98.54	99.98	100.00	100.00	100.00	100.00	100.00	100.00	100.00	100.00
500	98.26	99.98	100.00	100.00	100.00	100.00	100.00	100.00	100.00	100.00
520	98.10	100.00	100.00	100.00	100.00	100.00	100.00	100.00	100.00	100.00
540	98.68	99.98	100.00	100.00	100.00	100.00	100.00	100.00	100.00	100.00
560	98.68	100.00	100.00	100.00	100.00	100.00	100.00	100.00	100.00	100.00
580	98.86	100.00	100.00	100.00	100.00	100.00	100.00	100.00	100.00	100.00
600	99.02	100.00	100.00	100.00	100.00	100.00	100.00	100.00	100.00	100.00
620	98.94	100.00	100.00	100.00	100.00	100.00	100.00	100.00	100.00	100.00
640	98.82	100.00	100.00	100.00	100.00	100.00	100.00	100.00	100.00	100.00
660	98.98	99.98	100.00	100.00	100.00	100.00	100.00	100.00	100.00	100.00
680	99.00	100.00	100.00	100.00	100.00	100.00	100.00	100.00	100.00	100.00
700	99.12	100.00	100.00	100.00	100.00	100.00	100.00	100.00	100.00	100.00

表 5.13　　　　Hedges Q 检验检验力的评估标准（续十一）

$\overline{N}$	\multicolumn{10}{c}{$\sigma_\theta^2 = 0.21$}
	k=5	k=10	k=15	k=20	k=25	k=30	k=35	k=40	k=45	k=50
10	12.86	16.00	19.18	23.86	25.18	28.84	31.28	33.00	36.58	39.26
20	23.60	40.56	48.78	58.56	67.42	72.48	78.08	81.98	86.34	88.24
40	48.30	74.50	86.38	92.94	96.74	98.22	99.08	99.62	99.78	99.94
60	64.72	87.54	95.94	98.64	99.68	99.88	99.90	100.00	100.00	100.00
80	74.10	94.18	98.78	99.66	99.84	100.00	100.00	100.00	100.00	100.00
100	81.50	96.52	99.58	99.92	99.98	100.00	100.00	100.00	100.00	100.00
120	84.06	98.38	99.92	100.00	99.98	100.00	100.00	100.00	100.00	100.00
140	87.28	98.84	99.86	100.00	100.00	100.00	100.00	100.00	100.00	100.00
160	89.48	99.38	99.98	100.00	100.00	100.00	100.00	100.00	100.00	100.00
180	92.58	99.30	99.98	100.00	100.00	100.00	100.00	100.00	100.00	100.00
200	93.76	99.68	100.00	100.00	100.00	100.00	100.00	100.00	100.00	100.00
220	93.70	99.90	100.00	100.00	100.00	100.00	100.00	100.00	100.00	100.00
240	94.66	99.80	100.00	100.00	100.00	100.00	100.00	100.00	100.00	100.00
260	94.72	99.90	100.00	100.00	100.00	100.00	100.00	100.00	100.00	100.00
280	95.58	99.90	100.00	100.00	100.00	100.00	100.00	100.00	100.00	100.00
300	96.20	99.86	100.00	100.00	100.00	100.00	100.00	100.00	100.00	100.00
320	97.26	99.96	100.00	100.00	100.00	100.00	100.00	100.00	100.00	100.00
340	97.30	99.98	100.00	100.00	100.00	100.00	100.00	100.00	100.00	100.00
360	97.24	99.92	100.00	100.00	100.00	100.00	100.00	100.00	100.00	100.00
380	97.54	99.98	100.00	100.00	100.00	100.00	100.00	100.00	100.00	100.00
400	97.88	99.96	100.00	100.00	100.00	100.00	100.00	100.00	100.00	100.00
420	97.98	99.94	100.00	100.00	100.00	100.00	100.00	100.00	100.00	100.00
440	98.26	99.98	100.00	100.00	100.00	100.00	100.00	100.00	100.00	100.00
460	98.00	100.00	100.00	100.00	100.00	100.00	100.00	100.00	100.00	100.00
480	98.66	99.98	100.00	100.00	100.00	100.00	100.00	100.00	100.00	100.00
500	98.46	99.98	100.00	100.00	100.00	100.00	100.00	100.00	100.00	100.00
520	98.68	100.00	100.00	100.00	100.00	100.00	100.00	100.00	100.00	100.00
540	98.68	99.98	100.00	100.00	100.00	100.00	100.00	100.00	100.00	100.00
560	98.64	100.00	100.00	100.00	100.00	100.00	100.00	100.00	100.00	100.00

续表

$\overline{N}$	$\sigma_\theta^2 = 0.21$								
	$k=5$	$k=10$	$k=15$	$k=20$	$k=25$	$k=30$	$k=35$	$k=40$	$k=45$	$k=50$
580	98.42	100.00	100.00	100.00	100.00	100.00	100.00	100.00	100.00	100.00
600	98.92	100.00	100.00	100.00	100.00	100.00	100.00	100.00	100.00	100.00
620	99.12	99.94	100.00	100.00	100.00	100.00	100.00	100.00	100.00	100.00
640	99.20	99.98	100.00	100.00	100.00	100.00	100.00	100.00	100.00	100.00
660	99.12	100.00	100.00	100.00	100.00	100.00	100.00	100.00	100.00	100.00
680	99.20	100.00	100.00	100.00	100.00	100.00	100.00	100.00	100.00	100.00
700	99.18	100.00	100.00	100.00	100.00	100.00	100.00	100.00	100.00	100.00

表 5.14　　Hedges Q 检验检验力的评估标准（续十二）

$\overline{N}$	$\sigma_\theta^2 = 0.25$								
	$k=5$	$k=10$	$k=15$	$k=20$	$k=25$	$k=30$	$k=35$	$k=40$	$k=45$	$k=50$
10	14.52	19.98	24.82	28.08	31.58	34.54	40.08	41.74	46.50	47.94
20	29.64	44.44	56.60	68.00	76.68	81.64	85.34	88.16	92.70	94.86
40	56.26	81.26	91.40	96.40	98.36	99.36	99.70	99.92	99.96	99.98
60	70.80	91.68	98.16	99.52	99.90	100.00	99.98	99.98	100.00	100.00
80	78.48	96.30	99.48	99.90	99.98	99.98	100.00	100.00	100.00	100.00
100	84.08	98.14	99.92	100.00	100.00	100.00	100.00	100.00	100.00	100.00
120	87.26	99.02	99.90	99.98	100.00	100.00	100.00	100.00	100.00	100.00
140	90.60	99.32	99.96	100.00	100.00	100.00	100.00	100.00	100.00	100.00
160	92.16	99.68	99.96	100.00	100.00	100.00	100.00	100.00	100.00	100.00
180	93.18	99.74	99.98	100.00	100.00	100.00	100.00	100.00	100.00	100.00
200	94.54	99.92	100.00	100.00	100.00	100.00	100.00	100.00	100.00	100.00
220	95.34	99.88	100.00	100.00	100.00	100.00	100.00	100.00	100.00	100.00
240	95.76	99.94	100.00	100.00	100.00	100.00	100.00	100.00	100.00	100.00
260	96.70	99.98	100.00	100.00	100.00	100.00	100.00	100.00	100.00	100.00
280	96.68	99.94	100.00	100.00	100.00	100.00	100.00	100.00	100.00	100.00
300	97.40	99.92	100.00	100.00	100.00	100.00	100.00	100.00	100.00	100.00
320	97.64	99.96	100.00	100.00	100.00	100.00	100.00	100.00	100.00	100.00

续表

$\bar{N}$	\multicolumn{10}{c}{$\sigma_\theta^2 = 0.25$}
	k=5	k=10	k=15	k=20	k=25	k=30	k=35	k=40	k=45	k=50
340	97.40	99.98	100.00	100.00	100.00	100.00	100.00	100.00	100.00	100.00
360	97.92	99.96	100.00	100.00	100.00	100.00	100.00	100.00	100.00	100.00
380	98.12	99.98	100.00	100.00	100.00	100.00	100.00	100.00	100.00	100.00
400	98.08	100.00	100.00	100.00	100.00	100.00	100.00	100.00	100.00	100.00
420	98.78	100.00	100.00	100.00	100.00	100.00	100.00	100.00	100.00	100.00
440	98.76	100.00	100.00	100.00	100.00	100.00	100.00	100.00	100.00	100.00
460	99.10	99.98	100.00	100.00	100.00	100.00	100.00	100.00	100.00	100.00
480	98.62	99.98	100.00	100.00	100.00	100.00	100.00	100.00	100.00	100.00
500	98.90	100.00	100.00	100.00	100.00	100.00	100.00	100.00	100.00	100.00
520	99.02	100.00	100.00	100.00	100.00	100.00	100.00	100.00	100.00	100.00
540	99.04	100.00	100.00	100.00	100.00	100.00	100.00	100.00	100.00	100.00
560	99.32	100.00	100.00	100.00	100.00	100.00	100.00	100.00	100.00	100.00
580	98.98	100.00	100.00	100.00	100.00	100.00	100.00	100.00	100.00	100.00
600	99.18	100.00	100.00	100.00	100.00	100.00	100.00	100.00	100.00	100.00
620	99.50	100.00	100.00	100.00	100.00	100.00	100.00	100.00	100.00	100.00
640	99.32	100.00	100.00	100.00	100.00	100.00	100.00	100.00	100.00	100.00
660	99.48	100.00	100.00	100.00	100.00	100.00	100.00	100.00	100.00	100.00
680	99.40	100.00	100.00	100.00	100.00	100.00	100.00	100.00	100.00	100.00
700	99.54	100.00	100.00	100.00	100.00	100.00	100.00	100.00	100.00	100.00

表5.15 Hedges Q 检验检验力的评估标准（续十三）

$\bar{N}$	\multicolumn{10}{c}{$\sigma_\theta^2 = 0.30$}
	k=5	k=10	k=15	k=20	k=25	k=30	k=35	k=40	k=45	k=50
10	16.54	24.10	28.90	34.00	40.56	45.44	49.68	55.20	57.02	61.34
20	34.82	55.38	67.82	77.40	83.96	89.04	92.30	95.18	96.48	97.48
40	60.80	85.60	93.26	98.20	99.28	99.80	99.98	100.00	100.00	100.00
60	77.12	95.00	99.02	99.90	99.98	100.00	100.00	100.00	100.00	100.00
80	84.32	97.98	99.72	100.00	99.98	100.00	100.00	100.00	100.00	100.00

续表

$\overline{N}$	$\sigma_\theta^2 = 0.30$										
	$k=5$	$k=10$	$k=15$	$k=20$	$k=25$	$k=30$	$k=35$	$k=40$	$k=45$	$k=50$
100	87.72	98.84	99.78	99.98	100.00	100.00	100.00	100.00	100.00	100.00
120	91.00	99.34	99.98	100.00	100.00	100.00	100.00	100.00	100.00	100.00
140	92.94	99.68	99.98	100.00	100.00	100.00	100.00	100.00	100.00	100.00
160	94.24	99.82	100.00	100.00	100.00	100.00	100.00	100.00	100.00	100.00
180	95.00	99.94	100.00	100.00	100.00	100.00	100.00	100.00	100.00	100.00
200	95.98	99.84	100.00	100.00	100.00	100.00	100.00	100.00	100.00	100.00
220	97.02	99.92	100.00	100.00	100.00	100.00	100.00	100.00	100.00	100.00
240	97.50	100.00	100.00	100.00	100.00	100.00	100.00	100.00	100.00	100.00
260	97.50	100.00	100.00	100.00	100.00	100.00	100.00	100.00	100.00	100.00
280	98.08	99.94	100.00	100.00	100.00	100.00	100.00	100.00	100.00	100.00
300	97.98	99.94	100.00	100.00	100.00	100.00	100.00	100.00	100.00	100.00
320	98.04	100.00	100.00	100.00	100.00	100.00	100.00	100.00	100.00	100.00
340	98.56	100.00	100.00	100.00	100.00	100.00	100.00	100.00	100.00	100.00
360	98.72	100.00	100.00	100.00	100.00	100.00	100.00	100.00	100.00	100.00
380	98.50	100.00	100.00	100.00	100.00	100.00	100.00	100.00	100.00	100.00
400	98.90	100.00	100.00	100.00	100.00	100.00	100.00	100.00	100.00	100.00
420	98.94	100.00	100.00	100.00	100.00	100.00	100.00	100.00	100.00	100.00
440	99.36	100.00	100.00	100.00	100.00	100.00	100.00	100.00	100.00	100.00
460	99.32	100.00	100.00	100.00	100.00	100.00	100.00	100.00	100.00	100.00
480	99.06	100.00	100.00	100.00	100.00	100.00	100.00	100.00	100.00	100.00
500	99.12	100.00	100.00	100.00	100.00	100.00	100.00	100.00	100.00	100.00
520	99.08	100.00	100.00	100.00	100.00	100.00	100.00	100.00	100.00	100.00
540	99.46	100.00	100.00	100.00	100.00	100.00	100.00	100.00	100.00	100.00
560	99.34	99.98	100.00	100.00	100.00	100.00	100.00	100.00	100.00	100.00
580	99.48	100.00	100.00	100.00	100.00	100.00	100.00	100.00	100.00	100.00
600	99.40	100.00	100.00	100.00	100.00	100.00	100.00	100.00	100.00	100.00
620	99.46	100.00	100.00	100.00	100.00	100.00	100.00	100.00	100.00	100.50
640	99.50	100.00	100.00	100.00	100.00	100.00	100.00	100.00	100.00	100.00
660	99.52	100.00	100.00	100.00	100.00	100.00	100.00	100.00	100.00	100.00

续表

$\overline{N}$	$\sigma_\theta^2 = 0.30$									
	$k=5$	$k=10$	$k=15$	$k=20$	$k=25$	$k=30$	$k=35$	$k=40$	$k=45$	$k=50$
680	99.62	100.00	100.00	100.00	100.00	100.00	100.00	100.00	100.00	100.00
700	99.74	100.00	100.00	100.00	100.00	100.00	100.00	100.00	100.00	100.00

表 5.16　　Hedges Q 检验检验力的评估标准（续十四）

$\overline{N}$	$\sigma_\theta^2 = 0.32$									
	$k=5$	$k=10$	$k=15$	$k=20$	$k=25$	$k=30$	$k=35$	$k=40$	$k=45$	$k=50$
10	17.86	25.40	31.86	37.80	44.52	48.80	52.84	58.14	61.96	64.96
20	32.06	56.10	69.96	80.52	86.60	90.52	93.94	96.16	97.74	98.46
40	64.52	87.26	95.84	98.44	99.70	99.92	100.00	99.98	100.00	100.00
60	76.48	95.06	99.30	99.88	99.98	100.00	100.00	100.00	100.00	100.00
80	84.78	98.40	99.86	100.00	100.00	100.00	100.00	100.00	100.00	100.00
100	88.20	99.12	99.96	100.00	100.00	100.00	100.00	100.00	100.00	100.00
120	92.26	99.64	100.00	100.00	100.00	100.00	100.00	100.00	100.00	100.00
140	93.98	99.78	100.00	100.00	100.00	100.00	100.00	100.00	100.00	100.00
160	94.98	99.86	100.00	100.00	100.00	100.00	100.00	100.00	100.00	100.00
180	96.04	99.98	100.00	100.00	100.00	100.00	100.00	100.00	100.00	100.00
200	96.68	99.96	100.00	100.00	100.00	100.00	100.00	100.00	100.00	100.00
220	96.90	99.96	100.00	100.00	100.00	100.00	100.00	100.00	100.00	100.00
240	97.54	99.94	100.00	100.00	100.00	100.00	100.00	100.00	100.00	100.00
260	97.56	99.96	100.00	100.00	100.00	100.00	100.00	100.00	100.00	100.00
280	98.02	100.00	100.00	100.00	100.00	100.00	100.00	100.00	100.00	100.00
300	98.20	99.94	100.00	100.00	100.00	100.00	100.00	100.00	100.00	100.00
320	98.44	99.98	100.00	100.00	100.00	100.00	100.00	100.00	100.00	100.00
340	98.60	100.00	100.00	100.00	100.00	100.00	100.00	100.00	100.00	100.00
360	98.64	100.00	100.00	100.00	100.00	100.00	100.00	100.00	100.00	100.00
380	98.98	100.00	100.00	100.00	100.00	100.00	100.00	100.00	100.00	100.00
400	99.08	99.98	100.00	100.00	100.00	100.00	100.00	100.00	100.00	100.00
420	99.12	100.00	100.00	100.00	100.00	100.00	100.00	100.00	100.00	100.00

续表

$\overline{N}$	$\sigma_\theta^2 = 0.32$									
	$k=5$	$k=10$	$k=15$	$k=20$	$k=25$	$k=30$	$k=35$	$k=40$	$k=45$	$k=50$
440	99.16	100.00	100.00	100.00	100.00	100.00	100.00	100.00	100.00	100.00
460	99.14	100.00	100.00	100.00	100.00	100.00	100.00	100.00	100.00	100.00
480	99.16	100.00	100.00	100.00	100.00	100.00	100.00	100.00	100.00	100.00
500	99.46	100.00	100.00	100.00	100.00	100.00	100.00	100.00	100.00	100.00
520	99.24	100.00	100.00	100.00	100.00	100.00	100.00	100.00	100.00	100.00
540	99.28	100.00	100.00	100.00	100.00	100.00	100.00	100.00	100.00	100.00
560	99.44	99.98	100.00	100.00	100.00	100.00	100.00	100.00	100.00	100.00
580	99.50	100.00	100.00	100.00	100.00	100.00	100.00	100.00	100.00	100.00
600	99.40	100.00	100.00	100.00	100.00	100.00	100.00	100.00	100.00	100.00
620	99.50	100.00	100.00	100.00	100.00	100.00	100.00	100.00	100.00	100.00
640	99.56	100.00	100.00	100.00	100.00	100.00	100.00	100.00	100.00	100.00
660	99.56	100.00	100.00	100.00	100.00	100.00	100.00	100.00	100.00	100.00
680	99.70	100.00	100.00	100.00	100.00	100.00	100.00	100.00	100.00	100.00
700	99.70	100.00	100.00	100.00	100.00	100.00	100.00	100.00	100.00	100.00

（注：检验力估计值的单位为%）

一方面，为方便研究者在元分析实践中正确地应用 Hedges Q 检验性能的评价标准以对该检验的检验结果及据此所作出的研究结论进行合理评价，进而在此基础上作出科学的研究结论；另一方面，为增强前面所制定的 Hedges Q 检验性能评价标准在原始研究数据偏离正态分布或者方差非齐的条件下在实践中的指导价值，下面给出判定 Hedges Q 检验的检验结果是否可靠的一些基本标准。这些标准包括：

标准一：如果 Hedges Q 检验在 $\theta=\mu_\theta$ 处附近对 I 类错误率的控制表现良好或保守，则根据该检验显著的检验结果推断元分析效应量异质的研究结论是可靠的。

标准二：当 Hedges Q 检验在 $\theta=\mu_\theta$ 处附近对 I 类错误率的控制表现良好或保守时，如果该检验检验力达到 0.8，则根据该检验不显著的检验结果推断元分析效应量同质的研究结论是可靠的。但此时，如果该检验的检验力没有达到 0.8，则元分析研究者在利用该检验不显著的检验结果作出元分析效应量同质的研究结论时应该谨慎，容易犯Ⅱ类错误。

标准三：如果 Hedges Q 检验在 $\theta=\mu_\theta$ 处附近对Ⅰ类错误率的控制表现膨胀，则元分析者在根据该检验的检验结果显著作出元分析效应量异质的研究结论时应该谨慎，容易犯Ⅰ类错误。

第四节　Hedges Q 检验性能标准在元分析研究中的应用

Hedges Q 检验性能标准的制定使得人们对当前心理学领域（其他领域一样）中元分析研究者依据 Hedges Q 检验结果所作出的研究结论的质量评价成为可能。这部分主要目的是以国际上心理学期刊上发表的元分析研究成果作为研究材料，来展示如何利用研究四所制定的 Hedges Q 检验性能评价标准对同质性检验（或异质性检验）结果进行评价，以帮助元分析者作出正确的研究结论。在此基础上，揭示当前心理学领域 Hedges Q 检验应用中存在的问题，并据此提出自己的建议。

一　Hedges Q 检验性能标准应用示范

为示范如何将 Hedges Q 检验性能评价标准应用于评价现实元分析研究中该检验同质性检验结果的质量，这里将采用 Hedges（1983）在 *A Random Effects Model for Effect Sizes* 一文中表 1 的数据作为例子进行演示。具体信息见表 5.17：

表 5.17　**Effect Size Estimates from 24 Studies of the Effect of Open Education on Mathematics Achievement**

	randomized experiments				studies without random assigment			
study	n^E	n^C	g	σ_{gi}^2	study	n^E	n^C	g	σ_{gi}^2
1	57	112	0.146	0.027	1	42	100	0.506	0.035
2	48	86	0.248	0.033	2	74	44	0.33	0.037
3	180	180	0.049	0.011	3	89	425	0.109	0.014
4	80	61	-0.313	0.029	4	40	40	-0.38	0.051
5	131	138	-0.267	0.015	5	133	127	0.26	0.016
6	90	90	-0.11	0.022	6	76	105	-0.488	0.023

续表

randomized experiments					studies without random assigment			
study	n^E	n^C	g	σ_{gi}^2	study	n^E	n^C	g	σ_{gi}^2
7	41	52	0.124	0.044	7	80	81	0.584	0.026
8	60	55	−0.151	0.035	8	72	72	0.387	0.028
9	10	10	0.529	0.209	9	120	150	−0.345	0.015
10	138	160	0.19	0.014	10	120	167	−0.718	0.015
11	156	50	−0.362	0.027	11	38	52	0.006	0.046
12	56	56	−0.32	0.036	12	40	40	−0.395	0.051

（注：E = experimental group；C = control group）

该表 24 个效应量源于 Hedges，Giaconia 和 Gage（1981）关于开放教学对数学成就有效性的元分析。其中，表左边 12 个效应量从 12 个实验组（处理组）与控制组被试随机分配的原始研究中获得，右边 12 效应量从 12 个实验组（处理组）与控制组被试非随机分配的原始研究中获得。Hedges 分别对表中左边 12 个原始研究的观察效应量与右边 12 个原始研究的观察效应量进行效应量同质性检验。同质性检验结果显示左边的 $\chi^2 = 23.09$，右边的 $\chi^2 = 90.61$，结果表明左边效应量在 $\alpha = 0.02$ 水平是显著异质的，右边效应量在 $\alpha = 0.001$ 水平上显著异质的。同时，对左边 12 个效应量的总体效应量分方差 σ_θ^2 的估计值为 0.036，而右边 12 个效应量的总体效应量分方差 σ_θ^2 的估计值为 0.162。显然，被试非随机分配的原始研究效应量的异质性程度要大于被试随机分配的原始研究效应量的异质性程度。

对于这个同质性检验结果，根据研究四所制定的 Hedges Q 检验性能评价标准究竟应该如何进行评价？首先，确定 k 的值；其次，根据元分析所提供的信息计算出原始研究观察效应量间异质性程度 σ_θ^2 的估计值；最后，结合前面两步提供的信息，根据前面已经制定的 Hedges Q 检验性能标准查出其 I 类错误率与检验力的值（如果没有这些参数值可通过线性插值进行近似估计），进而给合前面研究二与研究三所提供的信息进行评价。

针对本例子所提供的信息，可知：

第一，$k_{随机} = k_{非随机} = 12$，且通过简单地计算可得 $\bar{N}_{随机} = 175$，$\bar{N}_{非随机} = 193$；

第二，$\sigma_{\theta随机}^2 = 0.036$，$\sigma_{\theta非随机}^2 = 0.162$；

第三，查表 5.2 可得，当 $\sigma_\theta^2 = 0.03$ 时，$\bar{N} = 160$ 且 $k = 10$、$\bar{N} = 180$ 且 $k = 10$、$\bar{N} = 160$ 且 $k = 15$ 与 $\bar{N} = 180$ 且 $k = 15$ 时 Hedges Q 检验的检验力分别为 53.64%、58.9%、67.76% 与 73.36%。据此，通过线性插值法可得当 $\sigma_\theta^2 = 0.03$ 时 Hedges Q 检验在 $\bar{N} = 175$ 且 $k = 10$ 时的检验力 $\text{Power}_{0.03,175,10} \approx 0.57585$。请注意，这里的计算公式为 $(0.589 - 0.5364) / (\text{Power}_{0.03,175,10} - 0.5364) = (180 - 160) / (175 - 160)$。同理，可得 $\sigma_\theta^2 = 0.03$、$\bar{N} = 175$ 且 $k = 15$ 时 Hedges Q 检验的检验力 $\text{Power}_{0.03,175,15} \approx 71.96\%$；在 $\text{Power}_{0.03,175,10}$ 与 $\text{Power}_{0.03,175,15}$ 的基础上继续插值，可得当 $\sigma_\theta^2 = 0.03$ 时 $\text{Power}_{0.03,175,12} \approx 0.6335$。

同理，查表 5.2 也可得，当 $\sigma_\theta^2 = 0.05$ 时，$\bar{N} = 160$ 且 $k = 10$、$\bar{N} = 180$ 且 $k = 10$、$\bar{N} = 160$ 且 $k = 15$ 与 $\bar{N} = 180$ 且 $k = 15$ 时 Hedges Q 检验的检验力分别为 74.72%、80.42%、87.14% 与 90.42%。类似地，当 $\sigma_\theta^2 = 0.05$ 时，通过线性插值可得 $\text{Power}_{0.05,175,10} \approx 78.99\%$、$\text{Power}_{0.05,175,15} \approx 89.6\%$，进而近似估得当 $\sigma_\theta^2 = 0.05$ 时该检验在 $\sigma_\theta^2 = 0.05$、$\bar{N} = 175$ 且 $k = 12$ 时的检验力，即 $\text{Power}_{0.05,175,12} \approx 83.24\%$。在 0.6335 与 0.8324 的基础上，再对 σ_θ^2 进行线性插值，大体可得 Hedges Q 检验在当 $\sigma_{\theta随机}^2 = 0.036$、$k = 12$ 且 $=175$ 时的检验力大约为 69.32%。

同理，当 $\sigma_{\theta随机}^2 = 0.162$、$\bar{N} = 194$ 且 $k = 12$ 时，Hedges Q 检验检验力 $\text{Power}_{0.162,194,12} \geq \text{Power}_{0.15,180,10}$，查表 5.2 可知 $\text{Power}_{0.15,180,10} = 98.76\%$，可见 $\text{Power}_{0.162,194,12}$ 实际上比 0.9876 还要大。

$\text{Power}_{0.03,175,2} \approx 63.35\%$ 与 $\text{Power}_{0.15,180,10} = 98.76\%$ 这两个检验力估计值清楚表明，虽然表 5.3 左边 12 个原始研究效应量与表右边的 12 个原始研究效应量均被检测出是异质的，但左边 12 个原始研究效应量间的异质性被检测出来具有很大的侥幸性，而右边 12 个原始研究效应量间的异质性被检测出来则几乎是确定的。

二 Hedges Q 检验性能标准制定对当前元分析研究的价值

心理学元分析研究中（其他学科也类似），研究者习惯于将同质性

（或异质性）检验结果是否显著作为判断研究效应量间同质或异质的依据（其实这种情况可以推广至其他统计检验），这一做法在元分析文献中非常普遍。如果研究效应量以 Hedges d 表示，则 Hedges Q 检验被应用得最为广泛。然而，这种做法常会使研究者面临犯 II 类错误的潜在风险。为说明这一问题，这里将以 Nose，Barbui，Gray 与 Tansella（2003）在"Clinical Interventions for Treatment Non-adherence in Psychosis：Meta-analysis"一文中表 1 与图 2 所提供的信息作为研究材料来说明这个问题。整合后的材料见表 5.18：

表 5.18　　Nose，Barbui，Gray 与 Tansella（2003）研究所提供的同质性检验信息

元分析文献作者	控制组容量	处理组容量	Hedges d
Glick, et	37	42	.00
Robinson, et	50	50	.05
Xiong, et	35	39	.31
Kemp, et	29	34	.70
Cramer, et	40	41	.74

根据表 5.18 所提供的信息，通过计算可得 $\chi^2 = 9.31 \leqslant 9.48$（当 $\alpha = 0.05$ 时，$df = 4$ 的 χ^2 分布的临界值为 9.48）〔注：Nose，Barbui，Gray 与 Tansella（2003）提供的 $\chi^2 = 5.14$，$p = 0.274$。其计算可能有误〕。

依据同质性检验结果，似乎作出这 5 个原始研究间效应量同质结论是合理的。但是，如果考虑到 Hedges Q 检验在 k 较小时其检验力的性能表现，则作出这个结论时就应该谨慎。为说明这个问题，研究者根据表 5.4 所提供的信息可知这 5 个原始研究的平均样本容量 $\bar{N} \approx 79$。同时，利用 Hedges 和 Vevea（1998）所提供的公式获得这 5 个原始研究总体效应量方差 σ_θ^2 的估计值为 0.069。在此基础上参照表 5.2 可知，Hedges Q 检验在 $\sigma_\theta^2 = 0.07$、$k = 5$ 且 $\bar{N} = 80$ 时其检验力也只有 0.3808。显然，Hedges Q 检验在 $\sigma_\theta^2 = 0.069$、$k = 5$ 且 $\bar{N} = 79$ 时的检验力实际上要略低于 0.3808（但大体相近）。这个结果清楚显示即使总体效应量异质

程度 $\sigma_\theta^2 = 0.069$，在 $k=5$ 且 =79 条件下要将效应量间的这种真正异质性检测出来的可能性还不如抛一枚硬币出现正面的概率大。

因此，在检验力低的情况下，Hedges Q 检验结果不显著并不意味着元分析研究者就可以据此检验结果推断效应量同质。对于上述 5 个原始研究效应量间同质性检验的结果，更合理的结论应该是本次效应量同质性检验结果并不显著，但由于该检验此时的检验力不高，故无法确定效应量一定就是同质的。这时，在效应量合成时进行模型敏感性分析是一种有价值的策略。

总而言之，对于类似的问题，本论文研究所制定的 Hedges Q 检验性能评价标准提供了一种强大的评价工具对其进行解决。

第六章　本书的创新、不足、未来研究方向及结论

第一节　本书的创新、不足与未来研究方向

一　创新点

1. 总体效应量分布对 Hedges Q 检验检验力性能的影响问题是元分析同质性检验性能研究者一直没有注意到的问题。在本书所进行的研究之前，人们似乎内隐地认为总体效应量分布不会对该检验的检验力产生影响。本书首次对这一问题展开了系统的研究，研究结果修正了这种观点；

2. 本书中的研究首次系统地探讨了当原始研究数据呈正态分布且实验组与控制组数据方差非齐时，或原始研究数据呈非正态分布时，总体效应量 θ 对 Hedges Q 检验 I 类错误率的影响问题。

3. 本书中的研究首次系统地探索了原始研究数据呈非正态分布或实验组与控制组数据的方差非齐时，平均总体效应量 μ_θ 对 Hedges Q 检验检验力的影响问题。

4. 本书中的研究首次系统、全面地探索了原始研究数据分布偏离正态分布的程度对 Hedges Q 检验性能的影响。

5. 本书中的研究首次在原始研究数据呈正态分布且实验组与控制组数据方差齐性的条件下制定了 Hedges Q 检验检验性能的评估标准。以这个评估标准为参照系，结合研究二与研究三中元分析模拟情境变量、原始研究数据分布偏离正态分布程度对 Hedges Q 检验性能影响的研究结果，元分析研究者就可以对元分析实践中已有的 Hedges Q 检验结果进行合理的评价。

6. 在模拟情境的创设上，本书中的研究充分吸收了前人研究的优点，同时也扬弃了前人研究中的不足。在此基础上，创设出迄今为止最逼近现实元分析的模拟情境。因而，所获得的研究结果无疑也更具价值。

二 不足与未来研究方向

本论文研究存在的不足主要有三点：

1. 本书虽然发现总体效应量分布会对 Hedges Q 检验的检验力产生影响，但并没有进一步探讨这种影响理论上的原因，这是第一个不足。

2. 在探讨原始研究数据分布对 Hedges Q 检验性能的影响方面，没有将原始研究数据分布中的偏态与峰度这两种分布特征分离开来以进行统计控制，而仅只考察原始研究数据分布对正态分布的偏离程度（偏态与峰度的综合反映）对该检验性能的影响。这种做法无法在控制其他分布特征条件下分别考察原始研究数据偏态、峰度水平对 Hedges Q 检验性能的影响，这是第二个不足。但是，这个不足在实践上却不会对本书的指导价值产生较大的影响，因为，本书研究所设置的原始研究数据分布偏离正态分布程度的小、中、中等偏上这 3 种水平的设置大体上能够反映或覆盖心理学与其他学科研究实践中原始研究数据分布的实际情况。

3. 在实践上，如果能够为原始研究数据分布分别为偏态分布 1、偏态分布 2 与偏态分布 3 在方差齐性或非齐程度轻、中等与严重条件下分别建立性能评价标准，则对元分析同质性检验的指导作用将会更强。由于工作量太大的原因，没有进行这方面的工作是本书研究的第三个不足之处。

因此，未来对 Hedges Q 检验检验性能感兴趣的研究可以围绕这三个方面的问题展开研究。

第二节 总结论

通过创设目前最为逼近元分析现实情况的模拟情境，研究者在本书研究中对 Hedges Q 检验性能展开了一次迄今为止最全面、最系统和最

深入的研究。在此基础上得到以下主要结论:

一 总体效应量分布与 Hedges Q 检验统计检验力间的研究结论

1. 总体效应量分布对 Hedges Q 检验检验力是有影响的。相对而言,总体效应量分布呈离散型分布范式时该检验的检验力最高,而在总体效应量呈正态分布时与总体效应量呈偏态分布时该检验的检验力表现大体相当,但前者略高于后者。

2. 总体效应量分布对 Hedges Q 检验检验力的影响整体并不严重。只是,在元分析原始研究数目较小($k \leq 10$)时,这种影响还是比较明显的。这意味着此时 Hedges Q 检验的结果应慎重对待。

二 Hedges Q 检验 I 类错误率控制方面结论

1. 原始研究数据呈正态分布时的研究结论

(1) 如果实验组与控制组数据方差齐性,则 Hedges Q 检验对 I 类错误率的控制整体表现良好。但在 $\bar{N} \leq 40$ 条件下,该检验对 I 类错误率的控制整体表现保守。而且,这种保守的程度会随着 k 的增大而加重。然而,只要 $\bar{N} \geq 60$,该检验对 I 类错误率的控制就会表现良好;(2) 如果实验组与控制组数据方差的非齐程度较轻($\sigma_E^2/\sigma_C^2 = 2$),则即使 $\bar{N}$ 小至 20 且 k 小至 5,Hedges Q 检验对 I 类错误率的控制也表现良好;(3) 如果实验组与控制组数据方差非齐的程度中等($\sigma_E^2/\sigma_C^2 = 4$),则只要 $\bar{N} \geq 80$,该检验对 I 类错误率的控制就会整体表现良好,至多只有轻度失控现象发生;(4) 如果实验组与控制组数据方差非齐的程度非常严重($\sigma_E^2/\sigma_C^2 = 8$),需要 $\bar{N} \geq 200$,该检验对 I 类错误率的控制才会整体表现良好;(5) 无论原始研究实验组与控制组数据的方差齐性还是非齐,总体效应量 θ 对 Hedges Q 检验 I 类错误率控制没有影响。

2. 原始研究数据分布呈偏态分布时的研究结论

(1) Hedges Q 检验对 I 类错误率的控制表现受 θ 因素的影响。如果实验组与控制组数据的方差齐性,则该检验对 I 类错误率的控制会随着 θ 的增大呈"左低右高"趋势。反之,则该检验对 I 类错误率的控制会随 θ 的增大呈"左高右低"趋势;(2) 如果原始研究数据呈 $df = 8$ 的 χ^2 分布,则 Hedges Q 检验对 I 类错误率的控制在趋势上受实验组与控制组数据的方差是否齐性影响很大。此时，如果实验组与控制组数据的方差齐性，则该检验对Ⅰ类错误率的控制整体表现尚可。但其中也有少数地方，该检验对Ⅰ类错误率的控制呈保守或轻度失控状态；此时，如果实验组与控制组数据的方差非齐程度较轻，则在$\theta=0$处，Hedges Q检验对Ⅰ类错误率的控制良好。但该检验对Ⅰ类错误率的控制会随着θ、k的增大渐趋保守；此时，如果实验组与控制组数据的方差非齐程度严重，则在$\bar{N} \leqslant 80$条件下，该检验在θ较小处对Ⅰ类错误率的控制表现为失控状态，而在θ较大处对Ⅰ类错误率的控制表现为保守状态。并且，这两种状态会随着k的增大而恶化。同时，$\bar{N}$的增大虽然有助于改善该检验在θ较小处对Ⅰ类错误率的控制，但无助于该检验在θ较大处对Ⅰ类错误控制保守状态的改善；（3）较之于原始研究数据呈$df=8$的χ^2分布时的情况，原始研究数据偏离正态分布越远对Hedges Q检验Ⅰ类错误的控制越加不利。

三 Hedges Q检验检验力方面的结论

1. 无论原始研究数据呈何种分布，无论实验组与控制组数据的方差是否齐性，Hedges Q检验的检验力均随着σ_θ^2的增大而提高。

2. 整体上，Hedges Q检验的检验力会随着原始研究平均样本容量的增大而提高。其中，在一些比较极端的元分析情境（$\sigma_\theta^2=0.01$且$\sigma_E^2/\sigma_C^2 \geqslant 4$等）条件下，这种提高趋势会有一定程度的起伏。

3. 多数元分析情境条件下，Hedges Q检验检验力会随着原始研究个数k的增大而提高。但这种关系受原始研究数据分布、元分析情境变量σ_θ^2、$\bar{N}$、σ_E^2/σ_C^2及μ_θ等因素的调节。

4. Hedges Q检验的检验力对σ_E^2/σ_C^2非常敏感，会随着σ_E^2/σ_C^2的增大而整体迅速下降。其中，该检验在一些其检验力本身低且对应Ⅰ类错误率控制控制异常的模拟情境中，其检验力会随着σ_E^2/σ_C^2的增大出现不降反升或几乎没有什么影响的反常现象。

5. 如果原始研究数据呈正态分布，则Hedges Q检验的检验力不受平均总体效应量μ_θ的影响。但如果原始研究数据呈偏态分布，则该检验的检验力受μ_θ的影响较大。然而，只要$\bar{N}$大至一定水平，μ_θ对该检验检验力的影响就可以忽略。

6. 如果原始研究数据呈偏态分布，则 Hedges Q 检验在实验组与控制组数据的方差齐性条件下的检验力在$\mu_\theta \geq 0.5$处会整体上随着μ_θ的增大而提高，而在$\mu_\theta \leq 0.2$时受μ_θ的影响可以忽略。相反，如果实验组与控制组数据的方差非齐性，则该检验的检验力会整体上随着μ_θ增大而下降。但是，只要$\bar{N}$足够大，μ_θ对 Hedges Q 检验检验力的影响就可以忽略。

7. 如果实验组与控制组数据的方差齐性，在μ_θ较小处，则 Hedges Q 检验在原始研究数据呈偏态分布与正态分布条件下的检验力彼此之间比较接近。但在μ_θ较大处，该检验在原始研究数据呈正态分布时的检验力要整体上不高于或低于原始研究数据呈偏态分布时的检验力。相反，如果实验组与控制组数据的方差非齐，则原始研究数据呈正态分布时，该检验在μ_θ较小处的检验力不高于或低于原始研究数据呈偏态分布时的检验力。但在μ_θ较大处，该检验的检验力要整体高于原始研究数据呈偏态分布时的检验力。

8. 在现实的元分析情境下，Hedges Q 检验的检验力在多数情况下无法达到0.8这个最低合理标准，尤其在元分析的原始研究数目k较小且平均样本容量$\bar{N}$不大条件下，更是如此。而且，原始研究数据分布对正态分布假设、大样本假设实验组与控制组方差齐性假设的偏离会给该检验的检验力表现带来不利影响。

附 录

第一部分 不同原始研究数据分布条件下 Hedges Q 检验 I 类错误率间的比较

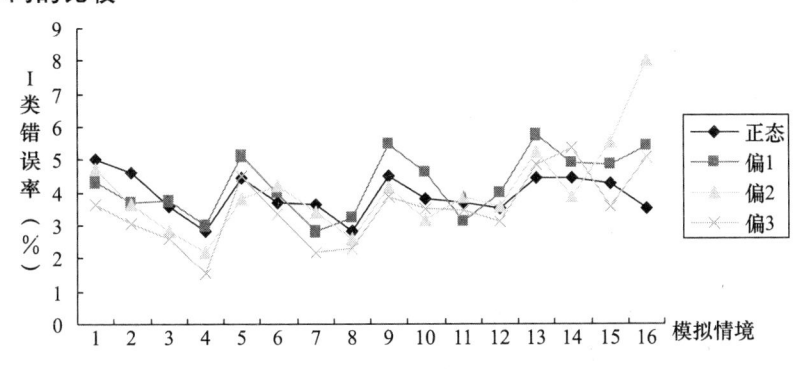

附图 1 $\sigma_E^2/\sigma_C^2 = 1$ 且 $\bar{N} = 20$

（注：正态指的是正态分布；偏1、偏2 与偏3 分别指的是书中的偏态分布1、偏态分布2 与偏态分布3，以下同此。）

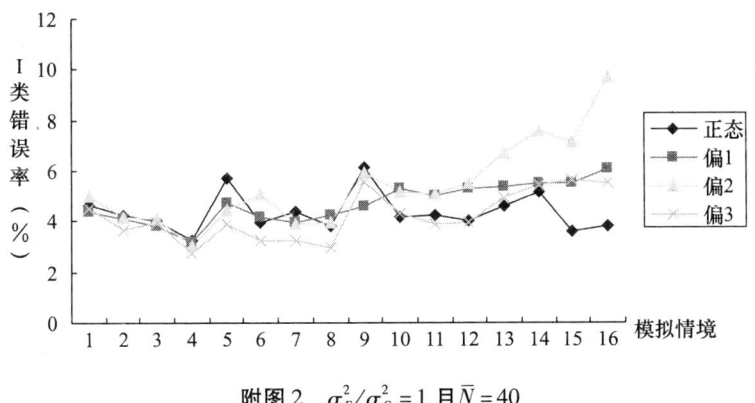

附图 2 $\sigma_E^2/\sigma_C^2 = 1$ 且 $\bar{N} = 40$

附图 3　　$\sigma_E^2/\sigma_C^2 = 1$ 且 $\bar{N} = 80$

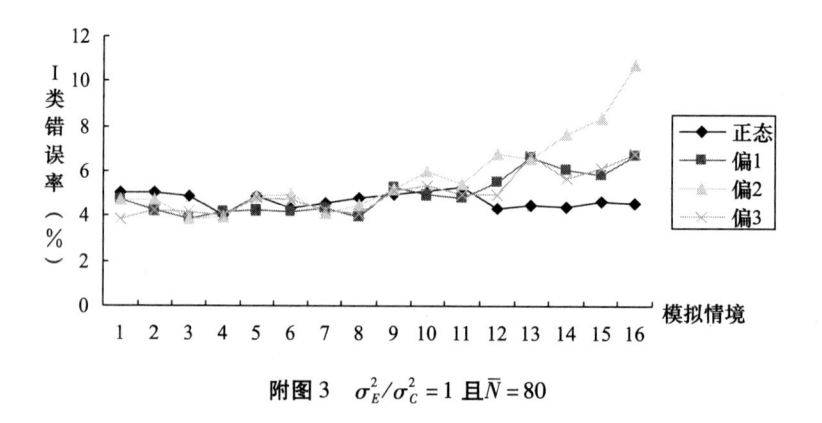

附图 4　　$\sigma_E^2/\sigma_C^2 = 1$ 且 $\bar{N} = 200$

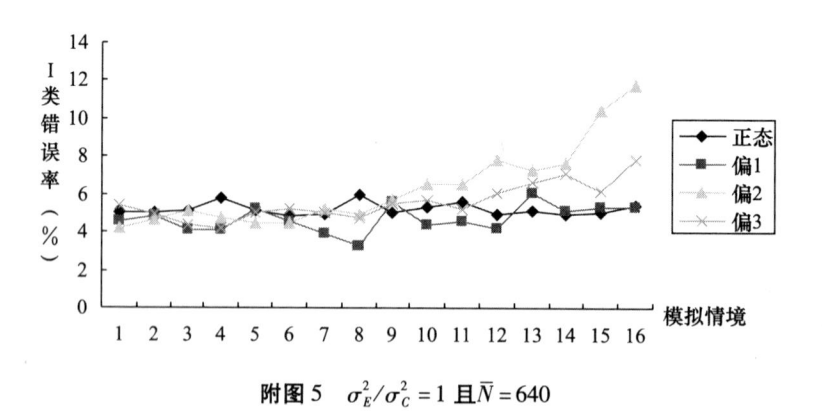

附图 5　　$\sigma_E^2/\sigma_C^2 = 1$ 且 $\bar{N} = 640$

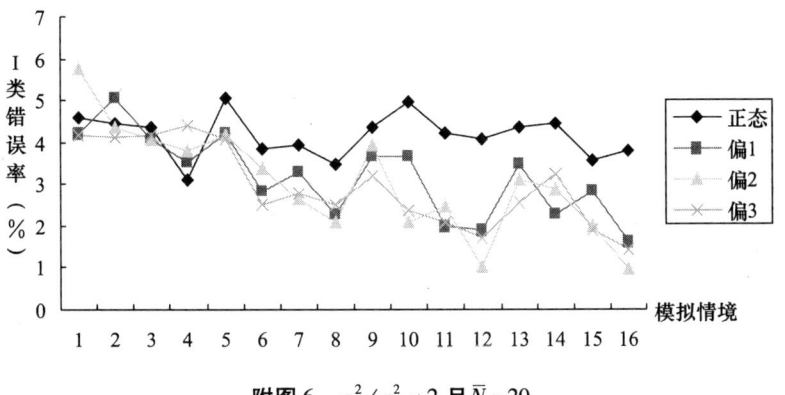

附图 6　$\sigma_E^2/\sigma_C^2 = 2$ 且 $\bar{N}=20$

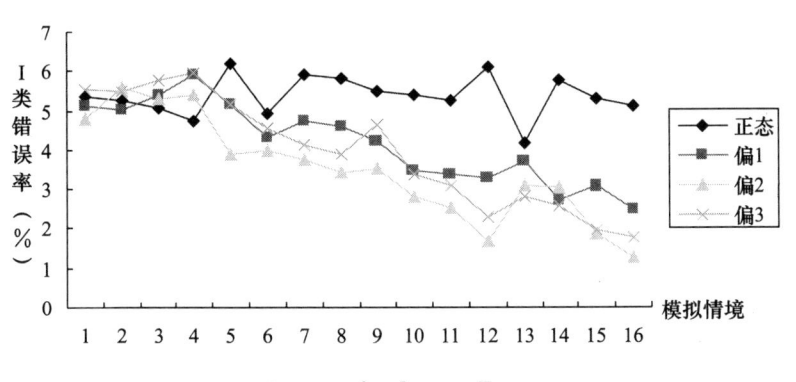

附图 7　$\sigma_E^2/\sigma_C^2 = 2$ 且 $\bar{N}=40$

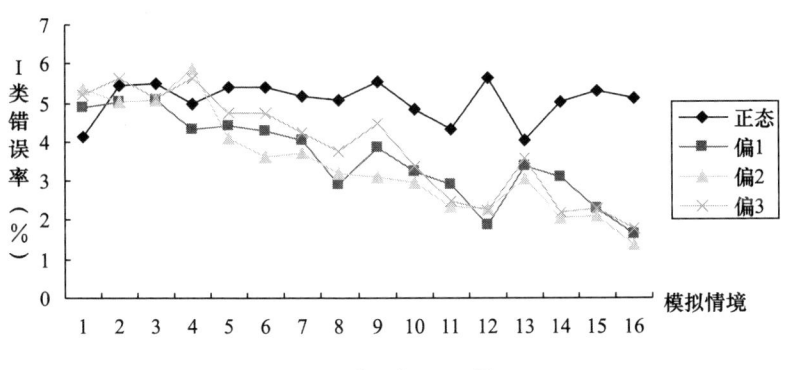

附图 8　$\sigma_E^2/\sigma_C^2 = 2$ 且 $\bar{N}=80$

附图 9　$\sigma_E^2/\sigma_C^2 = 2$ 且 $\bar{N} = 200$

附图 10　$\sigma_E^2/\sigma_C^2 = 2$ 且 $\bar{N} = 640$

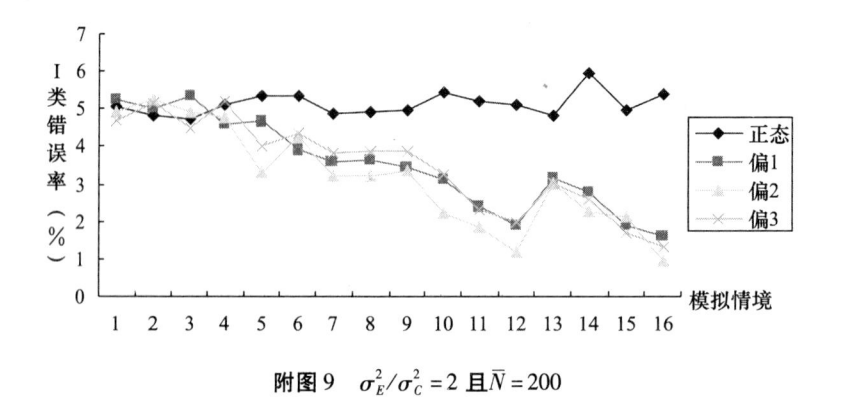

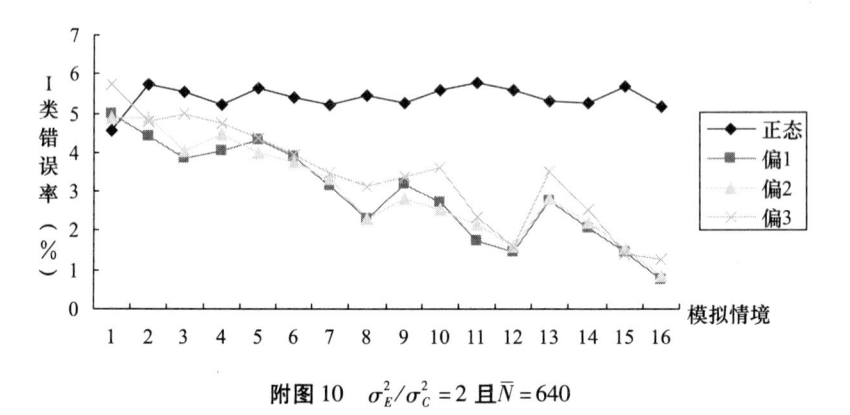

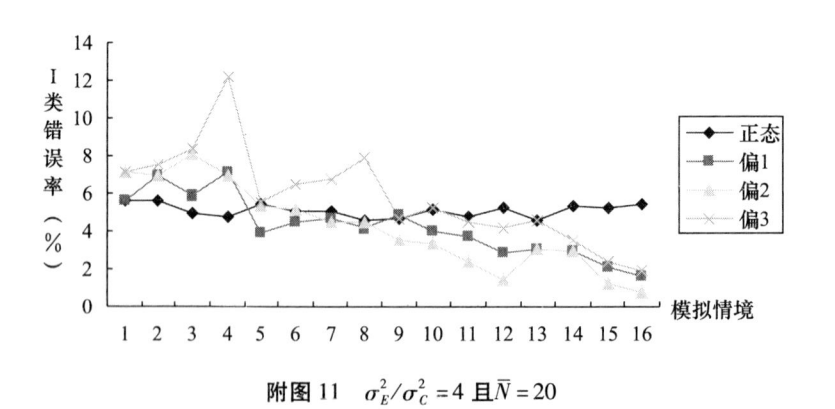

附图 11　$\sigma_E^2/\sigma_C^2 = 4$ 且 $\bar{N} = 20$

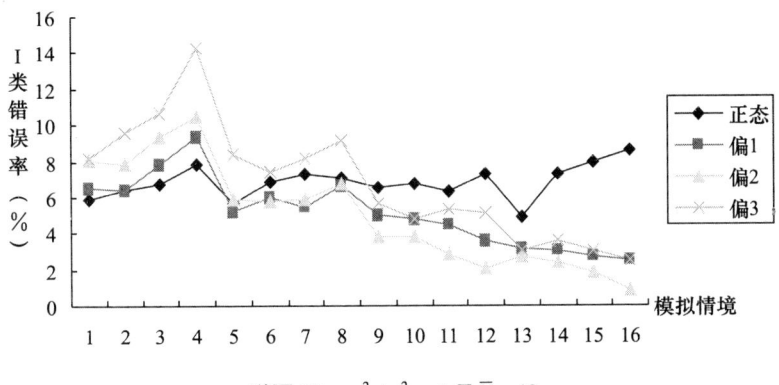

附图 12　$\sigma_E^2/\sigma_C^2 = 4$ 且 $\bar{N} = 40$

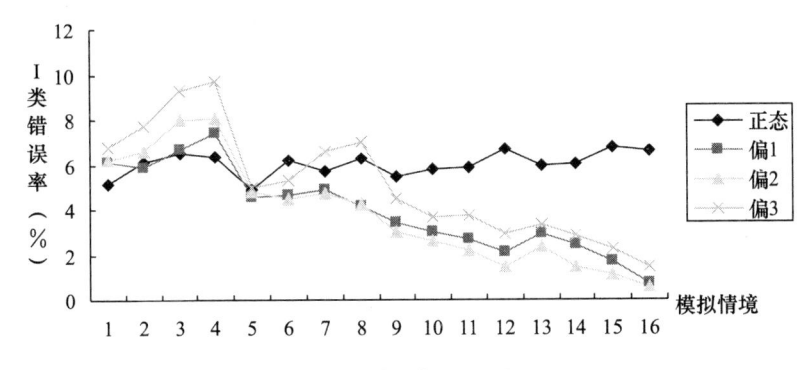

附图 13　$\sigma_E^2/\sigma_C^2 = 4$ 且 $\bar{N} = 80$

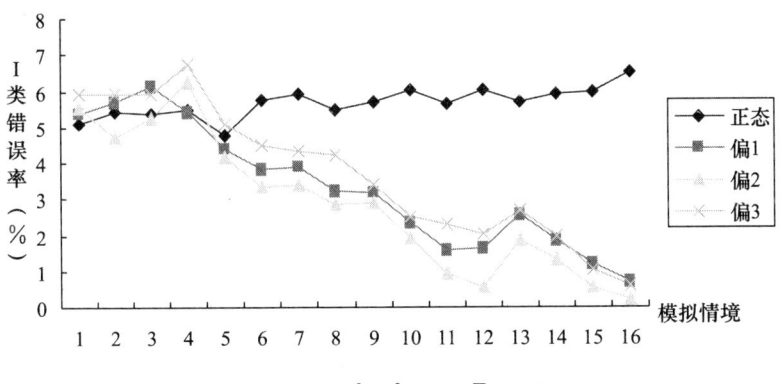

附图 14　$\sigma_E^2/\sigma_C^2 = 4$ 且 $\bar{N} = 200$

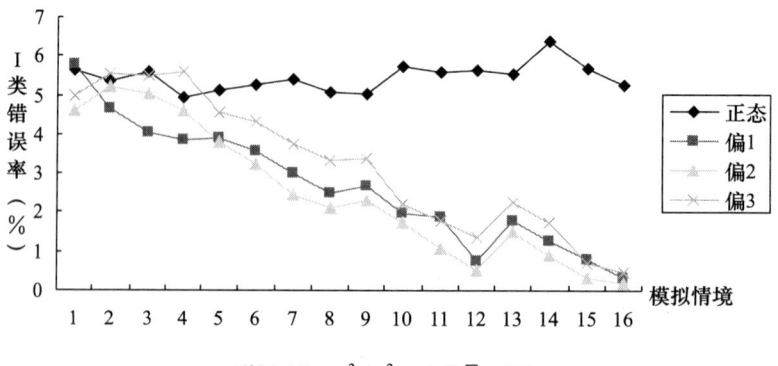

附图15　$\sigma_E^2/\sigma_C^2 = 4$ 且 $\bar{N} = 640$

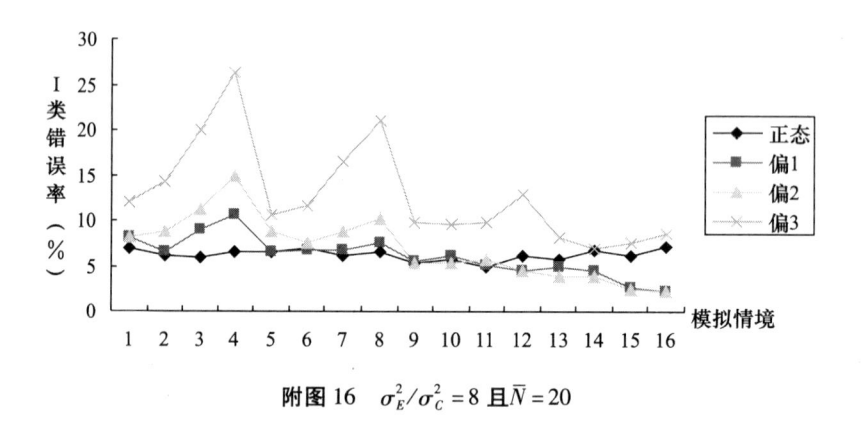

附图16　$\sigma_E^2/\sigma_C^2 = 8$ 且 $\bar{N} = 20$

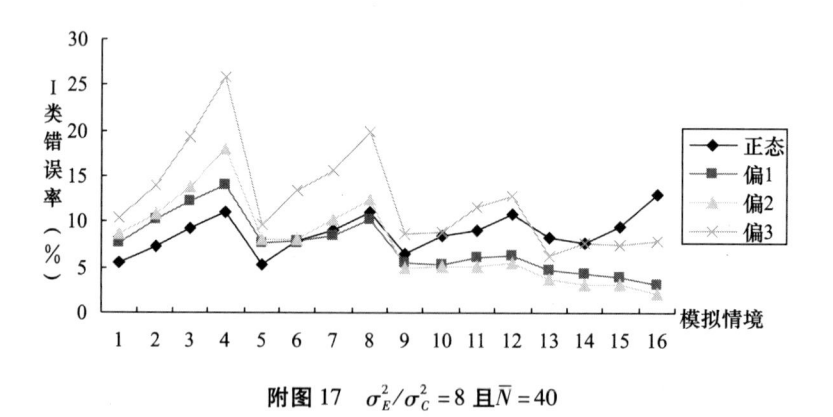

附图17　$\sigma_E^2/\sigma_C^2 = 8$ 且 $\bar{N} = 40$

附图 18 $\sigma_E^2/\sigma_C^2 = 8$ 且 $\bar{N} = 80$

附图 19 $\sigma_E^2/\sigma_C^2 = 8$ 且 $\bar{N} = 200$

附图 20 $\sigma_E^2/\sigma_C^2 = 8$ 且 $\bar{N} = 640$

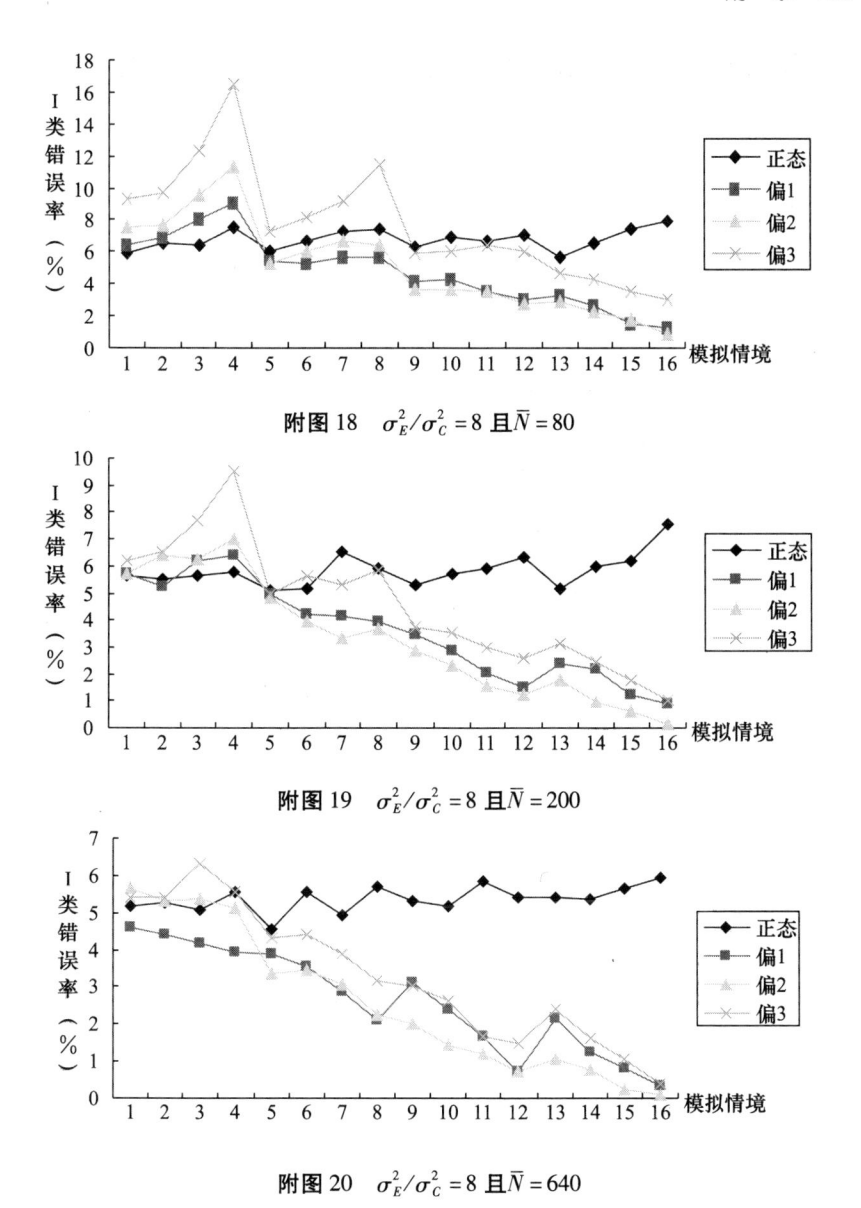

（注1：1 表示 $\theta = 0$ 且 $k = 5$，2 表示 $\theta = 0$ 且 $k = 10$，3 表示 $\theta = 0$ 且 $k = 20$，4 表示 $\theta = 0$ 且 $k = 40$，…，13 表示 $\theta = 0.8$ 且 $k = 5$，14 表示 $\theta = 0.8$ 且 $k = 10$，15 表示 $\theta = 0.8$ 且 $k = 20$，16 表示 $\theta = 0.8$ 且 $k = 40$。）

第二部分 原始研究数据呈偏态分布 1 时实验组与控制组数据方差比对 Hedges Q 检验检验力的影响示意图

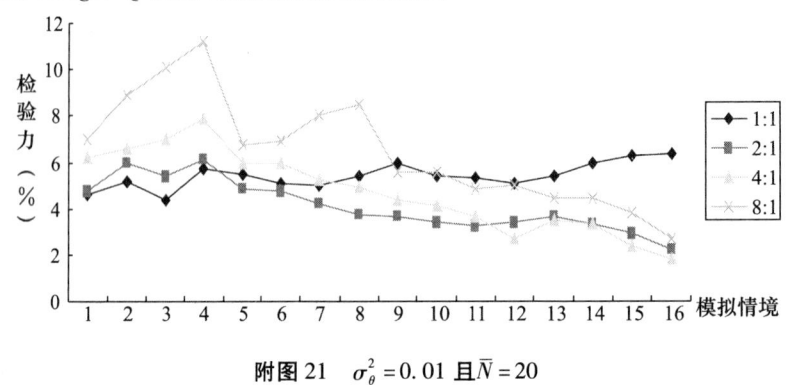

附图 21　$\sigma_\theta^2 = 0.01$ 且 $\bar{N} = 20$

（注：1∶1、2∶1、4∶1 与 8∶1 分别指的是实验组与控制组数据方差比等于 1∶1、2∶1、4∶1 与 8∶1，以下同此）

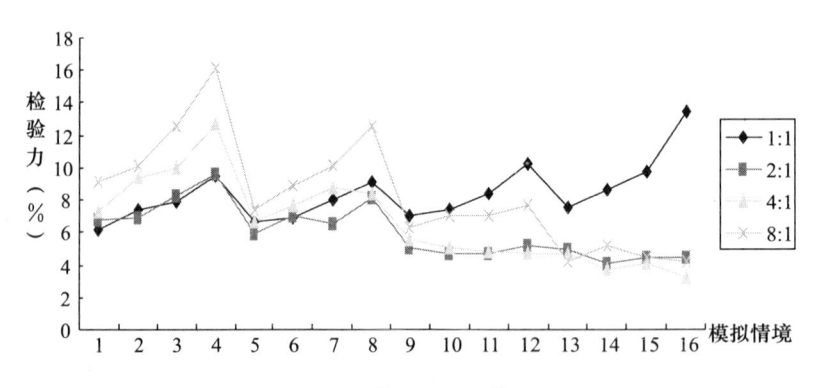

附图 22　$\sigma_\theta^2 = 0.01$ 且 $\bar{N} = 40$

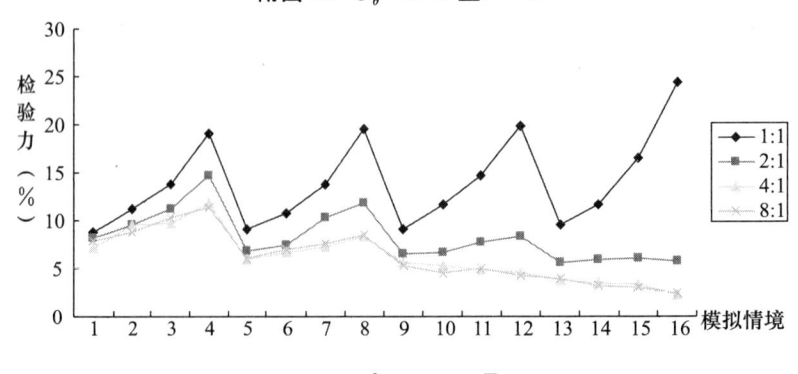

附图 23　$\sigma_\theta^2 = 0.01$ 且 $\bar{N} = 80$

附图 24 $\sigma_\theta^2 = 0.01$ 且 $\bar{N} = 200$

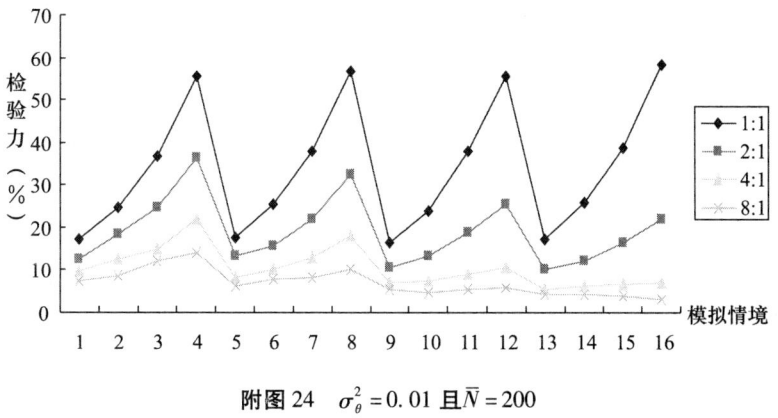

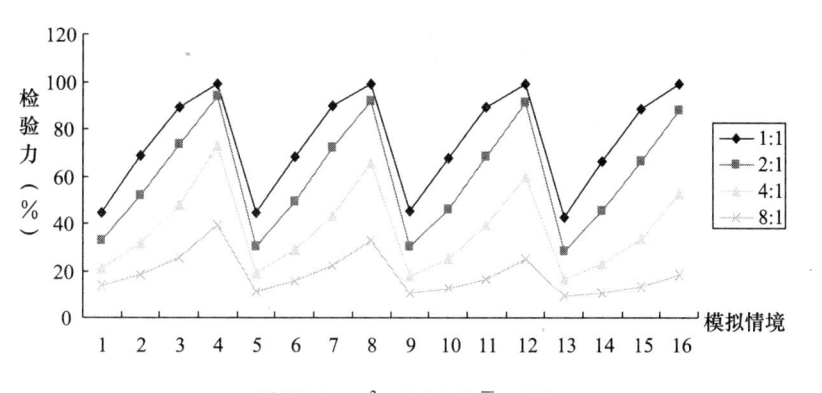

附图 25 $\sigma_\theta^2 = 0.01$ 且 $\bar{N} = 640$

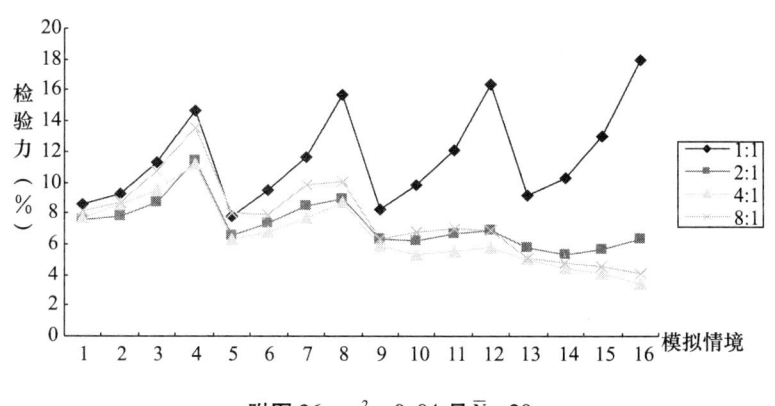

附图 26 $\sigma_\theta^2 = 0.04$ 且 $\bar{N} = 20$

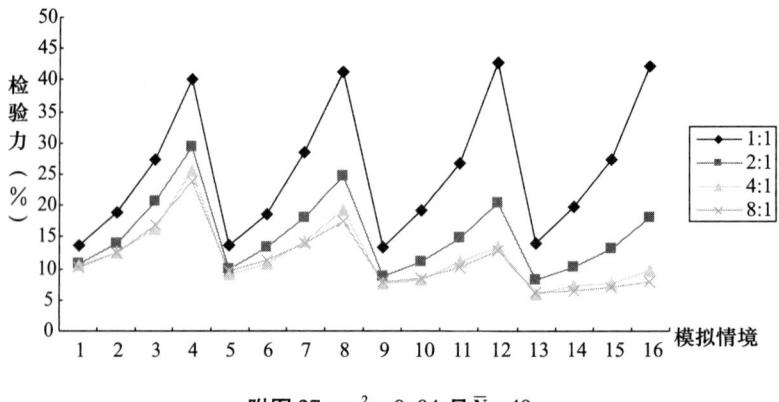

附图 27　$\sigma_\theta^2 = 0.04$ 且 $\bar{N} = 40$

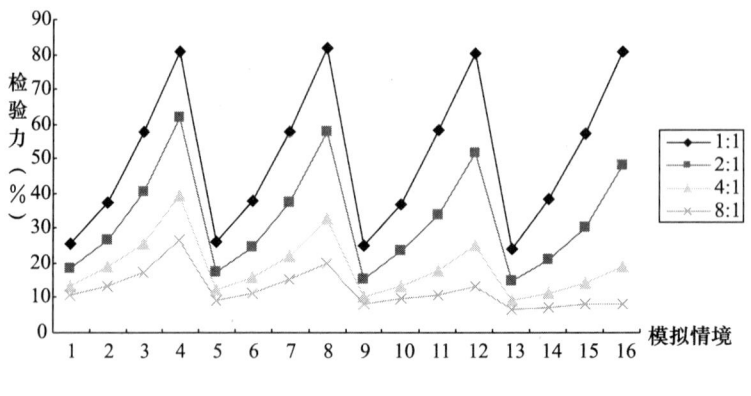

附图 28　$\sigma_\theta^2 = 0.04$ 且 $\bar{N} = 80$

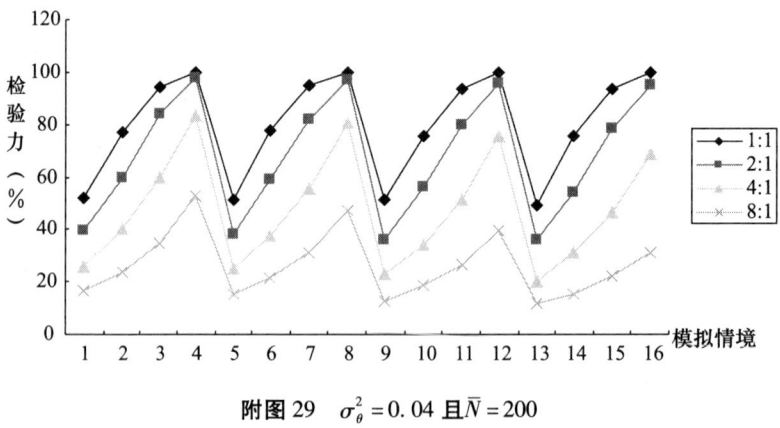

附图 29　$\sigma_\theta^2 = 0.04$ 且 $\bar{N} = 200$

附图 30　$\sigma_\theta^2 = 0.04$ 且 $\bar{N} = 640$

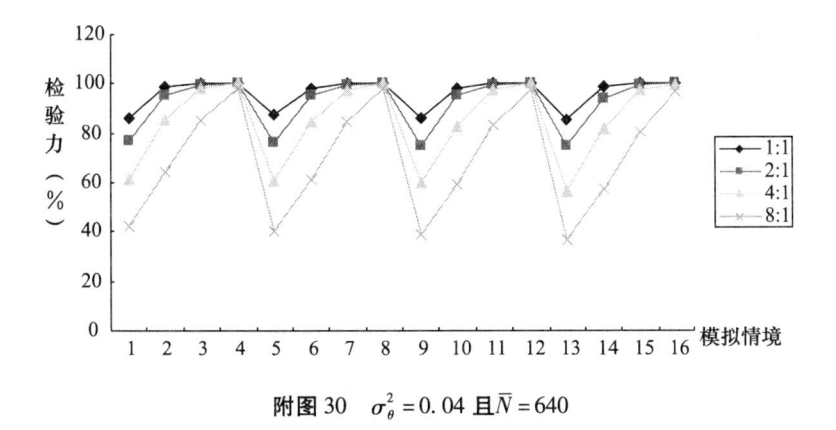

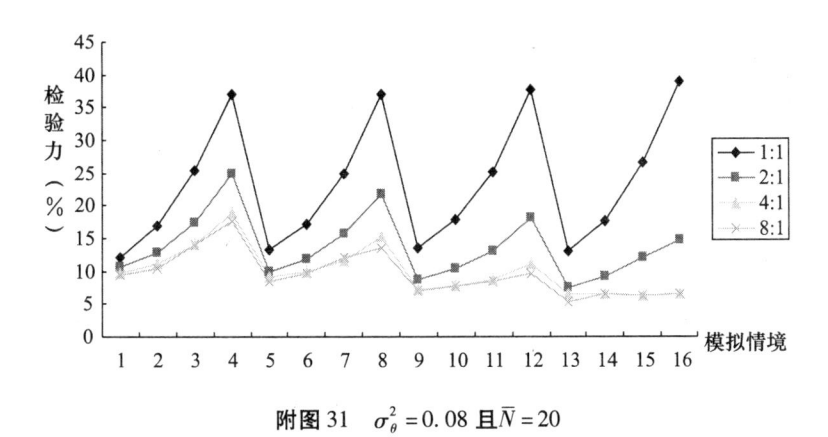

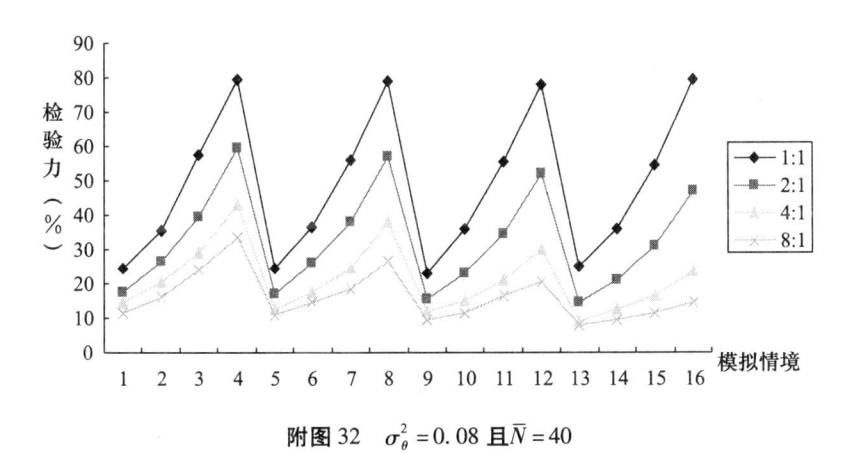

附图 31　$\sigma_\theta^2 = 0.08$ 且 $\bar{N} = 20$

附图 32　$\sigma_\theta^2 = 0.08$ 且 $\bar{N} = 40$

附图 33 $\sigma_\theta^2 = 0.08$ 且 $\bar{N} = 80$

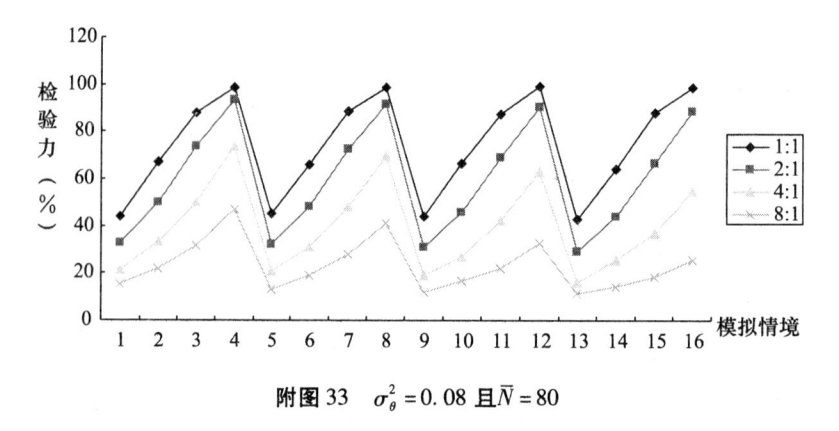

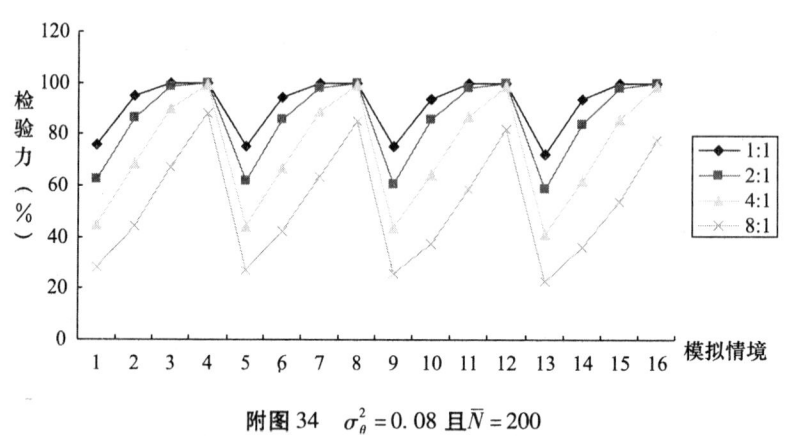

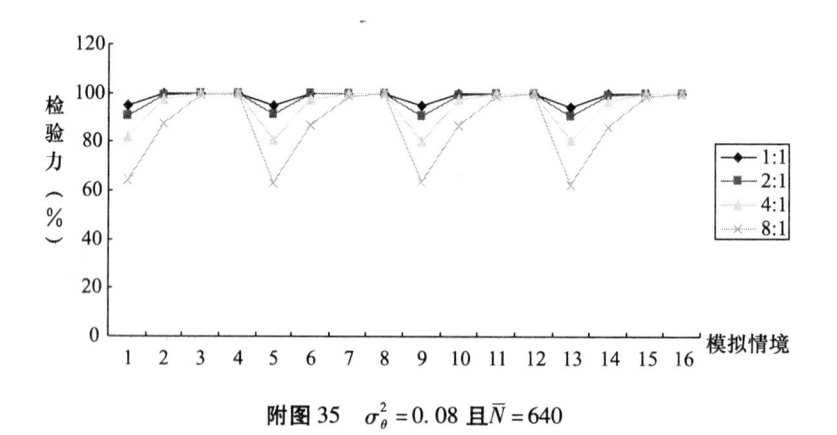

附图 34 $\sigma_\theta^2 = 0.08$ 且 $\bar{N} = 200$

附图 35 $\sigma_\theta^2 = 0.08$ 且 $\bar{N} = 640$

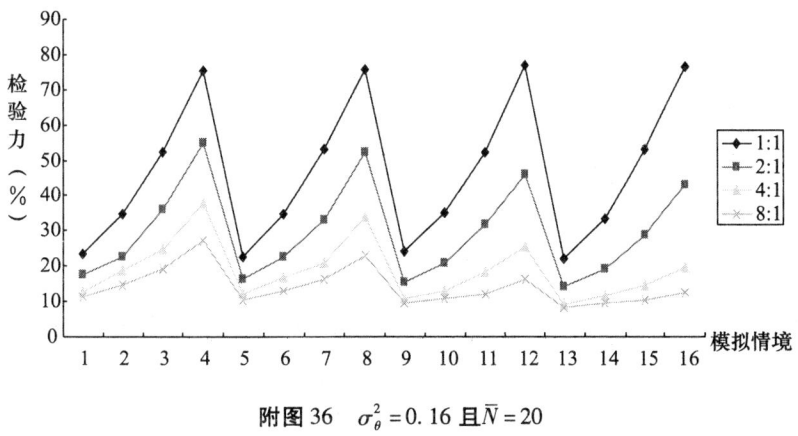

附图36　$\sigma_\theta^2 = 0.16$ 且 $\bar{N} = 20$

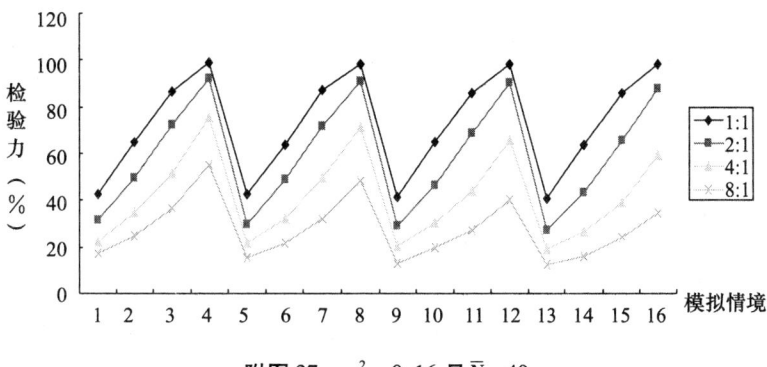

附图37　$\sigma_\theta^2 = 0.16$ 且 $\bar{N} = 40$

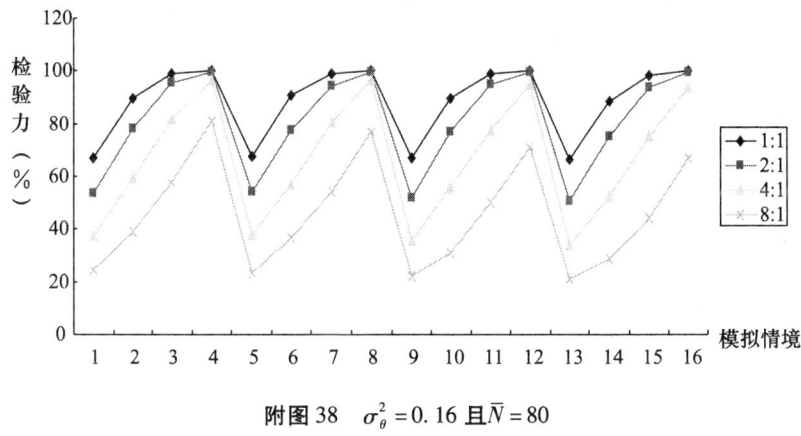

附图38　$\sigma_\theta^2 = 0.16$ 且 $\bar{N} = 80$

附图 39 　$\sigma_\theta^2 = 0.16$ 且 $\bar{N} = 200$

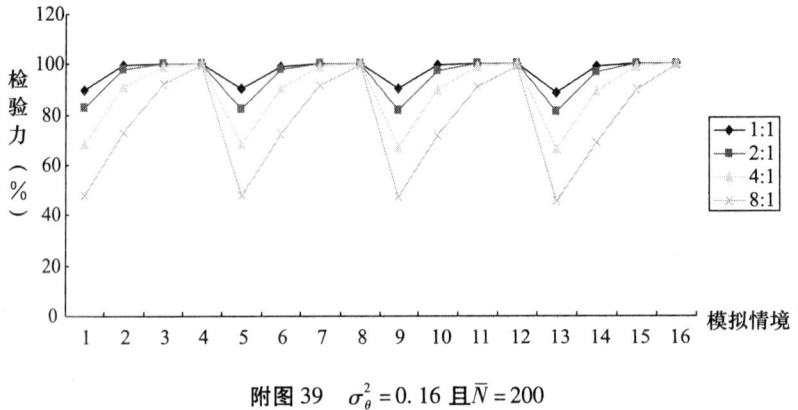

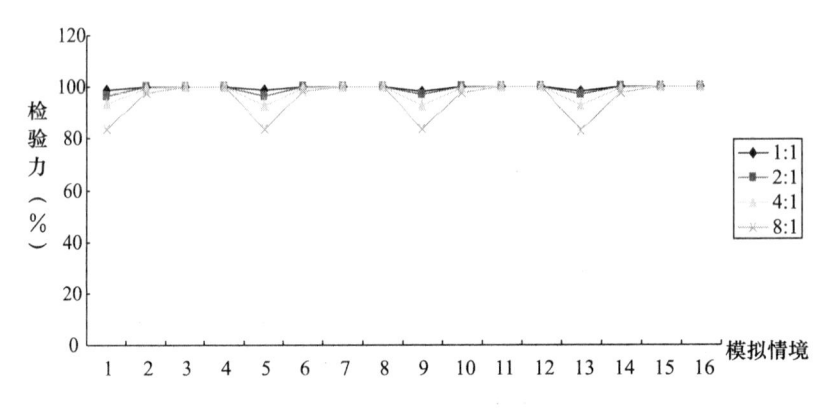

附图 40 　$\sigma_\theta^2 = 0.16$ 且 $\bar{N} = 640$

（注：1 表示 $\theta = 0$ 且 $k = 5$，2 表示 $\theta = 0$ 且 $k = 10$，3 表示 $\theta = 0$ 且 $k = 20$，4 表示 $\theta = 0$ 且 $k = 40$，…，13 表示 $\theta = 0.8$ 且 $k = 5$，14 表示 $\theta = 0.8$ 且 $k = 10$，15 表示 $\theta = 0.8$ 且 $k = 20$，16 表示 $\theta = 0.8$ 且 $k = 40$；注 2：1∶1 表示 $\sigma_E^2/\sigma_C^2 = 1$，2∶1 表示 $\sigma_E^2/\sigma_C^2 = 2$，3∶1 表示 $\sigma_E^2/\sigma_C^2 = 3$，4∶1 表示 $\sigma_E^2/\sigma_C^2 = 4$，以下同。）

第三部分　原始研究数据呈偏态分布 2 时实验组与控制组数据方差比对 Hedges Q 检验检验力的影响示意图

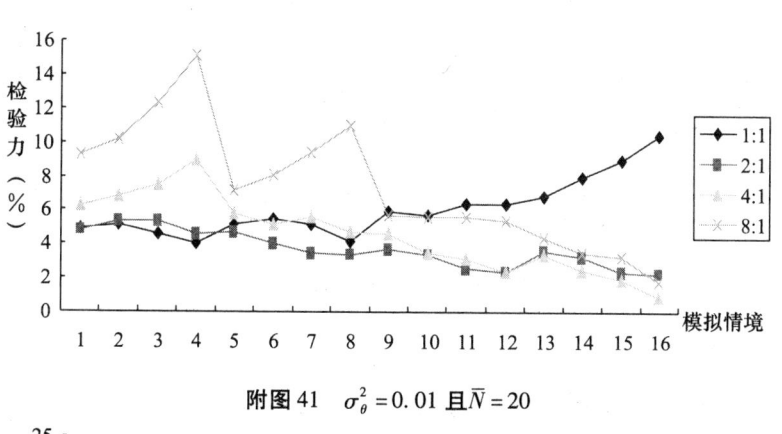

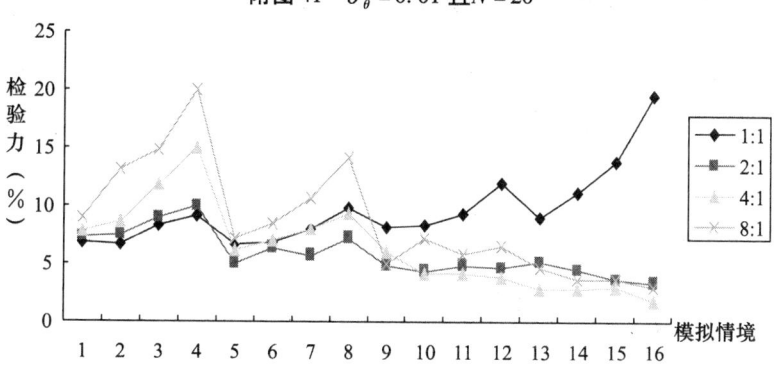

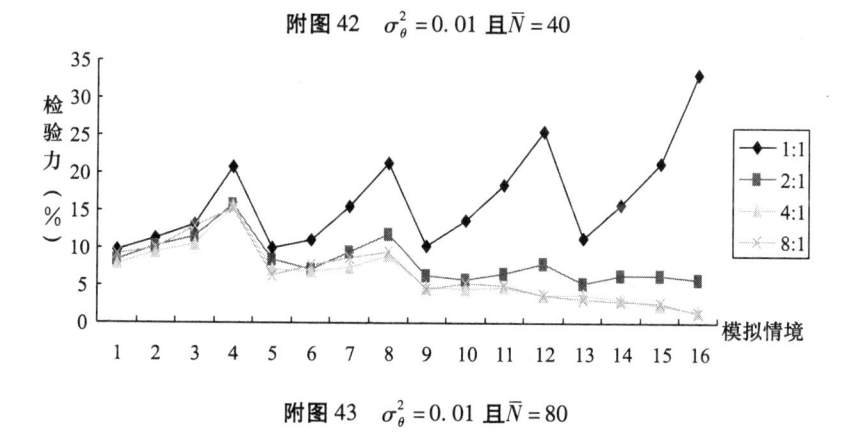

附图 41　$\sigma_\theta^2 = 0.01$ 且 $\bar{N} = 20$

附图 42　$\sigma_\theta^2 = 0.01$ 且 $\bar{N} = 40$

附图 43　$\sigma_\theta^2 = 0.01$ 且 $\bar{N} = 80$

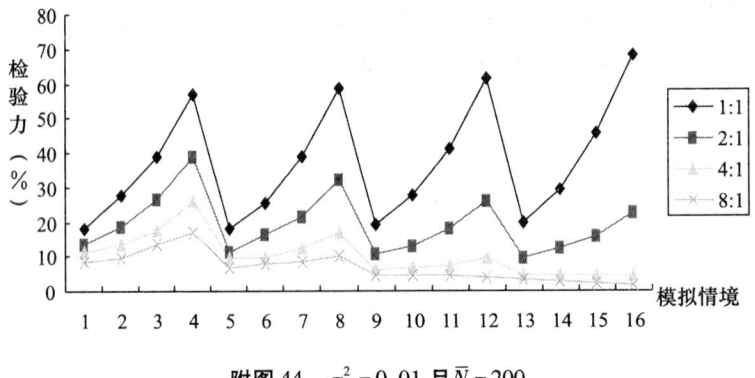

附图 44　$\sigma_\theta^2 = 0.01$ 且 $\bar{N} = 200$

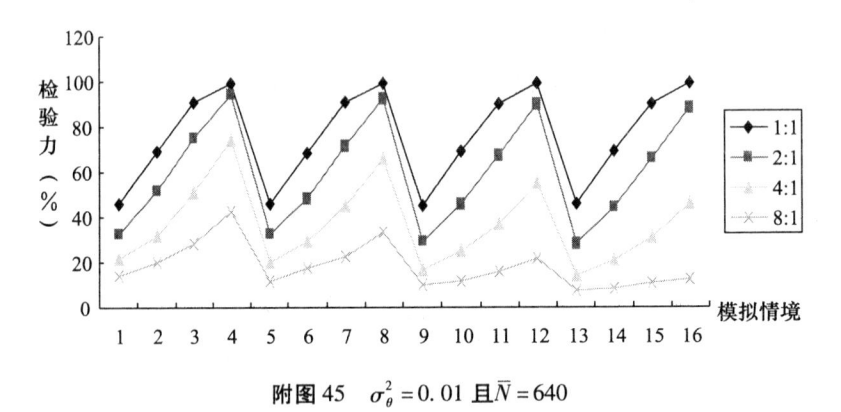

附图 45　$\sigma_\theta^2 = 0.01$ 且 $\bar{N} = 640$

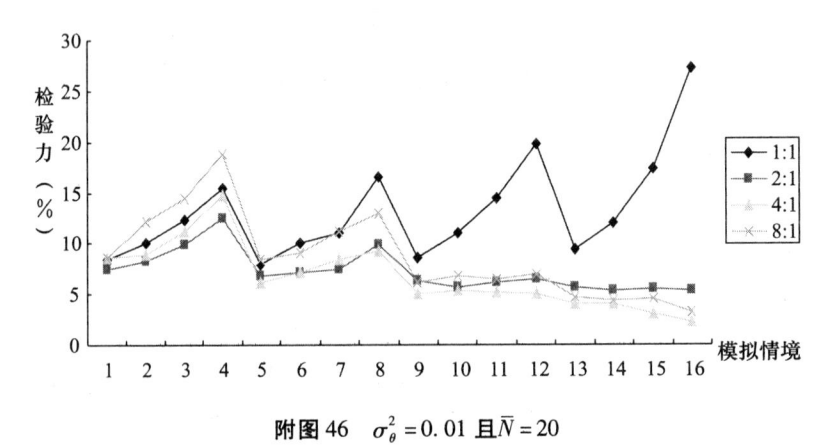

附图 46　$\sigma_\theta^2 = 0.01$ 且 $\bar{N} = 20$

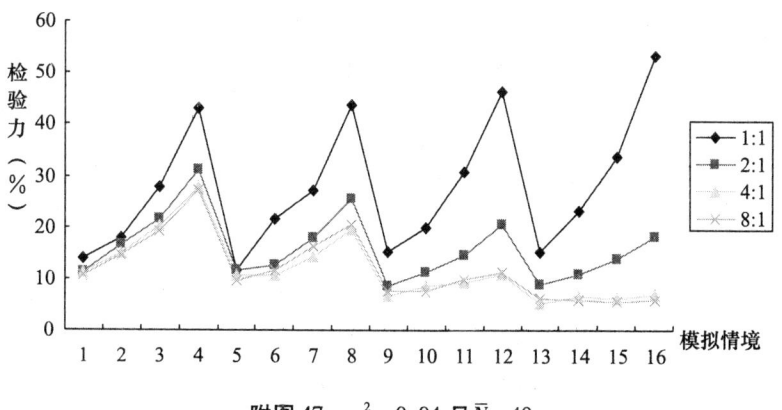

附图47　$\sigma_\theta^2 = 0.04$ 且 $\bar{N} = 40$

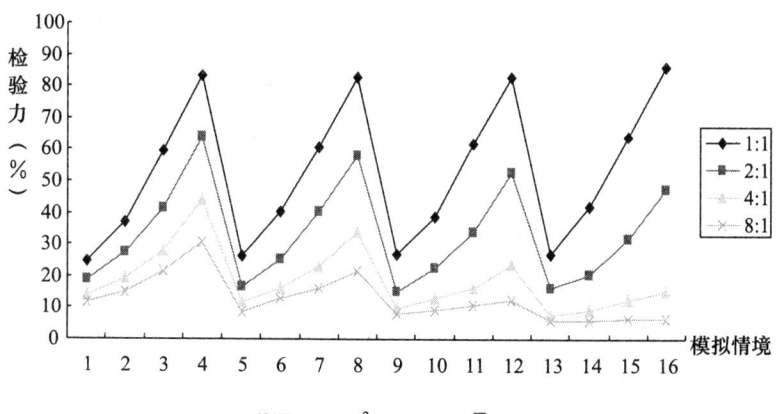

附图48　$\sigma_\theta^2 = 0.04$ 且 $\bar{N} = 80$

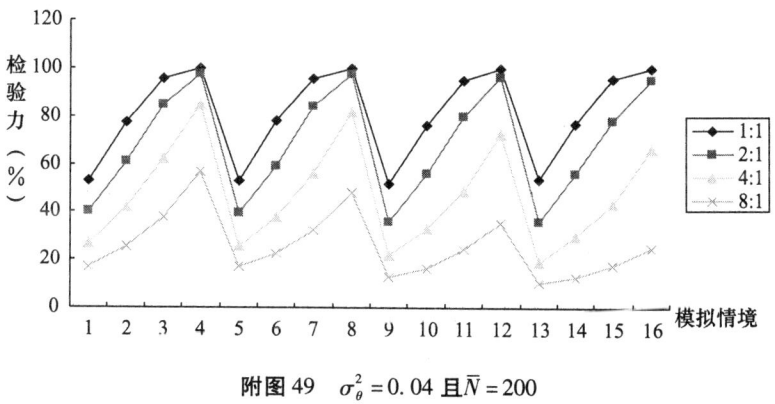

附图49　$\sigma_\theta^2 = 0.04$ 且 $\bar{N} = 200$

附图 50　$\sigma_\theta^2 = 0.04$ 且 $\bar{N} = 640$

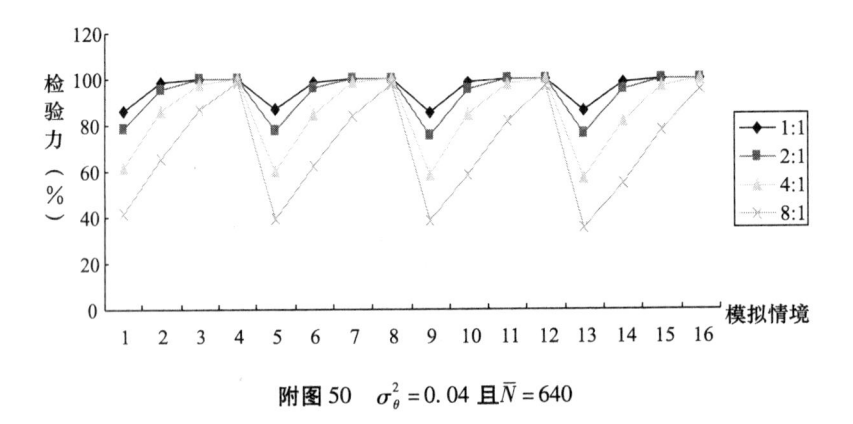

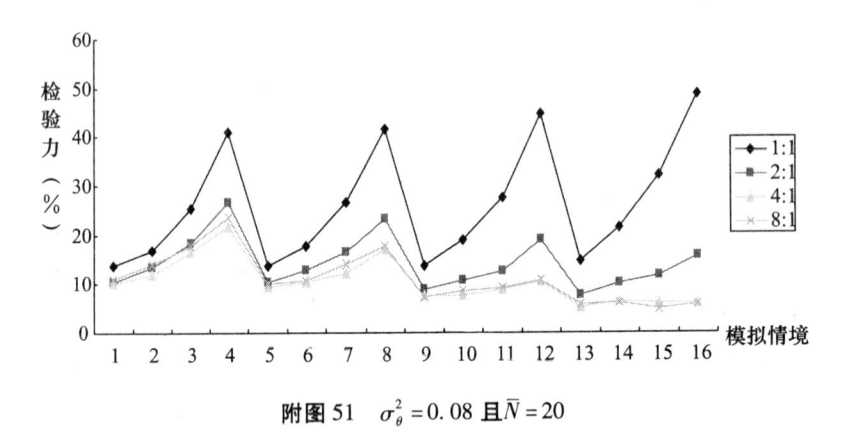

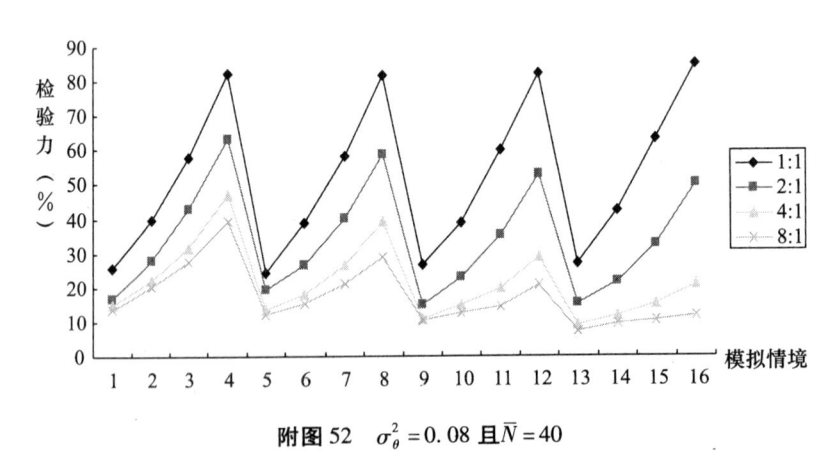

附图 51　$\sigma_\theta^2 = 0.08$ 且 $\bar{N} = 20$

附图 52　$\sigma_\theta^2 = 0.08$ 且 $\bar{N} = 40$

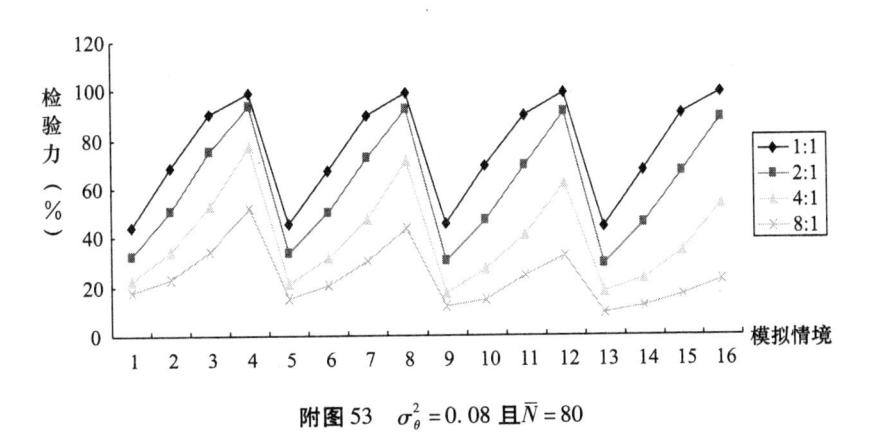

附录　247

附图 53　$\sigma_\theta^2 = 0.08$ 且 $\bar{N} = 80$

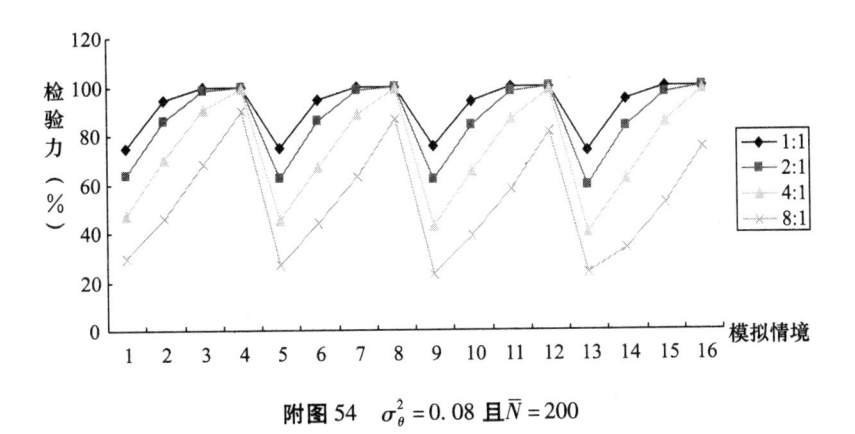

附图 54　$\sigma_\theta^2 = 0.08$ 且 $\bar{N} = 200$

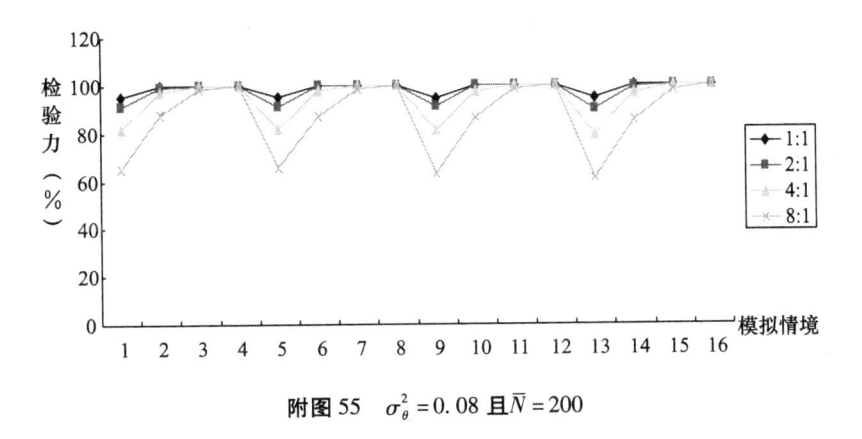

附图 55　$\sigma_\theta^2 = 0.08$ 且 $\bar{N} = 200$

附图 56　$\sigma_\theta^2 = 0.16$ 且 $\bar{N} = 20$

附图 57　$\sigma_\theta^2 = 0.16$ 且 $\bar{N} = 40$

附图 58　$\sigma_\theta^2 = 0.16$ 且 $\bar{N} = 80$

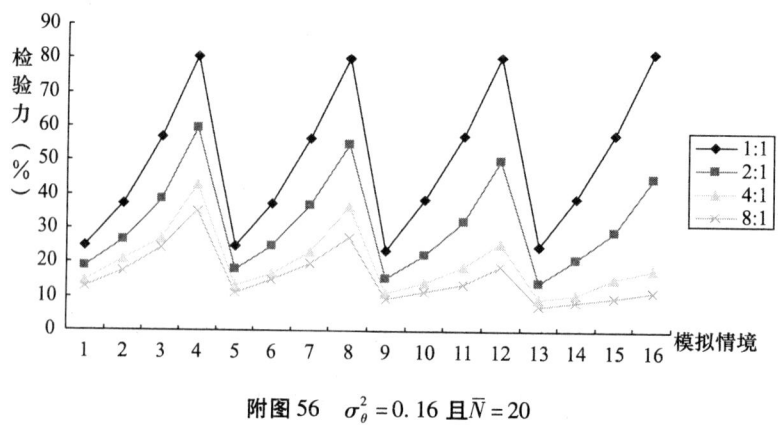

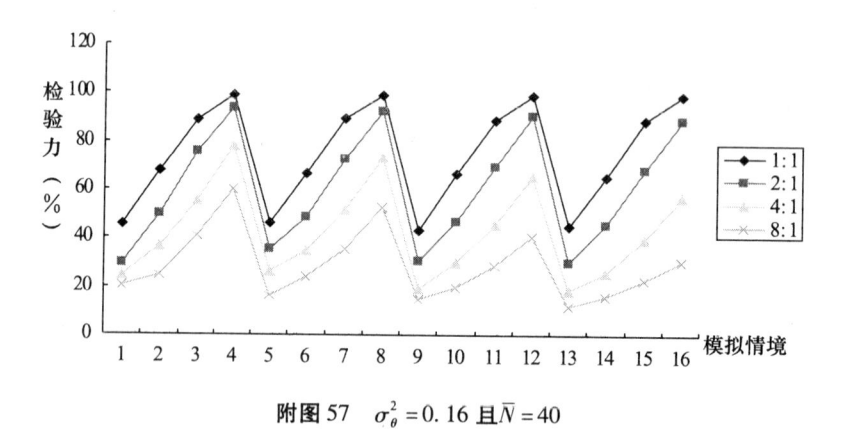

附图59　$\sigma_\theta^2 = 0.16$ 且 $\bar{N} = 200$

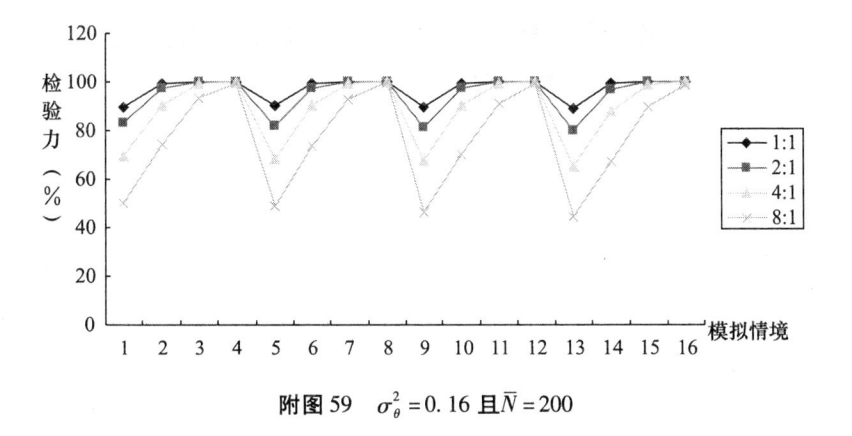

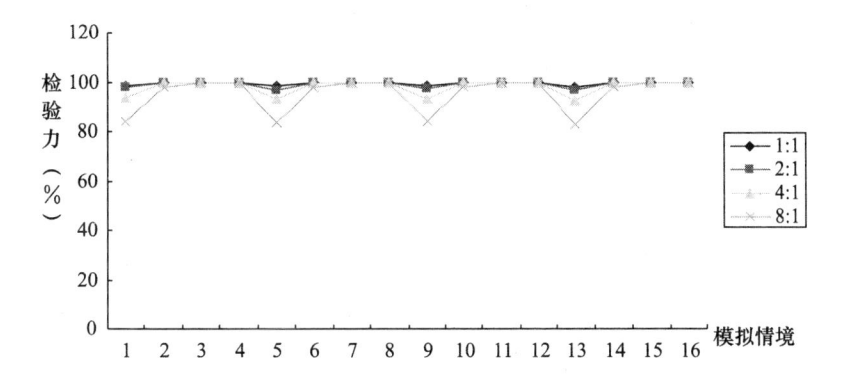

附图60　$\sigma_\theta^2 = 0.16$ 且 $\bar{N} = 640$

（注：1 表示 $\theta = 0$ 且 $k = 5$，2 表示 $\theta = 0$ 且 $k = 10$，3 表示 $\theta = 0$ 且 $k = 20$，4 表示 $\theta = 0$ 且 $k = 40$，…，13 表示 $\theta = 0.8$ 且 $k = 5$，14 表示 $\theta = 0.8$ 且 $k = 10$，15 表示 $\theta = 0.8$ 且 $k = 20$，16 表示 $\theta = 0.8$ 且 $k = 40$。）

第四部分　原始研究数据呈偏态分布 3 时实验组与控制组数据方差比对 Hedges Q 检验检验力的影响示意图

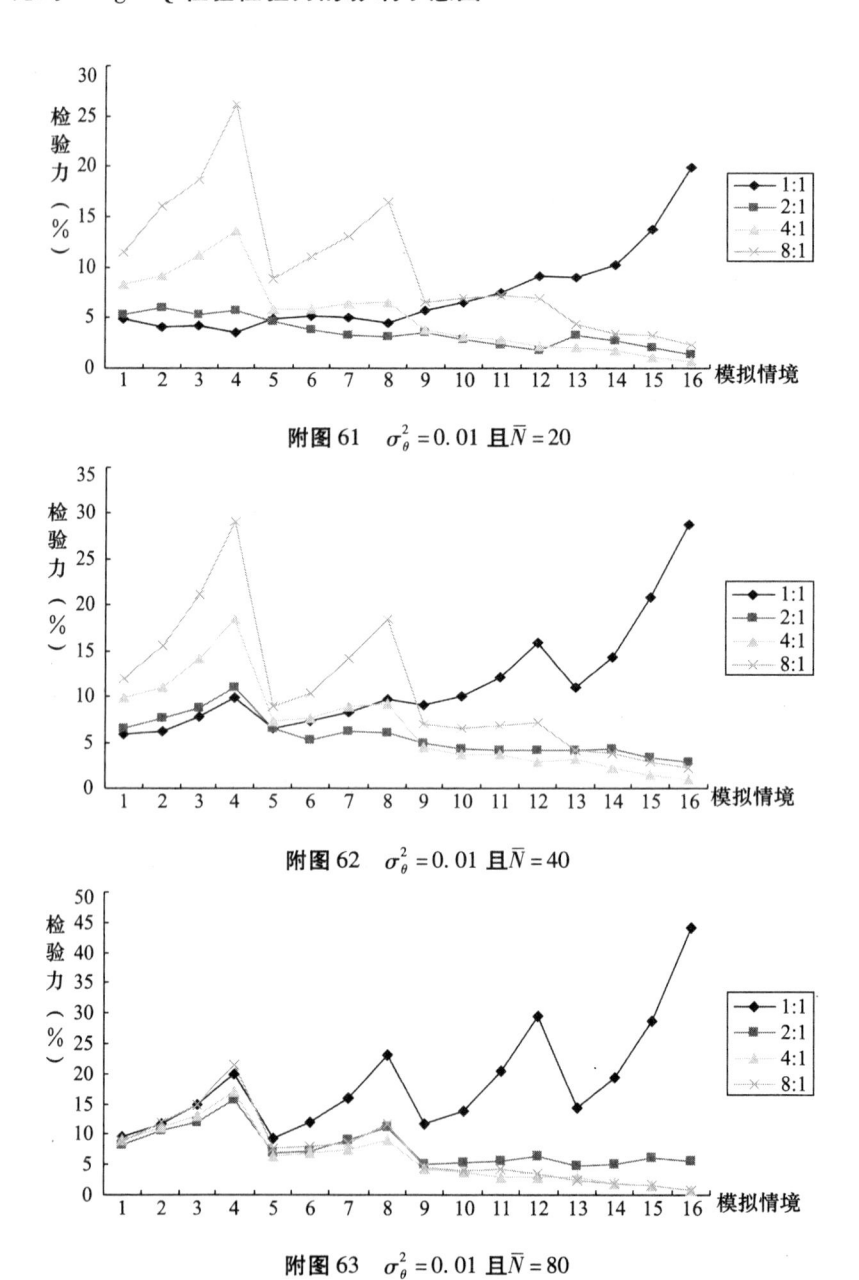

附图 61　$\sigma_\theta^2 = 0.01$ 且 $\bar{N} = 20$

附图 62　$\sigma_\theta^2 = 0.01$ 且 $\bar{N} = 40$

附图 63　$\sigma_\theta^2 = 0.01$ 且 $\bar{N} = 80$

附图64 $\sigma_\theta^2 = 0.01$ 且 $\bar{N} = 200$

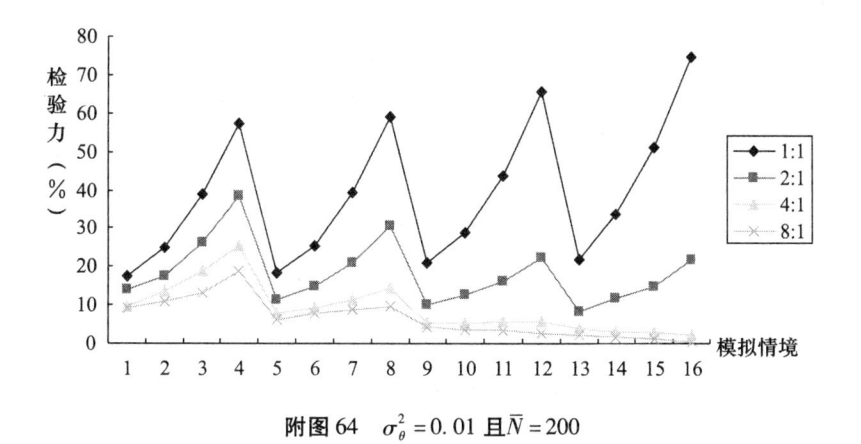

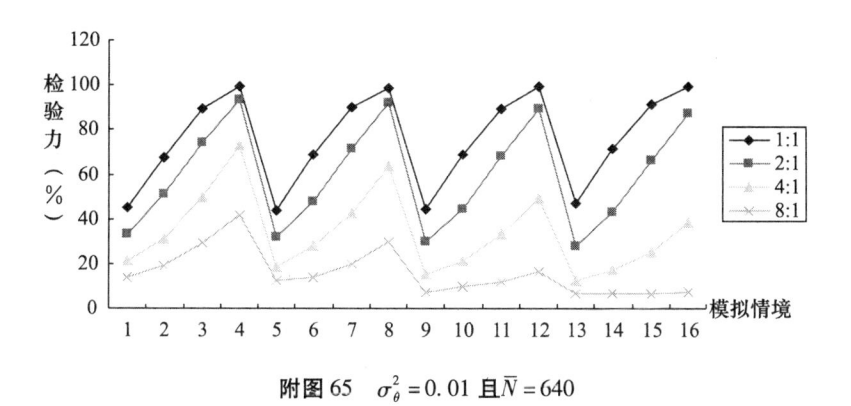

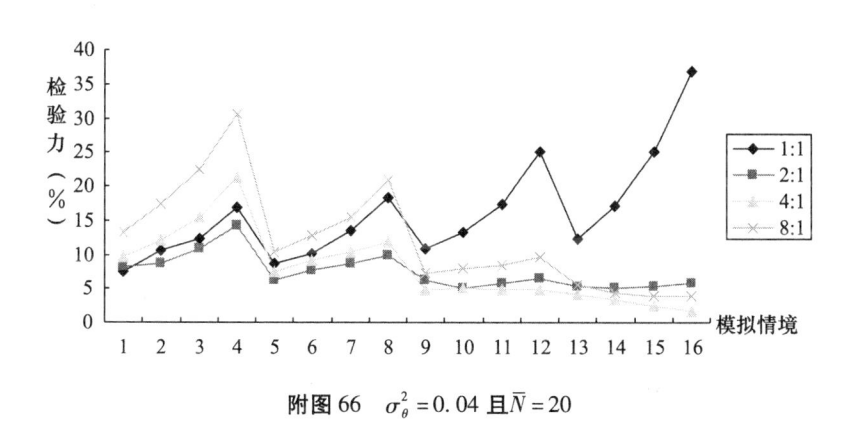

附图65 $\sigma_\theta^2 = 0.01$ 且 $\bar{N} = 640$

附图66 $\sigma_\theta^2 = 0.04$ 且 $\bar{N} = 20$

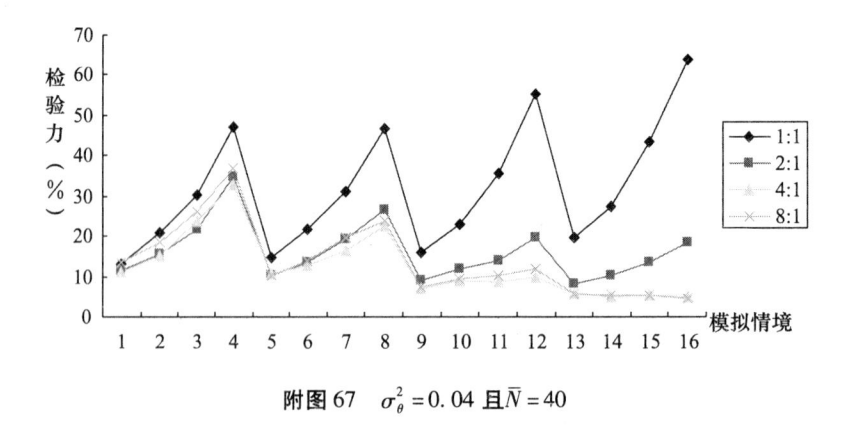

附图 67　$\sigma_\theta^2 = 0.04$ 且 $\bar{N} = 40$

附图 68　$\sigma_\theta^2 = 0.04$ 且 $\bar{N} = 80$

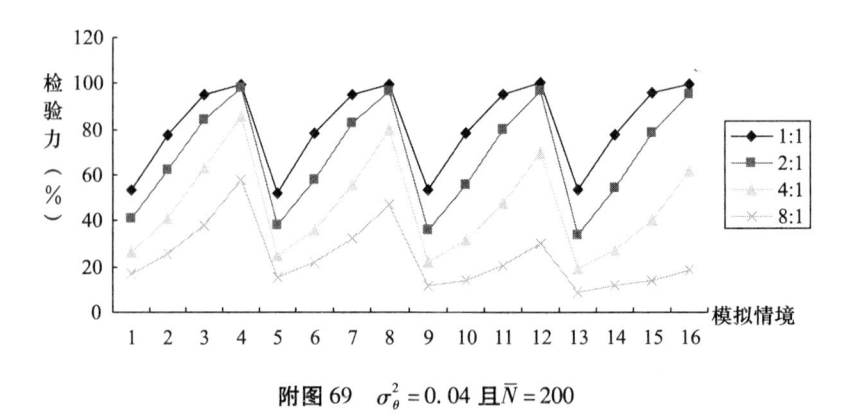

附图 69　$\sigma_\theta^2 = 0.04$ 且 $\bar{N} = 200$

附图 70 $\sigma_\theta^2 = 0.04$ 且 $\bar{N} = 640$

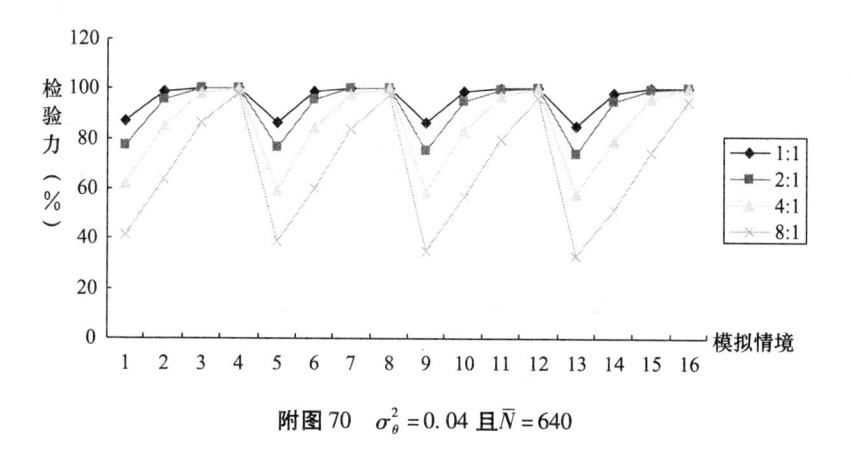

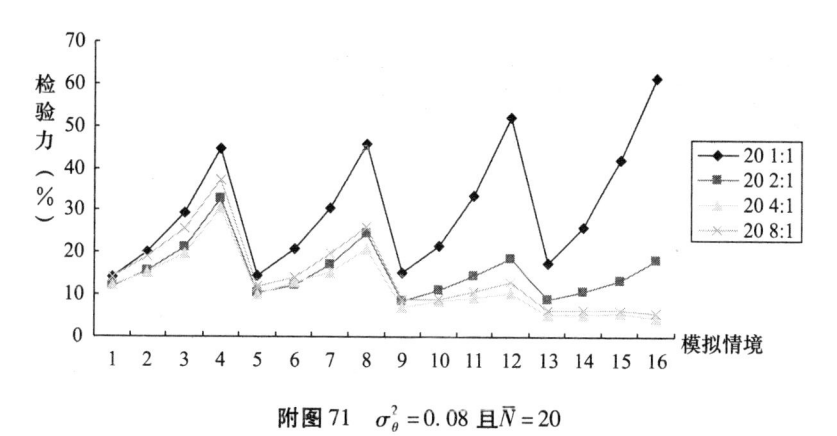

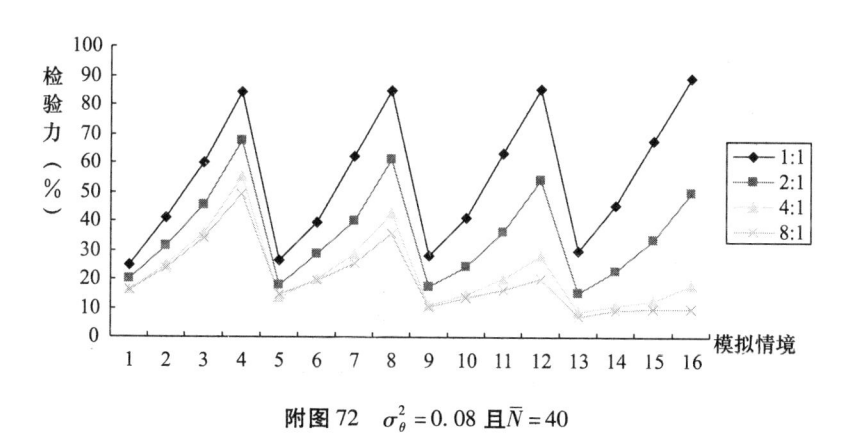

附图 71 $\sigma_\theta^2 = 0.08$ 且 $\bar{N} = 20$

附图 72 $\sigma_\theta^2 = 0.08$ 且 $\bar{N} = 40$

附图 73　$\sigma_\theta^2 = 0.08$ 且 $\bar{N} = 80$

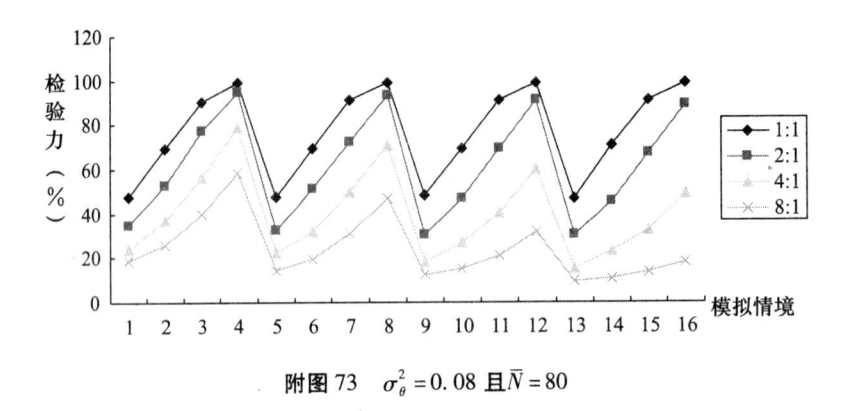

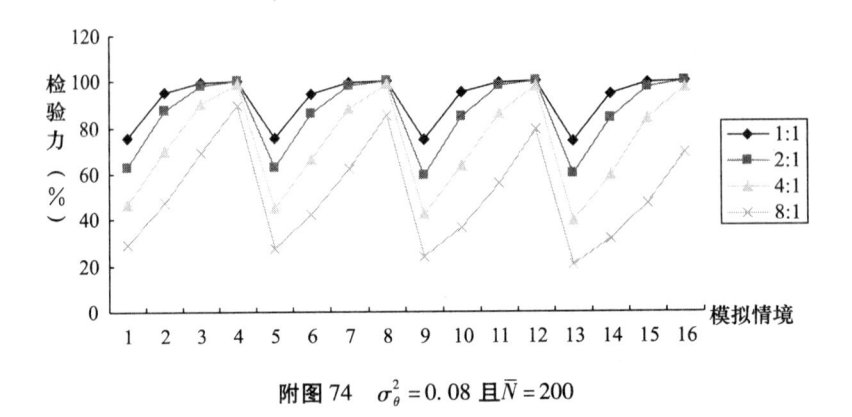

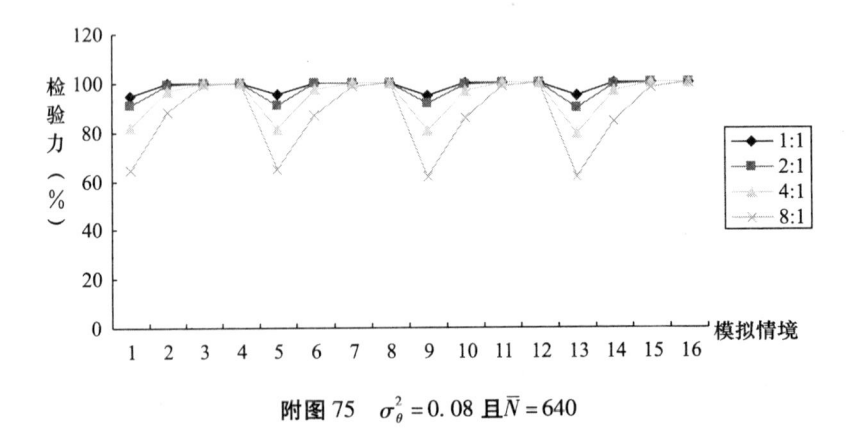

附图 74　$\sigma_\theta^2 = 0.08$ 且 $\bar{N} = 200$

附图 75　$\sigma_\theta^2 = 0.08$ 且 $\bar{N} = 640$

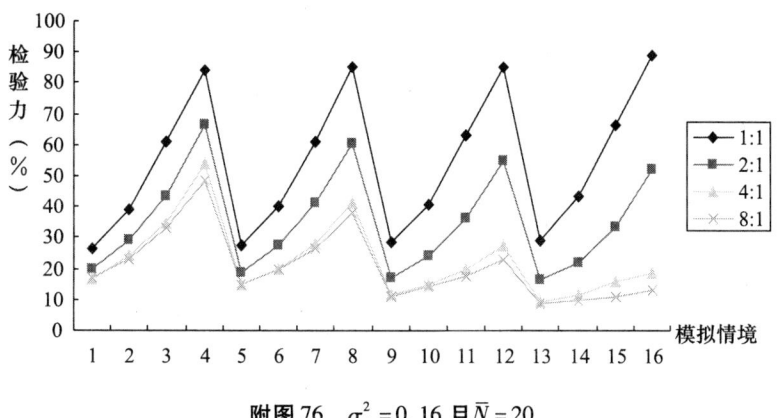

附图 76 $\sigma_\theta^2 = 0.16$ 且 $\bar{N} = 20$

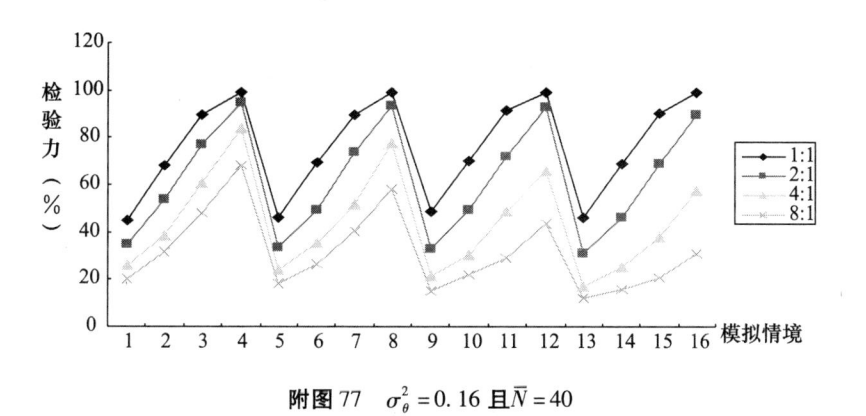

附图 77 $\sigma_\theta^2 = 0.16$ 且 $\bar{N} = 40$

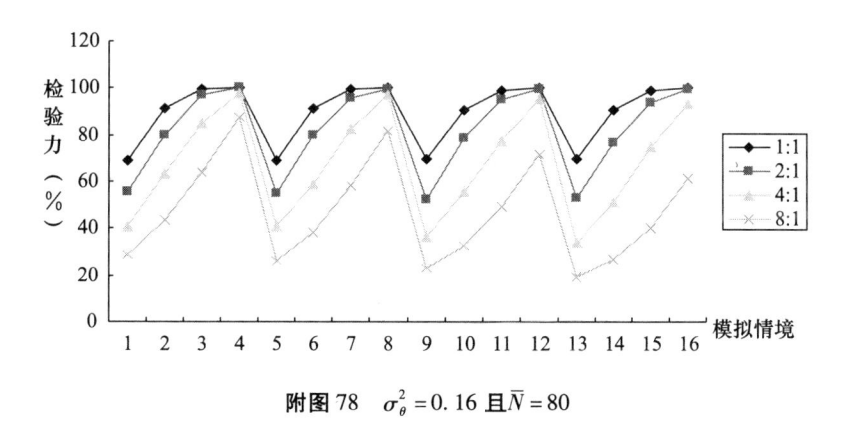

附图 78 $\sigma_\theta^2 = 0.16$ 且 $\bar{N} = 80$

256　Hedges Q 检验的性能评估与标准制定

附图 79　$\sigma_\theta^2 = 0.16$ 且 $\bar{N} = 200$

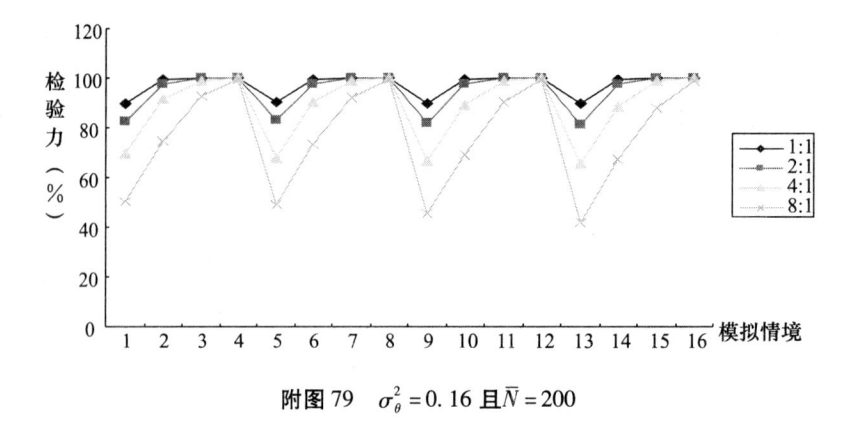

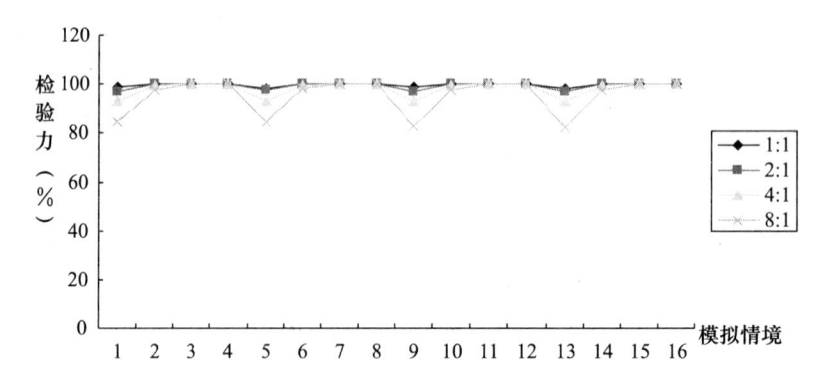

附图 80　$\sigma_\theta^2 = 0.16$ 且 $\bar{N} = 640$

（注：1 表示 $\theta = 0$ 且 $k = 5$，2 表示 $\theta = 0$ 且 $k = 10$，3 表示 $\theta = 0$ 且 $k = 20$，4 表示 $\theta = 0$ 且 $k = 40$，…，13 表示 $\theta = 0.8$ 且 $k = 5$，14 表示 $\theta = 0.8$ 且 $k = 10$，15 表示 $\theta = 0.8$ 且 $k = 20$，16 表示 $\theta = 0.8$ 且 $k = 40$。）

第五部分　原始研究数据分布对 Hedges Q 检验检验力的影响示意图

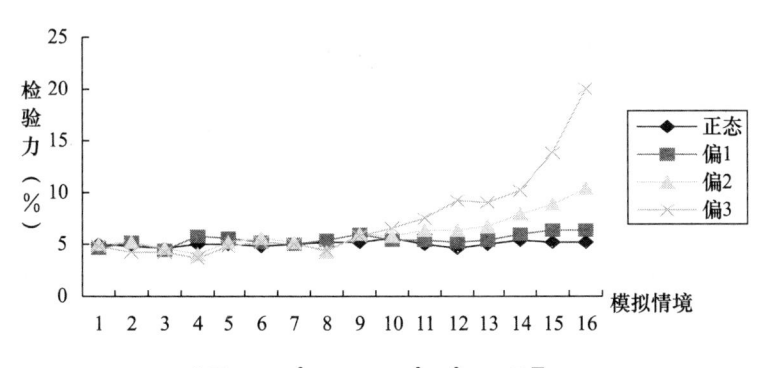

附图 81　$\sigma_\theta^2 = 0.01$、$\sigma_E^2/\sigma_C^2 = 1$ 且 $\bar{N} = 20$

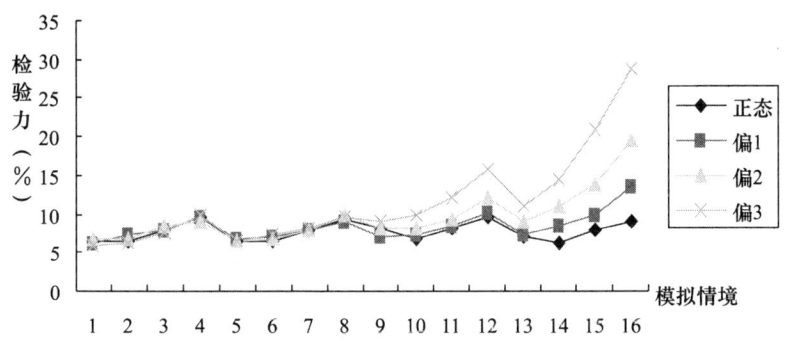

附图 82　$\sigma_\theta^2 = 0.01$、$\sigma_E^2/\sigma_C^2 = 1$ 且 $\bar{N} = 40$

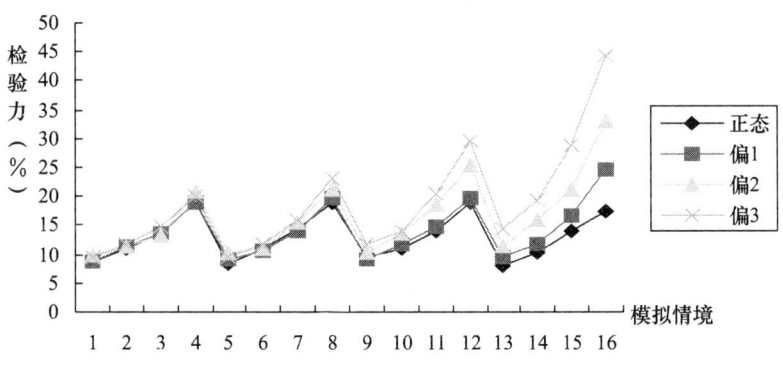

附图 83　$\sigma_\theta^2 = 0.01$、$\sigma_E^2/\sigma_C^2 = 1$ 且 $\bar{N} = 80$

258　Hedges Q 检验的性能评估与标准制定

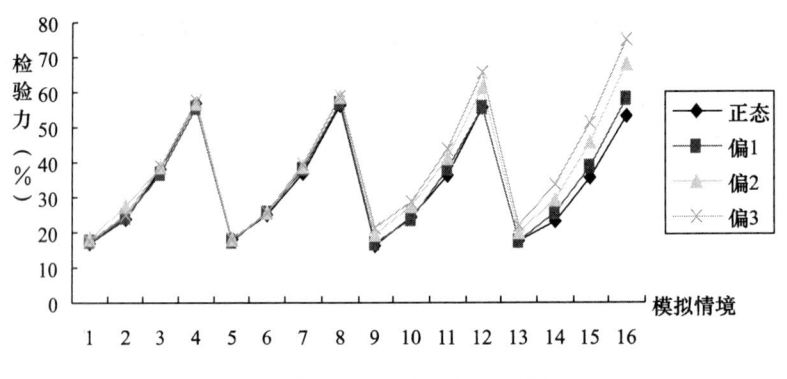

附图 84　$\sigma_\theta^2 = 0.01$、$\sigma_E^2/\sigma_C^2 = 1$ 且 $\bar{N} = 200$

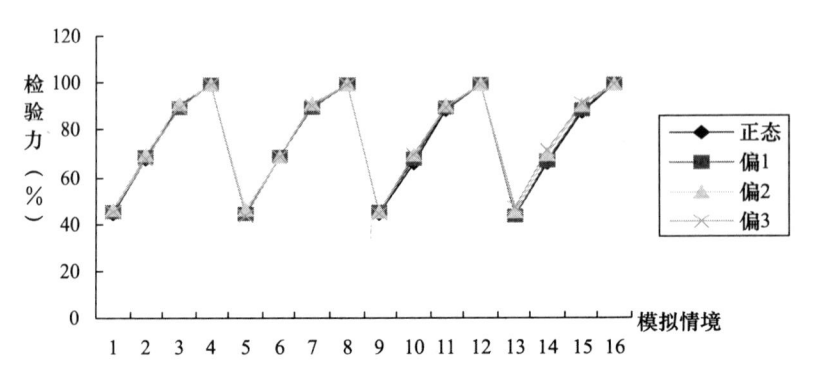

附图 85　$\sigma_\theta^2 = 0.01$、$\sigma_E^2/\sigma_C^2 = 1$ 且 $\bar{N} = 640$

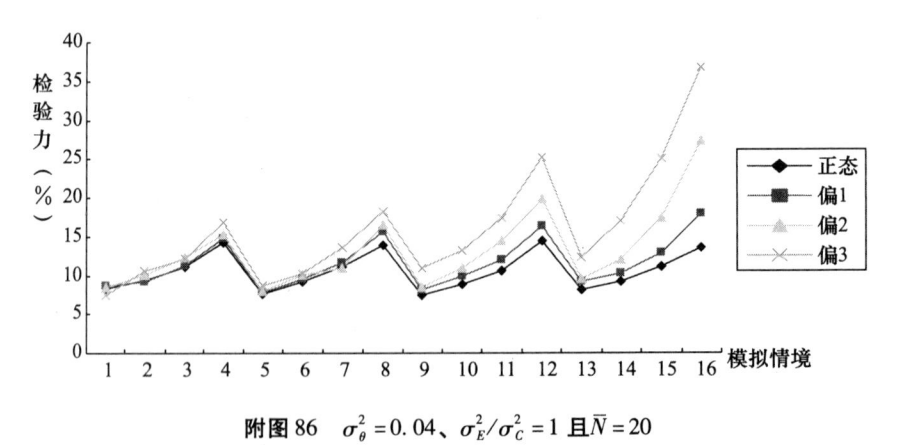

附图 86　$\sigma_\theta^2 = 0.04$、$\sigma_E^2/\sigma_C^2 = 1$ 且 $\bar{N} = 20$

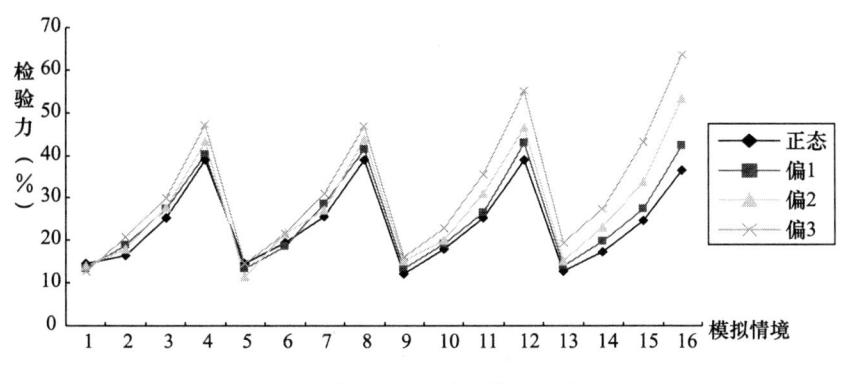

附图87 $\sigma_\theta^2 = 0.04$、$\sigma_E^2/\sigma_C^2 = 1$ 且 $\bar{N} = 40$

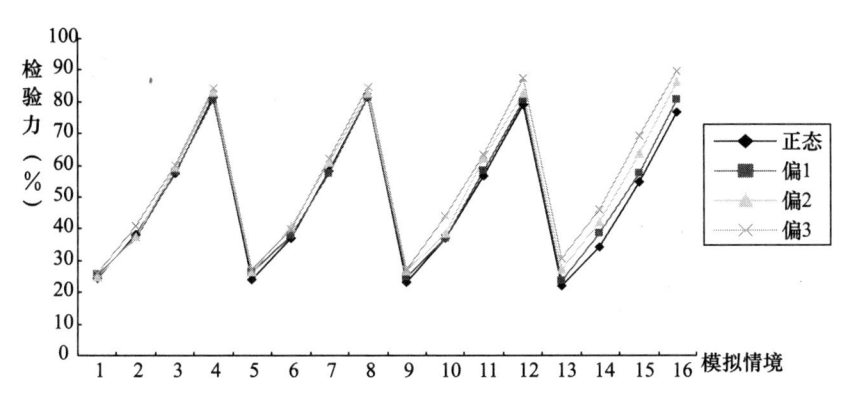

附图88 $\sigma_\theta^2 = 0.04$、$\sigma_E^2/\sigma_C^2 = 1$ 且 $\bar{N} = 80$

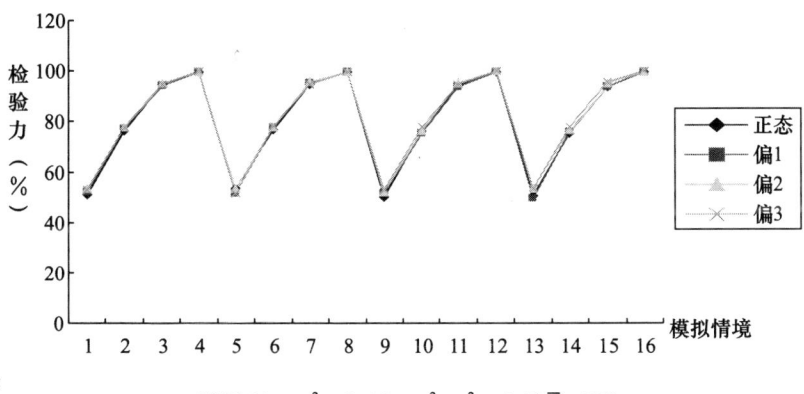

附图89 $\sigma_\theta^2 = 0.04$、$\sigma_E^2/\sigma_C^2 = 1$ 且 $\bar{N} = 200$

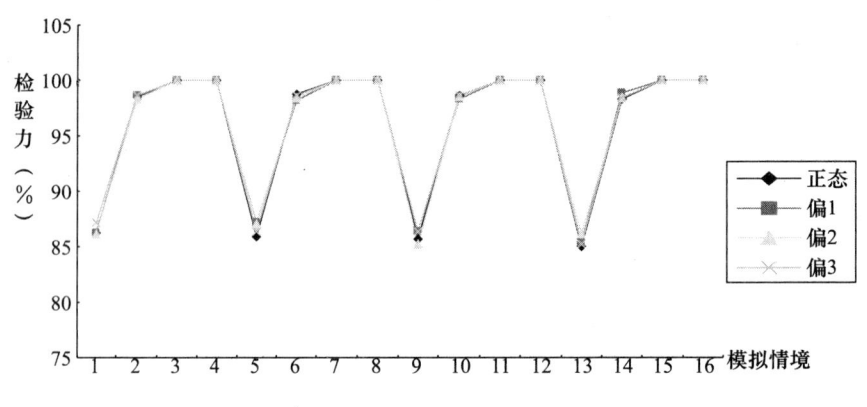

附图 90 $\sigma_\theta^2 = 0.04$、$\sigma_E^2/\sigma_C^2 = 1$ 且 $\bar{N} = 640$

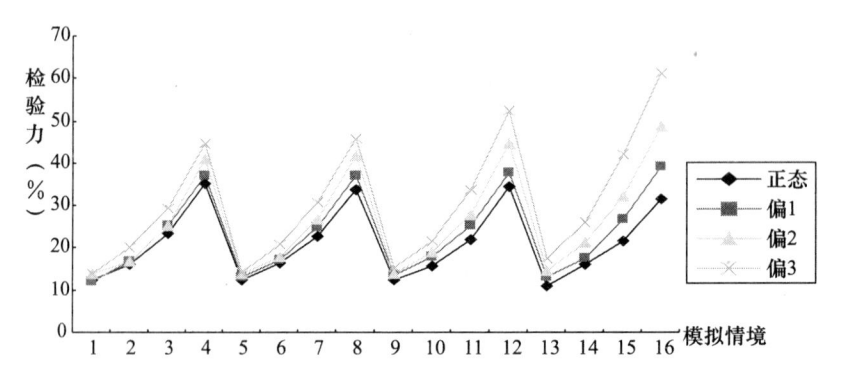

附图 91 $\sigma_\theta^2 = 0.08$、$\sigma_E^2/\sigma_C^2 = 1$ 且 $\bar{N} = 20$

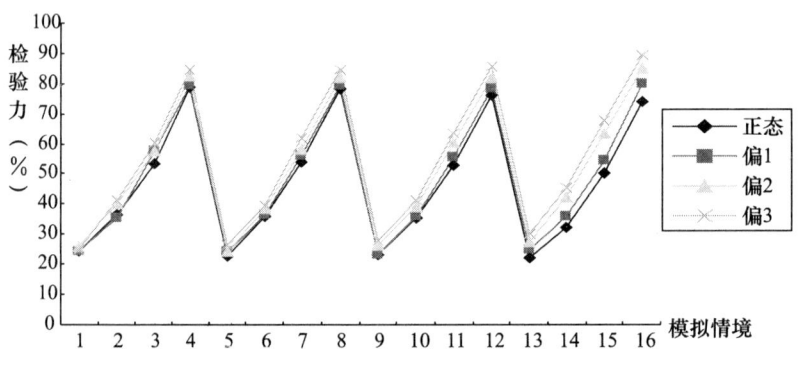

附图 92 $\sigma_\theta^2 = 0.08$、$\sigma_E^2/\sigma_C^2 = 1$ 且 $\bar{N} = 40$

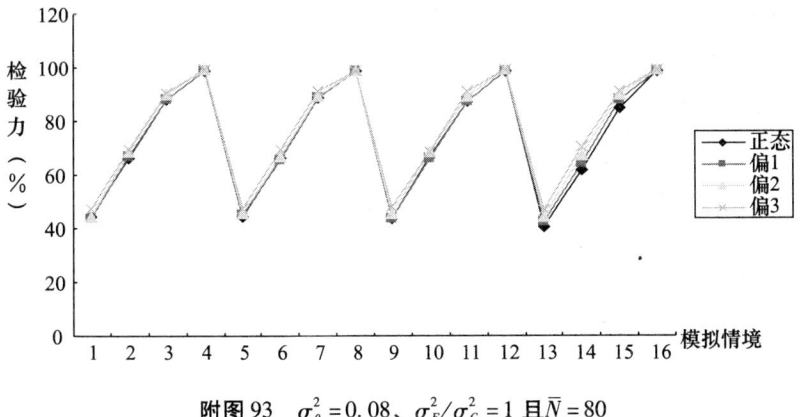

附图 93　$\sigma_\theta^2 = 0.08$、$\sigma_E^2/\sigma_C^2 = 1$ 且 $\bar{N} = 80$

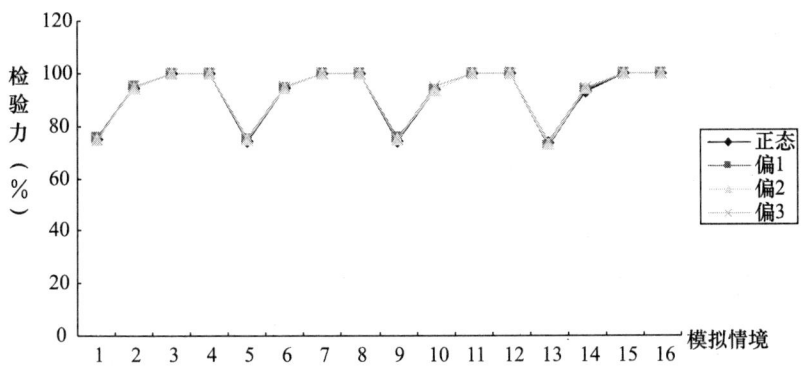

附图 94　$\sigma_\theta^2 = 0.08$、$\sigma_E^2/\sigma_C^2 = 1$ 且 $\bar{N} = 200$

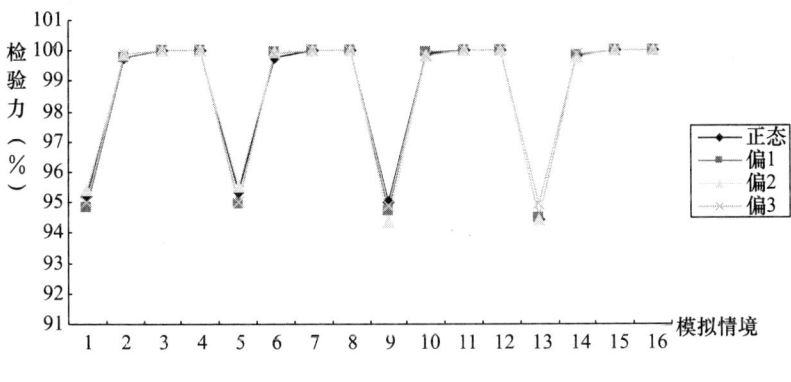

附图 95　$\sigma_\theta^2 = 0.08$、$\sigma_E^2/\sigma_C^2 = 1$ 且 $\bar{N} = 640$

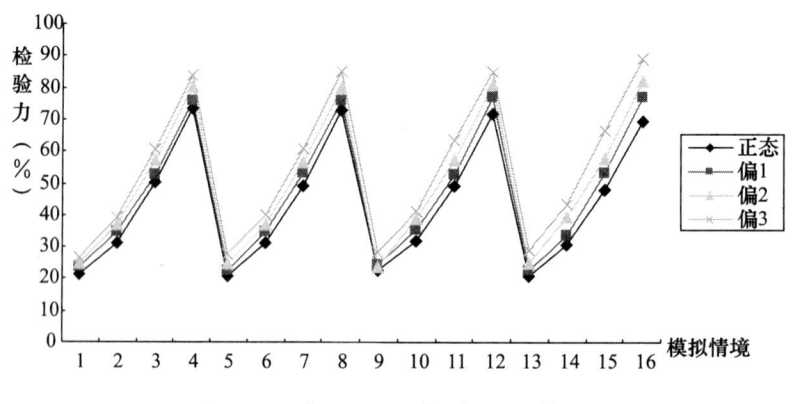

附图 96　$\sigma_\theta^2 = 0.16$、$\sigma_E^2/\sigma_C^2 = 1$ 且 $\bar{N} = 20$

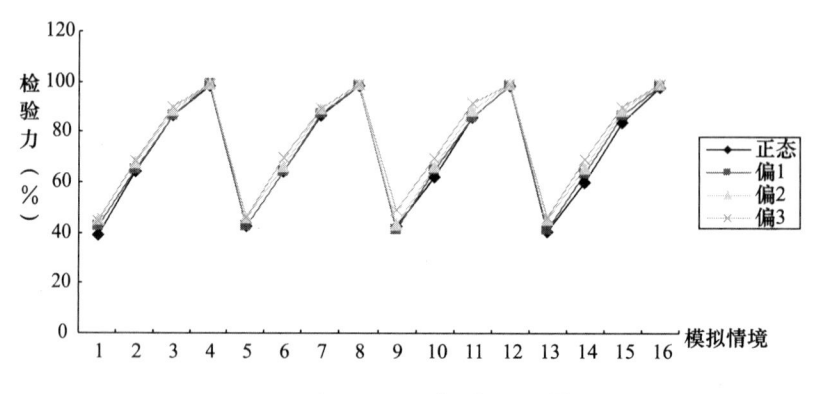

附图 97　$\sigma_\theta^2 = 0.16$、$\sigma_E^2/\sigma_C^2 = 1$ 且 $\bar{N} = 40$

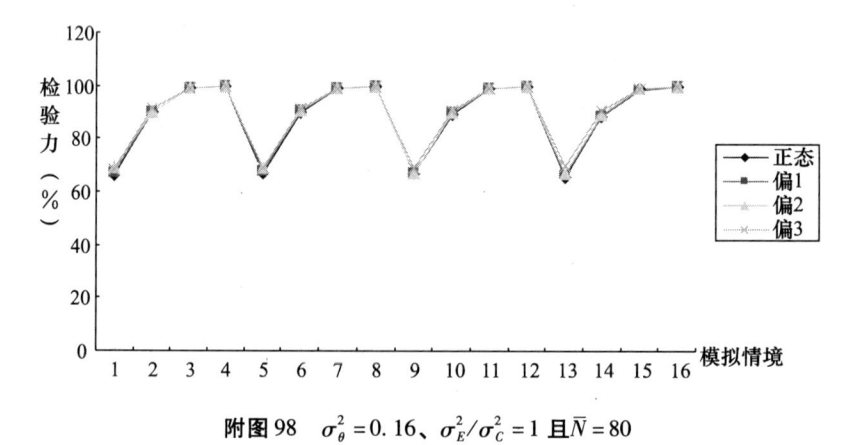

附图 98　$\sigma_\theta^2 = 0.16$、$\sigma_E^2/\sigma_C^2 = 1$ 且 $\bar{N} = 80$

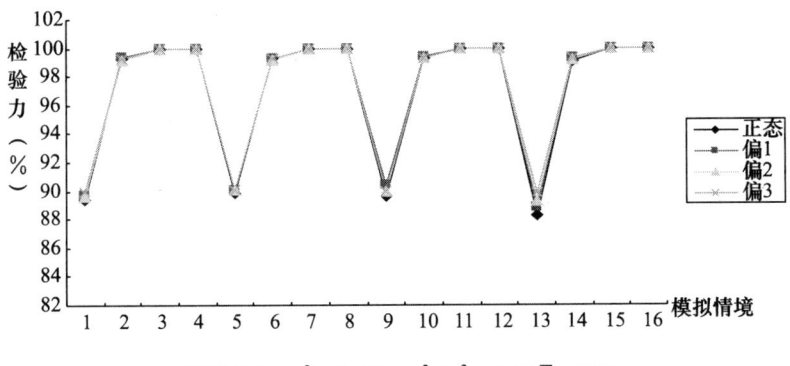

附图 99　$\sigma_\theta^2 = 0.16$、$\sigma_E^2/\sigma_C^2 = 1$ 且 $\bar{N} = 200$

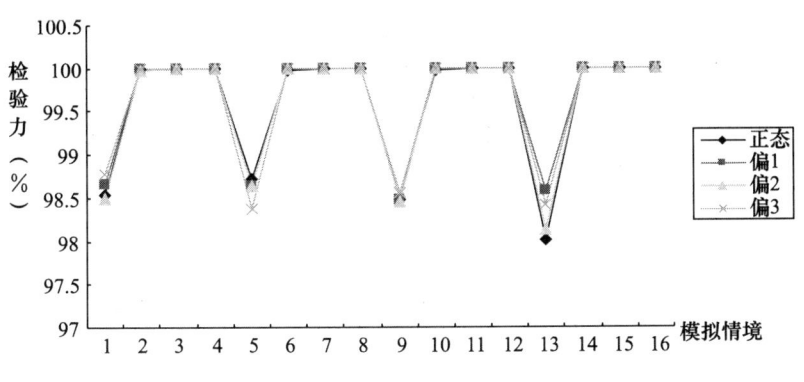

附图 100　$\sigma_\theta^2 = 0.16$、$\sigma_E^2/\sigma_C^2 = 1$ 且 $\bar{N} = 640$

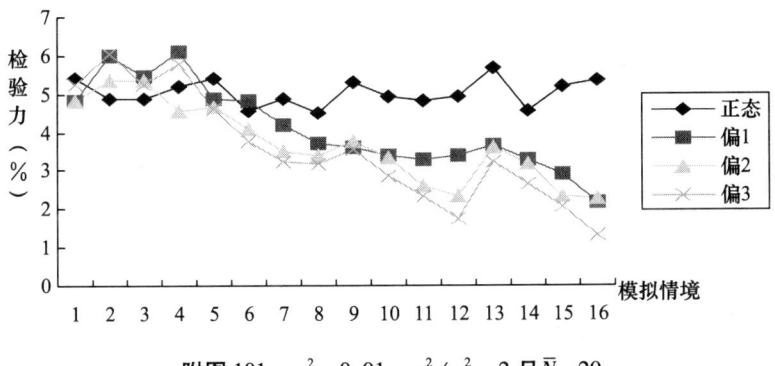

附图 101　$\sigma_\theta^2 = 0.01$、$\sigma_E^2/\sigma_C^2 = 2$ 且 $\bar{N} = 20$

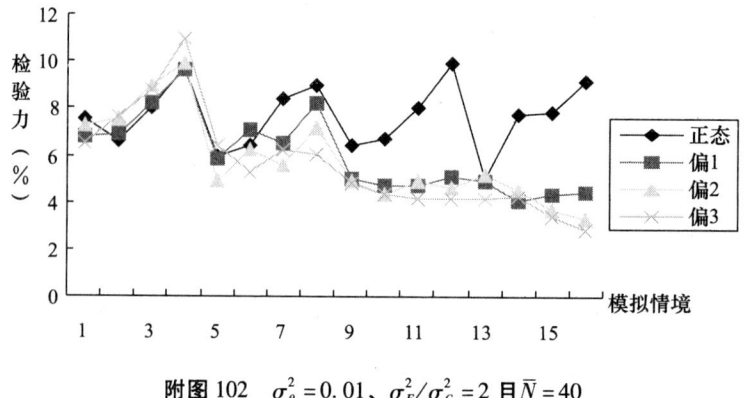

附图 102　$\sigma_\theta^2 = 0.01$、$\sigma_E^2/\sigma_C^2 = 2$ 且 $\bar{N} = 40$

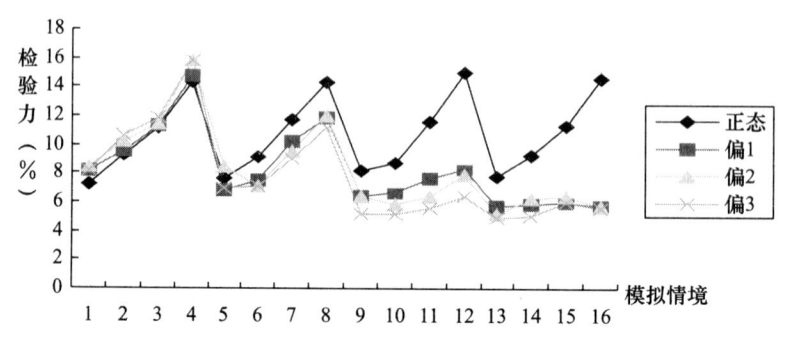

附图 103　$\sigma_\theta^2 = 0.01$、$\sigma_E^2/\sigma_C^2 = 2$ 且 $\bar{N} = 80$

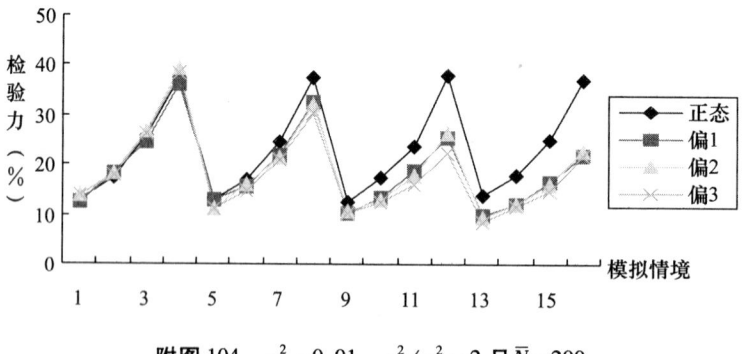

附图 104　$\sigma_\theta^2 = 0.01$、$\sigma_E^2/\sigma_C^2 = 2$ 且 $\bar{N} = 200$

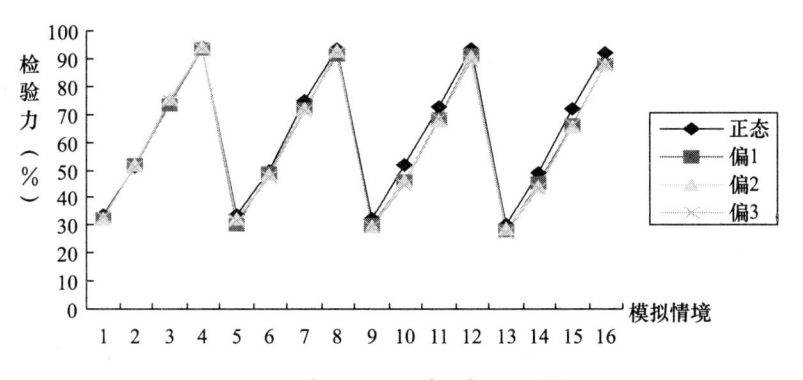

附图 105　$\sigma_\theta^2 = 0.01$、$\sigma_E^2/\sigma_C^2 = 2$ 且 $\overline{N} = 640$

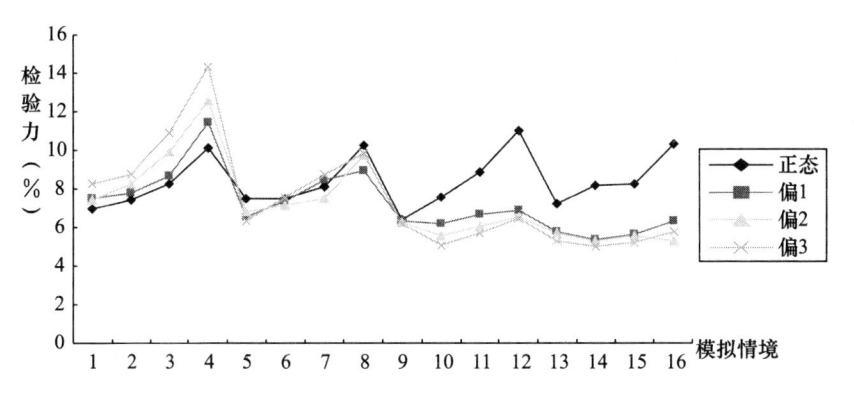

附图 106　$\sigma_\theta^2 = 0.04$、$\sigma_E^2/\sigma_C^2 = 2$ 且 $\overline{N} = 20$

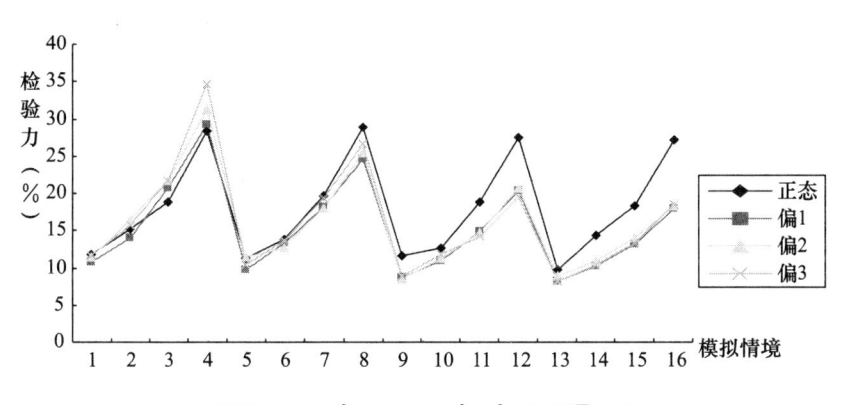

附图 107　$\sigma_\theta^2 = 0.04$、$\sigma_E^2/\sigma_C^2 = 2$ 且 $\overline{N} = 40$

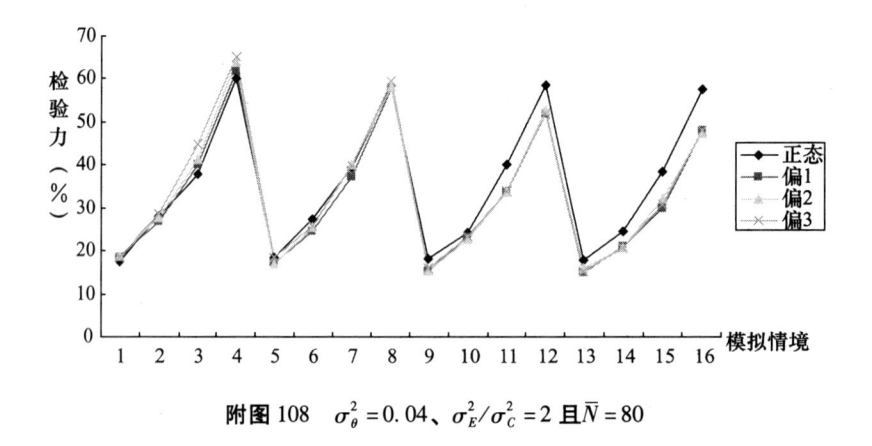

附图 108　$\sigma_\theta^2 = 0.04$、$\sigma_E^2/\sigma_C^2 = 2$ 且 $\bar{N} = 80$

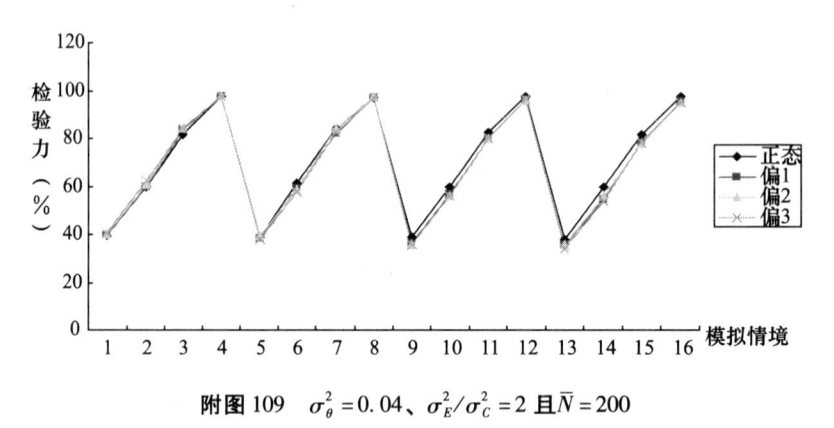

附图 109　$\sigma_\theta^2 = 0.04$、$\sigma_E^2/\sigma_C^2 = 2$ 且 $\bar{N} = 200$

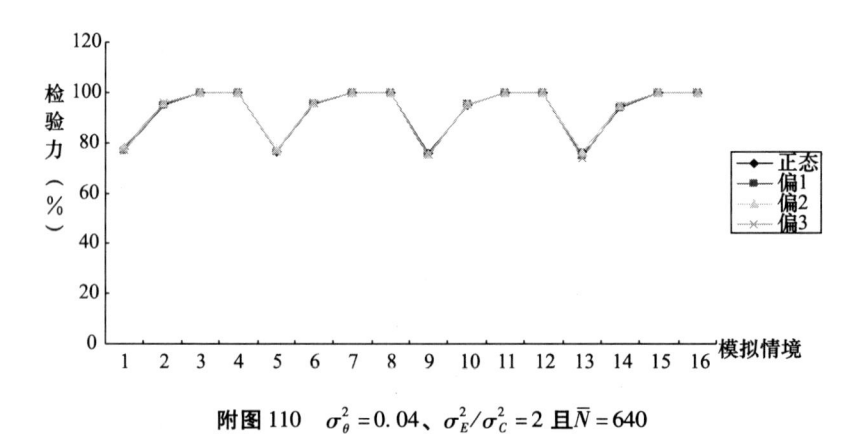

附图 110　$\sigma_\theta^2 = 0.04$、$\sigma_E^2/\sigma_C^2 = 2$ 且 $\bar{N} = 640$

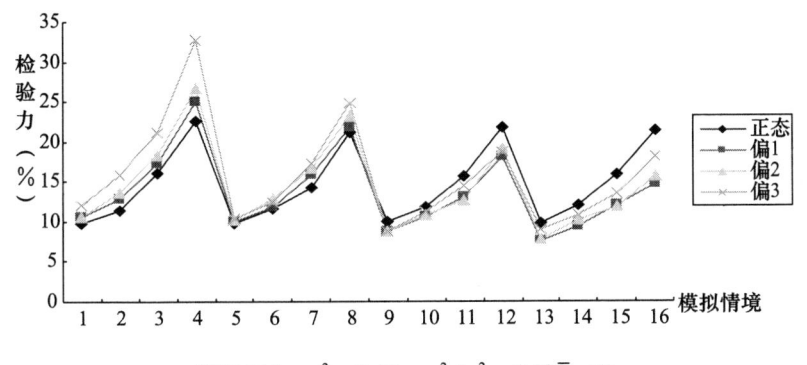

附图 111　$\sigma_\theta^2 = 0.08$、$\sigma_E^2/\sigma_C^2 = 2$ 且 $\bar{N} = 20$

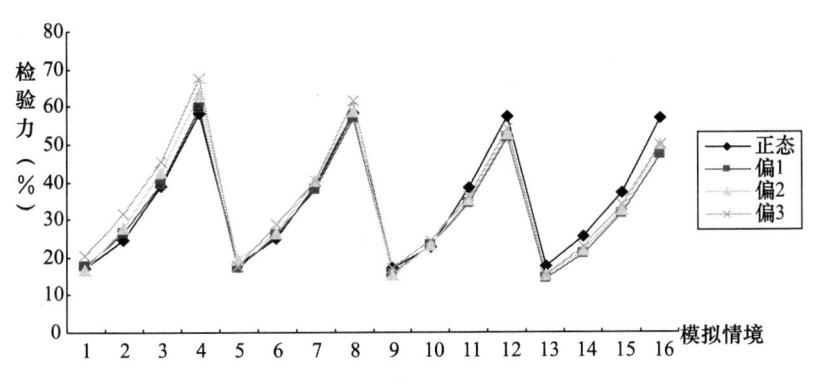

附图 112　$\sigma_\theta^2 = 0.08$、$\sigma_E^2/\sigma_C^2 = 2$ 且 $\bar{N} = 40$

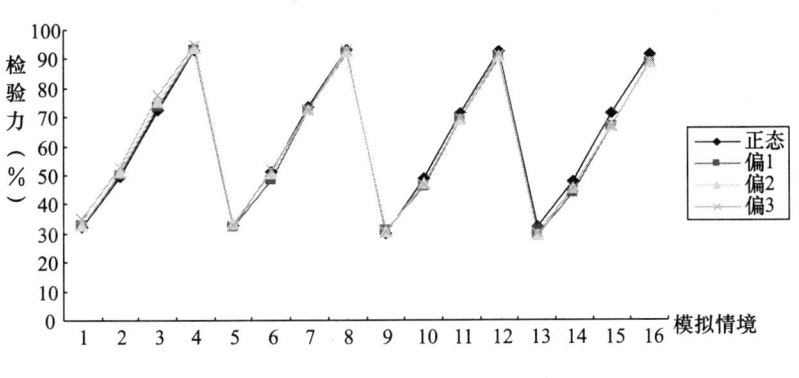

附图 113　$\sigma_\theta^2 = 0.08$、$\sigma_E^2/\sigma_C^2 = 2$ 且 $\bar{N} = 80$

268　Hedges Q 检验的性能评估与标准制定

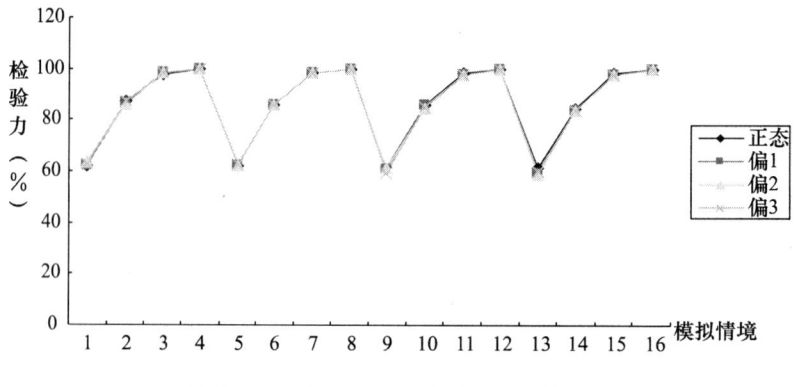

附图 114　$\sigma_\theta^2 = 0.08$、$\sigma_E^2/\sigma_C^2 = 2$ 且 $\bar{N} = 200$

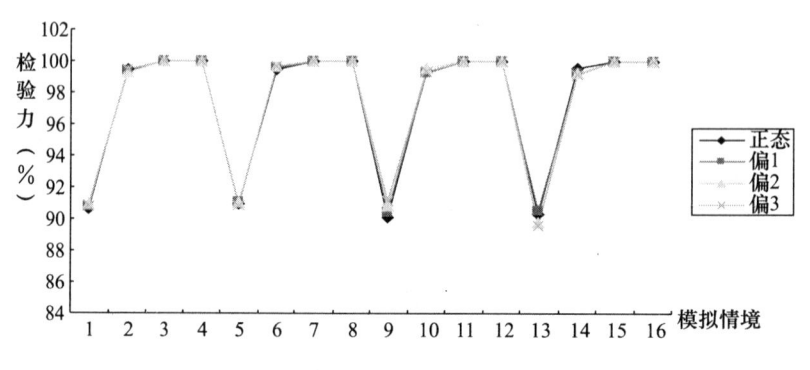

附图 115　$\sigma_\theta^2 = 0.08$、$\sigma_E^2/\sigma_C^2 = 2$ 且 $\bar{N} = 640$

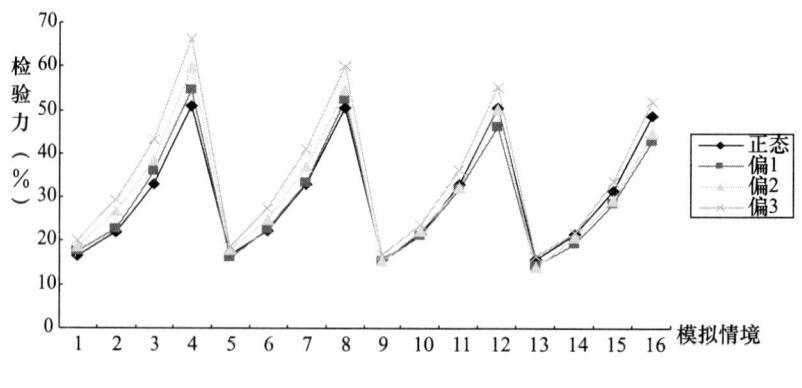

附图 116　$\sigma_\theta^2 = 0.16$、$\sigma_E^2/\sigma_C^2 = 2$ 且 $\bar{N} = 20$

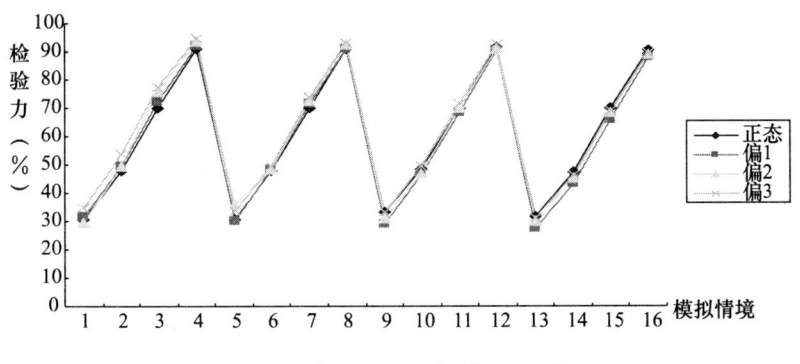

附图117 $\sigma_\theta^2 = 0.16$、$\sigma_E^2/\sigma_C^2 = 2$ 且 $\bar{N} = 40$

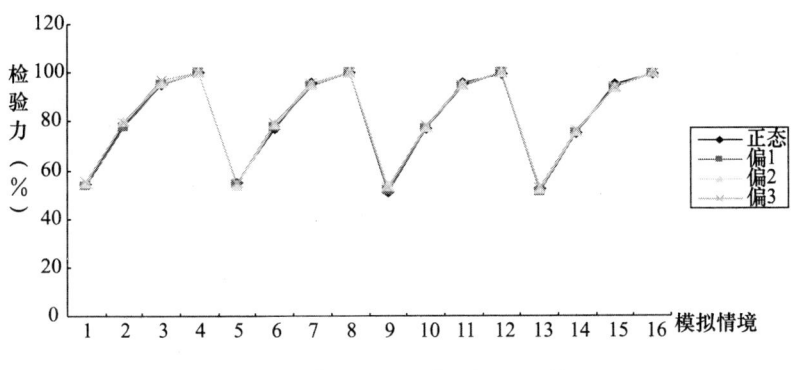

附图118 $\sigma_\theta^2 = 0.16$、$\sigma_E^2/\sigma_C^2 = 2$ 且 $\bar{N} = 80$

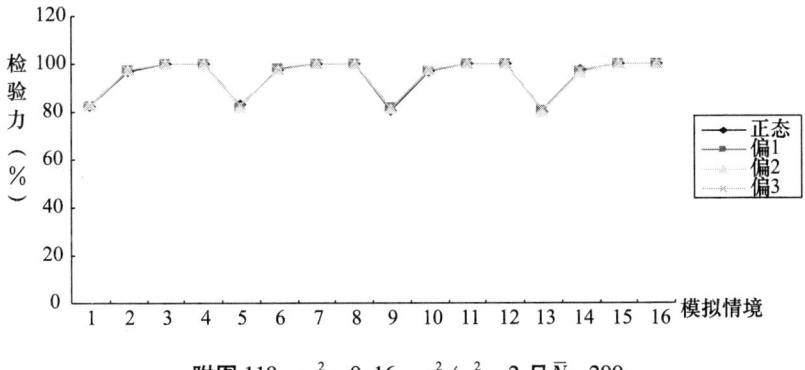

附图119 $\sigma_\theta^2 = 0.16$、$\sigma_E^2/\sigma_C^2 = 2$ 且 $\bar{N} = 200$

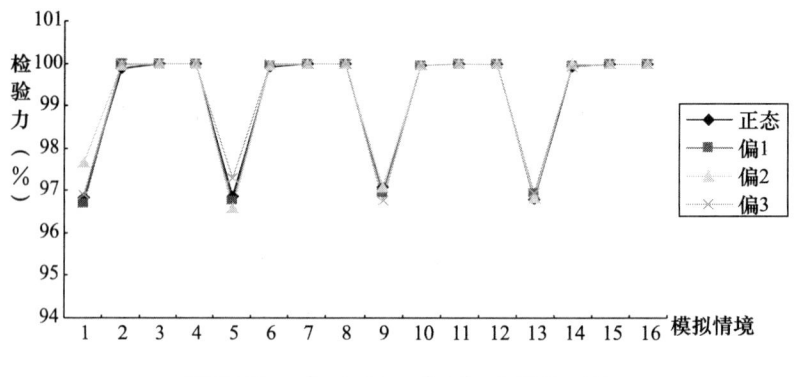

附图 120　$\sigma_\theta^2 = 0.16$、$\sigma_E^2/\sigma_C^2 = 2$ 且 $\bar{N} = 640$

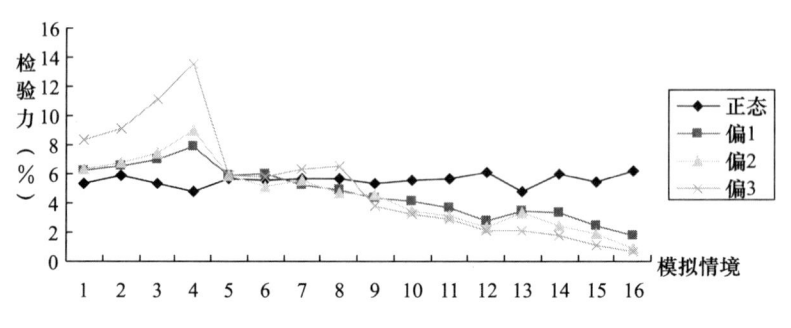

附图 121　$\sigma_\theta^2 = 0.01$、$\sigma_E^2/\sigma_C^2 = 4$ 且 $\bar{N} = 20$

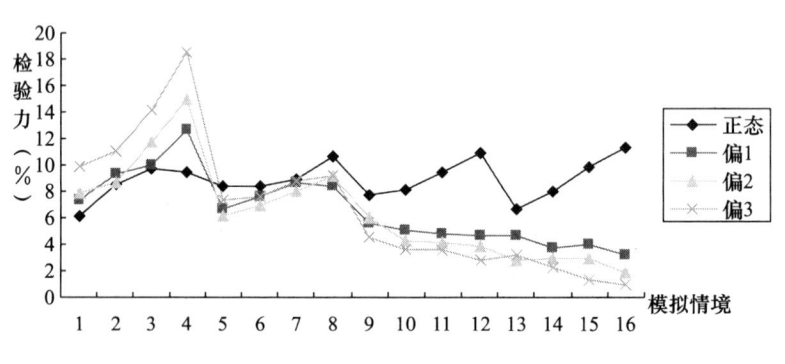

附图 122　$\sigma_\theta^2 = 0.01$、$\sigma_E^2/\sigma_C^2 = 4$ 且 $\bar{N} = 40$

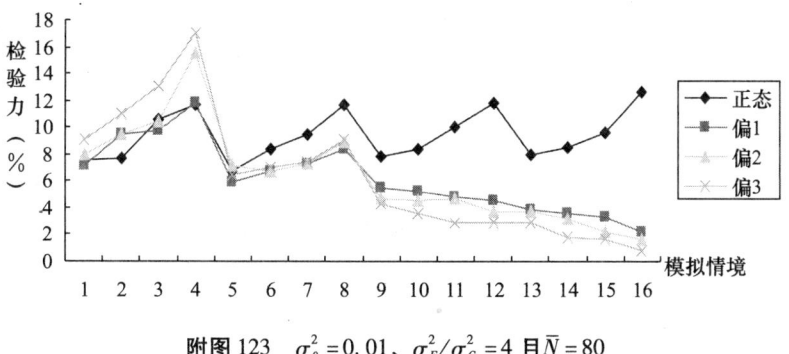

附图 123　$\sigma_\theta^2 = 0.01$、$\sigma_E^2/\sigma_C^2 = 4$ 且 $\bar{N} = 80$

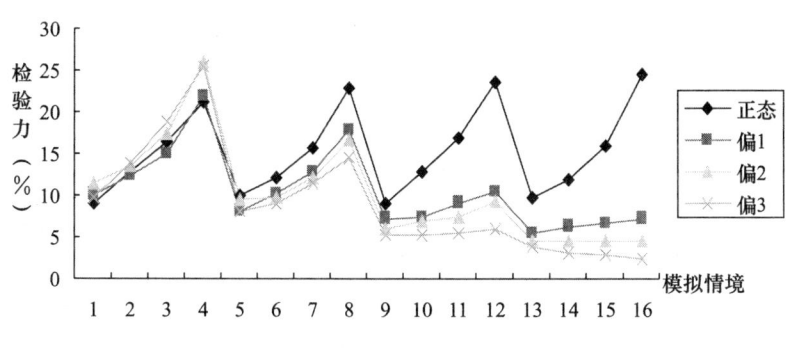

附图 124　$\sigma_\theta^2 = 0.01$、$\sigma_E^2/\sigma_C^2 = 4$ 且 $\bar{N} = 200$

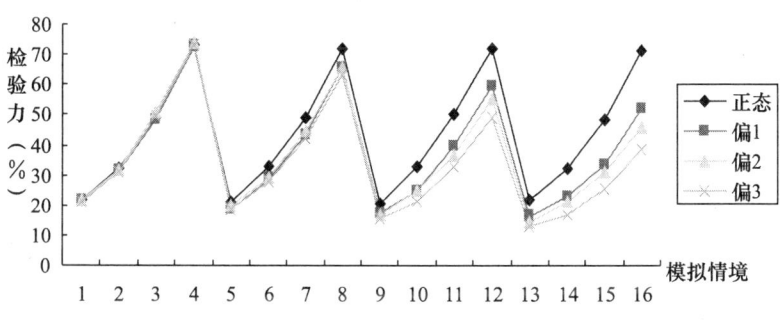

附图 125　$\sigma_\theta^2 = 0.01$、$\sigma_E^2/\sigma_C^2 = 4$ 且 $\bar{N} = 640$

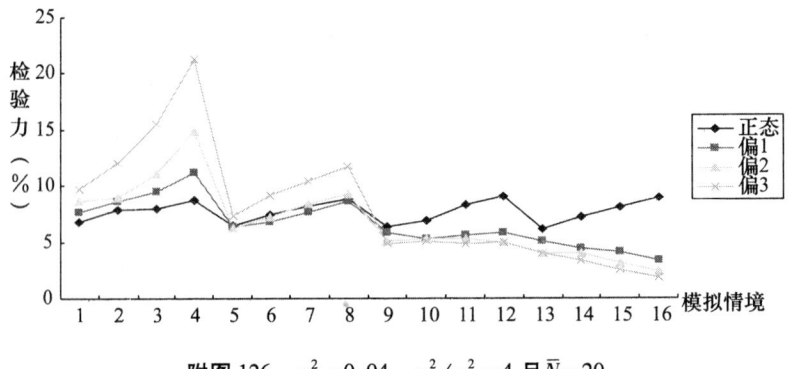

附图 126　$\sigma_\theta^2 = 0.04$、$\sigma_E^2/\sigma_C^2 = 4$ 且 $\bar{N} = 20$

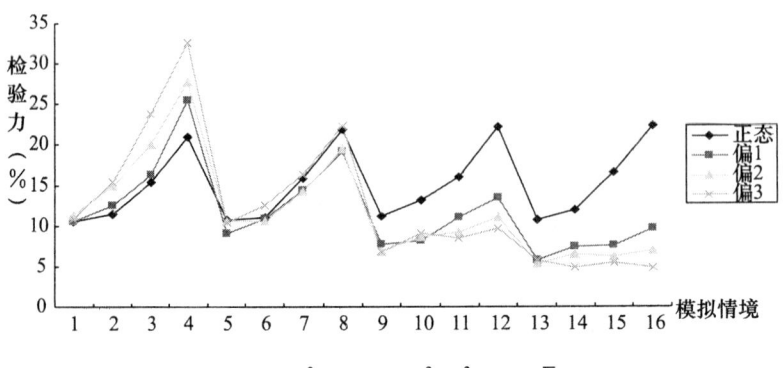

附图 127　$\sigma_\theta^2 = 0.04$、$\sigma_E^2/\sigma_C^2 = 4$ 且 $\bar{N} = 40$

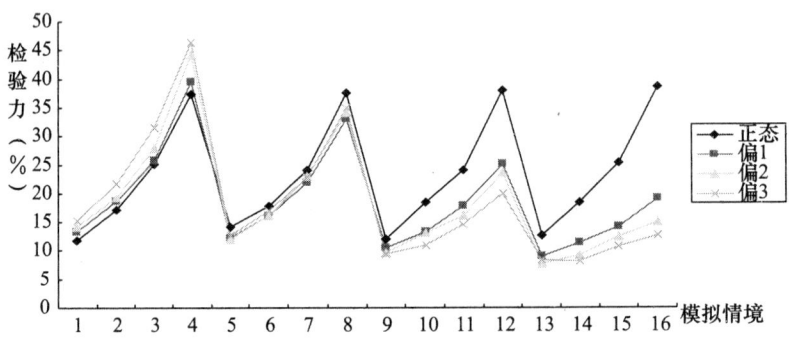

附图 128　$\sigma_\theta^2 = 0.04$、$\sigma_E^2/\sigma_C^2 = 4$ 且 $\bar{N} = 80$

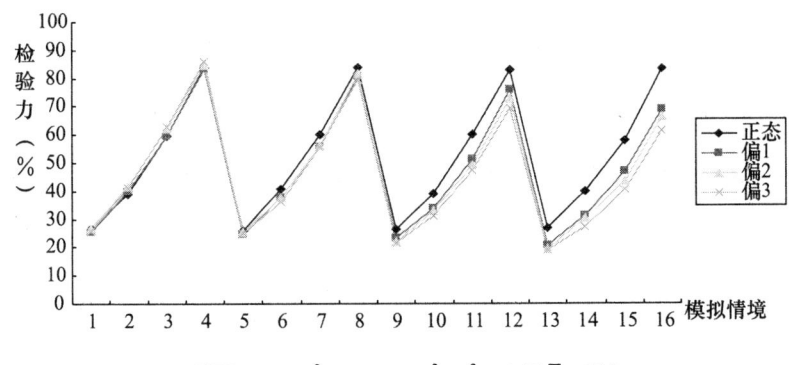

附图 129　$\sigma_\theta^2 = 0.04$、$\sigma_E^2/\sigma_C^2 = 4$ 且 $\bar{N} = 200$

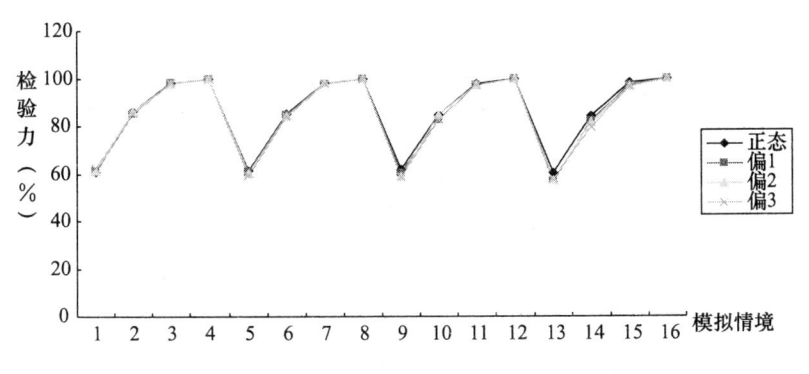

附图 130　$\sigma_\theta^2 = 0.04$、$\sigma_E^2/\sigma_C^2 = 4$ 且 $\bar{N} = 640$

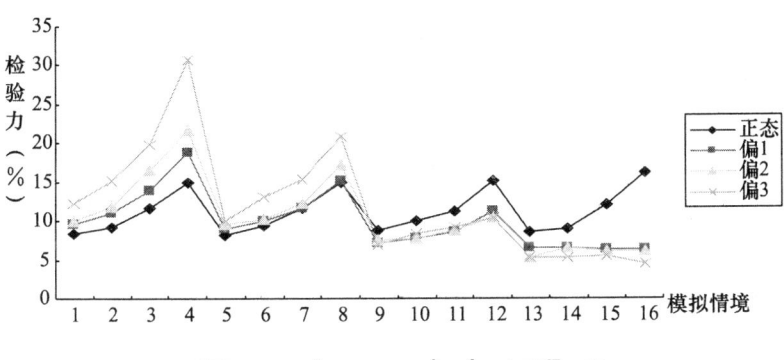

附图 131　$\sigma_\theta^2 = 0.08$、$\sigma_E^2/\sigma_C^2 = 4$ 且 $\bar{N} = 20$

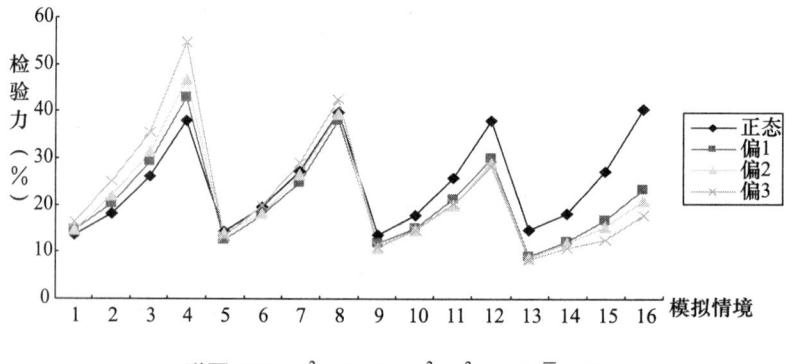

附图 132　$\sigma_\theta^2 = 0.08$、$\sigma_E^2/\sigma_C^2 = 4$ 且 $\bar{N} = 40$

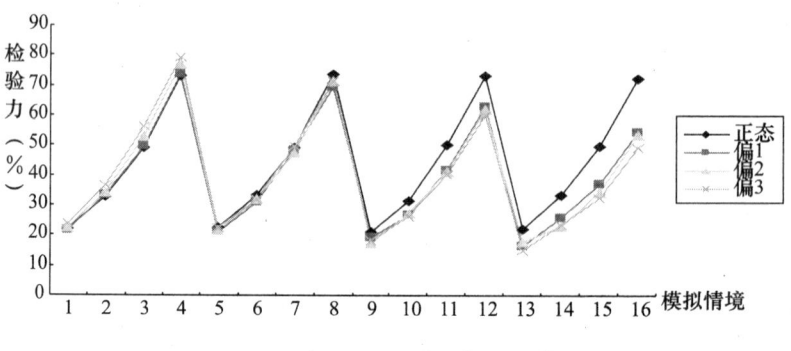

附图 133　$\sigma_\theta^2 = 0.08$、$\sigma_E^2/\sigma_C^2 = 4$ 且 $\bar{N} = 80$

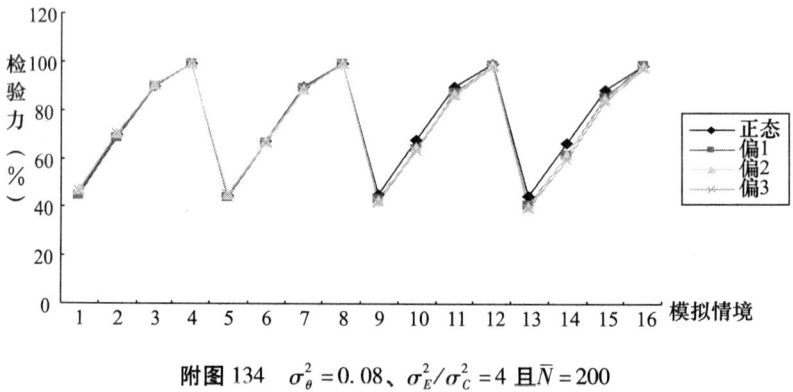

附图 134　$\sigma_\theta^2 = 0.08$、$\sigma_E^2/\sigma_C^2 = 4$ 且 $\bar{N} = 200$

附图 135　$\sigma_\theta^2 = 0.08$、$\sigma_E^2/\sigma_C^2 = 4$ 且 $\bar{N} = 640$

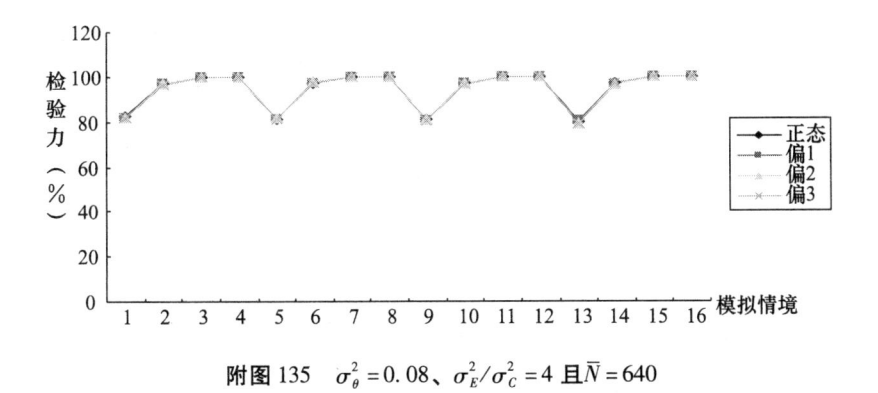

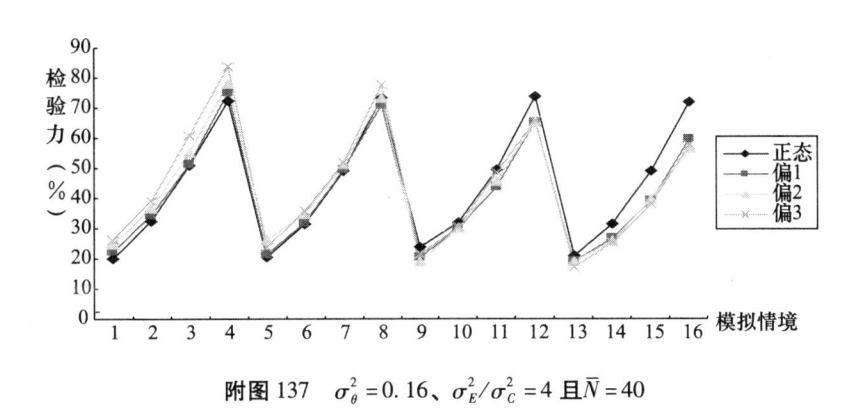

附图 136　$\sigma_\theta^2 = 0.16$、$\sigma_E^2/\sigma_C^2 = 4$ 且 $\bar{N} = 20$

附图 137　$\sigma_\theta^2 = 0.16$、$\sigma_E^2/\sigma_C^2 = 4$ 且 $\bar{N} = 40$

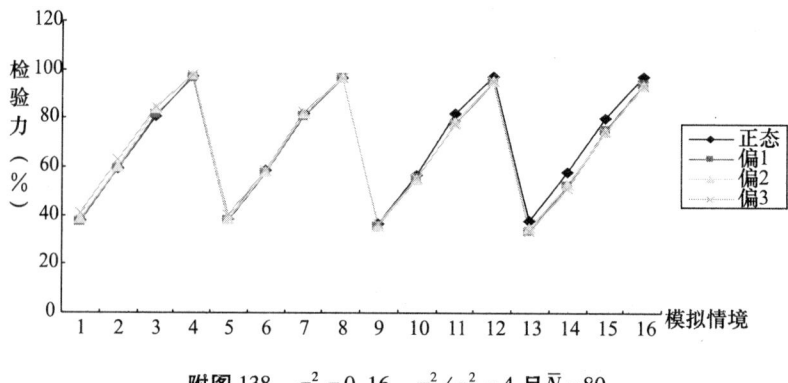

附图 138 　$\sigma_\theta^2 = 0.16$、$\sigma_E^2/\sigma_C^2 = 4$ 且 $\bar{N} = 80$

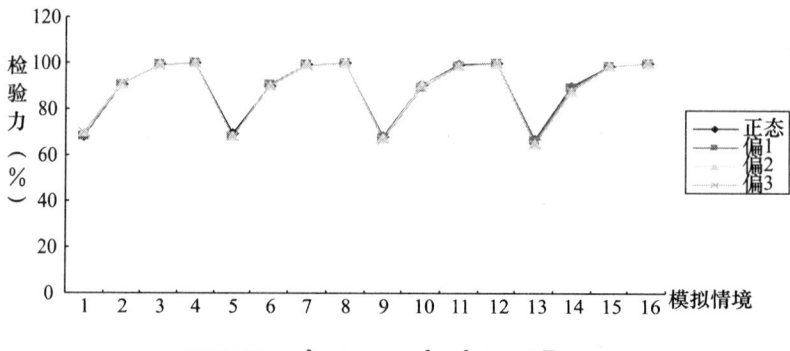

附图 139 　$\sigma_\theta^2 = 0.16$、$\sigma_E^2/\sigma_C^2 = 4$ 且 $\bar{N} = 200$

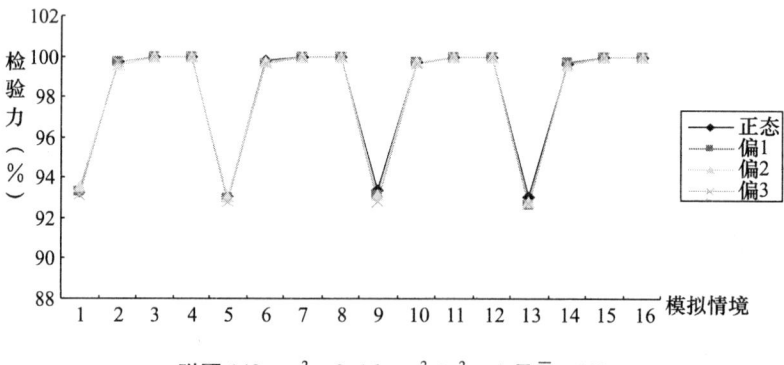

附图 140 　$\sigma_\theta^2 = 0.16$、$\sigma_E^2/\sigma_C^2 = 4$ 且 $\bar{N} = 640$

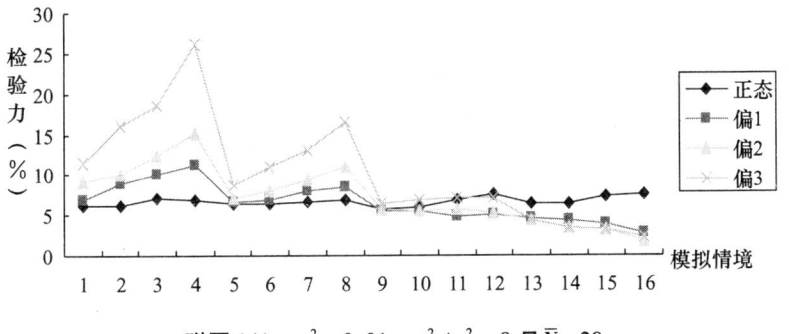

附图 141　$\sigma_\theta^2 = 0.01$、$\sigma_E^2/\sigma_C^2 = 8$ 且 $\bar{N} = 20$

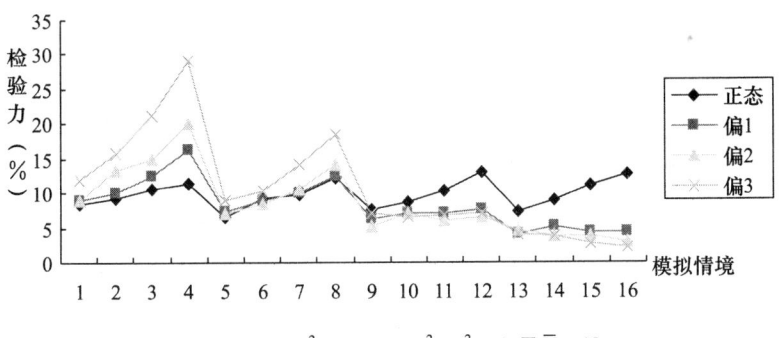

附图 142　$\sigma_\theta^2 = 0.01$、$\sigma_E^2/\sigma_C^2 = 8$ 且 $\bar{N} = 40$

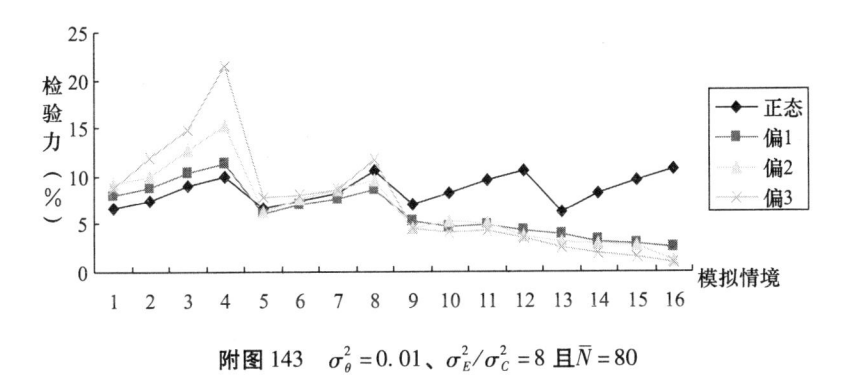

附图 143　$\sigma_\theta^2 = 0.01$、$\sigma_E^2/\sigma_C^2 = 8$ 且 $\bar{N} = 80$

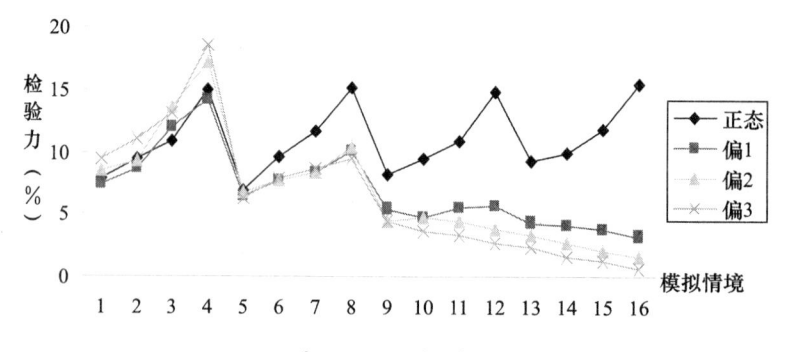

附图 144　$\sigma_\theta^2 = 0.01$、$\sigma_E^2/\sigma_C^2 = 8$ 且 $\bar{N} = 200$

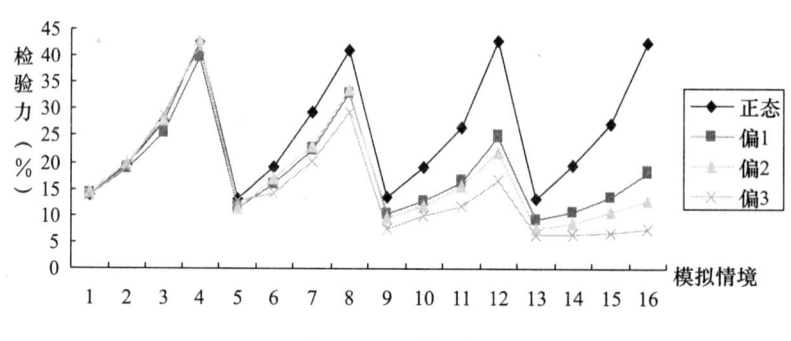

附图 145　$\sigma_\theta^2 = 0.01$、$\sigma_E^2/\sigma_C^2 = 8$ 且 $\bar{N} = 640$

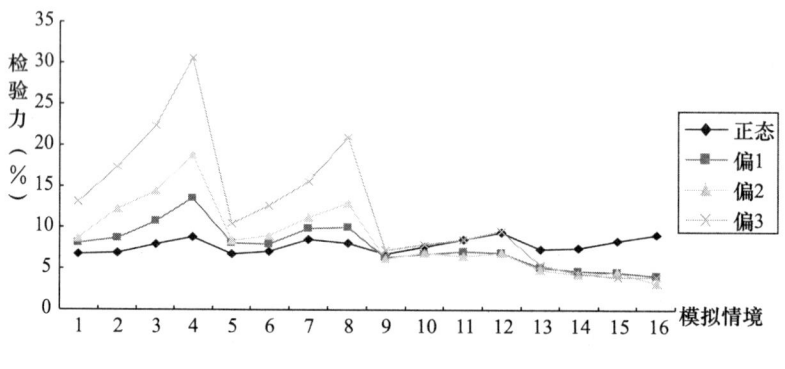

附图 146　$\sigma_\theta^2 = 0.04$、$\sigma_E^2/\sigma_C^2 = 8$ 且 $\bar{N} = 20$

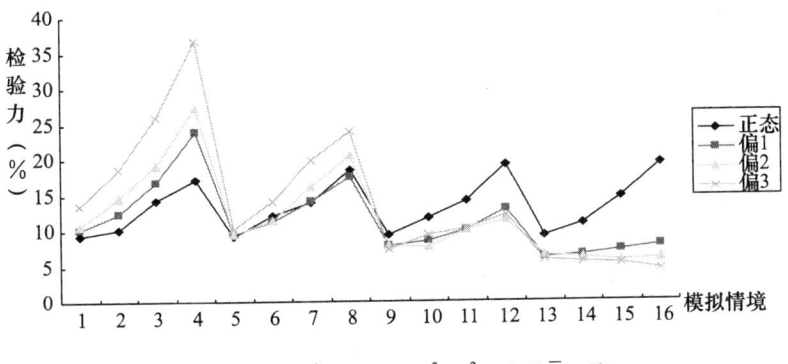

附图 147　$\sigma_\theta^2 = 0.04$、$\sigma_E^2/\sigma_C^2 = 8$ 且 $\bar{N} = 40$

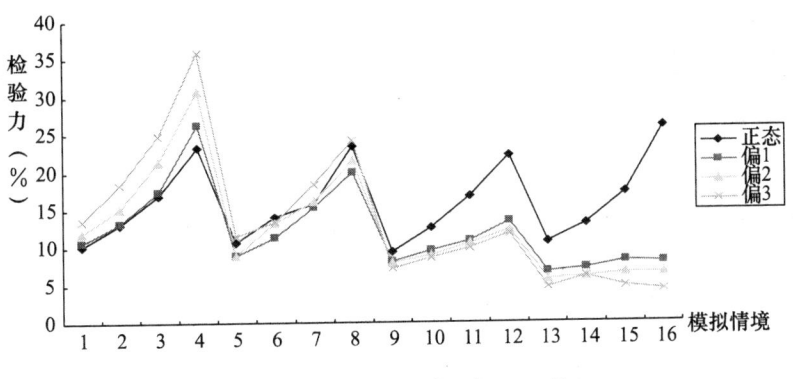

附图 148　$\sigma_\theta^2 = 0.04$、$\sigma_E^2/\sigma_C^2 = 8$ 且 $\bar{N} = 80$

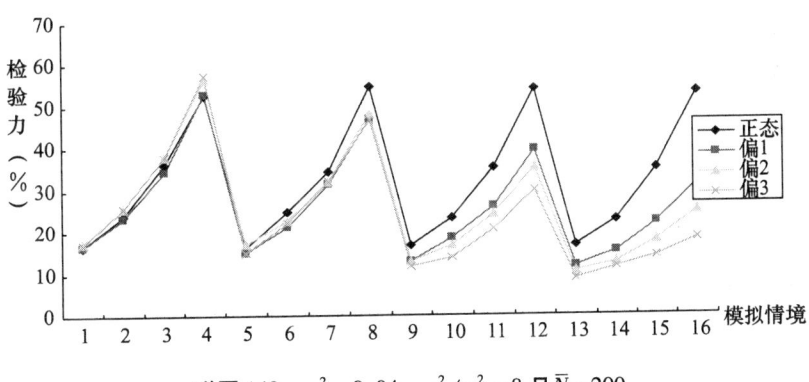

附图 149　$\sigma_\theta^2 = 0.04$、$\sigma_E^2/\sigma_C^2 = 8$ 且 $\bar{N} = 200$

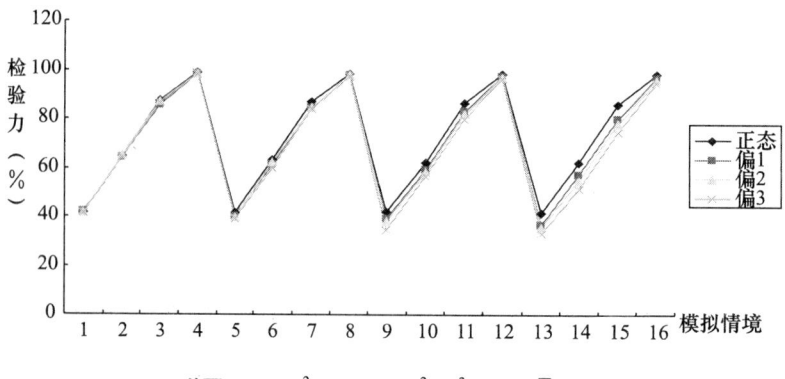

附图 150　$\sigma_\theta^2 = 0.04$、$\sigma_E^2/\sigma_C^2 = 8$ 且 $\bar{N} = 640$

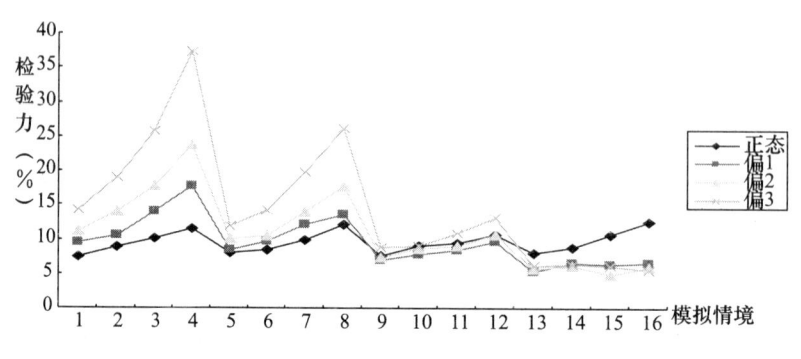

附图 151　$\sigma_\theta^2 = 0.08$、$\sigma_E^2/\sigma_C^2 = 8$ 且 $\bar{N} = 20$

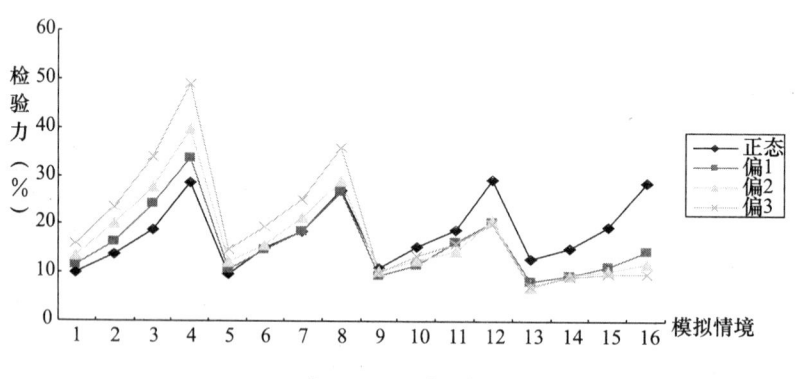

附图 152　$\sigma_\theta^2 = 0.08$、$\sigma_E^2/\sigma_C^2 = 8$ 且 $\bar{N} = 40$

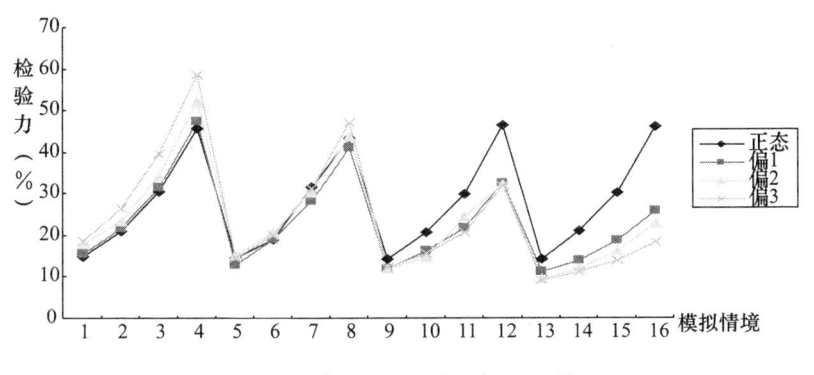

附图153　$\sigma_\theta^2 = 0.08$、$\sigma_E^2/\sigma_C^2 = 8$ 且 $\bar{N} = 80$

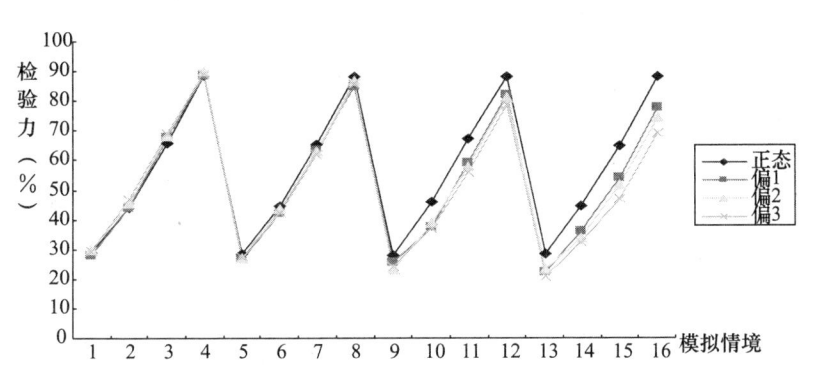

附图154　$\sigma_\theta^2 = 0.08$、$\sigma_E^2/\sigma_C^2 = 8$ 且 $\bar{N} = 200$

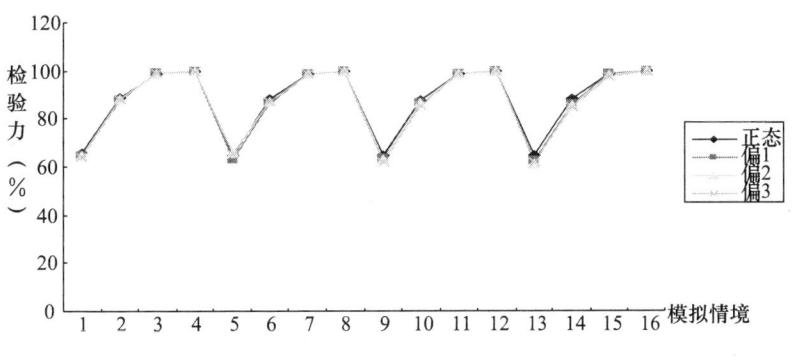

附图155　$\sigma_\theta^2 = 0.08$、$\sigma_E^2/\sigma_C^2 = 8$ 且 $\bar{N} = 640$

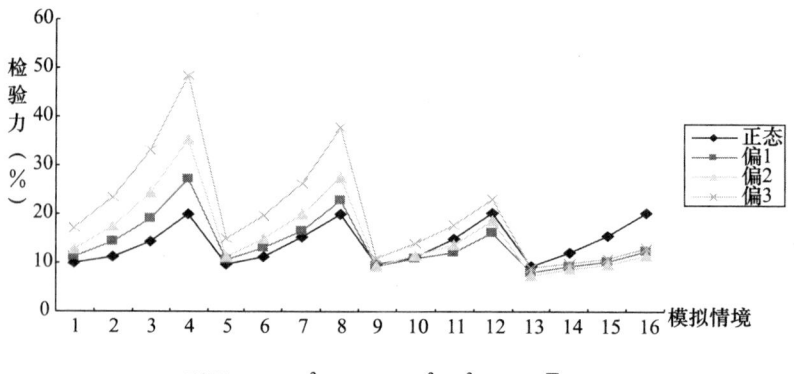

附图 156　$\sigma_\theta^2 = 0.16$、$\sigma_E^2/\sigma_C^2 = 8$ 且 $\bar{N} = 20$

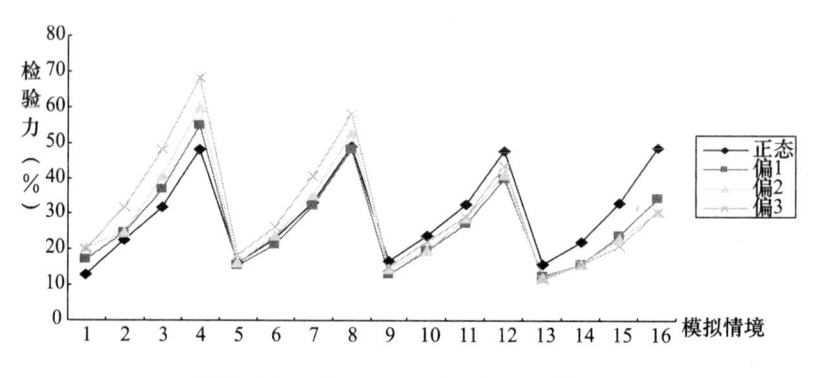

附图 157　$\sigma_\theta^2 = 0.16$、$\sigma_E^2/\sigma_C^2 = 8$ 且 $\bar{N} = 40$

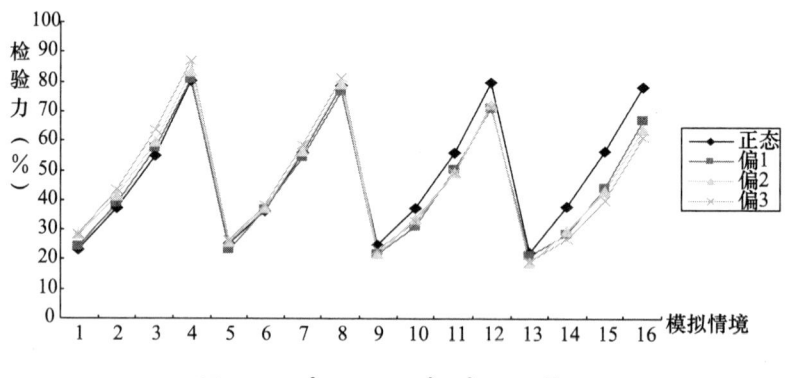

附图 158　$\sigma_\theta^2 = 0.16$、$\sigma_E^2/\sigma_C^2 = 8$ 且 $\bar{N} = 80$

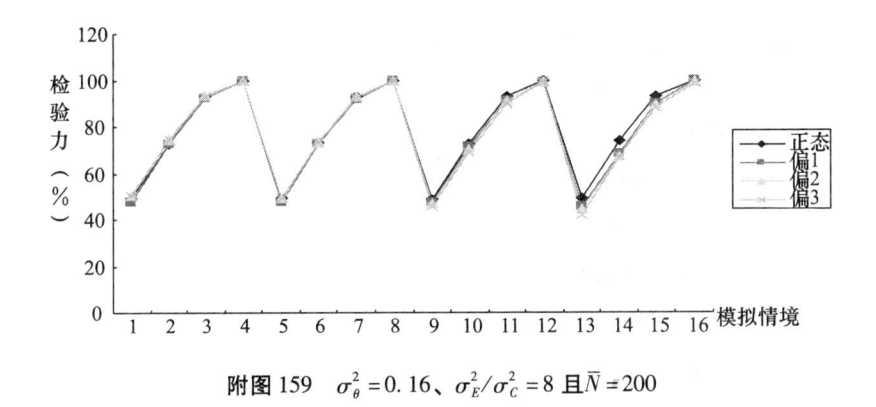

附图 159 $\sigma_\theta^2 = 0.16$、$\sigma_E^2/\sigma_C^2 = 8$ 且 $\bar{N} = 200$

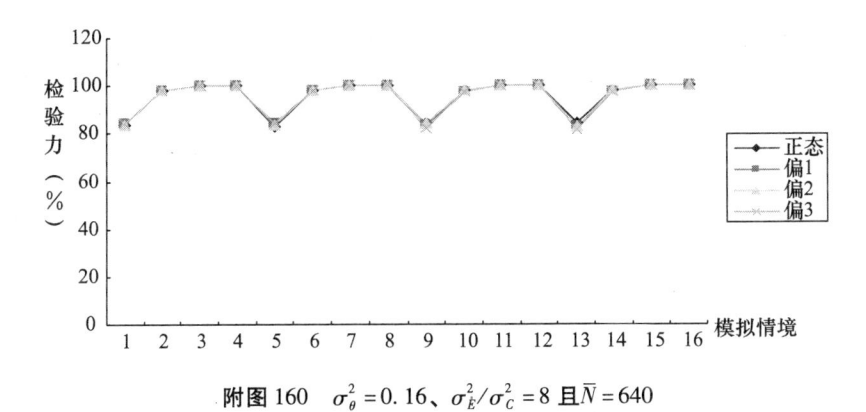

附图 160 $\sigma_\theta^2 = 0.16$、$\sigma_E^2/\sigma_C^2 = 8$ 且 $\bar{N} = 640$

（注：1 表示 $\theta = 0$ 且 $k = 5$，2 表示 $\theta = 0$ 且 $k = 10$，3 表示 $\theta = 0$ 且 $k = 20$，4 表示 $\theta = 0$ 且 $k = 40$，…，13 表示 $\theta = 0.8$ 且 $k = 5$，14 表示 $\theta = 0.8$ 且 $k = 10$，15 表示 $\theta = 0.8$ 且 $k = 20$，16 表示 $\theta = 0.8$ 且 $k = 40$）

第六部分　Hedges Q 检验临界值（$\alpha = 0.05$）

$\chi^2_{0.05(4)} = 9.4877299$

$\chi^2_{0.05(9)} = 16.918978$

$\chi^2_{0.05(14)} = 23.684798$

$\chi^2_{0.05(19)} = 30.143535$

$\chi^2_{0.05(24)} = 36.415043$

$\chi^2_{0.05(29)} = 42.55697$

$\chi^2_{0.05(34)} = 48.602369$

$\chi^2_{0.05(39)} = 54.572237$

$\chi^2_{0.05(44)} = 60.48089$

$\chi^2_{0.05(49)} = 66.33865$

参考文献

中文文献

1. 陈本友、黄希庭：《从元分析看传统心理统计的局限性》，《心理学探新》2005 年第 2 期。
2. 关雪：《五种定性资料统计分析方法比较研究》，硕士学位论文，北京，中国人民解放军军事医学科学院，2012 年。
3. 郭春彦、朱滢等：《传统统计方法面临的挑战：元分析方法》，《心理学报》1997 年第 2 期。
4. 何寒青、陈坤：《Meta 分析中的异质性检验方法》，《中国卫生统计》2006 年第 6 期。
5. 马树玉、韩清：《Meta 分析的选择模型》，《南华大学学报》（理工版）2002 年第 2 期。
6. 毛良斌、郑全全：《元分析的特点、方法及其应用的现状分析》，《应用心理学》2005 年第 4 期。
7. 李雪梅、曲建升：《元分析方法与图书情报学》，《图书情报工作》2013 年第 11 期。
8. 柳学志：《元分析技术》，《心理学动态》1991 年第 1 期。
9. 欧爱华、何羿婷等：《Logistic 回归、CMH 检验与 Meta 分析在多中心临床试验中应用探讨》，《中国卫生统计》2007 年第 6 期。
10. 彭少麟、唐小焱：《Meta 分析及其在生态学上的应用》，《生态学杂志》1998 年第 5 期。
11. 强韶华：《整合分析在审计学领域的应用》，《研究与创新》2006 年第 8 期。

12. 权朝鲁：《效果量的意义及测定方法》，《心理学探新》2003 年 2 期。
13. 王珍、张红等：《Meta-分析固定效应模型及其扩展应用》，《中国组织工程研究与临床康复》2008 年第 39 期。
14. 夏凌翔：《元分析及其在社会科学研究中的应用》，《西北师大学报》（社会科学版）2005 年第 5 期。
15. 杨娟、郑青山：《Meta 分析的统计学方法》，《中国临床药理学与治疗学》2005 年第 11 期。
16. 王丹、翟俊霞等：《Meta 分析中的异质性及其处理方法》，《中国循证医学杂志》2009 年第 10 期。
17. 王若琦、秦超英：《Meta 分析中异质性检验方法的改进》，《科学技术与工程》2012 年第 10 期。
18. 徐帅哲：《跨文化心理学中"元分析"方法的应用》，《上海精神医学》（增）2010 年第 22 期。

外文文献

1. Alexander R. A. , Scozzaro MJ, Borodkin LJ, "Statistical and empirical examination of the chi-square test for homogeneity of correlations in meta-analysis", *Psychological Bulletin*, Vol. 106, No. 2, April 1989.
2. Altman D. G. , Schulz KF, Moher D, Egger M, Davidoff F, Elbourne D, Gotzsche PC, Lang T, "The revised CONSORT statement for reporting randomized trials: explanation and elaboration", *Annals of Internal Medicine*, Vol. 134, No. 8, December 2001.
3. Arnqvist G. , Wooster D, "Meta-analysis: synthesizing research findings in ecology and evolution", *Trends in Ecology & Evolution*, Vol. 10, No. 6, June 1995.
4. Becker B. J. , Hedges LV, "Meta-Analysis of Cognitive Gender Differences: A Comment on an Analysis by Rosenthal and Rubin", *Journal of Educational Psychology*, Vol. 78, No. 4, August 1984.
5. Bangert-Drowns R. L. , "Review of Developments in Meta-Analytic Meth-

od", *Psychological Bulletin*, Vol. 99, No. 3, May 1986.

6. Biggerstaff BJ, Tweedie RL, "Incorporating variability estimates of heterogeneity in the random effects model in meta-analysis", *Statistics in Medicine*, Vol. 16, No. 7, April 1997.

7. Jr CB, Wiitala WL, Richard FD, "Meta-analysis of raw mean differences", *Psychological Methods*, Vol. 8, No. 4, January 2003.

8. Box GEP, "Non-normality and tests on variances", *Biometrika*, Vol. 40, No. 3, December 1953.

9. Box GEP, Muller ME, "A note on the generation of random normal deviates", *Annals of Mathematical Statistics*, Vol. 29, No. 2, June 1958.

10. Brockwell SE, Gordon RI, "A comparison of statistical methods for meta-analysis", *Statistics in Medicine*, Vol. 20, No. 6, March 2001.

11. Callender JC, Osburrn HE, "Unbiased estimation of sampling variance of correlations", *Journal of Applied Psychology*, Vol. 73, No. 73, May 1988.

12. Chang L, "A power analysis of the test of homogeneity in effect-size meta-analysis", *Unpublished doctoral dissertation*, Michigan State University, East Lansing, 1993.

13. Cochran WG, "Problems arising in the analysis of a series of similar experiments", *Supplement to Journal of the Royal Statistical Society*, Vol. 4, November 1937.

14. Cochran WG, "The χ^2 test of goodness of fit", *Annals of Mathematical Statistics*, Vol. 23, No. 3, September 1952.

15. Cochrane Injuries Group Albumin Reviewers, "Human albumin administration in critically ill patients: systematic review of randomised controlled trials", *British Medical Journal*, Vol. 317, No. 7153, July 1998.

16. Cohen J, "The statistical power of abnormal-social psychological research: A review", *Journal of Abnormal and Social Psychology*, Vol. 65, No. 3, September 1962.

17. Cohen J, *Statistical Power Analysis for the Behavioral Sciences*, 2nd edition, Mahwah, New Jersey: Lawrence Erlbaum. September 1988.

18. Cooper H, *Integrating research: A guide for literature reviews* (3rd ed.), Newbury Park, CA: Sage. 1998.
19. Copper HM, Hedges LV, *The Handbook of Research Synthesis*, New York: Russell Sage Foundation, 1994.
20. Coppe HM, Rosenthal R, "Statistical Versus Traditional Procedures for Summarizing Research Findings", *Psychological Bulletin*, Vol. 87, No. 3, May 1980.
21. DerSimonian R., Laird N, "Meta-analysis in clinical trials", *Controlled Clinical Trials*, Vol. 7, No. 3, October 1986.
22. Dickersin K, Berlin JA, "Meta-analysis: state-of-the-science", *Epidemiol Rev*, Vol. 14, No. 1, February 1992.
23. Erez A, Bloom MC, Wells MT, "Using random rather than fixed effects models in meta-analysis: Implications for situational specificity and validity generalization", *Personnel Psychology*, Vol. 49, No. 2, December 2006.
24. Field AP, "Meta-analysis of correlation coefficients: A Monte Carlo comparison of fixed-and random-effects methods", *Psychological Methods*, Vol. 6, No. 2, June 2001.
25. Field AP, "Can meta-analysis be trusted?", *The Psychologist*, Vol. 16, No. 2, December 2003.
26. Field AP, "Is the Meta-Analysis of Correlation Coefficients Accurate When Population Correlations Vary?", *Psychological Methods*, Vol. 10, No. 4, December 2005.
27. Fidler F, Burgman M, Cumming G, Buttrose R, Thomason N, "Impact of criticism of null hypothesis significance testing on statistical reporting practices in coservation biology", *Conservation Biology*, Vol. 20, No. 5, February 2006.
28. Fidler F, Cumming G, Burgman M, Thomason N, "Statistical reform in medicine, psychology and ecology", *Journal of Socio-Economics*, Vol. 33, No 5, February 2004.
29. Fisher RA, *Statistical methods for research workers* (4th ed.), London: Oliver & Boyd, 1932.

30. Fleiss JL, *Measures of effect size for categorical data* In H. M. Cooper & L. V. Hedges (Eds.), *The handbook of research synthesis* (pp. 245 – 260), New York: Russell Sage Foundation. 1994.

31. Fleishman AI, "A Method for Simulating Non-Normal Distributions", *Psychometrika*, Vol. 43, No. 4, February 1978.

32. Ghiselli EE, *The validity of occupational aptitude tests*, New York: Wiley, 1966.

33. Glass GV, "Primary, secondary and meta-analysis of research", *Educational Researcher*, Vol. 5, No. 10, November 1976.

34. Glass GV, McGaw B, Smith ML, *Meta-analysis in social research*, Newbury Park, CA: Sage. 1981.

35. Hall JA, Rosenthal R, "Testing for moderator variables in meta-analysis: isues and methods", *Communication and monographs*, Vol. 58, No. 4, December 1991.

36. Hardy RJ, Thompson SG, "A Likelihood Approach to Meta-analysis with Random Effects", *Statistics in Medicine*, Vol. 15, No. March, 1996.

37. Hardy RJ, Thompson SG, "Detecting and describing heterogeneity in meta-analysis", *Statistics in Medicine*, Vol. 17, No. 8, April 1998.

38. Hartley HO, Rao JNK, "Maximum-likelihood estimation for the mixed analysis of variance model", *Biometrika*, Vol. 54, No. 1, July 1967.

39. Harwell M, "An Empirical Study of Hedges's Homogeneity Test", *Psychological Methods*, Vol. 2, No. 2, June 1997.

40. Harwell MR, Rubinstein EN, Hayes WS, Olds CC, "Summarizing Monte Carlo results in methodological research: The one-and two-factor fixed effects ANOVA cases", *Journal of Educational Statistics*, Vol. 17, No. 4, December 1992.

41. Hedges LV, "Distribution theory for Glass's estimator of effect size and related estimators", *Journal of Educational Statistics*, Vol. 6, No. 2, June 1981.

42. Hedges LV, "Fitting categorical models to effect sizes from a series of experiments", *Journal of Educational Statistics*, Vol. 7, No. 2, 1982a.

43. Hedges LV, "Estimation of effect size from a series of independent experiments", *Psychological Bulletin*, Vol. 92, No. 2, summer 1982b.
44. Hedges LV, "A random effects model for effect sizes", *Psychological Bulletin*, Vol. 93, No. 2, March 1983.
45. Hedges LV, Giaconia RM, Gage NL, *The empirical evidence on the effectiveness of open education* (Final report, Vol. 2), Stanford, Calif: Stanford University Program on Teaching Effectiveness Meta-Analysis Project, 1981.
46. Hedges LV, Olkin I, *Statistical methods for meta-analysis*, Orlando, FL: Academic Press. 1985, p. 125.
47. Hedges LV, Pigott TD, "The power of statistical tests in meta-analysis", *Psychological Methods*, Vol. 6, No. 3, September 2001.
48. Hedges LV, Vevea JL, "Fixed- and random-effects models in meta-analysis", *Psychological Methods*, Vol. 3, No. 4, November 1998.
49. Higgins J, Thompson SG, Deeks J, Altman D, "Statistical heterogeneity in systematic reviews of clinical trials: a critical appraisal of guidelines and practice", *Journal of Health Services Research & Policy*, Vol. 7, No. 1, February 2002.
50. Higgins J, Thompson SG, "Quantifying heterogeneity in a meta-analysis", *Statistics in Medicine*, Vol. 21, No. 11, June 2002.
51. Higgins JPT, Thompson SG, Deeks JJ, Altman DG, "Measuring inconsistency in meta-analyses", *BMJ*, Vol. 327, No. 7414, September 2003.
52. Horsnell G, "The effect of unequal group variances on the F-test for the homogeneity of group means", *Biometrika*, Vol. 40, No. , June 1953.
53. Huedo-Medina TB, Sanchez-Meca J, Botella J, "Assessing Heterogeneity in Meta-Analysis: Q Statistic or I^2 Index?", *Psychological Methods*, Vol. 11, No. 2, July 2006.
54. Hunter JE, Schmidt FL, "Cumulative research knowledge and social policy formulation: The critical role of meta-analysis", *Psychology, Public Policy and Law*, Vol. 2, No. 2, June 1996.
55. Hunter JE, Schmidt FL, "Fixed effects vs random effects meta-analysis models: Implications for cumulative research knowledge", *International*

Journal of Selection & Assessment, Vol. 8, No. 4, December 2000.

56. Hunter JE, Schmidt FL, *Methods of meta-analysis: Correcting error and bias in research findings* (2nd ed.), Newbury Park, CA: Sage. 2004.

57. Hunter JE, Schmidt FL, Jackson GB, *Mela-analysis: Cumulating research findings across studies*, Beverly Hills, CA: Sage. 1982.

58. Johnson BT, Turco RM, "The value of goodness-of-fit indices in meta-analysis: a comment on Hall & Rosenthal", *Communication and monographs*, Vol. 59, No. 4, December 1992.

59. Johnson BT, Mullen B, Salas E, "Comparison of Three Major Meta-Analytic Approaches", *Journal of Applied Psychology*, Vol. 80, No. 1, February 1995.

60. Kelley K, Preacher KJ, "On effect size", *Psychological methods*, Vol. 17, No. 2, June 2012.

61. Kisamore JL, Brannick MT, "An illustration of the consequences of meta-analysis model choice", *Organizational Research Methods*, Vol. 11, No. 1, July 2008.

62. Knoben J, Oerlemans LAG, "Proximity and Inter-organizational Collaboration: A Literature Review", *International Journal of Management Reviews*, Vol. 8, No. 2, May 2006.

63. Koslowsky M, Sagie A, "On the efficacy of credibility intervals as indicators of moderator effects in meta-analytic research", *Journal of Organizational Behavior*, Vol. 14, No. 7, September 1993.

64. Lehmann EL, *Elements of large-sample theory*, New York: Springer-Verlag. 1999.

65. Light RJ, Smith PV, "Accumulating evidence: Procedure for resolving contradictions among different research studies", *Harvard Educational Review*, Vol. 41, No. 4, December 1971.

66. Marascuilo LA, *Statistical methods for behavioral science research*, New York: McGraw-Hill, 1971.

67. McWilliams L, *Variance heterogeneity in empirical studies in education and psychology*, Paper presented at the annual meeting of the American

Educational Research Association (April), San Francisco, 1991.

68. Micceri T, "The unicorn, the normal curve, and other improbable creatures", *Psychological Bulletin*, Vol. 105, No. 1, January 1989.

69. Morris SB, "Distribution of the standardized mean change effect size for meta-analysis on repeated measures", *British Journal of Mathematical and Statistical Psychology*, Vol. 53, No. pt1, June 2000.

70. Nakagawa S, Cuthill IC, "Effect size, confidence interval and statistical significance: a practical guide for biologists", *Biological Reviews*, Vol. 82, No. 4, November 2007.

71. National Research Council, *Combining information: Statistical issues and opportunities for research*, Washington, DC: National Academy Press, 1992.

72. Nose M, Barbui C, Gray R, Tansella M, "Clinical interventions for treatment non-adherence in psychosis: meta-analysis", *British Journal of Psychiatry*, Vol. 183, No. 5, September 2003.

73. Olton RM, Johnson DM, "Mechanism of incubation in creative problem solving", *American Journal of Psychology*, Vol. 89, No. 4, December 1976.

74. Overton RC, "A comparison of fixed-effects and mixed (random-effects) models for meta-analysis tests of moderator variable effects", *Psychological Methods*, Vol. 3, No. 3, September 1998.

75. Patnaik PB, "The non-central chi square and F distributions and their applications", *Biometrika*, Vol. 36, No. pt1 −2, July 1949.

76. Paul SR, Donner A, "Small sample performance of tests of homogeneity of odds ratios in k 2×2 tables", *Statistics in Medicine*, Vol. 11, No. 2, January 1992.

77. Pearson K, "On a method of determining whether a sample size n supposed to have been drawn from a parent population having a known probability integral has probably been drawn at random", *Biometrika*, Vol. 25, No. 1, January 1933.

78. Rasmussen JL, Loher BT, "Appropriate critical percentages for the

Schmidt and Hunter meta-analysis procedure: Comparative evaluation of Type I error rate and power", *Journal of Applied Psychology*, Vol. 73, No. 73, October 1988.

79. Rao CR, *Linear statistical inference and its application*, New York: McGraw-Hill, 1973.

80. Raudenbush SW, *Random effects models*. In H. Cooper & L. V. Hedges (Eds.), *The handbook of research synthesis* (pp. 301 – 321), New York: Russell Sage Foundation, 1994.

81. Rosenthal R, *Meta-Analytic Procedures for Social Research (Revised edn)*, Newbury Park, CA: Russell Sage Foundation, 1991.

82. Rosenthal R, *Parametric measures of effect size*, In H. M. Cooper & L. V. Hedges (Eds.), *The handbook of research synthesis* (pp. 231 – 244), New York: Russell Sage Foundation, 1994.

83. Rosenthal R, DiMatteo MR, "Meta-analysis: Recent developments in quantitative methods for literature reviews", *Annual Review of Psychology*, Vol. 52, No. 1, February 2001.

84. Rosnow RL, Rosenthal R, "Effect Sizes: Why, When, and How to Use Them", *Journal of Psychology*, Vol. 217, No. 1, January 2009.

85. Sackett PR, Harris MM, Orr JM, "On seeking moderator variables in the metaanalysis of correlational data: A Monte Carlo investigation of statistical power and resistance to Type I error", *Journal of Applied Psychology*, Vol. 71, No. 2, April 1986.

86. Sagie A, Koslowsky M, "Detecting moderators with meta-analysis: An evaluation and comparison of techniques", *Personnel Psychology*, Vol. 46, No. 3, December 1993.

87. Sanchez-Meca J, Marin-Martinez F, "Homogeneity tests in meta-analysis: A Monte Carlo comparison of statistical power and type I error", *Quality and Quantity*, Vol. 31, No. 4, November 1997.

88. Sanchez-Meca J, Marin-Martinez F, "Testing continuous moderators in meta-analysis: A comparison of procedures", *British Journal of Mathematical and Statistical Psychology*, Vol. 51, No. 51, November 1998a.

89. Sanchez-Meca J, Marı́n – Martı́nez F, "Weighting by inverse variance or by sample size in meta-analysis: A simulation study", *Educational & Psychological Measurement*, Vol. 58, No. 2, April 1998b.

90. Schmidt FL, Hunter JE, "Comparison of three meta-analysis methods revisited: An analysis of Johnson, Mullen, and Salas (1995)", *Journal of Applied Psychology*, Vol. 84, No. 1, February 1999.

91. Smith SM, Blankenship SE, "Incubation effects", *Bulletin of the Psychonomic Society*, Vol. 27, No. 4, April 1989.

92. Snedecor GW, Cochran WG, *Statistical methods* (6th ed.), Ames, Iowa State University Press, 1967.

93. Snyder P, Lawson S, "Evaluating results using corrected and uncorrected effect size estimates", *Journal of Experimental Education*, Vol. 61, No. 4, April 1993.

94. Spector PE, Levine L, "Meta-Analysis for Integrating Study Outcomes: A Monte Carlo Study of Its Susceptibility to Type I and Type II Errors", *Journal of Applied Psychology*, Vol. 72, No. 1, February 1987.

95. Sterne JAC, Egger M, "Funnel plots for detecting bias in meta-analysis: guidelines on choice of axis", *J Clin Epidemiol*, Vol. 54, No. 10, October 2001.

96. Twenge GM, "Changes in Masculine and Feminine Traits Over Time: A Meta-Analysis", *Sex Roles*, Vol. 36, No. 5, March 1997.

97. Viechtbauer W, "Accounting for Heterogeneity via Random-Effects Models and Moderator Analyses in Meta-Analysis", *Journal of Psychology*, Vol. 215, No. 2, January 2007a.

98. Viechtbauer W, "Hypothesis tests for population heterogeneity in meta-analysis", *British Journal of Mathematical and Statistical Psychology*, Vol. 60, No. 1, May 2007b.

99. Wallas G, *The art of thought*. London: Cape, 1926.

100. Walter SD, "Variation in baseline risk as an explanation of heterogeneity in meta-analysis", *Statistics in Medicine*, Vol. 16, No. 24, December 1997.

101. Wilkinson B., "A statistical consideration in psychological research", *Psychological Bulletin*, Vol. 48, No. 3, June 1951.
102. Wilkinson L, "Statistical Methods in Psychology Journals: Guidelines And Explanations", *American Psychologist*, Vol. 54, No. 8, August 1999.
103. Wilcox R. R., "New designs in analysis of variance", *The design and analysis of algorithms*, Vol. 4, No. 1, November 1987.
104. Wolf FM, *Methodological observations on bias*, In K. W. Wachter & M. L. Straf (Eds.), *The future of meta-analysis* (pp. 139 – 151), New York: Sage, 1990.
105. Yates F., Cochran W. G., "The analysis of groups of experiments", *Journal of Agricultural Science*, Vol. 28, No. 1, June 1938.

后　　记

　　本书的出版缘于今年有幸获得湖北省社科基金与湖北大学教育学院的资助。然而，本人对《Hedges Q 检验性能与标准制定》方面的关注却是因为本人在博士求学生涯中对元分析的兴趣。大量国外有关元分析研究文献的阅读让我意识到元分析方法虽然在不同的科学与实践领域中得到了广泛的应用，但它依然是一种年轻的方法，依然存在着一些问题值得进一步的探索。由于本书是国内外第一部围绕元分析中 Hedges Q 检验性能这个问题而展开系统、深入研究的专著，故肯定存在诸多疏漏之处、论述不到位之处，这里也敬请同行与专家批评、指正。

　　本书系对笔者博士学位论文修订而成，回首其选题、酝酿、程序实现、修改、完稿及付梓历程，感慨良多。桂子山上花开花落，笔者头上增添了许多白丝。求学的生涯与工作、家庭事务交织在一起，一路走来艰辛难言，但同时也有过许多兴奋与激动。既然在桂子山上与元分析邂逅，我想本书出版肯定不是我与元分析缘尽的终结。在未来的岁月，我将一如既往地与元分析相约。在元分析领域，我将依然围绕元分析其他领域中的问题展开研究，继续"为伊消得人憔悴"。

　　本书的出版也凝结着我的导师刘华山教授的心血。刘老卓然一代大家，工作严谨，知识渊博，为人开明。他的每次指点都能精当到位，每次意见都能切中要害，使得笔者在博士生涯中受益匪浅。在攻读博士学位时，刘老为我争取了公费读博的名额，极大地缓解了笔者经济上的困难。刘老对我有知遇之恩，授业之情，笔者感激之情难以言表，只希望在以后的岁月里研究更加丰富深入，成果更有创新价值，更加接近真理，以报答老师的恩情。当然，在此也希望恩师身体永远健康。同时，我也要借此机会感谢所有帮助过我的老师、同学。此外，本书的研究得以完成也离不开亲人的帮助，尤其是我的儿子，你的出生、你的哭笑、你的成长点滴是我身心疲惫时继续前进的最大动力。笔者谨以此书献给所有帮助过我的人们，祝你们一切如意。同时，也献给我的儿子，祝你快乐成长，以后能成为一个于国于家都有用的人。

承蒙王新远书记的引荐，承蒙中国社会科学出版社宫京蕾老师的关爱与赵丽老师的辛苦工作，也承蒙贵社领导与湖北大学教育学院领导的关心与大力支持，本书得以顺利出版，笔者在这里感激不尽。本书的出版代表着笔者为提高我国元分析研究的质量和基于元分析研究结果所作出决策的质量略尽了绵薄之力。然而，"万丈高楼，起于垒土"。这是一个众人的事业，也希望以后有更多的研究者投入到这个事业中来，以使我国元分析的研究水平不断超越过去，走向辉煌。

纪凌开

2016 年 6 月 12 日于沙湖琴园